요즘 활발하게 목소리를 내는 열정적인 페미니스트 앤디 자이슬러. 그녀는 유쾌하고 신선하고 멋져 보여서 언론에서도 좋아하는 '시장 페미니즘'은 젠더 불평등이 여전히 뿌리 깊게 박혀 있는 현실과 유리되어 있다고 주장한다. 재치 있고 매력적이고 도발적인 책인 《페미니즘을 팝니다》는 언론에 화려하게 비치는 페미니즘과 여성운동의 아직 완수되지 않은 과업의 간극을 직시하라고 촉구한다.
◆ 수전 J. 더글러스, 《배드 걸 굿 걸》의 저자

치밀하고 무자비하다. 이 도발적인 책을 통해 자이슬러는 페미니즘은 때로는 복잡하고 때로는 까다롭지만 때로는 재미있다는 점을 입증했다.
◆ 〈워싱턴 포스트 The Washington Post〉

이른바 '시장 페미니즘'에 대한 분석이 예리하면서도 지극히 타당하다. 자이슬러는 페미니즘이 서서히 권력에 동화되고 있는 현실을 고발한다. 그녀는 페미니스트들에게 합법적 정치 활동에 자원을 투입하되, 페미니즘을 상품화하지 말고 정체성으로서의 페미니즘을 되찾으라고 촉구한다.
◆ 《퍼블리셔스 위클리 Publishers Weekly》

자이슬러는 섬세하면서도 매혹적인 그림을 그려 보이는 동시에 《비치》 매거진의 기사처럼 스마트한 농담을 선사한다. 이 책은 재미있고, 웃기고, 많은 정보를 담고 있지만 단순한 결론으로 끝맺지는 않는다.
◆ 〈뉴욕 타임스 New York Times〉

아주 세련된 유머를 구사하는 앤디 자이슬러가 과거와 현재의 광고, 영화, 텔레비전, 패션에 담긴 여성들의 모습에 대해 논한다. 이 책은 페미니즘의 현 상태에 대해 생각할 거리를 던져주고 독자들을 자극하며, 완전한 평등을 위해 계속 싸워나가야 한다는 점을 강조한다. 여성학, 대중문화, 언론에 관심 있는 모든 사람에게 강력히 추천한다.
◆ 《라이브러리 저널 Library Journal》

자이슬러의 날카로운 유머 감각 덕분에 탄탄한 주장들이 더 돋보인다. 페미니즘은 일시적인 '현상'이 아니라 우리의 '의무'고 '사명'이다.
◆《프로그레시브 파퓰리스트 The Progressive Populist》

철저한 조사를 거쳐서 쓴 책이다. 대중문화에 관한 글을 쓰는 사람으로서 자이슬러의 장점은 그녀가 대중문화를 싫어하지 않는다는 것이다. 그녀 자신이 대중문화 애호가이기 때문에 그녀의 비평은 재미있고 박식하다. 자이슬러는 영화, 텔레비전, 음악, 광고에 대해 백과사전 같은 지식을 가지고 자유롭게 응용하면서, 페미니즘이라는 급진적인 이념이 주류 문화에 편입되면서 공허한 결과를 초래했음을 드러낸다.
◆〈리와이어 Rewire〉

평등한 삶을 위해 여전히 여성이 많은 노력을 기울여야 하는 세상에서, 우리에게 판매되는 페미니즘을 이런 식으로 조명하는 작업은 우리의 관심을 끌고 분노를 불러일으킨다. 그리고 페미니즘 운동이 우리에게 어떤 의미인가를 다시 생각해보게 한다.
◆《버스트 BUST》

우리에게 꼭 필요한 책이다. 저자는 뛰어난 글재주를 동원해 깊이 있고 지적인 해설을 선보인다. 페미니즘의 표현 방식이 수십 년 동안 변화해온 과정을 섬세한 감성으로 읽기 쉽게 전달한다.
◆〈글로브 앤드 메일 The Globe and Mail〉

자이슬러는 페미니즘이 현재의 상태에 이른 경로를 알기 쉽게 설명하고, 페미니즘의 발전을 위한 투쟁에 우리 모두를 끌어들이려 한다. 우리 역시 지금껏 페미니즘을 오염시키는 일에 기여했을지도 모른다. 만약 시장 페미니즘이 페미니즘은 현 체제를 실질적으로 위협하지 않는다고 권력자들에게 약속하는 길이라면, 반시장적 페미니즘은 서슴없이 권력자들을 위협한다. 반시장적 페미니즘은 집단의 투쟁에서 힘을 얻는다. 그것은 변화를 일으키는 유일한 방법이다.
◆《뉴 리퍼블릭 The New Republic》

페미니즘이 급진적인 비주류 운동에서 더 부드럽고 섹시한 어떤 것으로, 일종의 라이프스타일 브랜드로 진화한 과정을 탐색한다. 하지만 자이슬러의 책에 따르면 단순히 자기가 페미니스트라고 선언하는 것은 진짜 목표가 될 수 없다. 페미니즘 운동의 미래는 '자기에게 페미니스트 상표를 붙이는 사람들'이 아니라 '그 사람들이 페미니즘으로 무엇을 하는가'에 달려 있다. 그 점을 놓치지 말자.
◆《뉴 스테이츠맨 New Statesman》

철저한 조사를 바탕으로 했고, 문장이 매끄럽고, 체계적으로 정리가 잘 된 책이다. 풍부한 정보와 깊은 고민을 담고 있는 동시에 독자들의 생각을 유도한다. 대단히 중요한 책이므로 한 권씩 소장하기를 권한다.
◆《미드웨스트 북리뷰 Midwest Book Review》

통찰이 가득한 책. 한때는 다리털을 드러내고 브라를 태우는 드센 여자들의 이미지와 겹쳤던 '페미니즘'이라는 단어가 이제는 가벼워지다 못해 의미를 상실할 지경이라는 자이슬러의 주장에 그 누가 쉽게 반박할 수 있겠는가.
◆《뉴욕 저널 오브 북스 New York Journal of Books》

페미니즘이 기업에 의해 희석되고 동화될 때 어떤 일이 벌어지는가를 탐구한다. 힌트. 그럴 때 페미니즘은 더 이상 변화를 일으키지 못한다.
◆〈레벨리스트 Revelist〉

레이저처럼 날카로운 책이다.
◆〈가디언 The Guardian〉

날카롭고 재기발랄하며 빈틈없는 분석으로 가득한 책.
◆《뉴요커 The New Yorker》

활기차고, 익살맞고, 인정사정없이 신랄한 비평.
◆《커커스 리뷰 Kirkus Reviews》

페미니즘의 활용과 오용에 대한 참신하고 예리한 고찰. 넓은 범위를 다루고 있으며 오락적
가치도 높다.
◆〈보스턴 글로브 The Boston Globe〉

자이슬러는 매력적인 문장과 가시 돋친 유머로 독자들을 끌어들이는 동시에 다양한 사례
를 제시한다. 릴리스 페어, 스페셜 K, 공화당원들, 보톡스에 이르는 다양한 것들에 페미니
즘이 동화된 사례들을 생생하게 보여준다.
◆《계간 미시간 리뷰 Michigan Quarterly Review》

비치 미디어를 창립한 열혈 페미니스트 투사 앤디 자이슬러가 대중문화의 타임머신을 열
어젖힌다. 여러분은 속편을 간절히 원하게 될 것이다.
◆ 수지 브라이트, 미국 페미니스트 작가

페미니즘을 팝니다

페미니즘을 팝니다

We Were
Feminists Once
앤디 자이슬러 지음
안진이 옮김

우리가
페미니즘이라고
믿었던 것들의
배신

사랑하는 하비에게,
부디 너희들의 세대에는 이 골치 아픈 문제가
말끔히 해결되기를.

1부

페미니즘, 시장에 동화되다

2부

과거의 잣대

내가 애초부터 페미니즘의 상업화에 관한 책을 쓰려고 했던 건 아니다. 하지만 어떤 사람들은 나의 경력을 보고 지난 20년 동안 그런 일이 벌어지기를 기다렸던 건 아니냐고 반문할 수도 있겠다.

'비치: 페미니스트의 눈으로 대중문화 바라보기Bitch: Feminist Response to Pop Culture'라는 잡지를 공동 창간한 3명 중 1명으로서, 나는 페미니즘이 사람들의 생각과 마음을 진정으로 변화시킬 수 있는 영역은 대중매체와 대중문화라고 믿는다. 우리가 흑백 인쇄와 스테이플러 제본 방식의 잡지를 만들기 시작한 것은 1995년이었다. 페미니즘이라는 단어를 온갖 부정적 속성과 결부시킨 반동의 시기였던 1980년대가 지나고, 다시금 페미니즘이 대중문화의 상상력 속으로 들어온 직후였다. 그리고 우리는 대중문화라면 뭐든 가리지 않고 소비하는 사람들이었다. 《비치》는 우리의 삶에 대한 대중문화의 영향력을 인정하고 페미니즘의 이론과 실천이 대중문화를 중요한 영역으로 다뤄야 함을 주장했다. 그때는 닷컴 혁명의 초창기여서 페미니스트 영화비평에 관한 블로그가 없었고, 페미니스트 철학자 주디스 버틀러Judith Butler와 영화 〈인크레더블 헐크〉를 함께 논하는 트위터 피드도 없었다. 우리는 우리끼리 주장을 개진하고 서로에게 민감한 질문을 던져야만 했다. 그때 우리가 던진 질문들은 다음과 같다. 왜 낮 시간대의 토크쇼에서 청소년기 여자아이들의 성을 퇴치해야 할 전염병처럼 다룰까? 시트콤과 광고에 나오는 남자들은 대체 왜 장보기 목록도 못 읽을 정도로 무능할까? 재난 영화에서는 왜 흑인이 제일 먼저 죽을까? 그리고 영원히 해결되지 않는 질문! 《롤링 스톤Rolling Stone》지의 표지에 실리는 여가수는 왜 항상 속옷 차림으로 사진을 찍을까?

우리가 잡지 이름을 《비치》로 정한 이유는 '비치(bitch: '암캐'를 뜻하는 영어 단어지만 주로 여성에 대한 욕으로 사용된다. 우리말로 '나쁜 년'이나 '개 같은 년'에 상응한다_옮긴이)'라는 단어를 되찾고 싶었기 때문이다. 우리는 비치라는 단어의 동사형(bitch가 동사로 쓰이면 '욕을 하다'라는 의미_옮긴이)을 과감하게 입에 올리고 다른 사람들에게도 그렇게 하라고 권유했다. 그렇게 해서라도 변화를 일으키고 싶었다. 그리고 우리가 되찾고 싶었던 또 하나의 단어는 잡지의 부제목에 넣었다. "페미니스트의 눈으로 대중문화 바라보기." 1970년대에 태어난 우리 세대가 이념이라는 것에 눈 뜨던 시기는 마침 페미니즘의 반동기였다. 어릴 때 우리는 페미니즘이란 한때 유행하다 수명을 다한 사조라고 들었다. 아니, 페미니즘은 성공한 사회적 실험이었지만 한편으로 사회를 불건전하게 만들고, 남자들에게서 집밥의 권리를 박탈했으며, 아이들을 번쩍이는 텔레비전 앞에 버려놓을 뿐 아니라, 여자들을 매사에 부정적이고 사랑스럽지 못한 존재로 만든 이념으로 간주되었다. 페미니즘의 이미지는 '안 좋은' 정도가 아니었다. 페미니즘은 쓰레기 취급을 당했다.

그래서 우리는 소수 독자들을 위한 비공식적인 잡지를 하나 만들었고, 나중에 그것을 발전시켜 정식 잡지를 창간했다. 그러는 동안 비치는 흔히 쓰는 단어가 됐고, 텔레비전과 라디오에 항상 나오는 말이 되었으며, 팬젠더(pangender: 한 가지 이상의 젠더를 가진 사람_옮긴이)들의 일상적인 인사말이 됐고, 심성이 고약한 여자들을 가리키는 말로 자리 잡았다. 하지만 '페미니스트'를 대중의 입맛에 맞는 단어로 만든다는 것은 여전히 쉽지 않은 일이었다.

우리에겐 대중문화를 무척 사랑하지만 대중문화에 실망한 페미니스트들이 반드시 있으리라는 믿음이 있었다. 《비치》는 이러한 믿음에서 출발한 행동주의 프로젝트였다. 우리 자신이 읽고 싶었지만 다른 어디에서도 찾을 수 없었던 기사들을 실었다. 텔레비전과 영화에 관한 에세이, 광고에 대한 비평, 참신한 프로젝트를 진행하는 남녀 페미니스트들과의 인터뷰. 시간이 흐르자 우리와 같은 생각을 하는 사람이 많다는 확신이 생겼다. 이후 10년 동안 대중문화는 진지한 논의의 대상으로 떠올랐다. 정말로 그랬다. 사람들은 〈뉴욕 타임스〉나 〈월스트리트 저널〉의 사설처럼 진지한 논조로 대중문화에 관해 토론했다. 텔레비전 프로그램 비평을 전문으로 하는 웹사이트들도 생겨났다. 《비치》가 창간된 지 10년이 지났을 때는 페미니즘과 대중문화의 교차점을 탐구하는 수백 개의 웹사이트, 팟캐스트, 블로그가 있었다.

나는 오랜 세월, 대중문화를 다루는 페미니스트들의 공동체에 속해 있었다. 대중문화와 언론이 좋은 쪽으로든 나쁜 쪽으로든 간에 페미니즘을 변화시키는 모습을 지켜봤고, 페미니즘 역시 대중문화와 언론을 변화시키는 모습을 지켜봤다. 그런데 내가 이 책을 집필할 무렵 이상한 일이 벌어졌다. 페미니즘이 최신 유행으로 바뀐 것이다.

전에는 화려한 주류 문화에 가려진 채 물결처럼 조용히 흘러가던 페미니즘이 갑자기 전면에 부상했다. 2014년 8월, MTV 비디오뮤직 어워즈의 마지막 순서로 가수 비욘세가 무대에 올랐다. '플로리스Flawless'라는 노래가 울려 퍼지는 동안 무대에는 'FEMINIST'라는 글자가 네온 조명으로 번쩍였다. 〈플로리스〉는 나이지리아 작가인 치마만다 응고지 아디치에 Chimamanda Ngozi Adichie가 했던 강연의 일부를 삽입해서 만든 노래였다. ("우리는 소녀들에게 스스로 몸을 웅크려 더 작아지라고 가르칩니다. 우리는 소녀에게 '너희도 꿈을 가질 수 있어. 그런데 너무 큰 꿈은 말고'라고 말합니다.") 삽입구의 마지막 부분에서 아디치에가 밝힌 페미니스트의 사전적 정의를 인용한다. "남녀가 사회적, 정치적, 경제적으로 평등하다고 믿는 사람."

〈플로리스〉는 원래 유명한 노래였고, 비욘세는 일찍이 '데스티니 차일드 Destiny's Child' 시절부터 페미니즘을 상업적으로 이용하곤 했다. 하지만 그날 무대의 시각적 효과는 비욘세가 땅에 꽂은 공식적인 깃발과도 같았다. 세계 정상급 팝가수지만 한때 메트로폴리탄 오페라단 행사에서 센스 없는 패션으로 악평에 휩싸였던 비욘세가 스포트라이트 속에 서 있었다. 그녀는 800만 명이 넘는 청중 앞에서 당당하게 페미니스트의 개념을 설명했다.

비욘세의 페미니스트 퍼포먼스는 도미노 효과를 불러왔다. 얼마 후에는 영화 〈해리 포터Harry Potter〉에서 헤르미온느 역으로 오랫동안 사랑받아 온

엠마 왓슨이 유엔에서 성평등에 관한 연설을 했다. "이제 우리는 젠더를 두 개의 서로 대립하는 이상으로 바라보지 말고 하나의 스펙트럼으로 이해해야 합니다." 몇 년 전까지 페미니즘을 거부했던 팝가수 테일러 스위프트Talor Swift는 재빨리 입장을 바꿔, 사실은 자신도 예전부터 페미니스트였다고 기자들에게 밝혔다. 파리 패션위크에서는 샤넬이 런웨이의 대미를 페미니스트 행진으로 장식했다. 샤넬을 상징하는 트위드를 몸에 휘감은 여성들이 "역사History란 여성들의 이야기Her Story다"라든가 "여성의 권리는 아주 좋은 것이다"라는 피켓을 들고 나왔다. 버라이즌Verizon, 올웨이즈Always, 팬틴Pantene과 같은 브랜드들은 무선인터넷, 생리대, 샴푸 따위를 광고하면서 페미니즘을 전면에 내세우기 시작했다. '여성과 페미니즘'이라는 키워드로 인터넷 검색을 해봐도 페미니즘이 전혀 다른 양상으로 다뤄지고 있음을 알 수 있었다. 예전에는 "페미니즘: 구시대적이고 인기도 없는"과 같은 제목의 기사 몇 편이 고작이었지만 어느 순간부터 여성의 힘을 고취하는 기사가 줄줄이 떴다. "비욘세의 새로운 관심사: 페미니즘", "페미니즘에 새로운 생명력을 선사한 엠마 왓슨", "남성 페미니스트들이 매력적인 이유". 레드카펫을 밟아본 거의 모든 여성 연예인과 상당수 남성 연예인이 "당신은 페미니스트입니까?"라는 질문을 받게 됐다. 갑자기 리나 더넘Lena Dunham과 셰릴 샌드버그Sheryl Sandberg가 연예계 가십 칼럼에서부터 비행기 안의 잡지에 이르는 모든 곳에 등장했다. 주류 대중문화는 영화배우 라번 콕스Laverne Cox와 작가 자넷 모크Janet Mock 같은 트랜스젠더 여성의 모습을 더 자주 노출했다. 콘텐츠업체 아마존에서 제작한 〈트랜스페어런트Transparent〉 같은 드라마는 젠더를 사회적 통제의 산물로 바라보는 시각을 제공하기도 했다. 남자들을 즐겁게 해주는 섹스 기술 교본이나 다름없었던 잡지 《코스모폴리탄 Cosmopolitan》은 여전히 "그를 뿅 가게 만들 40가지 방법"이라는 기사를 실었 지만, 정치색이 짙은 필자들을 영입해서 정치적인 주제들을 다루기 시작했 다. 제모를 거부하는 여자들 또는 분노와 냉소에 찌들어 남성을 혐오하는 여자들만의 영역으로 비하되던 페미니즘이 어느새 공식적으로 가치를 인정 받게 됐다. 페미니즘은 '핫hot'한 주제였으며, 무엇보다 상업적 가치가 있 었다.

이론상으로는 이것이야말로 《비치》를 창간한 우리가 예전부터 대중문화 에서 보고 싶어 했던 현상이었으며, 페미니즘의 비약적 발전이었다. 불과 몇 년 사이에 페미니즘은 문화의 모든 영역에 침투했다. 페미니즘은 단순히 여 성 국회의원과 여성 CEO의 숫자만이 아니라 정치, 연예계, 육아, 예술에 관 한 토론의 방식에도 영향을 미쳤다. 한때 소수의 스포츠업계 관계자와 운 동선수들만의 일로 간주되던 가정폭력 문제는 이제 장시간의 토론 프로그 램이나 기자회견에서 다뤄진다. 10년 전이었다면 개그맨들의 불쾌한 여성혐 오 농담 따위에 아무도 주목하지 않았겠지만, 요즘 개그맨이 그런 농담을 했다가는 소셜미디어에서 만인의 지탄을 받을 뿐 아니라 장기적으로 불이 익을 당할 가능성도 있다. 이제 연예계 소식을 다루는 주간지들은 영화를 비평할 때 여성 등장인물들이 어떻게 그려지는가(아니, 여성 등장인물이 있기 는 한가)를 하나의 기준으로 삼는다.

비교적 짧은 시간 동안 페미니즘은 전 세계는 아닐지라도 미국의 문화 속 에서 어느 때보다도 복잡한 자리를 점유했다. 애초에 페미니스트 운동의 시발점이 됐던 모순들이 여전히 존재함에도 불구하고, 페미니즘은 문화 영역에서 주류 사회와 유명인과 소비자들에게 멋지고, 재미있고, 누구나 받아들일 수 있는 것으로 자리매김했다. 이런 경향은 '팝 페미니즘pop feminism', '달콤한 페미니즘feel-good feminism', '백인 페미니즘white feminism'으로 불리는데, 나는 '시장 페미니즘marketplace feminism'이라는 용어를 쓰고 싶다. 시장 페미니즘은 사회구조적 맥락과 무관하다. 시장 페미니즘은 정치와도 무관하다. 그리고 아마도 역사상 가장 대중적인 페미니즘일 것이다.

2015년, 이제 우리는 생리대 하나를 교체할 때도 자기가 페미니즘 친화적이라고 뽐내는 어떤 사람 또는 사물과 마주친다. 그것도 페미니즘을 발견하리라고 기대조차 하지 않았던 곳에서. 우리는 매니큐어, 속옷, 에너지 음료, 막대걸레에서 페미니즘과 마주친다. 일이 조금 이상하게 돌아간다. 《코스모폴리탄》의 자매 잡지인 《미즈Ms.》는 2014년을 마무리하는 호에서 "연예인 페미니스트 톱 20"을 선정, 발표했다. 얼마 후에는 인터넷언론 〈데일리 비스트The Daily Beast〉가 "《맥심Maxim》이 페미니스트들의 필독 잡지로 등극했다"라고 열변을 토했다. 이것은 《맥심》이 원래 마초적인 잡지였지만 여성 편집장이 새로 부임한 이래로 여자 연예인들의 성적 매력에 순위를 매기지 않는다는 점을 과장한 보도였다. (이제 《맥심》은 여자 연예인들의 순위만 매기지는 않는다. 휴양지와 레스토랑 순위도 함께 공개한다!) 비슷한 사례 하나 더. 지난 62년 동안 뻔뻔하게도 여성의 누드 사진을 화보로 제작했던 《플레이보이》가 화보 제작을 중단한다고 발표하자 과감한 친여성적 행보라는 칭찬이 쏟아졌다. 언론들은 "플레이보이 토끼: 성차별적 유물인가, 페미니즘의 전신인가?"와 같은 제목으로 《플레이보이》의 과거를 장밋빛으로 색칠했다. 누구나 좋아하는 인형극 시트콤 〈머펏쇼Muppet Show〉에서 무술을 선보인 인형 '미스 피기'가 브루클린 박물관의 페미니즘 미술 전문관인 새클러 센터Sackler Center에서 영예로운 대상을 수상했다. 예전 같으면 토니 모리슨Toni Morrison이나 체로키족 인디언 족장인 윌마 맨킬러Wilma Mankiller 같은 사람들이 대상을 받았을 것이다. 사실 미스 피기는 예전에 '페미니즘'이라는 말을 거부했다. 하지만 페미니즘이 인기를 얻고 뉴스의 주요한 키워드로 부상하자 미스 피기는 미국 페미니즘을 대표하는 인물인 글로리아 스타이넘Gloria Steinem과 함께 앉아 "모이Moi 는 페미니스트 돼지야"라고 선언했다. 2015년 가을에는 팝가수 케이티 페리Katy Perry가 《인스타일InStyle》과의 인터뷰에서 자신이 즐겨 쓰는 '킬러 퀸Killer Queen'이라는 향수를 설명하면서 "의리 있고, 반항적이고, 페미니즘적"이라는 표현을 썼다. 페미니즘이라는 단어는 온갖 의미로 통용되고 있었다. 대중문화와 언론은 콘텐츠를 제작할 때 페미니즘을 새롭고 자극적인 양념처럼 활용했다.

하지만 페미니즘이 광고의 거리인 매디슨가街에서 할리우드에 이르는 온갖 장소에서 유행어처럼 쓰이는 동안에도, 페미니즘 운동의 전진을 위해 반드시 필요한 사안들은 오히려 퇴보를 거듭했다. 텍사스에는 무료진료소에 이동식 수술센터와 동일한 기준을 요구하는 법이 있는데, 이는 모든 여성 무료진료소를 폐쇄하려는 의도로 만든 것으로, 미국 대법원은 이 법의 부당성에 대해 판단을 미뤘다. 어느 페미니스트 비디오게임 비평가는 대학 강연을 취소할 수밖에 없었다. 과거에 페미니즘 지지자들에게 가해졌던 "몬트리올 대학살과 같은 공격"을 하겠다는 협박 편지를 받았기 때문이었다.[1] 오클라호마시의 경찰관 대니얼 홀츠클로는 빈곤층 흑인 여성들을 성폭행 대상으로 점찍어놓고 정보를 수집했다. 그러고도 해고당하기 전에 1년 가까이 유급휴가를 즐겼다(그는 2015년 말 실형 선고를 받았다). 설상가상으로 마이크로소프트의 CEO는 전문직 여성들을 모아놓은 자리에서 여직원은 연봉 인상을 요구해선 안 되고 그저 "시스템을 신뢰해야" 한다고 말했다. 지난 수십 년 동안 여직원에게 더 낮은 임금을 지불했던 시스템을 신뢰하면 "좋은 업보"를 쌓게 될 거라고 말하기도 했다.

'좋은 소식'과 '나쁜 소식'의 끝없는 대결이 이어졌다. 텔레비전 프로그램 진행자와 작가 가운데 여성의 숫자가 늘었다고 기뻐하는 동안, 공화당 상원의원들은 남녀의 임금 격차 금지법안에 두 번이나 만장일치로 반대했다. 타블로이드 잡지들이 케이틀린 제너Caitlyn Jenner의 성전환 수술을 조목조목 소개하는 동안, 텍사스주 휴스턴의 트랜스젠더 차별 폐지안은 주민투표에서 부결됐다. 부결의 주요 원인 중 하나는 트랜스젠더 여성들을 아동 유괴범으로 묘사하면서 "남자도 자신이 여자라고 주장하면 아무 때나 여자 화장실에 들어갈 수 있습니다"라고 경고하는 텔레비전 광고였다. 우리는 여성 수감자들의 삶과 사랑을 그린 넷플릭스 드라마를 보면서 흥청망청했지만, 지난 몇 년 사이에 흑인 여성 수십 명이 경찰에 체포된 후 목숨을 잃었다. 그 이유에 대한 충분한 설명도 없었다.

시장 페미니즘으로 해결할 수도 없고 해결될 수도 없는 문제들이 있다. 우리가 '고약한 페미니스트' 목걸이를 하거나 '다 가부장제 탓이오' 티셔츠를 입어도 그런 문제들은 그대로 남아 있다. (내가 그 목걸이와 티셔츠에 반대하는 건 아니다. 그런 소품들은 아주 깜찍하다.) 소수자들의 모습을 종종 보여주는 〈인사이드 에이미 슈머Inside Amy Schumer〉가 심야 시간대의 모든 마초 프로그램을 제치고 에미상을 거머쥐더라도 그런 문제들은 해결되지 않는다. 테일러 스위프트가 페미니즘에 관해 뭐라고 말했든 간에 그런 문제들은 고스란히 남아 있다. 대중문화와 페미니즘이 결혼하기만 하면 맛 좋고 내용도 진보적인 과실을 잉태할 것이라고 기대했던 나 같은 사람들이 무거운 책임을 져야 할지도 모르겠다.

요즘 대중문화 속에서 페미니즘이 발언권을 얻고 있다고는 하지만, 그 발언권은 언론 친화적인 페미니즘에게만 허용된다. 그것은 이성 간의 연애와 결혼, 그리고 현재의 자본주의 체제에 도전하지 않는 경제적 성공, 매력적인 외모와 신체의 자율성을 동시에 가질 권리에 집중하는 페미니즘이다. 엠마 왓슨의 유엔 연설은 남성들에게 페미니즘에 참여할 것을 '권유'함으로써 페미니즘을 합법화하는 데 비중을 뒀다. 언론의 주목을 받았던 셰릴 샌드버그는 베스트셀러 《린 인Lean In》에서 여성들이 직장에 순응하면 점점 자기 자신을 인간으로 바라보지 못하고 불편한 생리적 특징을 지닌 자동인형으로 간주하게 된다고 지적한다. 그런 여성들이 신봉하는 페미니즘은 나름대로 합리적인 것이긴 하지만 섬세하지는 않다. 그런 페미니즘은 왜 남성들이 페미니즘에 적극적으로 참여하지 않는가, 혹은 왜 기업의 조직 문화가 부적절한 선택을 강요하는가라는 질문을 끝까지 파고들지 않는다. 그런 페미니즘은 통념이나 절차나 헤게모니에 도전하는 대신 성형수술을 권유한다.

대중문화 속에서 페미니즘을 고무 찬양하는 갖가지 신호들이 눈에 띈다. 하지만 '미'의 기준에 관한 홍보용 동영상, 영화나 텔레비전 드라마에 나오는 강력한 여자 주인공들, 그리고 재미있는 이름이 붙은 매니큐어가 있음에도 불구하고 '페미니즘'이라는 단어와 페미니즘이 지향하는 가치는 여전히 가장 논쟁적인 영역으로 남아 있다. 언제나 페미니즘의 중심에 놓여 있었던 질문, "여자들은 남자들과 똑같은 권리와 행동의 자유를 가진 인간인가?"라는 질문은 이미 수십 년 전에 해결됐어야 한다. 그러나 우리는 그 질문을 요즘 더 자주 던지게 된다. 우리가 사는 세상은 진정한 페미니즘과 하나가 된 것 같지는 않다. 오히려 우리는 겉만 번드르르하고 달콤한 페미니즘 때문에 사회에 깊이 뿌리박힌 갖가지 유형의 불평등에 주목하지 못하는 건 아닐까? 달콤한 페미니즘은 여성들 간의 우애라는 단순한 주제를 내세우고 '당신을 지지합니다. 여성 만세!'라는 트윗과 인스타그램의 사진들, 여성 자신을 위해 옷을 입으라고 격려하는 잡지 기사들을 이용한다. 성평등〔'양성 평등'이라는 용어가 흔히 쓰이지만, 이 책에서는 남녀 간의 평등과 달리 개인이 선택하는 성gender도 생물학적 성sex과 동등하게 간주해서 동성애, 성전환 등을 포함하는 성평등(젠더 평등)을 이야기하고 있다고 이해되므로 특별한 경우를 제외하고는 '성평등'을 썼다_옮긴이〕은 투쟁의 슬로건에서 소비자 브랜드로 바뀌었다. 물론 피상적으로나마 대중매체와 대중문화를 통해 사람들의 태도는 바뀔 수 있다. 대중문화가 세상을 변화시킬 힘을 가지고 있다고 굳게 믿는 사람으로서, 나는 페미니즘의 영향으로 문화가 절반쯤은 바뀌었고, 그것이 완전한 성공으로 가는 동력을 제공할 수 있다는 즐거운 상상을 해보고 싶다. 따지고 보면 텔레비전에 페미니즘 프로그램이 생겨나고, 페미니스트 출판사가 설립되고, 페미니스트 가수들이 등장하는데 페미니스트 속옷 브랜드가 만들어지지 말란 법은 없다. 그럼 페미니스트 장난감은? 페미니스트 에너지 음료는? 페미니스트 스트립클럽은? 만약 페미니즘이 영화나 음반의 형태로 판매된다면, 그것을 상품으로 판매하지 못할 이유가 없지 않은가?

이 책은 시장 페미니즘이라는 새로운 조류(정치와 분리되어 중립적인 태도를 취하고, 고집스럽게 개인의 경험과 자아실현에만 초점을 맞추는 페미니즘)의 출현과 그로부터 생겨난 페미니스트의 정체성 변화를 다룬다. 나는 둘 사이에 밀접한 연관성이 있다고 믿는다. 책의 앞쪽 절반은 과거와 현재의 페미니즘이 대중매체와 대중문화에 영향을 미쳐 '방송 페미니즘'을 탄생시킨 과정을 살펴본다. 책의 뒤쪽 절반에서는 아직 완수하지 못한 과제들을 다룬다. 시장 페미니즘의 힘과 영향력을 다루면서 사회적, 정치적, 그리고 여전히 급진적 성격을 띠는 사회운동이 대중문화와 대중매체를 통해 걸러질 때 어떤 일이 벌어지는가를 살펴본다.

어떤 사람들은 시장 페미니즘과 방송 페미니즘의 등장이 페미니즘과 우리 사회가 상호작용을 통해 동화되어가는 긍정적 징표라고 주장한다. 그들은 언론이 그런 방식으로 페미니즘 운동을 수용하는 것(예컨대 "연예계의 베스트 & 워스트 페미니스트 8인"이라는 기사가 있다)이야말로 그 운동이 진정으로 성과를 내고 있다는 증거라고 말한다. 지금부터 현대사회의 페미니즘이 어떻게 변화하고 어떻게 사회에 동화했는지, 그리고 시장 페미니즘이라는 새롭고 이상한 조류 속에서 앞으로 무슨 일이 벌어질지를 함께 알아보자.

1부

페미니즘, 시장에 동화되다

"
사람들은 이런 식이더군요.
'좋습니다. 저녁 식사를 하면서
영화 이야기를 하시죠.' 그러면
저는 이렇게 대답했어요.
'웬 저녁 식사요? 대본은 여기서도
읽을 수 있는데요.'
"

에바 헤르지고바Eva Herzigova,
체코 모델·배우,
〈데일리 메일Daily Mail〉, 2014

1장 권능의 통로

"150년 전, 뉴욕주 북부 세니커폴스Seneca Falls의 마을 예배당에서 미국 최초의 여성 인권 집회가 열렸습니다. 여성의 투표권 획득을 위한 혁명이 역사적인 첫 발걸음을 뗀 순간입니다. 이제 당신은 여성운동사의 이정표가 된 이 날을 기념하고, 그 집회에 참석해서 여성 투표권을 주장했던 용감한 사람들의 신념과 의지를 되새길 수 있습니다. 당신이 '퍼스트USA 은행의 기념일 시리즈 플래티넘 마스터카드'를 사용하는 것은 여성 인권을 찬양하는 것과 같습니다. 오늘 당장 신청하세요."

1998년 퍼스트USA 은행이 신용카드 홍보를 위해 여성의 참정권 획득과 여성이 빚을 질 자유를 연결시킨 것은 굉장히 뻔뻔한 행동이었다. 자본주의에 봉사하기 위해 페미니즘의 언어를 이용했기 때문이다. (퍼스트USA 은행은 그 신용카드를 발급받은 사람들이 첫 결제를 하면 '여성 연감'을 무료로 보내주겠다는 약속까지 했다.)

여성의 권리가 얼마나 신장됐는가를 설명하기 위해 자주 인용되는 일화가 하나 있다. 1970년대 중반까지 미국 여성은 자기 이름으로 신용카드를 발급받을 수 없었다. 기혼 여성이 신용카드를 쓰려면 공동 서명인(남편 또는 아버지)을 내세워야 했다. 그러면 남편 또는 아버지의 이름으로 카드가 발급됐다. 독신 여성, 이혼 여성, 과부가 된 여성들은 카드 발급을 거부당했다(대개의 경우 이런 기준은 도서관 출입카드 발급에도 적용됐다). 그래서 1974년 신용기회평등법Equal Credit Opportunity Act의 의회 통과는 여성해방이 실현된 증거로 받아들여졌다. 그 후로 은행에서는 신용카드를 발급할 때 혼인 여부를 따지지 않게 됐다. 여성들은 그들의 돈으로 언제든지 상품을 구매할 권리, 그리고 남성들과 똑같이 빚을 질 권리를 인정받았다.[1] 하지만 상품을 구매하고 소비할 수 있는 권리가 페미니즘과 연결될 때, 그것은 시장 페미니즘이라는 새로운 사조의 핵심 교리와도 연결된다.

현대 페미니즘은 탄생 직후부터 시장에 흡수당했다고 해도 과언이 아니다. 19세기 후반과 20세기 초반의 백인 중산층 '신여성new woman'들은 빅토리아 시대의 이상적인 여성상이었던 '집안의 천사'에 대해 분개했다. 그리고 새로운 소비자 집단을 찾던 광고주들은 일찍부터 '집안의 천사'를 공략 대상으로 삼았다. 광고주들은 이상적인 여성 소비자상을 새롭게 만들어냈다. 이상적인 여성 소비자란 노르웨이의 극작가 헨리크 입센Henrik Ibsen의 희곡에 나오는 여주인공들처럼 미처 꽃피우지 못한 잠재력을 지니고 있고, 관습에 저항하며, 공적 생활에 참여하기를 갈망하는 엄마들과 아내들이었다. 광고 속에서 소비 행위는 여성이 자유를 획득하는 하나의 통로로 그려졌다. 슈레디드 위트Shredded Wheat는 단순한 시리얼이 아니라 "그녀의 독립 선언"이었다. 한편 일러스트레이터인 찰스 데이나 깁슨Charles Dana Gibson이 창조한 경쾌한 올림머리 캐릭터인 '깁슨걸Gibson Girl'은 젊은 신여성의 정신을 상징하는 존재였다. 깁슨걸은 주로 자전거를 타거나, 테니스를 치거나, 법정에서 배심원 직무를 수행하는 모습으로 묘사됐다. 신여성과 깁슨걸은 둘 다 그 시대의 무시무시한 존재로 여겨지던 여성참정권론자를 대중의 입맛에 맞게 상업적으로 형상화한 결과물이었다. 자기 목소리를 내려는 그들의 열망은 번번이 풍자의 대상이 됐다. ("여성참정권론자들의 집회에 가면 재미없는 이야기만 한다. 그리고 눈도 재미가 없다!") 그리고 신여성과 깁슨걸은 둘 다 세련되고 교양 있는 여성으로 묘사됐지만, 그들이 투표권을 획득하기 위해 거리에서 선동을 하거나 단식투쟁을 할 때는 그런 모습으로 그려지지 않았다.

20세기로 넘어갈 무렵 광고업계는 새로운 시장의 주체로서 '여성'의 현실적 중요성을 받아들이기 시작했고, 그 결과 업계 내부에 여성의 진출을 수용하게 되었다. 업계에 진출한 여성들은 대개 여성참정권 지지자들이었으나 '여성이 원하는 것'에 대한 감각을 가진 덕분에 표면상으로는 가치 있는 존재로 대접받았다. 고용주들은 그들의 시장가치와 정치적 성향을 철저히 분리해 다뤘다. 일례로 J. 월터 톰슨J. Walter Thompson 에이전시에서 광고기획자로 일했던 프랜시스 몰Frances Maule은 뉴욕주 여성참정권당Suffrage Party 간부였는데, 그녀는 동료들에게 여성을 "남에게 잘 휩쓸리는 무형의 집단"으로 간주하지 말 것과 "여자도 사람이다"라는 참정권 운동의 구호를 마음에 새기라고 당부했다. 그녀의 노력은 나름의 성과를 거뒀다. 1918년이 되자 J. 월터 톰슨이 이끄는 여성 담당 부서는 회사 사업의 절반 이상을 책임지게 됐다.[2]

"여자도 사람이다"라는 구호는 상식에 호소하는 페미니즘 전략처럼 보인다. 하지만 그것은 규모가 점점 커지는 대량 생산 시대의 시장주의 문화에서는 아주 순진한 구호에 불과했다. 시장주의 문화는 이윤 극대화 전략의 일환으로 이미 여성 시장을 주목하고 있었고, 여성을 소비하는 '사람'으로 대접하는 것은 당연한 전략이었다. 제조업체, 소매상, 광고주, 잡지사 들은 서로 별개이면서 구매력이 높은 두 개의 소비자 집단을 구축하려 했다. 하나는 남성이고, 하나는 여성(백인 여성)이었다. 하지만 사실 그 시대에 '여자도 사람이다'를 기억한 덕분에 사업에서 크게 성공한 사람들은 광고업계에서 무시당하던 유색인종 여성들이었다. 예를 들면 마담 C. J. 워커Madam C. J. Walker와 애니 멀론Annie Turnbo Malone 같은 사업가들은 흑인 여성 전용 모발 관리 용품을 제조해서 판매하는 직판 모델을 최초로 수립했다. 이들은 단시간에 성공을 거뒀지만 수직적인 체제를 만들어 이윤을 극대화하려 하지 않고 자신들의 기업을 교육과 훈련, 공동체 건설과 자선 사업의 장으로 만들었다.

달콤한 연기와 냄새, 그리고 자유의 스웨터
—

상업적 영역이 여성운동의 발전과 보조를 맞추는(정치적 책임을 졌다는 뜻이 아니라 여성운동의 시장 잠재력을 인정했다는 뜻이다) 데 기여한 최초의 상품들 중 하나가 바로 담배였다. 19세기 말과 20세기 초에 여성이 담배를 피우는 것은 꼴사나운 일로 간주됐고, 대개의 경우 여성이 공공장소에서 흡연하는 것은 명시적으로 금지된 행위였다. 그래서 아메리칸 타바코 컴퍼니

American Tobacco Company는 여성이라는 새로운 시장을 개척하는 일을 "우리 앞마당에 있는 금광 파헤치기"와 비슷하다고 판단했다.[3] 이 판단은 틀리지 않았고, 아메리칸 타바코 컴퍼니는 1세대 페미니즘의 물결에 재빨리 올라 탔다. 아메리칸 타바코 컴퍼니는 오늘날 'PR의 아버지'로 불리는 인물인 에 드워드 버네이즈Edward Bernays를 고용해 여성 흡연자를 늘리고 여성의 담 배 소비를 촉진하기 위한 캠페인을 기획했다. 처음에 버네이즈는 담배의 다 이어트 효과를 강조하면서 여성들의 허영심을 자극하는 전략을 채택했다. "달콤한 간식 대신 럭키Lucky를 집어 드세요"라는 문구로 광고가 만들어졌 다. 버네이즈는 나날이 커져가는 여성들의 자유에 대한 요구야말로 담배 판매량을 끌어올릴 수 있는 열쇠라는 것을 직감했다. 1929년 버네이즈와 아 메리칸 타바코 컴퍼니는 뉴욕 시내 5번가에서 '자유의 행진'을 조직했다. 아 메리칸 타바코 컴퍼니에 고용된 여성들은 럭키 스트라이크Lucky Strike 담배 를 '자유의 횃불'처럼 높이 치켜들고 걸어가면서 주변 행인들을 향해 "또 하 나의 성적 금기를 깹시다!"라고 외쳤다. 여기서 성적 금기를 깬다는 것은 그 들과 함께 성평등의 자극적인 연기를 빨아들이자는 의미였다. 이 행진 장면 을 담은 사진들은 전국적인 반향을 일으켰는데, 이것은 인위적인 언론 조작 의 초창기 사례로 볼 수 있다. 그리고 담배를 구입하는 여성의 비율도 절반 이상 증가했다. 1923년에는 여성 담배 소비자의 비율이 5퍼센트였는데 '자 유의 행진' 후에는 12퍼센트로 상승했다. 럭키 스트라이크의 경쟁자들도 재빨리 아메리칸 타바코 컴퍼니의 선례를 따라 홍보전에 뛰어들었다. 필립 모리스Philip Morris는 담배 전문가들이 여성들에게 흡연의 장점을 알려주는 전국 순회 강연을 조직하기도 했다.

명품 란제리 브랜드 메이든폼Maidenform이 오랫동안 진행했던 '드림Dream' 캠페인 역시 여성해방의 상징을 자본주의적으로 이용한 사례다. 여성 광고 기획자 키티 달레시오Kitty D'Alessio의 기획으로 1949년부터 시작된 '드림' 광고는 여성참정권 운동 시대의 광고보다 글이 적고 시각 이미지의 비중이 더 컸다. 그 광고는 평범한(평범하다고는 하지만 전부 백인이었다) 여성들이 순전히 브래지어의 힘으로 이국적인 장소에 초대 받고 환상적인 커리어까지 얻는 장면을 보여준다. "메이든폼 브라를 입고 세계에서 제일 높은 산에 오르는 꿈을 꿨어요." 이런 카피 옆에서 한 여성이 브래지어 차림으로 스키 리프트를 타고 있다. 그녀의 옆자리에는 세인트버나드종의 개 한 마리가 보인다. 그밖에도 복싱을 하는 꿈("내가 케이오로 승리하는 꿈을 꿨어요"), 고대 로마의 전차 경주에 나가는 꿈("꿈속에서 내가 전차를 거칠게 몰았지요"), 체스를 두는 꿈, 사무실로 출근하는 꿈 등이 광고에 등장했다. 의도했던 바는 아니겠지만 이 광고는 평범한 여성들에게 출근과 체스란, 고대로 날아가 전차 경주에 출전하는 것만큼이나 비현실적인 일이라는 메시지를 전달했다.

40년 후, 젊은 직장 여성들을 겨냥해 출시된 최초의 담배였던 버지니아 슬림스Virginia Slims는 럭키 스트라이크의 전설에서 한 걸음 더 나아가 '담배가 여성해방에 필수'라는 취지의 마케팅을 진행했다. 퍼스트USA 은행이 나중에 내놓은 세니커폴스 마스터카드와 마찬가지로 버지니아 슬림스는 역사적 사실을 소재로 삼아 광고를 제작했다. 버지니아 슬림스가 재현한 장면은 아주 생생하고 굴욕적이고 예속적이어서, 그에 비하면 그 어떤 다른 사회도 굉장히 발전한 사회로 여겨질 법했다. 1968년 7월에 시작된 버지니아 슬림스의 인쇄 매체 광고와 텔레비전 광고에는 깁슨걸과 비슷한 여자들이 등장하는데, 그녀들은 갈색 화면 속에서 기이한 상황극을 연출했다. 여자들은 남편의 못마땅한 시선을 피해가며 몰래 담배를 피운다. 그 후 따분하고 가부장적인 남자들과 자유분방한 여성들의 대결이 펼쳐진다("1915년, 신시아 로빈슨 여사는 포도주 저장실에서 담배를 피우다 남편에게 들켰습니다. 부인이 34세였는데도 남편은 그녀에게 방에 들어가서 반성하라고 말했습니다"). "여성들이여, 먼 길을 오셨군요!(You've come a long way, baby!: 여성의 사회적 지위가 놀랄 만큼 향상되었다는 의미_옮긴이)"라는 유명한 슬로건은 과거에 남성의 전유물이었던 담배 연기를 여성이 흡입할 수 있게 된 것이 여성해방의 부산물이 아니라, 해방 그 자체라는 뜻을 담고 있었다. 그래서 1960년대 미국 광고업계를 그린 드라마 〈매드맨Mad Men〉의 시즌 5에서, 주인공 페기 올슨이 스털링 쿠퍼 광고대행사를 떠나 새로 입사한 광고대행사에서 맨 처음 맡은 임무가 '여성을 위한 담배'의 명칭 선정과 광고 기획이었다는 것은 꽤 그럴싸한 설정이다. 여성들을 소비자로 바라보고 그들의 마음을 사로잡기 위해 여성 이미지를 활용한 최초의 담배였던 버지니아 슬림스의 성공은 20년 동안 모회사 필립 모리스에게 막대한 이익을 안겨줬다. 1980년대가 되자 버지니아 슬림스의 시장점유율은 0.24퍼센트에서 3.16퍼센트로 상승했다.[4]

2세대 여성운동이 힘을 키우고 언론의 주목을 받는다는 것은 기업에게 있어 상품 판매를 위한 홍보 문구에 페미니즘을 이용할 기회가 늘어났음을 의미했다. 예컨대 1970년 미국양모협회Americal Wool Council에서 내놓은 리버레이티드 울 스웨터Liberated Wool Sweater라는 브랜드의 광고를 보자. 여성잡지에 실린 광고는 리버레이티드 울 스웨터의 옷을 "새로운 자유의 표현"이라고 칭송한다. 그 옷은 입는 사람에게 "활동의 자유, 주름으로부터의 자유, 자기가 원하는 길이의 치마를 입을 자유"를 준다는 것이 이유였다.[5] 광고주들은 페미니즘이라는 단어를 피하고 한창 진행 중이었던 여성해방운동을 직접 언급하지 않기 위해 조심스러운 태도를 취했다. 광고주들이 노렸던 것은 여성의 자유를 언급하는 기업에 대한 잠재적 소비자들의 지지였다. 여성의 자유를 언급하는 광고의 이면에 도사리고 있는 성적 대상화에 대해서는 미처 비판적 시각을 갖지 못한 사람들, 그들이 광고의 공략 대상이었다. 이처럼 냉소적인 전략이 효과가 있었을까? 메신길Massengill 의 '여성 위생용품'인 질 세척제를 홍보하기 위해 "자유의 스프레이"라는 문구를 활용하는 걸로 충분했을까? 그렇다.

여성을 대상으로 하는 광고와 마케팅은 문자 그대로 여성의 불안감을 유발한 후 다시 그것을 해소하는 전략에 의존해왔다. 그래서 앞으로 여성운동이 수행해야 할 과제에는 인생을 바꿔주는 크림과 샴푸에 관한 시장의 달콤한 약속을 거부하는 것도 포함된다. 물론 여성을 장식품으로 취급하는 사고방식 자체를 거부해야 하겠지만.

여성들의 자기혐오에 의존해서 생존하던 기업들은 여성운동의 최종적인 목표가 실현되는 사태를 두려워했다. 기업들은 상품 판매를 위해 해방의 언어를 차용하면서 일석이조의 효과를 얻을 수 있었다. 그들은 여성운동의 정신을 찬양하는 동시에 새로운 불안감("내추럴해 보이는" 화장품을 원하시는 분?)을 조성하고 현대 사회에 맞는 이상적 여성상을 새롭게 창조했다.

1973년 출시된 "신여성을 위한" 향수인 '찰리Charlie'는 미국산 향수 가운데 처음으로 대박을 터뜨린 제품이었다. 찰리는 레블론 Revlon 이 35세 미만 여성들을 겨냥해 출시한 최초의 향수였다. 찰리의 광고 역시 성공에 한몫을 했다. 광고 속에서 모델 셸리 핵Shelley Hack이 활동적인 바지 정장 차림으로 롤스로이스 자동차에서 뛰쳐나와 뉴욕 중심가를 당당하게 활보하는 장면은 여성운동의 자유와 자신감을 고스란히 반영하고 있었다. 헐렁한 옷이나 찌푸린 얼굴은 보이지 않았다. 그 장면에서 흘러나오는 노래 역시 잠재적 고객들에게 여성해방은 재미있는 것이라는 믿음을 심어줬다. "우린 젊어, 지금이야, 찰리! / 세련되고, 황홀하게, 찰리!" 레블론이 작성한 '마케팅을 위한 '찰리걸Charlie girl'의 20가지 특징'이라는 문서에 따르면, 그들의 고객인 찰리걸은 "반항적이고 솔직하다", "때로는 거칠게 행동한다. 규칙에 얽매이지 않기 때문이다", "때로는 매우 부드럽다. 하지만 수동적이지는 않다", "섹스에 대해 자유로운 태도를 취한다" 그리고 흥미롭게도 "유대인 공주가 아니다"라고 설명된다.[6] (참고로 유대인 나의 어머니는 찰리가 출시되기 조금 전까지 레블론의 제품개발부에서 일했다.)

'찰리걸'은 페미니즘을 해방된 젊은 백인 여성들의 여성성으로 대체하려 했지만, 사실 찰리걸은 그런 전략을 감당할 만한 비전을 보여주지 못했다. 바나드 칼리지의 총장이자 과거에 소극적인 페미니스트였다고 스스로를 소개하는 데버라 스파는 2013년 출간한 《원더우먼Wonder Women》에서 찰리가 '탈맥락화한' 해방의 힘을 지니고 있다고 주장한다. "페미니스트들은 여자답지 않았고, 목소리가 크고, 드세고, 공격적이었다. 반면 찰리는 아름다운 숙녀 같았고, 잘나가는 직장 여성이면서 엄마였다. 찰리를 가질 수 있다면 누가 페미니즘을 필요로 하겠는가?" 스파와 같은 여성들에게는 셸리 핵이 보여준 해방의 이미지가 그런 이미지의 탄생에 일조한 현실의 선동가들보다 훨씬 매력적이었던 모양이다. 찰리 향수는 그런 태도를 부추겼고 소비자들은 그것을 기꺼이 수용했다. 그런 태도를 토대로 만들어진 것이 오늘날의 시장 페미니즘이다. 시장 페미니즘 안에서 이미지는 이론과 분리되고, '재미있는 해방'은 최고의 가치가 됐다.

찰리가 성공을 거두자 레블론은 1978년에 '엔졸리Enjoli'라는 향수를 출시했다. 엔졸리는 새로운 여성상을 조금 더 발전시켰다. 찰리가 대담무쌍하고 아무런 근심 걱정 없는 해방된 미국 여성의 상징이었다면, 엔졸리는 그 해방을 유지하기 위해 필요한 것을 다음과 같이 설명한다. "24시간 깨어 움직이는 여성을 위한 8시간의 향기." 찰리걸이 잘 노는 아가씨였던 반면 엔졸리걸은 진지하게 생활하는 여성이었다. 페기 리Peggy Lee가 등장한 광고는 다음과 같은 노래로 가정적인 이미지를 전달했다. "퇴근길에 베이컨을 사 와서 / 프라이팬에 구워요 / 그리고 당신이 남자라는 걸 절대 절대 절대 잊지 않게 해주죠 / 나는 여어어어자니까요 / 엔졸리!" 엔졸리의 인쇄 매체 광고는 금발 여성이 출근하고, 아이를 맡기고, 업무상 필요한 전화를 걸고, 조깅을 하는 모습을 보여준다. 보기만 해도 피곤한 장면들이지만 이 광고는 슈퍼우먼처럼 다양한 역할을 수행하는 현대 여성을 찬양하려는 의도로 만들어진 것이었다. 대중매체가 대관절 어떻게 "두 마리 토끼 잡기"가 여성들의 이상이라고 인식하게 됐는지 궁금한가? 그렇다면 엔졸리의 인쇄 매체 광고를 한번 보자. "아이들 식사를 챙겨주고 애완용 게르빌루스 쥐에게 밥을 준다. 가족들에게 키스를 해준다. 그리고 9시부터 5시까지 일하러 간다." 여성의 정적인 이미지에 의존하지 않는 화장품 광고는 처음이었다. 또 여성들의 생활이 대체로 매력적이지 않다는 사실을 인정한 향수 광고도 처음이었다. 향수를 홍보하기 위해 '게르빌루스 쥐'라는 단어를 사용한 사례는 전무후무했다.

1970년대 후반에 출시된 다른 상품으로 '시크릿Secret'이라는 땀내 제거 스프레이가 있었다. 앞서 출시된 버지니아 슬림스와 마찬가지로 시크릿은 남녀 모두 사용 가능한 물건을 여성에게 판매하기 위해 성 대결적인 광고를 활용했다. 광고는 시크릿이 "남자가 써도 될 만큼 강하지만" "여성을 위해 만든" 제품이라는 점을 강조했다. 인쇄 매체 광고에서는 흑인과 백인 남녀들이 짝을 지어(다른 인종끼리 같이 있는 모습은 나오지 않는다), 둘 중에 누가 그 땀내 제거 스프레이를 이용하면 좋을지를 두고 입씨름을 벌인다. "시크릿 스프레이가 남성용으로 써도 될 만큼 강하다는 소문이 쫙 퍼졌더군요." 몸짱 보디빌더가 깔끔한 머리의 미녀 다이앤 캐럴Diahann Carroll에게 말한다. "맞아요. 하지만 시크릿은 여성용으로 나온 제품이라고요. 미안해요, 근육남." 그녀가 대꾸한다.

페미니즘의 언어를 도입한 광고 캠페인은 남성들에게 초점을 맞추지는 않았다. 하지만 그런 광고는 대부분 어떤 식으로든 남성을 등장시켰다. 광고 속의 남성은 여성과 가벼운 대결을 벌이기도 하고(시크릿 광고는 1980년대 내내 계속됐다) 단순한 눈요깃감으로 등장하기도 했다. 광고 속 남성들은 찰리걸, 엔졸리걸, 자연스러워 보이는 파운데이션을 바른 여성들이 새로 획득한 자유를 남용함으로써 세상을 위협하지는 않을 것이라고 안심시키는 역할을 맡았다. 셸리 핵이 연기한 찰리는 대낮에 거리에서 남자친구의 엉덩이를 두드리지만, 저녁식사 때는 반드시 샐러드를 주문한다. 엔졸리의 '24시간 여성'은 아이들과 게르빌루스 쥐에게 밥을 주고 나서 윤기가 흐르는 속옷으로 갈아입는다. 그녀의 남자에게 사랑을 주고 나서는 두세 시간 동안 쪽잠을 잔다. 총체적으로 볼 때 광고에 나오는 해방된 여성들에게는 기성 사회의 구조를 위협하는 요소가 거의 없었다. 이른바 포스트페미니즘 시대라는 1990년대가 되고 나서야 '페미니스트 소비자'라는 그림에서 남성들이 조용히 빠져나가고, 여성들이 '자신을 위해' 어떤 일을 하고 뭔가를 구입할 수 있다는 개념이 확립됐다.

광고 속의 독신 여성

수십 년 동안 광고주들은 여성들을 설득하기 위해 주로 다른 사람과의 관계를 중심으로 여성의 역할을 강조하는 방법을 썼다. 구강청결제 리스테린의 초창기 광고는 여성들에게 "불량한 위생 상태", 즉 고약한 입내라든가 성기의 악취 때문에 파혼당할 거라고 경고했다. 아기 엉덩이에 최고로 좋은 발진 크림을 발라주고 일회용 기저귀를 채워주지 않는 엄마들을 호되게 꾸짖는 광고도 있었다. 1990년대에 이르자 새로운 분위기의 광고들이 등장했다. 그런 광고들은 독신 여성도 행복할 수 있을 뿐 아니라 실제로 다수 여성이 의도적으로 독신을 선택하며 소비자로서 그 생활을 마음껏 즐긴다는 사실을 인정했다. 1999년 미국 주간지 《빌리지 보이스Village Voice》의 기자 마크 볼Mark Boal은 "여자들은 쉽다: 텔레비전 광고대행사들이 여성 시청자를 얕잡아보는 이유"라는 기사에서 다음과 같은 주장을 펼쳤다. "오늘날의 마케팅 전문가 또는 광고대행업자는 프라다 옷을 입은 여성일 수도 있다. 이와 같은 젠더 역할의 근본적인 변화는 텔레비전에서도 발견된다. 〈그녀는 요술쟁이Bewitched)에 나오는 전업주부 아내는 이제 무기를 휘두르며 원하는 것을 쟁취하는 〈미녀와 뱀파이어Buffy the Vampire Slayer〉의 버피로 대체됐다." 하지만 기사 뒷부분에서 그는 이와 같은 광고계의 과감한 변화조차도 여성을 겨냥하는 오래된 각본의 일부를 끌어온 것이며, 광고에서 여성들의 정체성은 여전히 사랑과 연애를 중심으로 그려진다고 진단했다.

대중문화를 일상적으로 접하는 사람들에게는 이 기사의 내용이 그리 새롭게 느껴지지 않을 것이다. 대중문화가 독신 여성들의 소비자로서의 매력적인 모습을 칭찬하더라도 실질적으로는 그들의 국외자 지위를 강조하는 결과를 낳는다. 1999년 다이어트콜라 광고는 한 여성이 영상 데이트를 위해 자기소개서를 작성하는 모습을 보여줬다. 그녀는 자신에게는 "좋은 친구들"과 "꿈의 직업"이 있다고 중매쟁이에게 말한다. "그 정도면 아주 괜찮은 삶인데요." 중매쟁이가 대답한다. 그 말을 들은 순간 독신주의 여성은 저칼로리 음료를 한 모금 마시고 식당에서 나가버린다. 독신 여성의 귀중한 시간을 낭비하지 않기 위해서였다. 당과 카페인을 잔뜩 넣은 인공적인 탄산음료를 마시는 데 남자가 왜 필요하겠는가? 이것은 여성의 '권능empowerment'을 강조하는 시리즈 광고의 일부였다. 이 광고의 "당신의 삶을 살아라Live Your Life"라는 문구는 예전 광고의 메시지에서 180도 방향을 전환한 것으로 해석됐다. 다이어트콜라의 예전 광고는 "당신이 마시는 음료가 곧 당신이다You are what you drink"라는 능글맞은 문구로 육체적 매력을 강조했다.

한편 2000년에 제작된 드비어스의 다이아몬드 목걸이 광고는 독신 여성을 '불꽃처럼 뜨거운 연애 상대를 찾고 있는 여자'로 형상화했다. 그 광고의 핵심 문구는 술집에서 작업을 거는 언어를 연상시킨다. "매장 앞을 지나치는데 그것이 내게 손짓하잖아……. 우리의 눈이 마주쳤지. 원래 나는 그런 사람이 아닌데, 그날로 그걸 집으로 데려왔어." 사실 다이어트콜라 광고와 드비어스 광고는 독신 여성을 모델로 내세우긴 했지만 흔쾌히 독신 여성을 이상적인 여성상으로 받아들인 것은 아니었다. '아내와 엄마'라는 전통적인 여성상에 더 이상 의존할 수 없다는 것이 못마땅한 나머지 일부러 전통적인 여성상과는 정반대 모습으로 독신 여성들을 그려내는 것처럼 보이기도 했다. 하지만 점점 많은 브랜드가 독신 여성을 상대로 마케팅을 시작하자 그들은 바로 그 전통적인 이상으로부터의 해방을 이야기하는 언어야말로 가장 효과적인 홍보 수단이라는 사실을 깨달았다.

"당신의 왼손은 '우리'라고 말합니다. 당신의 오른손은 '나'라고 말합니다. 당신의 왼손은 촛불을 사랑합니다. 당신의 오른손은 무대의 스포트라이트를 사랑합니다. 당신의 왼손은 아기 요람을 흔들어줍니다. 당신의 오른손은 세계를 지배합니다. 세상의 여성들이여, 오른손을 높이 드십시오."

드비어스는 1947년 "다이아몬드여 영원하라" 광고를 통해 약혼반지 시장을 새롭게 개척한 기업이었다. 드비어스는 다이아몬드를 하얀 드레스나 부케와 마찬가지로 결혼식의 중요한 상징으로 만들었다. 하지만 2000년대 초반이 되자 드비어스는 시장을 더 넓히기를 원했다. 그래서 30세부터 35세 사이의 아직 결혼하지 않은 여성 소비자들을 대상으로 오른손에 끼는 '비혼' 반지를 내놓았다. 원래 반지를 잘 끼지 않던 오른손을 위해 디자인이 예쁜 반지를 제작하고, 그 반지를 낄 사람들의 마음을 사로잡기 위한 광고를 선보였다. 오른손 반지를 판매하기 위한 광고 속에서 결혼은 상상력이 부족한 순종형 여자들이나 하는 것으로 묘사된다. 착하고, 고리타분하고, 솔직히 말해서 따분한 여자들. 어떤 멍청한 남자가 주는 평범하고 밋밋한 다이아몬드 1개짜리 반지를 왜 끼는가? 당신이 더 예쁜 디자인을 직접 골라서 낄 수 있는데?

그 광고는 한동안 대성공을 거뒀다. 비혼 반지의 매출은 2004년 한 해 동안 15퍼센트나 증가했다. 2005년에 그 광고는 뉴욕미국마케팅협회로부터 "반지 판매량 목표를 초과 달성해 다이아몬드 주얼리 산업 전체의 성장을 견인했다"라는 이유로 골드 에피Gold EFFIE 광고상을 받았다.[7] 소비자 행동 연구 기관인 아메리카 리서치 그룹America's Research Group은 2004년 1월 NBC 뉴스 인터뷰에서 비혼 반지의 성공 비결을 다음과 같이 설명했다. "여성 소비자들의 권리 의식이 향상됐기 때문입니다. 반지를 주면서 결혼 승낙을 받던 시대는 끝났어요. 지난 10년 동안 여성의 구매력이 크게 높아진 이유도 바로 그것입니다."[8]

오른손에 끼는 비혼 반지의 성공은 오래가지 못했다. 한때 활발했던 다이아몬드 거래가 주춤해진 이유 중 하나는 앙골라, 시에라리온, 짐바브웨, 콩고민주공화국에서 벌어지는 '피의 다이아몬드' 사태가 세상에 알려졌기 때문이다. 내전 중인 이 나라들에서는 군비 충당을 위해 5세밖에 안 된 아이들이 강제로 다이아몬드 채굴 노동에 동원되고 있었다. 미국 사회의 변화도 빼놓을 수 없다. 9·11사태 이후 안정성과 가정의 가치가 강조되면서 전통적인 성역할에 다시 초점이 맞춰졌다. 미국 잡지들은 테러리스트의 공격을 계기로 무기력해진 남성들이 깨어났다는 주장을 펼치면서 카우보이의 귀환을 멋지게 선언했다. 부시 대통령은 "악의 행위자evildoers"라는 선정적인 표현과 "다 덤벼!"라는 자신만만한 발언을 통해 만화책에나 나올 법한 불굴의 용기를 보여줬다. 출판사와 여성 잡지들은 갑자기 '살림의 예술'에 열광했다. 반질반질한 취사도구며 향기 나는 청소 세제들이 고급 생활용품 분야의 스타로 떠올랐다. 결혼은 전 국민의 관심사가 됐다. 보수주의 기독교 이익 단체들에게 넘어간 부시 행정부는 저소득층 연인들의 혼인을 장려하는 사업에 1,500만 달러를 배정했다. 하지만 그 지원금은 양성애자의 혼인에만 지급된다는 단서를 재빨리 덧붙였다. 한편, 웨딩업계의 수많은 매체들은 제니퍼 로페즈와 마크 앤서니Marc Anthony, 데이비드 베컴과 빅토리아 베컴 그리고 벤 애플렉과 제니퍼 가너Jennifer Garner 같은 유명인들의 화려한 결혼을 끊임없이 기사화했다. 심지어는 그들의 결혼이 미국 전체의 혼인율을 끌어올렸다고 칭송하기도 했다. 그리고 부시가 맹렬하게 '이성애 결혼'을 '보호'하고 있었는데도 웨딩산업복합체wedding-industrial complex는 동성 결혼과 동성애자들을 위한 일련의 상품 출시에 열을 올렸다. 2014년이 되자 《보그Vogue》는 비혼 반지의 새로운 유행에 대해 다음과 같은 해석을 내놓았다. 비혼 반지는 독신 여성의 성공과 독립을 상징하기보다는 심리적 소속감을 얻기 위한 것이고, 그래서 왼손 넷째손가락에 끼는 비혼 반지는 사실상 결혼반지의 의미와 크게 다르지 않다는 기사를 실었다. 이것은 전통의 전복이라 치더라도 과한 수준이었다.

나는 강한 사람이다, 누구도 나를 무너뜨리지 못한다, 나는 계산을 잘 한다

—

"나에게 운동을 시켜준다면, 나 자신을 더 좋아하게 될 거야." 어린 소녀가 말한다. "나의 자존감이 더 높아질 거야." "내가 유방암에 걸릴 확률이 60퍼센트 낮아질 거야." "내가 원하지 않는데 임신할 확률이 낮아질 거야." "나를 때리는 남자와 더 쉽게 헤어질 거야." "나는 지금보다 강해질 거야."

때는 1995년. 나이키는 〈나에게 운동을 시켜준다면〉이라는 감성적인 광고를 통해 여성 소비자들에게 근육질 손을 내밀었다. 그 광고는 팀 스포츠가 소녀들에게 긍정적으로 작용한다는 연구 결과를 여성 잠재력의 폭발로 확대해서 해석했다. 나이키는 여성스포츠재단Women's Sports Foundation에서 수집한 통계를 토대로, "스포츠는 남자들의 취미"라는 통념에 대해 수십 년 동안 축적되어 온 반론을 30초짜리 방송 광고에 압축적으로 담아냈다. 카메라는 다양한 인종의 10대 초반 소녀들을 한 명씩 보여준다. 소녀들은 각자 카메라에 대고 앞의 문장들을 낭독한다. 마치 시청자들 모두가 소녀들의 스포츠를 주변화한 공범이라고 책망하는 것처럼. 그 광고는 나이키의 모든 광고 중에서 가장 큰 성공을 거뒀으며 나이키라는 브랜드를 페미니즘, 교육, 진보와 연결하면서도 안정적인 매출을 유지하는 데 기여했다.

"그건 광고가 아니었습니다. 그건 진실이었어요." 당시 나이키의 광고 기획 총책임자였던 자넷 챔프Janet Champ의 말이다.[9] 그것이 광고였든 진실이었든 간에 나이키로서는 새로운 행보였다. 원래 나이키는 첨단 기술을 동원한 활기찬 이미지의 광고를 선보이는 브랜드였다. 그 직전에 선보인 광고는 스파이크 리 감독이 제작한 〈마스 블랙먼Mars Blackmon〉 시리즈("바로 이 신발이야!")였는데, 그 광고도 아주 멋졌지만 특별히 호소력이 강하지는 않았다. 그런데 〈나에게 운동을 시켜준다면〉 시리즈의 대사들은 애달프기도 하고 제4의 벽을 깨는 내용이기도 해서 나이키가 원래 기대했던 것보다 훨씬 큰 반향을 일으켰다. 〈캔자스시티 스타The Kansas City Star〉에서 그 광고를 취재했던 메리 슈미트는 다음과 같이 보도했다.

그 광고는 약 한 달간 텔레비전 전파를 탔다. 나이키 본사의 전화는 한 달 내내 따르릉따르릉 울렸다……. 전화를 걸어온 사람들은 대부분 엄마들이었다. 그들은 자신에게 한 번도 주어지지 않았던 기회를 딸에게는 주고 싶다고 울먹이는 소리로 말했다. 전화를 걸어온 사람들 중에는 아빠들도 있었다. 예전에는 남성만의 영역으로 간주되던 분야에 진출하려고 하는 딸을 둔 아빠들이었다. 전화를 걸어온 사람들 중 일부는 스포츠가 여학생들의 삶에 얼마나 큰 변화를 일으키는가를 직접 목격했던 코치나 교사 들이었다. 그리고 일부는 스포츠를 접해볼 기회조차 얻지 못했던 여성들이었다.[10]

하지만 챔프의 멋진 설명에도 불구하고 이것은 광고였다. 그것도 매우 성공적인 광고였다. 당신이 영혼 없는 딱딱한 인간이거나 진짜 로봇이 아닌 이상 〈나에게 운동을 시켜준다면〉 광고 한두 편만 봐도 눈물이 주르륵 흐를 것이다. (사실 상품이 뭔지는 중요하지 않다. 만약 텔레비전 광고에 플리트우드 맥의 〈랜드슬라이드〉라는 노래가 삽입된다면, 그 광고가 끝날 무렵 나는 눈물을 한

바가지 흘리고 있을 것이다.) 그러나 광고를 보는데 손수건이 아무리 많이 필요하더라도 그 광고의 목표는 변하지 않는다. 당신이 상품을 구매하게 만드는 것이다.[11]

1년 후 나이키는 〈나에게 운동을 시켜준다면〉 시리즈를 조금 변형해서 〈미국에서 태어난 여자아이〉 시리즈를 선보였다. 전편과 비슷하게 다양한 혈통을 가진 소녀들이 한 명씩 카메라를 응시하면서 부자연스러운 표정을 짓는다. 그리고 이번에도 직설적인 문구를 이용해, 소녀들이 이 세상에서 잘 살아나가려면 스포츠가 필요하다는 점을 상기시킨다. "미국에서 태어난 소녀가 있습니다 / 누군가는 그녀에게 인형을 줄 것입니다 / 그리고 누군가는 그녀에게 공을 선물할 것입니다 / 그러면 누군가가 그녀에게 기회를 줄 것입니다."

어떤 측면에서 그 광고의 힘은 소녀들이 스포츠에 참가할 기회를 얻어야 하는 권리의 문제를 (아직도 대개의 경우는 가까스로 기회를 얻는다) 탈정치화한 데서 나왔다. 사실 1972년 제정된 연방교육개정법 제9조에 따르면 연방정부 지원금을 받는 학교에서는 남학생과 여학생의 체육 활동을 동등하게 지원해야 한다. 나이키의 두 차례에 걸친 시리즈 광고는 정당한 요구를 요청으로 바꾸고, 임의의 남성들에게 호소하고(광고에서는 "당신"과 "누군가"라는 단어로 표현된다), 페미니스트의 선동이 여성 스포츠의 활성화에 기여했던 사실을 희석해버렸다. 사실 성인 여성들과 여학생들은 운동할 권리를 얻기 위해 싸웠고, 싸워서 권리를 획득했다. 하지만 〈미국에서 태어난 여자아이가 있습니다〉 광고는 여성의 운동할 권리는 여전히 허락의 대상이라는 메시지를 전달하고 있었다. 광고 속에서 그것은 당연한 권리가 아니라 남성이 여성에게 주는 선물이었다.

나이키 입장에서 본다면 여성을 등장시킨 두 차례의 시리즈 광고는 일부 여성들의 스포츠 경험을 일반화함으로써 그 경험의 가치를 높이려는 전략에서 출발했다. 당시 대중문화는 성인 여성들의 이미지만이 아니라, 소녀들의 이미지와 관련해서도 커다란 변화를 겪고 있었으므로 그것은 영리한 전략이었다. (1997년에 이르러 나이키는 운동화 시장의 43퍼센트를 점유한다. 여성 소비자를 중요시했던 나이키의 전략에 대한 소비자의 보답이었다.) 1970년대와 1980년대가 자기실현적 여성성을 교묘하게 이용해 시장이 여성운동을 포섭한 시기였다면, 1990년대는 그 초점이 더 젊은 소비자들에게 옮겨간 시기였다. 1990년대에 대중매체는 "소녀들의 위기"라는 사회적 현상에 초점을 맞췄다. "소녀들의 위기"를 자세히 소개한 유명한 책으로는 메리 파이퍼Mary Pipher의 《오필리어의 부활Reviving Ophelia》, 페기 오렌스타인Peggy Orenstein의 《여학생Schoolgirls》, 린 미켈 브라운Lyn Mikel Brown과 캐롤 길리건Carol Gilligan의 《교차로에서의 만남Meeting at the Crossroads》이 있다. 이 책들은 하나같이 사춘기에 도달한 소녀들의 자존감이 급격히 하락하면서 발생하는 심각한 피해에 관해 경고하고 있었다. 똑똑하고, 운동도 잘하고, 자신감이 충분하고, 가족의 지지를 받는 소녀들조차도 사춘기가 되면 불안, 자기 의심, 몸매 콤플렉스의 벽에 부딪친다는 연구 결과가 쏟아져 나왔다. 갑자기 소녀들의 해방이 여성해방과 똑같이 중요한 것이 됐다. 그리고 시장에서는 두 가지 모두를 단순하게 해석했다.

여전사 공주 제나와 그녀보다 조금 어린 동료(연인 같기도 하다) 가브리엘, 뱀파이어 버피, 작지만 활기찬 만화 주인공 파워퍼프걸PowerPuff Girls, 비디오게임 〈툼레이더〉의 겁 없는 모험가 라라 크로프트, 그리고 정력이 왕성한 신세대 본드걸들. 액션 영화의 여주인공들은 1990년대 중반과 후반에 상승세를 탔다. 영리하고 자립적이며 정의감에 불타는 여주인공들이 늘어났다고 해서 파이퍼나 길리건 같은 작가들이 묘사했던 '자존감의 공백'을 메워주는 마법의 다리가 만들어진 것은 아니었다. 하지만 대중문화의 여주인공들이 제공하는 시각 이미지를 통해 결정적인 공백을 메워준 것만은 사실이다. 젊은 여성들은 책장 모서리가 닳아버린 페미니즘 이론서적이라든가, 그들의 어머니와 고모 세대의 문제의식과 자존감을 키워준 대중적 심리학 서적을 굳이 탐독하려 하지 않았다. 그 자리를 텔레비전, 만화, 영화에 등장하는 여주인공들이 대체했다. 그 시대의 여주인공들은 일상 속에서 당연하다는 듯이 강한 모습을 보여줬다. 과거에 남자 주인공들이 언제나 그랬던 것처럼.

또한 그 시대의 여주인공들은 과거의 광고 메시지들을 새롭게 재해석했다. 바비를 예로 들어 보자. 핑크색 플라스틱으로 만들어진 바비는 여성에 대한 사회의 문화적 기대와 선입견을 담고 있는 대표적인 장난감이었다. 1964년에 처음 세상에 나왔을 때 바비는 경음악 가수였고, 커리어우먼이었고, 비키니 모델이었고, 엄마이기도 했다. 1992년에는 '틴토크바비'Teen Talk Barbie'가 논쟁에 휩싸였다. 말하는 인형이었던 틴토크바비는 미리 입력된 몇 개의 문장을 말했는데, 그중 일부는 10대 여자아이들의 지적 능력과 흥미를 과소평가하는 내용이었기 때문이다. '사춘기 소녀들의 위기' 담론이 유행하고 라이엇걸(Riot Grrrl: 1990년대 초반 워싱턴주에서 시작된 여성들의 비주류 펑크 음악 운동_옮긴이) 운동이 발전하던 시대에, 바비에게 "수학 수업은 너무 어려워!"라든가 "꿈의 결혼식을 만들어보자!"와 같은 말들을 입력하는 장난감 제작사를 좋아해줄 사람은 없었다. 전미여대생협회American Association of University Women는 성명서에서 바비의 제작사인 마텔Mattel을 향해 "틴토크바비를 가지고 노는 10대 초반 소녀들이 수학에 대한 자신감을 잃을 위험이 높다"라고 지적하면서 틴토크바비의 녹음 파일에서 그 문장을 삭제할 것을 요구했다. 더 훌륭한 반응을 보인 곳은 자신들을 '바비 해방 기구Barbie Liberation Organization'라고 칭한 게릴라 문화 운동 단체였다. 바비 해방 기구에서는 300개 내지 500개의 틴토크바비와 "말하는 듀크" G.I. 조 인형을 가지고 장난스런 퍼포먼스를 선보였다. 바비와 G.I. 조 인형의 발성 장치를 몰래 바꿔치기해 바비가 쉰 목소리로 "총알 먹어, 코브라!"라고 외치고 듀크는 "쇼핑 가자!"라고 외치게 만든 것이다.

바비 탄생 40주년이었던 1999년이 되자 바비의 이미지는 확 달라져 있었다. 예전에 바비는 극도로 여성적인 옷만 입었지만(본래 바비는 독일의 섹시한 만화 주인공을 토대로 만들어졌다), 이제 바비는 "소녀들을 위한 라이프스타일 브랜드"로 다시 태어났다. 그리고 새로운 일련의 광고들은 불가능을 가능으로 만들었다. 실제 인형이 없이도 바비를 판매한다! 새 광고는 하키와 농구 경기를 하는 소녀들의 흑백사진을 보여주면서 "소녀들이 지배한다"라든가 "나만의 영웅이 되자"라는 문구를 제시한다. 마텔이 관여한 흔적은 광고의 한쪽 구석에 조그맣게 삽입된 분홍색 바비 로고가 전부였다.

수학을 어려워하던 바비의 과거로부터 달아나기 위한 의도적인 움직임은 그것만이 아니었다. 1999년 마텔은 주식회사 걸스Girls Inc.와 제휴 협약을 체결했다. 당시 주식회사 걸스는 "소녀들이 강해지고, 현명해지고, 용감해지도록 한다"라는 사명을 내세우는 신생 비영리 기구였다. 걸스는 마텔에서 1,500만 달러의 기부금을 받는 대신 현실 속의 소녀들과 접촉하면서 얻은 지식과 통찰을 공유하기로 했다. 그래야 바비가 바보 같은 광고 속의 캐릭터를 벗어날 수 있지 않겠는가! 주식회사 걸스의 사무국장 이사벨 카터 스튜어트Isabel Carter Stewart는 다음과 같은 입장을 발표했다. "우리 단체는 소녀들의 생활에 지대한 영향을 미치는 기업인 마텔과 제휴하게 되어 기쁩니다. 마텔의 상품이 소녀들에게 미래를 향한 꿈을 심어준다면, 우리의 프로그램은 소녀들이 자신의 목표를 실현하기 위해 준비하고 계획하는 과정을 도와줍니다."

처음에 마텔 측에서는 바비의 향후 전망이 주식회사 걸스의 언어에 녹아 있는 암묵적인 페미니즘과 결부되는 것을 꺼렸다. 1999년 3월 마텔의 대변인은 〈워싱턴 포스트〉 인터뷰에서 다음과 같이 말했다. "강해지고 현명해지고 용감해진다는 문구에 신경을 곤두세웠던 사람들이 회사 안에 많았습니다. 바비에게는 지나치게 강한 표현이라고 생각했거든요."[12] 하지만 여성잡지 《휴스Hues》에서 편집자로 일한 적이 있으며 현재 '아디오스 바비 닷컴Adios Barbie'의 편집자인 오피라 이더트Ophira Edut의 지적에 따르면, 당시 마텔의 매출은 감소 추세였고 바비가 여성의 자존감을 떨어뜨린다는 글을 쓰는 페미니스트들은 늘어나고 있었다(여기에는 인터넷의 공도 컸다). 페미니즘의 이미지를 통해 사람들의 관심을 끄는 동시에 그 시대의 대세로 떠오르고 있었던 '강한 소녀들'의 달콤한 돈을 끌어 모으는 것은 필승의 전략처럼 보였을 것이다. 하지만 이더트는 다음과 같이 지적한다. "소녀들에게 '당신은 뭐든지 될 수 있습니다'라거나 '당신만의 영웅이 되세요'라고 말하는 광고는 포장지일 뿐이고, 마텔의 진짜 메시지는 따로 있었어요. '우리 상품을 사세요. 지금 당장!' 상품이 약간 여성 친화적인 포장지에 싸여 있었던 것뿐입니다."[13] (마텔이 주식회사 걸스와 제휴해서 내놓은 첫 번째 결과물은 '대통령 바비'였다. 대통령 바비는 금발머리 백인 외에도 라틴계와 흑인으로도 출시됐고, 특정 정당에 치우치지 않는 초당파성을 강조하기 위해 파란색의 활동적인 정장과 빨간색 원피스를 둘 다 가지고 있었다.) 그런데 골치 아픈 문제가 발생했다. 항상 경계 태세를 취하는 미국가족협회American Family Association의 근본주의자들이 그 제휴 때문에 마텔의 다른 브랜드인 '아메리칸걸American Girl' 인형이 오염됐다고 주장한 것이다. 미국가족협회는 주식회사 걸스가 "낙태에 찬성하고 동성애를 옹호하는 이익 단체"라면서 아메리칸걸을 제휴에서 빼라고 요구했다. 그 제휴는 이제 종결됐다. 그리고 2008년과 2012년에 대통령 후보 바비가 잠깐 되살아나긴 했지만, 결국 바비는 자기만의 영웅이 되기 위해 뒷좌석으로 물러나 패션모델, 공주, 그리고 애완견 미용사로 다시 태어났다.

당신의 신체, 당신의 선택

상품을 판매하기 위해 페미니즘의 언어와 이론을 활용하는 전략의 변천 과정에는 여성 소비자들이 개인적인 상품 선택을 통해 더 강한 존재가 된다는 발상이 깔려 있다. 그리고 그 선택은 목표를 달성하기 위한 수단이 아니다. 선택 그 자체가 목표다. 당신이 무엇을 선택하느냐보다 당신에게 선택권이 있다는 사실이 중요하다는 발상이야말로 '선택 페미니즘choice feminism'

의 핵심이다. 선택 페미니즘의 확산은 1980년대부터 소비자 선택권의 중요성이 급속도로, 무한대에 가깝게 확장된 것과 시기적으로 일치한다. 소비는 언제나 신분 또는 지위와 결부되어 있었는데 그것이 어느새 해방의 수단으로 격상됐다. 풍요를 누리긴 하지만 마음이 불안한 사람들이 자신에게 집착하면서 소비는 더욱 확산됐다. 미국의 저술가 톰 울프Tom Wolfe는 이러한 사회 현상을 설명하기 위해 "나의 시대Me Dacade"라는 신조어를 만들었고, 1987년에 발표한 소설 《허영의 불꽃The Bonfire of the Vanities》에서 이를 풍자했다. 역사학자이자 1979년에 《나르시시즘의 문화The Culture of Narcissism》를 출간한 크리스토퍼 래시Christopher Lasch는 소비와 빈곤의 악순환이 확고하게 형성된 일차적인 책임은 광고업계와 마케팅업계에 있지만 페미니즘을 포함한 좌파 운동 역시 그런 악순환을 조장한다고 맹비난했다. (체질적으로 페미니즘 반대론자인 래시는 그의 사후에 간행된 《여성과 일상생활Women and the Common Life》에서 당시 싹트고 있었던 시장 페미니즘을 다음과 같이 비판했다. "페미니즘 운동은 기업 주도 자본주의를 문명화한다는 의도와 정반대로 자본주의에 의해 오염되고 있다. 페미니즘 운동은 장사꾼들의 사고방식을 전면적으로 수용했다.")

예컨대 페미니스트 문화비평가이자 언론비평가인 수전 J. 더글러스Susan J. Douglas는 1980년대 여성을 겨냥한 광고의 성공은 지위와 권력을 해방과 효과적으로 결합시킨 덕분이라고 주장했다. '탐욕은 선greed is good'이고 '나에게 우산이 있다면 비는 오지 않을 것이다'라는 신자유주의의 교리는 상류층이 쓰는 고급 화장품과 디자이너 의류의 보편적인 언어가 됐고, 운동요법(몸짱 만들기 열풍, 다들 알죠?)은 단순한 소비자 상품이 아닌 해방의 성과가 됐다. 더글라스는 다음과 같이 썼다. "엘리트주의와 나르시시즘의 혼합은 레이건 시대 여성들에게 정치는 잊어버리고 개인으로 돌아가라는 효과적인 호소로 작용했다. 개인적 영역에서는 누구나 뭔가를 바꿀 수 있었다."[14] 온순한 포스트페미니즘의 시대에 '선택'은 이른바 "여권 신장 광고"에 딱 맞는 언어로 변형됐다. "여권 신장 광고"란 철저히 개인적인 소비 행위에 페미니즘의 색깔을 살짝 입히는 광고 기법을 가리킨다.

1994년의 악명 높았던 원더브라Wonderbra 광고를 예로 들어보자. 광고판 속의 모델 에바 헤르지고바Eva Herzigova는 갑자기 부풀어 올라 검정색 브라 바깥으로 삐져나온 가슴을 기쁜 표정으로 내려다보고 있었다. "안녕, 남자들"이라는 문구와 함께. 원더브라는 영국에서 1960년대 중반부터 판매되던 제품이지만 이 광고판을 세운 후로 날개 돋친 듯 팔려나갔다. 이 광고가 성공한 이유 중 하나는 언어에 덜 의존했다는(그 시리즈의 다른 광고에는 "내 눈을 보고 사랑한다고 말해봐"라든가 "그냥 날 보기만 해도 좋은 거야?"라는 문구가 들어갔다) 것이다. 또 하나의 이유는 페미니스트 이론가 앤절라 맥로비Angela McRobbie가 말한 "페미니즘 건너뛰기feminism taken into account"라는 태도를 취했기 때문이다.

페미니즘 건너뛰기란 페미니즘 운동이 이미 성공했기 때문에 문화를 창조하는 과정에서 굳이 페미니즘을 고려할 필요가 없어졌다는 믿음이다. 이쯤 되면 원더브라 광고의 기획안이 어떤 논리에 근거했는지를 알 것도 같다. "만약 우리가 페미니즘에 무지했다면 이것은 성차별적 광고로 보일 것이다. 하지만 우리는 페미니즘을 지지한다. 여자들도 우리가 페미니즘에 반대하지 않는다는 걸 안다. 그러므로 이 광고는 사실상 해방의 표현이다." 이런 논리를 연장하면 다음과 같다. 만약 헤르지고바, 케이트 모스, 그리고 원더브라를 백화점에서 불티나게 팔려 나가게 만든 수많은 여성들이 이 속옷을 입는다는 '선택'을 하고 있다면, 그리고 그들이 그 속옷을 입는 행위로써 섹스에 대한 주도권을 표현하고 있다면, 그거야말로 최고의 페미니즘 아니겠는가?

소비자들 중에 원더브라 광고를 그렇게 포스트모던한 방식으로 해석한 사람이 몇이나 되는지 정확히 알 방법은 없지만, 20년이 지난 시점에 헤르지고바 본인이 털어놓은 이야기에 따르면 그런 사람은 많지 않았던 것 같다. 2011년 그 광고판이 영국의 야외미디어센터에 의해 가장 인상적인 전시물로 선정됐을 때, 헤르지고바는 영국의 〈데일리 메일Daily Mail〉 인터넷판과의 인터뷰에서 이렇게 말했다. "저의 원더브라 광고는 여성의 권능을 향상시켰습니다. ……어떤 사람들은 그게 여성 비하라고 말했지만 그건 사실이 아니었어요."[15] 하지만 같은 기사의 뒷부분에서 헤르지고바는 그녀가 모델에서 배우로 전환하려고 했을 때 할리우드 고위 관계자들이 그녀의 속옷을 먼저 확인하려 했다는 불만을 토로했다. "사람들은 이런 식이더군요. '좋습니다. 저녁 식사를 하면서 영화 이야기를 하시죠.' 그러면 저는 이렇게 대답했어요. '웬 저녁 식사요? 대본은 여기서도 읽을 수 있는데요.'" 여성해방에 기여할 의도로 만들어졌다는 광고가 실제로는 여성에 대한 일상적인 대상화를 조금도 완화하지 못했다는 사실, 어쩌면 그 광고가 성차별을 더 부추겼을지도 모른다는 사실은 기사의 어디에도 언급되지 않았다.

2000년대 중반에 이르자 소비를 해방으로 포장하는 전략은 완전한 부조리의 경지에 도달했다. 전형적인 예로 다이어트용 냉동식품 제조업체인 린 쿠진Lean Cusine이 2004년에 출시한 신제품 냉동 피자 광고를 보자. "여성 투표권. 전업주부 아빠. 볼륨업 브라. 린쿠진 피자." 이 광고에 따르면 볼륨업 브라는 투표권 획득과 동일선상에 놓일 만한 여권신장의 결과물이다. 그리고 다이어트 냉동 피자는 가정에서 남녀의 역할 변화와 같은 말이다. 이런 광고를 보면 마케팅 기법의 뻔뻔함이 극에 달했다는 생각이 든다. 하지만 재미와 이윤을 위해 '해방'을 이용하는 방법은 그게 다가 아니다. 같은 해에 공개된 베얼리 데어Barely There의 속옷 광고는 성조기를 처음 만든 여성인 벳시 로스Betsy Ross가 만약 미국 독립선언문에 서명하는 자리에 초대받았다면 그녀는 틀림없이 몸에 잘 맞는 속옷을 입고 가기를 원했으리라는 내용으로 만들어졌다. 텔레비전 광고에서 로스 역을 맡은 모델 샬롬 할로 Shalom Harlow는 이렇게 선언한다. "내가 독립선언문에 서명하고 나서 불꽃놀이를 즐기려면 위로 말려 올라가지 않는 팬티가 필요했겠지……. 나는 그 행사에 초대받지 못했어. 나는 집에서 의자 커버나 갈고 있었지. 하지만 내가 그곳에 갔더라면 베얼리데어를 입었을 거야." 그녀의 대사가 브랜드를 홍보하기에 안성맞춤이었기 때문이었을까? 그 광고 제작에 참여한 사람들 중 누구도 그게 말도 안 되는 소리라는 사실을 알아차리지 못한 듯하다.

그리고 미국 전역에서 낙태와 피임에 대한 주정부 규제가 도입되고 있었던 2006년(사우스다코타주의 경우에는 낙태를 아예 금지시키는 법안을 내놓아 격렬한 찬반 논쟁이 일었다), 채식 햄버거를 판매하는 가든버거Gardenburger에서는 새로운 홍보 문구를 내놓았다. "나의 몸, 나의 가든버거." 그것은 진보 운동의 유명한 구호를 변형해서 만든 모방 캠페인의 일부였다("전쟁을 만들지 말고, 가든버거를 만들어라." "평화, 사랑, 그리고 호미니(반전운동의 구호였던 peace, love and harmony를 변형한 것으로 보인다. 호미니Hominy는 옥수수 낱알을 갈아서 끓인 죽이다_옮긴이)"] 소비자 선택을 신체의 자율성과 연관 짓기에 좋은 시점이 아니었는데도, 그 사실을 아는 사람이 가든버거 직원들 중에 하나도 없었다는 점이 놀랍다.

여권 신장 광고는 스스로를 페미니스트로 간주하는 사람들이 페미니즘적 선택이라고 생각하기만 하면 모든 선택이 페미니즘적이라는 사고를 토대로 한다. 한 발 더 나아가 여권 신장 광고는 여성으로서 존재하는 것 자체가 축복을 받아 마땅한 일이라고 말한다. 여성의 자기애ego는 본래 효과적인 광고의 열쇠지만 여권 신장 광고에서 자기애는 필수적인 요소가 된다. 여권 신장 광고는 "개인적인 소비"를 강조하기 때문에 사회적 맥락에서 상품의 객관적인 가치를 따지지 못하게 하고 구매자의 주관적인 믿음만을 이야기한다. 더글러스가 말한 "해방의 나르시시즘"이 1980년대와 다른 옷차림을 하고 나타난 셈이다. 이제는 지위나 소유물에 주목하는 대신 여성이라는 존재 자체에 초점이 맞춰진다.

초콜릿 광고를 예로 들어보자. 사회의 고정관념에 따르면 여성들이 초콜릿만큼 사랑하는 것은 구두 쇼핑과 향초밖에 없다. 여성들이 초콜릿을 달고 사는 모습을 보여주면서 그 행위를 합리화하거나 섹시하게 묘사하는 광고들은 1960년대와 1970년대에 여성해방을 돈벌이에 이용했던 전략의 일부였다. 그 시대의 광고는 독립적인 신세대 여성이 초콜릿을 먹으면서 자신이 원하는 것을 거의 다 얻는다는 암묵적인 메지시를 전했다. 하지만 성에 관한 이중 기준과 여성들이 모든 욕구를 자제해야 한다는 관념은 여전히 확고했다. 따라서 1990년대와 2000년대 초반의 광고에서 초콜릿의 여권 신장은 일탈(광고는 초콜릿과 초콜릿 먹는 여성을 '죄인' 또는 '퇴폐주의자'로 묘사했다)과 사면이라는 개념에 의존했다. 일탈에 의존하는 광고에는 물결치는 갈색 실크 천으로 몸을 휘감은 여성들이 등장하고 '녹는다'라는 표현이 자주 나왔다. 사면은 로맨틱코미디물에서 친한 친구에게 "다 잘될 거야"라고 위로하면서 초콜릿을 건네주는 장면으로 표현된다. 실제로 개별 포장된 '도브 프라미스Dove Promise' 초콜릿에는 생기발랄함을 강요하는 메시지가 인쇄돼 있다. "턱을 높이 치켜들고 윗입술을 강조하세요. 엉덩이를 뒤로 조금 빼는 것도 좋아요." 그중 하나에는 이렇게 쓰여 있다. "자신에게 목욕을 선물하세요." 다른 하나는 이렇게 말한다. (왜냐하면 여자들이 초콜릿과 구두 쇼핑보다 좋아하는 게 있다면 그건 목욕이니까. 공감하는 사람?) 세 번째 도브 초콜릿은 이렇게만 말한다. "여자들이여, 힘내세요! 당신은 이걸 먹을 자격이 있어요." 여자들은 지나친 자기 의심과 불안에 젖어 있어서 조그마한 네모 모양 초콜릿 하나를 먹으려고 해도 포장지에 적힌 격려의 말이 필요하다고 보는 걸까?

이런 것이 뭐가 문제냐고 말할 수도 있다. 하지만 큰 그림을 보면 이런 격려 메시지들은 여성 소비자들에게 소비도 성평등을 위한 강력한 실천이라고 세뇌하고 있다. 그러니까 우리는 단지 배가 고파서 초콜릿을 먹는 게 아니라 성평등을 위해 행동하고 있는 것이다. 요거트 광고와 마케팅 역시 이와 유사한 방법으로 접근하면서, 남녀가 똑같이 즐길 수 있는 유제품인 요거트를 아주 여성적인 간식인 것처럼 홍보한다. 요거트 광고 속의 여성들이 과일 맛 요거트에 대한 사랑으로 뭉치는 장면은 풍자의 대상이 되기도 했다. 코미디언 메간 암람Megan Amram은 '아래로부터의 산아 제한'이라는 풍자 코미디를 선보였고, 〈새터데이 나이트 라이브Saturday Night Live〉에서는 크리스틴 위그Kristin Wiig가 실제 액티비아Activia의 홍보 담당자인 제이미 리 커티스Jamie Lee Curtis 역할을 맡았다. 여기서 커티스는 대변이 멈추지 않아서 고생하는 요거트 광신자로 묘사됐다. 요거트 광고가 코미디의 단골 소재가 되는 데는 다 이유가 있다. 요거트 광고들은 여성성에 대한 부정확한 통념(다른 달콤한 음식들은 쾌락의 대상이어서 먹을 때마다 죄책감을 느껴야 하지만, 요거트는 단것을 대체할 '좋은' 음식이다)을 소재로 삼을 때조차도 그것을 바꾸기 위해 아무런 노력도 하지 않는다. 1990년대 중반에 나온 인상적인 요플레 광고 한 편을 보자. 뭔가에 불만을 품은 신부 들러리 두 명이 위안을 얻기 위해 요거트를 먹는다. 잠시 후 그들은 요거트가 "부케를 안 받아도 좋을 만큼", "이 드레스를 태워버릴 만큼" 맛있다고 소리친다. 그것은 성에 관한 고정관념(잠깐, 여자들은 결혼식을 사랑하지 않나?)을 나름의 방식으로 전복하는 동시에 재빨리 다른 고정관념(요거트는 다이어트와 무관하게 여성들이 무조건 좋아하는 음식이다)을 주입하려는 시도였다.

판매하라, 하지만 소리치진 마라

페미니즘을 이용하는 광고는 시간의 흐름과 함께 변화했다. 처음에는 여성들의 필수품에 '해방'이라는 의미를 부여하다가(질 세척제, 볼륨업 브라, 저칼로리 냉동식품) 나중에는 소비자 선택 자체를 해빙으로 간수하는 쪽으로 변했다. 그런데 최근의 광고 전략은 조금 더 모호해졌다. 2014년 통신서비스 업체 버라이즌이 선보인 〈그녀에게 용기를 Inspire Her Mind〉 광고는 새로운 형태의 여권 신장 광고였다. 광고 속에서는 한 소녀가 아동기의 여러 단계를 거치며 성장한다. 그 소녀가 10대가 되자 화면 밖의 목소리가 늘 부정적인 말을 들려준다. 그녀가 개울을 건널 때는 "옷이 더러워지면 안 된다!"라고 말하고, 그녀가 조수 연못에서 해양 생물을 관찰할 때는 "그걸 만지고 싶진 않겠지?"라고 말하고, 그녀가 차고에서 로켓을 조립할 때는 "그 드릴은 오빠한테 주지 그러니?"라고 말한다. 마지막 장면에서 소녀는 학교 복도에 붙은 과학 박람회 포스터 앞에 서 있다가, 유리창 앞에서 반사된 얼굴을 보면서 맥없는 동작으로 립글로스를 바른다. 소녀가 여학생들의 전형적인 행동을 하고 있을 때, 화면 밖의 목소리가 다시 등장한다. "우리의 말 한 마디 한 마디가 큰 변화를 일으킬 수 있습니다. 이제 우리는 이 소녀에게 너도 똑똑하다고 말해줘야 하지 않을까요?" 동시에 여학생들이 STEM(과학, 기술, 공학, 수학) 교과목을 회피한다는 통계가 화면에 나타난다.

이번에는 올웨이즈 생리대 광고를 보자. 광고 속에서 영화제작자이면서 여성 문화에 관한 글을 쓰는 로런 그린필드 Lauren Greenfield가 등장해 성인 남녀들에게 "소녀처럼" 달리고, "소녀처럼" 싸우고, "소녀처럼" 공을 던져보라고 지시한다. 사람들은 히죽히죽 웃으면서 매우 과장된 동작으로 발걸음을 옮기고 손목을 돌린다. 다음으로 그린필드는 실제 소녀들에게 달리고, 싸우고, 공을 던져보라고 지시한다. 소녀들은 선입견과 달리 아주 힘찬 동작으로 지시를 수행한다. 그들은 온몸을 움직이면서 의지에 찬 얼굴로 공을 던지고, 달리고, 싸운다. 다음으로 그린필드는 아이들과 어른들 모두와 이야기를 나눈다. 아이들은 어떤 동작을 "소녀처럼" 해보라는 지시가 왜 모욕적인가를 선뜻 이해하지 못한다. 하지만 어른들은 그 이유를 잘 알고 있다. 광고는 소녀들의 자존감이 사춘기에 급격히 하락한다는 사실을 지적하면서 시청자들에게 "소녀처럼"이라는 말의 뜻을 다시 생각해보라고 호소한다.

〈그녀에게 용기를〉시리즈는 여학생들이 STEM 과목에 더 관심을 가지게 하려는 취지에서 제작한 광고였다. 여학생들의 STEM 과목 기피는 2000년 대부터 사회적 관심을 모은 사안이었다. 그 문제와 관련한 지원금이나 교육 프로그램도 많이 만들어졌다. 버라이즌은 캠페인을 진행하기 위해 여성들의 이야기를 전 세계에 전파하는 디지털 프로젝트인 메이커스MAKERS와 협약을 체결했다. 광고에 삽입된 목소리의 주인공은 '코딩하는 여자들Girls Who Code'이라는 단체를 설립한 레시마 소자니Reshma Saujani 였다. 버라이즌의 홈페이지에는 '책임'이라는 항목이 있는데, 그 항목에는 버라이즌이 여학생들의 STEM 교육 활성화를 위해 노력하고 있으며 여성의 권익을 옹호하는 단체와 제휴하고 있다는 자세한 설명이 담겨 있다. 버라이즌 홈페이지에서 골든웨스트 칼리지GWC를 졸업한 젊은이들의 사진과 영상을 보면 누구나 감동할 것이다. 다양한 인종의 젊은이들 중 한 명은 "위대한 아이디어는 다양성에서 나온다(Great ideas STEM from diversity: STEM을 중의적으로 활용했다_옮긴이)"라는 손글씨 피켓을 들고 있다. 인상적인 점은 그 홈페이지나 광고가 방문자에게 명시적으로 물건을 판매하지 않는다는 것이다. 겉으로 드러나지 않는 메시지는 다음과 같다. "안녕하세요, 여러분? 우리는 당신의(아니면 당신 딸의) 잠재력을 생각하는 회사입니다. 그러니까 우리를 선택하세요."

마찬가지로 올웨이즈의 〈소녀처럼〉 광고는 신제품 생리대를 언급하지 않는다. 광고는 올웨이즈 브랜드가 여성에 대한 고정관념과 통념이 얼마나 해로운가를 의식하고 있다는 이미지로 가득 차 있다. 올웨이즈 홈페이지에는 "전 세계 소녀들의 권리를 위해 싸우는 올웨이즈"라는 코너가 있다. 그 코너는 올웨이즈가 미국 걸스카우트(걸스카우트는 2014년에 린 인 재단과 함께 여성리더십 증진을 위한 '밴보시#BanBossy' 캠페인을 시작했다) 및 유네스코와 제휴하고 있다고 설명한다. 올웨이즈는 유네스코와 함께, 여자아이들이 생리대가 없어서 며칠 동안 학교에 못 가고 기회를 박탈당하는 나이지리아와 세네갈의 시골 마을에 제품을 보내주는 사업을 벌이고 있다.

여성을 겨냥한 광고에 관해 우리 모두가 아는 사실 하나. 여성용으로 제작된 상품인 청소용 세제, 화장품, 위생용품 등의 광고는 하나같이 문제를 해결해준다고 열변을 토하는데 대개의 경우 소비자는 그 광고를 보고 비로소 문제가 있음을 인식하고 수치심을 느낀다. (말하자면 나는 내 겨드랑이가 더 섹시해져야 한다는 사실을 미처 몰랐다!) 과거의 광고들이 여성의 수치심을 자극하고 자존감을 떨어뜨리는 전략을 취했다면, 버라이즌과 올웨이즈가 선보인 새로운 유형의 광고들은 광고업계의 여성 전략이 일대 전환점에 도달했다는 신호였다. 여성운동이 시작되고 수십 년이 지난 2014년 무렵, 드디어 광고업계는 여성들의 자존감을 바닥으로 떨어뜨리지 않고서도 여성들을 설득하는 것이 가능하다고 여기게 된 것이다. '여성들이 자신을 싫어하게 만들지 말자. 그래야 그들이 우리 상품을 구매할 가능성이 높아진다.' 모든 광고가 여성을 칭찬하는 일로 바빠졌고, 여성들도 스스로를 칭찬하는 일에 몰두하기 시작했다. 이런 현상을 가리키는 "펨버타이징femvertising"이라는 이름도 생겨났다. 트위터에서는 #Femvertising 태그가 붙는다. 펨버타이징은 광고업계의 현장에서 유행하는 용어가 됐고, 여성을 모욕하지 않는다는 새롭고 획기적인 과제를 어떻게 달성할 것인가라는 주제로 회의와 세미나가 개최되기도 했다. 2015년 애드위크Adweek 대회를 보도한 기사의 제목은 "여성의 권능을 향상시키는 광고들이 최고의 펨버타이징으로 선정"이었다. 그리고 그해의 블로그허(BlogHer: 해마다 우수한 상품들을 선정해서 발표하는 친기업적인 여성 매체_옮긴이)는 펨버타이징 시상식을 취재했다.

버라이즌과 올웨이즈 같은 브랜드들이 왜 갑자기 여성들의 권리와 행복이라는 전략을 채택했는지 궁금해하는 사람들도 있을 것이다. 사실 올웨이즈는 예전부터 부드러운 이미지로 상품들을 홍보하려 했다. 그래서 "생리 기간을 행복하게 보내세요. 올웨이즈!"와 같은 유쾌하지만 재미없는 홍보 문구를 활용하고 우수한 속건성 기술과 싸서 버리기 쉽다는 점을 부각시켰다. 2014년 이전에 버라이즌을 유명하게 만든 것은 안경을 쓴 귀여운 남자가 "이제 내 목소리가 들리니?"라고 말하는 광고였다. 기업들이 〈그녀에게 용기를〉과 〈소녀처럼〉 캠페인처럼 진실해 보이는 결과물을 내놓았는데 그 의도를 의심하는 것은 지나치게 냉소적인 분석일지도 모른다. 사실 그 기업들은 상품이 아니라 브랜드 자체를 강조하고 있으므로, 그들의 광고는 어떤 의미에서 페미니즘 그 자체를 홍보하고 있다고 생각하고 싶어진다.

잠시 동안은 그렇다. 여권 신장 광고는 그런 식으로 당신의 비위를 맞춘다. 그리고 10대 초반 여학생들의 육체적 능력을 칭찬하는 광고가 워낙 적기 때문에 그런 광고들은 돋보일 수밖에 없다. 하지만 그런 광고들을 자세히 들여다보면 전통적인 홍보 전략이 고스란히 담겨 있다는 것을 알 수 있다. 올웨이즈 광고의 경우 소녀들의 자신감 부족을 그들이 신체 발달과 생리에 대해 느끼는 사회적인 수치심과 분리하기 위해 최선을 다한다. ("생리 기간을 행복하게 보내세요, 올웨이즈!"라는 문구에는 적어도 "생리"라는 단어가 들어간다.) 최근 여성용품 시장은 유머와 부조리를 활용하는 마케팅을 선보이고 있어서 과거의 솔직했던 마케팅이 우습게 보일 지경인데, 그런 맥락에서 올웨이즈 광고는 대단히 과묵한 편이다. 과거의 생리대 광고는 생리 주기를 대놓고 언급했다. 예컨대 생리대업체인 코텍스Kotex가 'U 바이 코텍스'라는 이름의 생리대를 홍보하기 위해 제작한 광고에서 여자들은 다음과 같은 대사를 읊조린다. "생리를 하는 동안에 나는……아주 부드러운 걸 만지고 싶어져요. 우리 집 고양이처럼……. 때로는 해변으로 달려가고 싶어져요. ……천천히……몸을 굴리고 싶어요." 마지막에는 솔직하게 속내를 드러낸다. "탐폰 생리대 광고들은 왜 그렇게 우스꽝스러울까요?" 반면 단기간에 성공을 거둔 생리용품 정기 배달 서비스인 헬로플로HelloFlo는 생리대를 아주 유쾌한 물건으로 변신시켰다. 헬로플로가 제작한 긴 광고는 소녀들이 생리에 대해 실제로 느끼는 감정들(흥분, 두려움, 당황, 자부심)을 긍정한다. 게다가 그들은 과감하게도 '질vagina'이라는 단어를 써서 자신들의 서비스를 홍보했다.

인터넷과 소셜미디어가 발달하고 신속하게 매체비평이 쏟아지자 기업들은 실적이 좋은 브랜드라도 최소한 고객들이 무슨 생각을 하는지에 관심을 가지는 척은 해야 한다는 사실을 이해했다. 예전 같으면 어떤 브랜드가 여성을 모욕하는 인쇄 매체 광고나 텔레비전 광고를 내보냈을 때 강력한 항의를 담은 편지들이 그 브랜드의 본사 건물에 날아와 산더미처럼 쌓이긴 하지만, 그 광고가 아예 중단될 가능성은 낮았다. 지금은 상황이 다르다. 그런 광고를 내보냈다가는 경제전문지 《포브스Forbes》의 블로그, 〈월스트리트 저널〉, 〈카피랜터Copyranter〉의 눈에 잘 띄는 위치에 기사화되거나, 페미니즘 블로그 페미니스팅Feministing이나 클러치Clutch, 여성들의 풍자 사이트인 오토스트래들Autostraddle이나 비치Bitch에서 욕을 먹거나, 트위터에서 무수한 비난에 시달리게 된다. 그리고 십중팔구 청원 사이트인 울트라 바이올렛Ultra Violet이나 체인지Change.org에서 청원운동의 대상이 된다. 매번 우리가 이렇게 반응해야 한다는 사실이 조금 우울하긴 하지만, 이것은 기업들이 자신들의 메시지와 이미지의 파급 효과에 관해 고민하게 만드는 아주 효과적인 방법이다(아니, 여성 비하 광고에 대해서는 이것이 유일한 방법인 듯하다).

제품의 기능과 효용성이 더 이상 대중의 소비 선택에 결정적인 영향을 주는 요인이 되지 못하는 시점에서, 의미와 명분을 이용한 마케팅은 단순히 기업의 이윤을 증대시키는 수단이 아니라 브랜드 정체성의 결정적인 부분으로 자리 잡았다. 올웨이즈의 〈소녀처럼〉과 버라이즌의 〈그녀에게 용기를〉 광고가 처음 방영되고 한두 달이 지난 2014년 9월, 미국의 마케팅 전문 잡지인 《애드 에이지Ad Age》는 '애드버타이징 벤치마크 인덱스Advertising Benchmark Index'에 의뢰해 그 두 광고의 효과를 측정하고 기사화했다. "다수의 소비자들은 그 두 편의 광고가 여성들을 위해 긍정적 메시지를 강화하고 있다고 답했다. 그 광고들은 브랜드 평판에 대단히 긍정적으로 작용했다. '상품의 성격을 감안하면 CTA(Call to Action: 소비자가 어떤 행동을 하도록 유도하거나 요청하는 메시지_옮긴이) 점수가 기대치보다 높다고 볼 수 있습니다.' ABX 대표 게리 게토Gary Getto의 분석이다."[16]

광고의 목표는 단 하나다. 사회운동의 분위기를 반영하는 것은 광고의 목표가 아니다. 하지만 지난 20년 동안 대중매체가 폭발적으로 증가하고 성장함에 따라 광고는 새로운 물리적 영역(쇼핑카트 손잡이, 스포츠 경기의 점수판, 버스표와 기차표에도 광고가 실린다)으로 서서히 확산되고, 디지털 영역은 광고매체로서 매우 중요해졌다(스폰서 트윗, 인스타그램의 스폰서 포스트, 페이스북의 맞춤형 광고). 심지어는 영악한 게릴라 광고와 바이럴 마케팅까지 생겨났다. 그러는 동안 광고의 권력도 커졌다. 진 킬번Jean Kilbourne과 서트 잴리 Sut Jhally 같은 언론학자들이 오래전부터 주장한 것처럼 광고의 힘이 무의식적으로 작용하면서 누적된다면, 아직 미완인 성평등 운동에서도 앞으로는 광고가 중심적인 역할을 수행할 것으로 예견된다.

그래도 세 종류의 다이어트 냉동 피자 중에서 하나를 선택할 수 있는 것이 굉장한 발전이라는 메시지를 전하기 위해 해방의 언어를 이용하는 것과, 다이어트 냉동 피자란 것이 애초에 존재할 필요가 없는 세상(아니면, 적어도 그런 상품이 오직 여성에게만 홍보되지는 않는 세상)을 만드는 것 사이에는 커다란 간극이 있다. 그리고 페미니즘과 시장 페미니즘 사이에도 꼭 그만큼의 간극이 있다. 바로 그 때문에 펨버타이징을 가려내는 기준이 필요하다. 그 광고가 반드시 그런 의도로 제작되지 않았다 할지라도. '여권 신장 광고'와 펨버타이징은 둘 다 여성에게 어떤 상품을 판매하려 하면서도 그 판매 행위와 실제 페미니즘을 결합하지는 않는다. 여권 신장 광고와 펨버타이징은 여성과 소녀들에게 영향을 미치는 구체적인 문제에 대해 더 많은 학습으로 나아가는 관문이다. 어쩌면 우리는 이런 광고들을 통해 주류 상품에 대한 대안을 발견할 수 있을지도 모른다. 하지만 광고 자체를 찬양하는 일은 여성운동을 이용하고 우리에게 그것을 되파는(그리고 나중에는 우리가 그 상품을 샀다는 이유로 우리에게 보상을 해주는) 광고주들의 기술을 찬양하는 것밖에 안 된다.

> **"**
> 나는 정말 많은 남자들과
> 이야기를 나눴어요.
> 회의실에 들어갈 때마다 똑같더군요.
> 남자들이 둘러앉아서 그 영화가
> 여자들의 마음을 사로잡을 수
> 있을지를 논의하고 있었죠.
> **"**

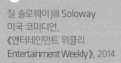

질 솔로웨이 Jill Soloway
미국 코미디언,
《엔터테인먼트 위클리
Entertainment Weekly》, 2014

2장 여주인공 중독: 페미니즘과 할리우드

죽음과 세금 다음으로 빤한 것이 여름철에 개봉하는 할리우드 블록버스터 영화들이다. 대형 영화사들은 여름마다 흥행 가능성이 높은 텐트폴tentpole 영화들을 내놓는다. 이런 영화들을 천막 기둥이라는 뜻의 '텐트폴'이라고 부르는 이유는 그 영화들로 막대한 돈을 벌어들여 그해에 흥행이 덜 된 영화들의 제작비를 메우기 때문이다. 여름철이면 할리우드에서는 스파이더맨, 배트맨, 아이언맨 등의 '맨'들이 입체 음향과 함께 각자의 자리를 차지하고, 테슬라 자동차를 몰고 다니는 영화사 임원들의 눈에는 달러 표시가 새겨진다. 일반적으로 "보석 같은 페미니스트 영화"라거나 "당신이 기다리던 페미니스트 액션"이라는 평가를 받는 영화가 여름철에 멀티플렉스에서 경쟁을 펼치는 일은 일어나지 않는다. 그런데 2015년 5월에는 바로 그런 일이 벌어졌다. 〈매드 맥스: 분노의 도로 Mad Max: Fury Road〉가 바로 그 이변의 주인공이었는데, 호주에서 제작한 〈매드 맥스〉 시리즈의 프리퀄도 시퀄도 아닌 4편이었다. 영화의 주요 내용은 폐허가 된 미래의 땅에서 전직 경찰관이 무법 지대를 누비며 악당들과 싸운다는 것이다. 〈매드 맥스: 분노의 도로〉는 거의 모든 곳에서 칭찬을 받았다. 영화 정보 웹사이트인 로튼토마토Rotten Tomatoes.com에서는 "참신성 99점"이라는 독보적인 점수를 획득했다. 페미니즘에 관심을 보인 적이 거의 없는 신문인 〈뉴욕 포스트New York Post〉마저도 〈매드 맥스: 분노의 도로〉가 "올해의 페미니스트 영화"라고 선언했다.

나는 무의미한 폭발이 난무하는 영화를 누구 못지않게 좋아하는 사람이다(나는 극장에서 돈을 내고 〈아마겟돈〉을 봤다. 두 번이나). 하지만 영화를 좋아하는 페미니스트들이 대부분 그렇듯, 나도 천문학적 예산이 투입된 액션 영화를 볼 때면(그것이 〈에일리언〉 시리즈가 아닌 다음에야) 여주인공이 어떻게 나올지를 대충 예상한다. 액션 영화의 여주인공들은 처음에는 강하고 현명하고 일관성 있는 모습으로 그려진다. 그러다 본격적인 대결이 시작되면 여주인공은 남자 주인공의 임무 수행을 위한 촉매 역할로 바뀐다. 어느 시점에 가면 납치당하거나, 겁에 질리거나, 폭탄에 사슬로 묶인다. 영화 내용을 미리 알려줘서 미안!

멜 깁슨이 쓰레기로 전락하기 이전에 어린 시절을 보낸 나에게 〈매드 맥스〉 3부작은 종말 이후를 세련되게 그려낸 최고의 작품이었다. 디스토피아에서는 여성들이 권력을 쥔다는 발상도 그렇게 이상하다고 생각지 않았다. 3편인 〈매드 맥스: 비욘드 선더돔Mad Max: Beyond Thunderdome〉에서 티나 터너가 부패한 통치자 엔티티Aunty Entity로 나온다는 상징적인 설정이 있었으니까. 그래도 〈매드 맥스: 분노의 도로〉에 쏟아진 일련의 찬사들은 대형 영화사들이 좌지우지하는 할리우드 액션 영화계에서 매우 드문 일이었다. 더욱 흥미로운 일은 여배우 샤를리즈 테론이 중심에 놓인 〈매드 맥스: 분노의 도로)의 예고편과 포스터가 발표되자 비록 수는 적지만 목소리가 큰 일단의 남성 블로거들이 불매운동을 전개했다는 점이다. 그들은 영화 〈매드 맥스: 분노의 도로〉가 페미나치Feminazi의 프로파간다를 숨기고 있는 화려한 트로이의 목마라고 주장했다. ("나는 할리우드와 〈매드 맥스: 분노의 도로〉의 제작자가 나를 포함한 남자들을 속여 이 영화를 보게 만들었다는 것에 분개한다." 한 남자가 불평했다.) 원래 나는 그해 여름에 〈매드 맥스: 분노의 도로〉를 보러 갈 계획이 없었다. 〈매드 맥스〉의 전편들을 각각 250번쯤 봤던 남편조차 4편이 나왔다는 사실을 몰랐다. 그런데 안티페미니스트들이 그 영화의 존재에 분개한다는 소식을 듣고 나는 곧바로 극장으로 달려갔다. 고마워요, 남자들.

사실 〈매드 맥스: 분노의 도로〉는 가부장제가 남자와 여자 모두에게 똑같이 피해를 입히고 있으며 그 시스템에서 탈출하기 위해 누군가는 극단적인 조치를 취할 수밖에 없다는 메시지를 전하는 영화였다. 전직 경찰관 맥스(4편에서는 톰 하디가 맥스 역을 맡았다)는 과거에 옳은 일을 하려다 사람들로부터 많은 비난을 받고 망가진 상태였다. 그는 자신이 막아내지 못한 죽음들을 끊임없이 회상하면서 외상후스트레스증후군PTSD에 시달리고, 말도 없어졌다. 그런 맥스를 다시 움직이게 하는 인물이 여전사 퓨리오사다. 테론이 분한 퓨리오사는 '임모탄 조Immortan Joe'라는 별명으로 불리는 조 대령 밑에서 전투용 트럭인 워릭을 운전한다. 조 대령은 가면을 쓴 전투의 신으로서 시타델을 지배하고 굶주리는 백성들을 박해한다. 여자들은 아이 생산자 겸 모유 제공자로 써먹고, 맥스 같은 사람들은 전투원들에게 신선한 피를 공급하는 '피 주머니blood bags'로 이용한다. 퓨리오사는 끔찍한 학살에서 살아남은 존재로 왼팔에 의수를 달고 있으며, 독재자가 정복한 시타델을 떠나 사막 너머의 '녹색 땅'으로 간다는 계획을 세워놓고 있다. 맥스의 환각과 단 한 가지 목표만을 생각하는 퓨리오사의 고지식함 사이에 최소한의 플롯이 들어가기 때문에, 이 영화에서는 숨은 맥락이 더 중요하다. 남성들의 권력욕과 자원에 대한 통제가 대지의 생산성을 고갈시켰다. 전쟁의 신으로 불리는 지도자는 수천 명의 아들을 생산한 후 옛날의 바이킹족처럼 전쟁터에서 죽는 것이 유일한 영광이라고 세뇌시켜 비정상적인 존재로 길러냈다. 그리고 영화의 결말 부분에서 녹색 땅은 없다는 것이 밝혀진다. 녹색 땅은 사라져 버렸고, 그 흔적이라고는 낡은 주머니에 들어 있는 씨앗들이 전부였다. 총을 몸에 매달고 오토바이를 타고 몰려다니는 할머니 조상들First Mothers이 그 씨앗들을 지키고 있었다.

　나는 그 영화가 마음에 들었다. 하지만 그것은 중요하지 않다. 어떤 사람들은 그 영화를 좋아하지 않았다. 그것 역시 중요하지 않다. 여기서 하려는 이야기는 "올해의 가장 페미니즘적인 영화"라는 극찬이 영화 자체에 관한 논쟁으로 이어지기보다는 페미니즘을 하나의 상품으로 다루면서 페미니즘에 판매 수치를 매기려 한다는 점이다. 〈매드 맥스: 분노의 도로〉가 진실한 페미니즘 영화라고 주장하는 기사와 블로그 포스트들은 "글쎄, 사실은……"으로 시작하는 기사와 포스트들에 의해 반박당했다. (그중 하나에는 실제로 이런 문장이 있다. "사실 〈매드 맥스: 분노의 도로〉는 그렇게 페미니즘적이지 않고, 그렇게 훌륭하지도 않다.") 테론이 연기한 퓨리오사의 금욕적인 모습에 열광하는 사람들이 있었던 반면, 퓨리오사가 너무 오만하고 비현실적일 만큼 완벽한 외모를 지니고 있었다고 생각한 사람들도 있었다. 대재앙 이후를 그린 영화에서 추한 외모의 독재자가 자신의 쾌락을 위해 가장 아름다운 여인을 숨겨둔다는 것이 적절한 설정이라고 생각한 사람들은, 〈매드 맥스: 분노의 도로〉가 진짜 페미니스트 영화라면 시타델을 캘빈클라인 향수 광고와 흡사한 모습으로 그리지 않았을 거라고 생각한 사람들과 대립했다.

이것은 생산적인 대화는 아니었지만 시장 페미니즘의 걱정스러운 측면들을 여실히 보여준 논쟁이었다. 걱정스러운 점 하나는 '페미니스트'라는 용어가 이제 여성을 노골적으로 비하하고, 여성의 품위를 떨어뜨리고, 여성을 착취하지 않는 모든 작품에 대한 칭찬으로 통용된다는 것이다. 또 하나는 어떤 영화가 '페미니즘적'인가 '페미니즘적이지 않은가'에 관한 논쟁은(특히 그 영화가 둘 중 어느 쪽도 의도하지 않았을 경우에)[1] 페미니즘을 가치관, 윤리, 정치의 집합체가 아니라 소비할 가치가 있는 상품인지 아닌지에 대한 평가로 바꿔버린다는 것이다. 〈매드 맥스: 분노의 도로〉는 시장 페미니즘의 승리였다. 그것은 무의미한 대형 폭발음을 좋아하지만 곤경에 처한 불쌍한 여자의 모습은 보고 싶지 않은 사람들에게 적합한 영화였다. 그것은 남성 우월주의자들의 마음속을 들여다보고 여성이 남성과 대등한 지위를 가지는 세상에 대한 그들의 두려움을 보는 창이었다. 하지만 〈매드 맥스: 분노의 도로〉가 대중문화계에서도 가장 불평등하다는 명성을 거의 한 세기 동안 유지해온 할리우드에 작은 변화라도 일으킬지는 아직 불분명하다.

페미니스트의 오류

마저리 퍼거슨Marjorie Ferguson은 1990년에 발표한 에세이 〈권력의 이미지

와 페미니스트의 오류〉에서 "페미니스트의 오류feminist fallacy"라는 용어를
처음으로 썼다. 페미니스트의 오류란 대중매체에 등장하는 몇몇 유력한 여
성들의 모습을 실제 여성들의 "문화적 가시성과 제도적 여권 신장"으로 착
각하는 것이다. 퍼거슨은 다음과 같은 질문을 던졌다. "우리는 소설, 영화,
텔레비전, 인쇄 매체에 여성들이 등장하는 것 자체를 목적으로 보는가? 아
니면 목표를 이루기 위한 수단이라고 보는가?"

  25년이 더 지난 지금도 이 질문은 유효하다. 영화의 역사를 살펴볼 때 이
른바 "강인한 여주인공들"(때로는 명목상으로만 여주인공이었지만)이 현재 부
족하지는 않다. 그리고 특색 있는 영화제, 스트리밍 서비스, 유튜브와 페미
니스트 영상 포털인 니스트 텔레비전nist.tv 같은 웹사이트 덕분에 강력한
여성 등장인물이 나오는 영화를 감상하기가 어느 때보다 쉽다. 페미니스트
블로그와 리스티클listicle ('30세가 되기 전에 해야 할 일 10가지'처럼 목록 형식으
로 쉽게 작성된 기사_옮긴이)에서 페미니즘의 고전으로 자주 언급되는 영화들
로는 〈퀸 크리스티나Queen Christina〉, 〈컬러 퍼플〉, 〈델마와 루이스〉, 〈불꽃 속
에서 태어나서Born in Flames〉, 〈나인 투 파이브9 to 5〉, 〈에일리언〉 시리즈처럼
충분히 예상 가능한 작품들도 있지만, 한편으로는 〈클루리스Clueless〉, 〈사랑
을 기다리며Waiting to Exhale〉, 〈철목련Steel Magnolias〉, 〈프라이드 그린 토마토〉,
〈셋 잇 오프Set It Off〉, 〈피고인The Accused〉, 〈리얼 위민 해브 커브Real Women
Have Curves〉 같은 영화들도 있다. 다시 말하면 어떤 영화를 페미니즘 영화로
만드는 요소는 그 영화를 보는 사람들의 성격에 따라 달라질 수 있다.

  영화에 관한 의견을 표시할 수 있는 공간은 굉장히 많아졌다. 예컨대 당
신이 〈금발이 너무해〉 1편과 2편에 숨어 있는 페미니즘적 의미에 대해 어

떤 주장을 펼치기는 어렵지 않다. 하지만 안타깝게도 대형 스크린이라는 영역 자체에 뚜렷한 페미니스트의 오류가 있다. 페미니스트의 시각으로 어떤 주제를 다룬 영화(그런 영화의 텍스트는 페미니즘을 반영하는 것으로 해석할 수도 있고 페미니즘의 주장을 수용한 것으로 '해석할' 수도 있다)와 그 영화 자체가 페미니즘적인 것은 다르다. 사실 영화에 나오는 강력한 여주인공 또는 그런 여성들에 관한 섬세하고 감동적인 이야기들은 새로운 것이 아니다. 그런 이야기들은 영화가 하나의 산업이 되던 시대부터 존재했다. 하지만 오래전부터 그런 영화가 있었는데도 영화업계의 가치관과 선입견은 별로 바뀌지 않았다. 할리우드의 역사를 보면 여성들은 카메라 앞에서나 뒤에서나 영화업계에 기여한 다음 중요한 역할에서 배제되는 악순환을 거듭했다. 할리우드는 그 시대의 페미니즘 운동을 반영하지 못했다. 그러면서도 그들은 시간이 갈수록 영화 시장이 성별에 따라 나뉘고 있다는 불안감을 토로했다.

무성영화 시대에 할리우드 영화 산업은 관객의 수요에 부응하기 위해 빠른 속도로 몸집을 키웠다. 그래서 할리우드는 실용적인 이유에서 여성 작가, 편집자, 감독, 제작자들을 환영했다. 그런 환영은 전무후무한 것이었다. 그 시절 도로시 아즈너Dorothy Arzner, 로이스 웨버Lois Weber, 앨리스 가이-블라시Alice Guy-Blache(앨리스는 영화사상 최초의 진정한 개성파 영화감독으로 간주된다), 그리고 메리 픽퍼드Mary Pickford나 클래라 보Clara Bow 같은 연기자 겸 제작자들이 만든 영화들은 할리우드가 선호하는 허구적인 탈옥 영화가 아니라, 복잡한 인간관계와 진취적인 사고방식을 담은 휴먼 스토리를 담고 있었다. 예컨대 로이스 웨버의 〈요람을 흔드는 손〉은 산아제한 법률의 필요성에 관한 영화였다. 어느 시점이 되자 여성들이 운영하는 영화제작사가 10여개에 이르렀다. 그러나 영화 전문기자이자 역사가인 멜리사 실버스다인Melissa Silverstein의 말대로 "돈이 우선하게 되면서 화면 뒤의 여성들도 사라졌다." 1920년대부터 값비싼 신기술이 등장해 무성영화를 '토키(talkie: 유성영화를 이렇게 불렀다_옮긴이)'로 바꾸면서 월스트리트가 영화 산업에 개입하기 시작했다. 신생 영화사에 투자하고 감독과 제작자들의 머리 위에 올라앉은 월스트리트 금융자본은 기업형 스튜디오 체계를 만들고 그 체계의 일부로서 성별에 따라 역할이 분리되는 남성 위주의 인력 운용 방식을 채택했다. 창조적인 일을 하거나 중요한 결정을 내리는 자리에 여성이 있으면 아마추어 같고 비전문가적인 것으로 취급했다. 남성이 절대 다수인 금융가 사람들이 할리우드 경제를 주도했고 자본의 규모도 점점 커졌기 때문에, 여성을 책임자로 앉힌다는 것은 지나치게 위험한 선택이 돼버렸다.[2]

스크린 위의 여성들도 이와 비슷한 경로를 따랐다. 지금 우리가 할리우드 영화의 '규약 이전pre-Code' 시기로 알고 있는 시절에 영화 속 여성들은 똑똑한 전문가였고, 야심만만하고, 직설적이고, 똑 부러지고, 교활했다. 심지어는 범죄를 저지르기도 했다. 그들은 상사를 협박하고, 혼외정사로 아이를 갖고, 다른 여성을 유혹했다. 스릴러 영화 속 여성들은 더 자극적이었다. 진 할로Jean Harlow의 〈빨간 머리의 여자Red-Headed Woman〉는 자신이 원하는 것을 얻어내기 위해 어떤 남자든지 유혹하려고 덤비는 뻔뻔한 출세주의자였다. 〈베이비 페이스Baby Face〉에 나오는 바버라 스탠윅Barbara Stanwyck은 섹스를 이용해 무일푼 신세에서 벗어나 월급을 받는 자리를 쟁취한 젊은 여성이었다(영화 포스터에는 "그녀에겐 '그것'이 있었고 '그것'으로 돈을 받아냈다"라고 적혀 있었다). 염문을 뿌리고 다닌 배우이자 극작가, 제작자였던 메이 웨스트

Mae West도 빼놓을 수 없다. 드라마 〈섹스 앤 더 시티〉에 나오는 사만다 존스의 노골적인 대사는 다름 아닌 웨스트의 말투를 모방한 것이다. 사만다는 항상 윙크와 함께 이렇게 말한다. "언제 한번 날 보러 와요." "여자가 방탕해지면 곧 남자들이 쫓아오죠." 웨스트는 규약 이전 시대 할리우드 영화들의 당돌한 대사의 전형을 보여줬다. 그 시절 여배우들이 연기한 등장인물이 남성적이었다는 뜻은 아니다. 그 시절의 여주인공들은 남자 같지 않았다. 그들은 남자와 마찬가지로 스크린 속의 인간이었을 뿐이다. 욕구와 유머와 고집이 가득하며 때로는 어리석기도 한 인간. 그런데 규약이 제정될 무렵 그것은 고쳐야 할 문제로 취급됐다.

1930년대에 전직 우정부 장관이자 미국 영화제작배급협회 회장이었던 윌 헤이즈Will Hays의 주도로 영화 제작 규약Motion Picture Production Code이 만들어졌다. 규약의 목표는 할리우드가 더 이상 "영화를 관람하는 사람들의 도덕적 기준을 떨어뜨리는" 영화를 제작하지 않도록 하는 것이었다. 규약은 영화의 줄거리와 각본이 관객들에게 범죄 또는 복수를 부추기거나 불명료한 도덕적 기준을 제시하지 않아야 한다는 점을 자세히 서술하고 있었다. 규약은 불륜, 다른 인종끼리의 연애, "순수하지 못한 사랑(impure love: 동성애와 트랜스젠더의 연애도 여기에 포함된다)", 그리고 심지어는 춤에 대해서도 각별한 주의를 기울였다. 알몸 노출은 불가능했고, 종교를 조롱하는 장면도 절대 금물이었다. "예술은 그 도덕적 효과가 어떠한가에 따라 악이 될 수도 있다." 규약은 이렇게 경고했다. "외설적인 예술, 부도덕한 책들, 성을 암시하는 드라마가 여기에 해당한다."

1934년부터 1968년까지 시행된 헤이즈 규약에 따라 강제된 윤리적 기준은 영화계의 동등한 기회를 파괴했다. 규약이 제정된 계기는 무성영화 스타였던 로스코 어벅클Roscoe Arbuckle의 세상을 떠들썩하게 만든 재판이었다. 어벅클은 호텔 객실에서 젊은 신인 여배우를 잔혹하게 살해했다는 혐의를 받고 재판정에 섰다. 재판 속보가 라디오와 무선 통신망을 통해 각지로 퍼지는 동안 할리우드의 윤리적 타락은 전국적인 관심사가 됐다. 영화업계는 정부의 더 엄격한 개입을 피하기 위해서라도 자체적인 규제 프로그램을 만들어야겠다고 판단했다.

확실한 것은 헤이즈 규약의 세부 항목들이 남성보다 여성 등장인물의 표현을 더 광범위하게 규제하고 있었다는 점이다. (그중에는 다음과 같은 항목도 있었다. "순수한 사랑은 관객들의 성욕을 자극하거나 불건전한 호기심을 유발하지 않는 방식으로 표현되어야 한다.") 영화비평가 믹 라샐Mick LaSalle은 2001년에 출간한 《규약 이전 시대 할리우드의 섹스와 권력Complicated Women》에서 헤이즈 규약이 스크린 속 여성들의 삶을 집중적으로 규제했다고 주장했다. 헤이즈 규약은 여성들이 자아를 실현하거나, 성적 갈망을 느끼거나, 한 남자에게 의존하지 않고 살아가는 모습을 부자연스럽거나 "불순한" 것으로 봤다. 규약을 작성한 사람들과 집행한 사람들은 비윤리적인 행동보다 남녀평등에 더 분개했다. 어쩌면 그들은 비윤리성과 남녀평등을 같은 것으로 봤을지도 모른다. 어느 쪽이든 간에 스크린에서 재미와 자유는 억제당했다. 라샐의 표현을 빌리자면 헤이즈 규약은 "요정 지니를 다시 병 속에 넣고, 아내들을 다시 부엌으로 보내기 위해 설계된" 것이었다.

규약이 시행되자 여성 등장인물들의 행동 범위가 매우 좁아지고, 남성과 여성은 문자 그대로 흑과 백으로(실제로도 흑백 영화였다) 묘사됐다. 최초의 규약 집행관으로서 가장 큰 권력을 휘둘렀던 조지프 브린Joseph Breen은 열성적인 기독교 신자였고, 그의 지위와 신념이 결합된 결과 할리우드 영화들 속에서는 인생의 불확실성과 인간 본성의 어리석음이 설 자리가 없어졌다. 브린의 감시가 있는 곳에서는 누구도 피임을 하지 않았고 누구도 이혼하지 않았다. 만약 어떤 영화에 킹사이즈 침대가 나오는 장면이 있으면 브린이 개입해서 트윈사이즈 침대 2개를 대신 쓰라고 지시했다. (말이 나온 김에, 그의 지시에는 긍정적인 측면도 있었다. 토머스 도허티Thomas Doherty가 2007년 출간한 《할리우드의 검열Hollywood's Censor》에 따르면, 〈바람과 함께 사라지다〉에 수없이 등장하는 인종차별적인 요소를 삭제한 사람도 브린이었다.)

윤리적 정당성과 명료한 성격 묘사라는 원칙을 이토록 확고하게 지킨 결과로 탄생한 일련의 가설들은 오늘날까지 생명을 유지하고 있다. "바람직한 결혼"은 하얀 울타리 안에서 이뤄져야 한다는 것이 브린의 신념이었다. 백인 남녀가 결합하고, 두 아이를 출산할 정도의 점잖은 섹스만 해야 한다는 것이다. 헤이즈 규약의 기본 정신에 따르면 "좋은 아내"는 남편과 아이들의 꿈을 이뤄주기 위해 자신의 꿈을 접는 여성이었다. 유색인종, 동성애자, 트랜스젠더, 장애인에 대해서는 아예 다루지 않거나 암묵적으로 거부하는 것이 할리우드의 단순하고 명쾌하며 획일적인 현실이었다. 헤이즈 규약이 폐지되기 전까지 30년도 넘게 이런 규약들이 영화에 적용됐다는 사실은 할리우드의 상상력은 물론이고 미국 전체의 상상력에 지대한 영향을 미쳤다. '가족의 가치(family value: 미국인이 전통적으로 중요시하는 가부장적 가족관. 주로 선거 때 보수 세력이 내세운다_옮긴이)'를 옹호하는 정치인들은 오래전부터 《딕과 제인Dick and Jane》(미국의 유명한 어린이책 시리즈로서 평범한 백인 중산층 가구의 두 아이가 나온다_옮긴이)과 〈우리 아빠가 최고야Father Knows Best〉(1954~1960년 미국 텔레비전에서 방영된 가족 드라마_옮긴이)로 대표되는 '잃어버린 천국'을 상기시키면서, 여성과 소수자들이 자기 본분에 맞게 행동할 때 미국이 더 건전한 사회가 된다고 역설했다. 소위 전문가라는 사람들이 방송에 출연해 종교의 이름으로 페미니즘을 비난하고 이혼율, 아동 비만, 기사도의 죽음 등을 모두 페미니즘 탓으로 돌렸다. 그들은 헤이즈 규약이 폐지되면서 생긴 공백에 집착하고 있었다. 밋 롬니Mitt Romney와 폴 라이언Paul Ryan 같은 정치인들이 미국에 총기 난사 사건 같은 폭력 사태가 자주 발생하는 까닭이 한부모들(특히 싱글맘들) 때문이라고 비난할 때 그들은 브린의 각본과 비슷한 말을 늘어놓는다. 그들의 견해에 따르면 결혼은 엄청난 악에 대항하는 윤리적 방패다.

헤이즈 규약의 여성에 대한 교정적 시각은 1930년대 후반과 1940년대에 이른바 '여성용 신파women's picture'의 등장과 함께 확립됐다. "질질 짜는" 영화라는 오명을 얻은 여성용 신파 영화는 로맨스와 멜로드라마를 혼합한 장르로서 '칙플릭(chick flick: 현대 여성들이 선호하는 로맨틱코미디물을 가리킨다_옮긴이)'의 원조였고, 애초부터 그 영화를 제작한 사람들이 생각한 여성 관객들의 속성에 맞춰 만들어졌다. 여성용 신파는 가벼움을 추구했다. 여성용 신파는 섹스에 대한 자율성이 아니라 결혼 생활의 덫을 갈망했다. 그리고 제2차 세계대전이 일어나고 아들, 남편, 남자 형제들이 해외로 떠난 후의 여성용 신파 영화는 현실 탈출을 추구했다.

헤이즈 규약은 여성용 신파 영화의 줄거리 전체에 도장처럼 쾅쾅 찍혀 있었다. 과거의 영화 속 여성들은 자기 삶을 설계하는 존재였지만 이제 그들은 희생양으로 바뀌었다. 여성용 신파 영화는 사랑과 모성을 위해 자기를 희생하는 여자들의 비참함이라는 주제를 자주 다뤘다. 어떤 여주인공들은 병에 걸리거나 미치광이가 됐다. 도덕적 교훈을 주기 위해 스크린 속의 여자들이 서로 싸우게 만들기도 했는데, 그중 상당수는 도플갱어(자신과 똑같은 사람이 눈앞에 나타나는 현상_옮긴이)끼리 싸우는 형식을 취했다.

윌리엄 와일러Willian Wyler와 더글러스 서크Douglas Sirk 같은 남자들이 각본을 쓰고 감독한 영화에서는 여성의 고난이 줄거리의 중심이 됐다. 그래서 수십 년 동안 여성용 신파 영화에서 호의적인 시선으로 그려진 여성은 학대당한 아내 또는 엄마밖에 없었다.

1937년 〈스텔라 댈러스Stella Dalls〉, 1942년 〈가자, 항해자여 Now, Voyager〉, 1945년 〈밀드레드 피어스Mildred Pierce〉는 여성용 신파의 고전으로 손꼽힌다. 이 3편의 영화는 타인을 위해 자신을 지우다시피 하고 어떤 희생도 마다하지 않는 등장인물을 암묵적으로 긍정한다는 공통점을 지니고 있다. 〈가자, 항해자여〉의 억눌린 노처녀 샬럿(베티 데이비스 분)은 어머니에게 정신적으로 학대당한 인물로서, 나중에는 이루어질 수 없었던 사랑의 대상인 남자의 딸이자 자신과 비슷한 상처를 입은 아이를 돌보는 데서 위안을 찾는다. 그 영화의 가장 유명한 대사는 다음과 같다. "우리, 달을 가지려고 하지 말아요. 우리에겐 별들이 있잖아요." 미혼이고 아이도 없는 샬럿이 자기 운명에 만족할 수 있다고 말하자 그녀의 연인이었던 남자는 그 말을 선뜻 믿지 못한다. 한편 〈스텔라 댈러스〉와 〈밀드레드 피어스〉에 나오는 여성들은 딸에게 자신보다 나은 인생을 선사하기 위해 물불을 가리지 않는다(각각 바버라 스탠윅과 조앤 크로퍼드가 연기했다). 하지만 결국 그 여성들은 그들이 길러낸 무례하고 배은망덕하며 신분 상승을 꿈꾸는 딸들에게 외면당한다.

영화사 전문가인 제닌 베이싱어Jeanine Basinger가 "확실한 비정상"이라고 불렀던 여성용 신파 영화의 플롯에는 나름의 교육적인 의미가 있다. 여성들이 올바른 선택(자기를 포기하는 지당한 선택)을 하게 만들려면 그들은 잘못된 선택을 한 데 대해 충분한 벌을 받아야만 한다는 것이다. 이 점은 현대적인 칙플릭 영화도 크게 다르지 않다. 칙플릭 영화의 불운한 여주인공은 아주 부끄러운 실수를 연속으로 저질러 관객들을 즐겁게 한다. 브리짓 존스는 세계적인 작가 살만 루슈디 앞에서 망신을 당하는가 하면 조용한 가든파티에 플레이보이 토끼 의상을 입고 참석한다. 〈당신은 몇 번째인가요?What's Your Number?〉의 앨리 달링은 자신이 영국인이라는 거짓말을 하고 옛 남자친구들을 피해 달아나려다가 곳곳에서 난처한 실수를 저지른다. 〈어글리 트루스The Ugly Truth〉의 캐서린 하이글Katherine Heigl은 업무와 연관된 저녁 식사 자리에 별 생각 없이 진동 속옷을 입고 갔는데 어떤 아이가 리모컨을 손에 넣는다. 영화마다 이런 식이다. 모든 여성은 어리석은 결정을 내리고 그에 합당한 굴욕을 당하고 나서야 멋진 남자와 행복한 미래의 약속이라는 보상을 받는다. 게다가 요즘에는 주인공의 곤경을 실감 나게 묘사해야 영화가 성공한다.

여성용 신파 영화의 시대는 미국 영화계에만 있던 특이한 현상이었다. 이 영화들은 남자 주인공의 이야기를 더 빛나게 하려고 여성들을 보조적인 역할로 등장시킨 작품이 아니었다. 이 영화들에서는 여성들이 주체였다. 그런 만큼 영화평론가들이 여성용 신파 영화들을 맹렬하게 공격했던 것도 놀랄 일은 아니다. 여성용 신파 영화들은 영화업계에서 인정받고 금전적으로도 성공했지만(데이비스와 스탠윅은 아카데미 여우주연상 후보에 올랐고, 크로퍼드는 〈밀드레드 피어스〉로 여우주연상을 탔다), 평론가들은 여성용 신파 영화를 멜로드라마라고 비난했다. 그 영화들이 지나치게 여성적이라는 것이 비난의 핵심이었다. 평론가들은 영화가 여성들의 생활을 세세하게 다룰 필요가 없다고 주장했다. 또 여성용 신파 영화들의 줄거리는 허무맹랑하고, 여성 등장인물들이 자기밖에 모르고, 감정도 과장됐다고 비난했다. 한동안 평론가들은 수백 가지 단어를 동원해서 여성용 신파 영화를 조롱했다. 이런 반응은 새로운 것이 아니었고 신파 영화에 국한된 것도 아니었다. 원래 남성 비평가들은 여성을 대상으로 하는 매체를 부정했다. 1850년대에 작가 너새니얼 호손 Nathaniel Hawthorne 은 "재수 없게 글 쓰는 여자들"이 많다고 출판사에 불평했다. 그 여자 작가들의 책이 그의 책보다 잘 팔렸기 때문이다. 여성에게 관심을 기울일 가치가 별로 없다는 비평적 선입견은 지금도 온존해 있다. 요즘은 남녀를 불문하고 여성 랩가수 니키 미나즈 Nicki Minaj, 여자 농구, 로맨스 소설과 같은 사회문화적 현상을 모조리 비하하는 경향이 있다. 아직도 대부분이 남성인 비평가들의 눈에 그런 현상들은 "지나치게 소녀적"인 것으로만 보인다.

독립영화와 여성

무성영화와 여성용 신파 영화의 시대와 함께, 독립영화의 전성기는 할리우드 작품의 상당수가 여성의 시선을 염두에 두고 제작된 몇 안 되는 시기였다. 그런 시기를 상상하기란 쉽지 않다. 1980년대 후반과 1990년대 초반에 비해 여성들이 대형 스크린 안에 다양한 모습으로 존재했고, 대형 영화사의 테두리 밖에서 일하는 영화제작자들이 급속도로 늘어났다. 선댄스영화제 출품작이었던 〈섹스, 거짓말, 비디오테이프〉의 성공에 힘입어 독립영화 제작자들의 몸값이 높아졌다. 미국의 각 지역에 영화제가 생겨나고, 할리우드의 남성 중심적인 제작사가 아닌 곳에서 일하는 감독들의 목소리와 시선을 홍보하는 소규모 영화제작사 및 배급사들이 갑자기 영화업계의 레이더에 나타났다. 그 결과 여성에 관한 영화만이 아니라 실로 다양한 여성들의 집단에 관한 영화들이 전국 각지의 소극장과 상영관에서 좋은 반응을 얻었다.

여성 동성애자들은 〈데저트 하트Desert Hearts〉, 〈워터멜론 우먼The Watermelon Woman〉, 〈고 피시Go Fish〉, 〈사랑에 빠진 여자들의 모험The Incredibly True Adventures of Two Girls in Love〉, 〈천상의 피조물Heavenly Creatures〉, 〈올 오버 미All Over Me〉 같은 영화를 사랑하고, 열심히 보고, 그 속에서 방황했다. 여성들은 〈저스트 어나더 걸 온 더 I.R.T Just Another Girl on the I.R.T〉, 〈금지된 사랑Zebrahead〉, 〈미시시피 마살라Mississippi Masala〉, 〈이브의 시선Eve's Bayou〉 같은 영화들을 보면서 경쟁, 사랑, 정체성에 관해 고민했다. 거칠지만 내면은 약했던 소녀들은 〈걸스 타운Girls Town〉, 〈루비 인 파라다이스Ruby in Paradise〉, 〈더 트러스트The Trust〉, 〈마이 크레이지 라이프Mi Vida Loca〉, 〈쉐드와 트루디Gas Food Lodging〉 같은 영화들을 통해 우정과 폭력과 자아상을 간접적으로 체험했다. 아프리카 여성들이 등장하는 〈도터스 오브 더 더스트Daughters of the Dust〉와 사막을 배경으로 하는 〈바그다드 카페〉는 멀리 떨어진 곳에 사는 여성들 사이의 마법 같은 우정을 보여줬다. 〈나는 청소년 연쇄살인범이었다 I Was a Teenage Serial Killer〉와 〈둠 제너레이션 The Doom Generation〉에서는 펑크에 물든 소녀들이 대형 사고를 치고, 〈바운드 Bound〉, 〈마지막 유혹 The Last Seduction〉, 〈니키타 La Femme Nikita〉에서는 팜므파탈들이 매력을 발산한다. 《쌔시 Sassy》, 《스핀 Spin》, 《밤 BOMB》, 《필름 스렛 Film Threat》 같은 독립적인 성향의 매체가 탄생한 후부터는 어두컴컴한 곳에 혼자 앉아 있기를 좋아하는 페미니스트들의 시대가 열렸다. 1990년부터 1994년에 이르는 4년 동안, 나는 대학 캠퍼스 길 건너편에 있었던 예술극장 또는 뉴욕 시내의 안젤리카 영화센터에서 이런 영화를 봤다. 어떤 영화는 두 번 이상 봤다. 그런 영화들을 보면서 나는 가슴이 벅찼고, 내가 행운아라고 느꼈으며, 멀티플렉스 극장에서 무슨 영화를 상영하는지 몰라도 행복했다.

1990년대의 독립영화가 진짜로 독립적인 영화였던 기간은 길지 않다. 1990년대에 주류 음반 회사들이 너바나와 가이디드 바이 보이시즈 Guided by Voices를 배출한 소규모 회사들을 흡수하기 시작했던 것처럼, 대형 영화사들도 세련된 이미지를 얻기 위해 독립 제작사들을 흡수했다. 미디어의 독점과 수직 계열화가 진행되면서 독립영화는 거의 개봉되자마자 팔려나갔다. 타임/워너, 20세기 폭스, 디즈니, 유니버설, 파라마운트 같은 대기업들은 미라맥스(Miramax: 미라맥스는 나중에 다시 독립한다)를 비롯한 독립영화 제작사들을 사들이고, 배급 계약을 중개하고, 때로는 자체적으로 독립영화 제작에 뛰어들었다. 1990년대 중반 이후에는 주요 배급사들의 대부분이 사내에 독립영화 부서를 두고 있었다. 예컨대 폭스에는 '서치라이트 픽처 Searchlight

Pictures'가, NBC/유니버설에는 '포커스 피처Focus Feature'가 있었다. 브라보 Bravo 네트워크에서는 독립영화만 상영하는 텔레비전 채널을 만들었다. 쇼 타임Showtime에서 만든 선댄스 채널도 전국의 영화 애호가들에게 대안적인 재미를 선사했다. 그리고 '인디 오스카'로 불리는 인디펜던트 스피릿 어워즈 Independent Spirit Awards가 1984년 탄생했다(원래 제목은 '독립영화의 친구들'상 이었다). 그 시상식은 1990년 기조연설자였던 마틴 스코세이지의 표현처럼 "감동적이고 혁신적이면서 우리에게 꼭 필요한" 영화들을 널리 알리는 행사 였다. 1996년부터는 독립영화 채널인 IFC가 그 행사를 대안적인 시상식으 로 소개하고 중계방송도 했다.

하지만 독립영화라는 장르가 상승세를 타고 할리우드 영화 산업에 편입 되면서 부작용도 생겨났다. 20세기 초반에 그랬던 것처럼, 스튜디오 체제의 경제적 특성 때문에 독립영화를 진정한 대안으로 만드는 요소(거대 자본을 투입해서 영화를 만드는 일반적인 제작자들과 다른 개성 있는 제작자가 만든다)가 상당 부분 탈색되고 말았다.

1992년작 〈저스트 어나더 걸 온 더 I.R.T〉를 예로 들어보자. 〈저스트 어나 더 걸 온 더 I.R.T〉의 주인공 챈탈은 대학에 진학해서 의사가 되기를 꿈꾸 는 당당하고 똑똑한 고등학교 2학년생이다. 그런데 갑작스런 임신을 하면서 그녀의 삶은 불확실성의 영역에 던져진다. 이 영화가 유명해진 이유는 젊은 흑인 여성을 주인공으로 내세웠을 뿐 아니라 낙태와 여성의 선택권이라는 문제를 정면으로 다뤘기 때문이다. 마침 솔직한 영화가 사라지고 있던 시기 였다. 〈저스트 어나더 걸 온 더 I.R.T〉의 각본을 쓰고 감독과 제작을 맡은 레슬리 해리스Leslie Harris는 사람들이 영화 속의 흑인 여성과 흑인 소녀들을 새로운 시선으로 바라보기를 바랐다고 한다. ("나는 영화에 나오는 흑인 여성들의 모습에 질렸어요. 그들은 모두 아내로, 엄마로, 여자친구로, 부속물로 묘사되더군요." 해리스가 1993년 〈뉴욕 타임스〉와 인터뷰에서 했던 말이다. "챈탈은 중심인물입니다. 그녀를 정당화하기 위한 남자 등장인물은 없습니다.") 〈저스트 어나더 걸 온 더 I.R.T〉는 1993년 선댄스 영화제에서 단연 돋보이는 작품이었다. 여러 편의 독립영화를 성공시킨 미라맥스가 그 영화의 배급을 맡기로 했고, 해리스는 심사위원 특별상을 받았다. 《롤링 스톤》의 피터 트래버스Peter Travers는 그 영화가 "정교하게 잘 만들어졌고, 폭발적으로 웃기다"라고 극찬한 데 이어 해리스에 대해서도 "참신한 새 목소리"라고 평했다. 〈저스트 어나더 걸 온 더 I.R.T〉는 금전적인 면에서도 흑자를 냈다. 해리스는 〈섹스, 거짓말, 그리고 비디오테이프〉를 만든 스티븐 소더버그 같은 다른 독립영화 감독들과 비슷한 길을 걸을 것으로 예상됐다. 하지만 현실은 그렇지 않았다. 2002년 그녀는 《살롱Salon》지와 여성 감독의 부족 현상에 관한 인터뷰를 하던 중, 자신이 두 번째 영화의 제작비를 모으기 위해 10년째 노력하고 있지만 별 성과가 없다고 털어놓았다. "흑인 여자가 어떻게 영화를 만드느냐고 하더군요. 그 말을 귀에 못이 박히게 들었어요."[3] 2013년 해리스는 크라우드펀딩을 이용해 신작 〈아이 러브 시네마I Love Cinema〉의 제작비를 모금했다.

2013년 선댄스 연구소Sundance Institute와 비영리 기구 영화와 여성Women in Film이 공동으로 발주한 연구에 따르면, 해리스의 경험은 다른 여성 영화감독들이 카메라 뒤에서 정체되는 패턴과 일치했다. 그 연구에 따르면 2002년부터 2012년까지 영화학교를 졸업한 여성과 남성의 수는 거의 같았으나 영화제에서 작품을 상영한 11,000명의 극작가, 감독, 제작자, 촬영기사들 가운데 여성의 비율은 3분의 1 미만이었다. 2012년까지 그 숫자는 거의 변화가 없었다. 반면 선댄스영화제에서 반짝 성공을 거둔 작품의 목록에는 여성이 지나치게 많았다. 반짝 성공이란 영화제에서는 찬사를 받았으나 개봉한 후에는 큰 반향을 얻지 못한 경우(《저스트 어나더 걸 온 더 I.R.T》도 여기에 포함된다)를 의미한다. 영화제에서 인기를 끌었던 〈타오 오브 스티브The Tao of Steve〉, 〈우즈맨The Woodsman〉, 〈블루 카Blue Car〉, 〈걸파이트Girlfight〉, 〈윈터스 본Winter's Bone〉과 같은 작품을 만든 여성 감독들은 선댄스에서는 인정을 받았지만(그리고 데브라 그래닉Debra Granik의 경우에는 오스카에도 진출했다. 〈윈터스 본〉이 2010년 최우수작품상 후보에 오른 것이다), 커리어의 안정을 위해 필요한 즉각적인 지원과 영화업계의 인맥은 얻지 못했다. 아니, 그들은 두 번째 작품도 제작하지 못했다.

이 여성 감독들의 커리어와 인지도를 그들과 똑같이 선댄스에서 데뷔한 후에 할리우드에서 이름을 날린 남성 감독들과 비교해보자. 소더버그, 케빈 스미스Keven Smith, 코엔 형제, 데이비드 러셀David O. Russell, 웨스 앤더슨Wes Anderson과 폴 토머스 앤더슨Paul Thomas Anderson. "선댄스가 배출한 탁월한 감독들"이라는 명단을 아무거나 찾아서 읽어보라. 대부분 백인 남성들의 이름으로 채워져 있을 것이다. 과연 그 남자들이 더 훌륭한 영화를 만들고, 더 많은 사람을 사로잡는 각본을 쓰고, 더 매력적인 배우를 선발하는 걸까? 그렇다고 대답할 사람도 많을 것이고, 그럴 가능성도 있다. 또 하나의 가능성은 그 백인 남성 감독들의 영화가 그토록 강한 호소력을 지니는 것 자체가 성차별적인 권력 구조의 산물이라는 것이다. 자본이 처음부터 남성 감독들의 잠재력을 보고 돈을 투자하는 이유는 영화사 임원들이 이미 남성 감독들과 공감대를 가지고 있기 때문이다. (여성 영화감독 메리 해론Marry Harron은 이렇게 표현한다. "남성 임원들은 자기들의 젊은 시절을 환상적으로 각색한 영화를 찾으니까요.")[4]

앞서 소개한 선댄스 연구소와 '영화와 여성'의 공동 연구에서, 연구자들은 51명의 여성 독립영화 감독에게 영화업계에서 일하는 동안 성별이 어떤 영향을 미쳤는가라는 질문을 던졌다. 답변을 분석한 결과 여성 감독들의 애로사항은 "성별에 기초한 자본의 장벽", "남성 위주의 네트워크", "전형화", "일과 가정의 균형", "배타적인 채용 절차"의 5가지로 모아졌다. 특히 첫 번째 항목인 "성별에 기초한 자본의 장벽"이 여성의 커리어에 불리한 요소로 가장 많이 언급됐다. 응답자의 43퍼센트가 여성에게 불리한 투자 장벽을 경험한 적이 있다고 답했다. 구체적으로 보자면 여성 감독에게 지급하는 제작비가 더 적다는 점, 제작자와 투자자들이 여성 감독에게 큰돈이 들어가는 대작을 맡기를 꺼린다는 점, "여성"이라는 주제가 상업성이 없다고 간주되는 점 등이었다. 선댄스 연구소 소장 케리 퍼트넘Keri Putnam은 《엔터테인먼트 위클리》와의 인터뷰에서 이 연구 결과를 전하면서 이렇게 말했다. "여성 감독들은 주류 스튜디오에서 일할 때보다 선댄스에서 더 나은 실력을 보여줍니다." 그의 말에 따르면 일반적으로 영화업계의 임원과 투자자들은 여성들을 국외자 취급한다. 따라서 여성 감독은 애초에 대형 스튜디오와 계약을 체결하기가 어려우며, 막대한 예산이 투입되는 프로젝트를 맡을 가능성은 더욱 낮다. 퍼트넘은 이런 현상을 다음과 같이 요약했다. "예산이 늘어날수록 여성의 존재는 줄어듭니다."[5]

리사 촐로덴코Lisa Cholodenko, 레슬리 링카 글래터Lesli Linka Glatter, 마사 쿨

리지Martha Coolidge(쿨리지는 현재 텔레비전 프로그램 제작 일을 주로 한다)와 함께 1990년대 독립영화의 시대에 활동했던 앨리슨 앤더스Alison Anders는 여성 감독들의 불리함을 다음과 같이 설명했다. "능력이 안 되는 남자들이 어쩌다 영화를 하나 만들어서 히트하면 갑자기 대형 스튜디오와 계약하더군요. 그런데 우리가 만든 영화가 잘 안 되면 우리는 두 번째 영화를 만들 기회조차 얻지 못하죠."[6] 2014년에는 젊은 이란계 미국 여성인 디자이리 아카반Desiree Akhavan이 처녀작인 〈이별에 대처하는 자세Appropriate Behavior〉로 갈채를 받았다. 얼마 전 아카반은 '데스, 섹스 앤 머니Death, Sex & Money'라는 팟캐스트 방송에 출연해서 초창기부터 자신이 여성이라는 이유 때문에 예술가로서의 잠재력에 대한 자신감도 떨어졌다고 밝혔다. "올해에만 2명의 남성 영화감독이 나에게 말했어요. 'B마이너스급 영화를 한 편 더 만들어 보지 그래?' ……내가 계속 영화 일을 하려면 B마이너스 영화를 만드는 여유를 부려선 안 되죠. 그런 다음에(B마이너스급 영화를 만든 다음에) 누가 나에게 제작비를 주려고 하겠어요?"

이런 현상의 근저에는 여성들의 시각은 남성들의 시각에 비해 항상 평가절하 당해왔다는 역사적 배경이 자리 잡고 있다. 문학, 영화, 음악과 같은 분야에는 남성들의 이야기가 보편적인 것이고 여성들의 이야기는 특수한 것이라는 암묵적인 전제가 깔려 있었다. (1996년 미국 작가 데이비드 포스터 월리스David Foster Wallace는 백인 남성이 아닌 모든 작가에 관해 언급할 때마다 "소수파"라는 말을 덧붙여 자신의 편견을 드러냈다.) 따라서 선댄스 연구소의 연구라든가 그와 비슷한 다른 연구들에 관해 "숫자만 세고 있다"라고 불평하는 사람들은(실제로 그런 사람들이 있다) 핵심을 놓치고 있는 셈이다. 선댄스 연구소의 연구는 숫자를 제시하기도 하지만 그 숫자의 의미를 더 중요하게 다룬다. 그 연구는 '남성들의 이야기'와 '여성들의 이야기'의 가치에 관한 통념에 주목했다. 〈매드 맥스: 분노의 도로〉가 충분히 보여준 대로, 이제 우리도 남성들의 이야기와 여성들의 이야기가 상호배타적인 범주가 아니라는 사실을 인정해야 한다. 여성들의 경험도 남성들의 경험과 마찬가지로 광범위하고 보편적인 것일 수 있다는 주장이 왜 급진적인 것인가? 그러나 할리우드에는 두 가지 핵심적인 통념이 뿌리를 단단히 박고 있다. 첫째, 여성들은 여성들의 이야기만 할 줄 안다. 둘째, 여성들의 이야기는 아직도 특수한 분야로서 남성들에게는 재미없고 낯설다.

블록버스터 산업은 세계 각국의 관객들을 의식한다. 그래서 여성 감독들이 독립영화와 블록버스터 영화 사이의 간극을 메울 기회는 점점 적어질지도 모른다. 영화 전문 웹사이트 인디와이어IndieWire의 할리우드의 여성들 Women in Hollywood이라는 블로그에 기사를 쓰는 강인구Inkoo Kang는 블록버스터 스튜디오들이 성별과 인종의 불균형에 대해 "잘 알고" 있지만 경제적인 이유로 국내의 여성들을 만족시키는 것보다는 세계 시장을 만족시키는 전략을 채택한다고 말한다. 그녀의 설명을 들어보자. "영화사들은 현재 일반 대중들 사이에 존재하는 인종차별과 성차별의 상태에 의존합니다. 그리고 불행히도 세계의 영화 관객들은 미국 주류 사회의 관객들보다 더 인종차별적이고 더 성차별적이죠. 그래서 나는 별다른 변화를 느끼지 못합니다."

여자들은 무엇을 보는가

할리우드에 여성 문제가 그렇게 오랫동안 뿌리박혀 있었던 이유 중 하나는 그것이 가문의 비밀 같은 것이었기 때문이다. 성차별적 관행으로 혜택을 입은 사람들과 할리우드에 투자한 사람들은 그것을 표준으로 받아들였다. 표준에 항의하는 사람은 커리어가 위험해졌다. 영화업계의 고용 관행을 개선함으로써 업계 종사자들의 성별, 인종별 분포를 영화 관객들의 분포와 유사하게 만들려는 노력은 예전에도 있었다. 1960년대에 영화업계의 채용 과정에서 상습적인 인종차별과 성차별의 증거가 발견됐기 때문에 고용기회균등위원회Equal Employment Opportunity Commission에서 몇 차례 청문회가 열렸고, 그 이후에 실시된 조사에서도 채용 절차상의 차별이 있다는 결론이 나왔다. 1978년 캘리포니아 자문위원회California Advisory Committee가 미국인권위원회U.S. Commission on Civil Rights에 제출한 보고서는 실태 조사의 결과를 다음과 같이 서술했다. "반대되는 주장도 있긴 하지만, 영화 스튜디오의 의사 결정 과정에 참여하는 소수자와 여성은 극소수에 불과하다. 그리고 사람을 채용할 때 공식적인 공고를 활용하는 경우는 드물고 입소문에 의존하는 경우가 지나치게 많다."

이번에는 뉴욕 영화학교New York Film Academy와 서던캘리포니아 대학 아넨버그 언론대학원Annenberg School for Communication & Journalism의 지원으로 이뤄진 연구들을 보자. 이 연구들은 대사가 있는 배역(서던캘리포니아 대학에서 수행한 한 연구에 따르면 2009년 흥행작이었던 영화 100편 가운데 대사가 있는 배역의 30퍼센트만이 여성이었다)이라든가 스크린 속에 비춰지는 여성들의 모습(예컨대 뉴욕 영화학교에서 2007년부터 2012년까지의 상위 500개 영화를 분석한 결과, 여성 등장인물의 28.8퍼센트가 몸매를 드러내는 옷차림을 하고 있었다. 반면 남성 등장인물 중 몸매를 드러내는 옷을 입은 사람은 7퍼센트였다)을 기준으로 불평등을 수량화했다. 이런 연구들은 인터넷이 보급되기 이전에도 있었다. 예컨대 도나 앨런Donna Allen의 《미디어 리포트 투 위민Media Report to Women》은 1972년부터 대중매체에 여성이 참여했거나 여성이 뭔가를 만든 횟수를 기록했다. 샌디에이고 주립대학의 '방송 영화 속의 여성 연구센터Center for the Study of Women in Television and Film' 책임자였던 마사 로젠Martha Lauzen은 약 20년 동안 〈셀룰로이드 천장 보고서Celluloid Ceiling Report〉를 매년 발간했다. 하지만 요즘에는 연구소와 기관들이 정기적으로 발표하는 숫자로 이뤄진 인포그래픽, 칼럼, 블로그 포스트들이 연구의 효과를 증폭시킨다. 업워시Upworthy 같은 콘텐츠 공유 사이트들은 공유하기 쉽게 만들어진 바이트 단위의 정보, 그래픽, 그리고 동영상들을 마치 지명수배령처럼 전 지역에 유통시킨다. '할리우드의 여자들Women in Hollywood', '그림자와 행동Shadow and Act' 같은 블로그들은 영화업계에 일어나는 일 중에 젠더, 인종과 관련 있는 거의 모든 일을 공론화한다. 그리고 소셜사이트인 텀블러Tumblr의 익명 페이지인 '여성 감독 또는 영화업계의 여성들이 듣는 개소리Shit People Say to Women Directors & Other Women in Film'는 영화업계 사람들이 여성에게 하는 말들을 수집한다. (예: "저는 남녀를 차별하는 사람은 아니지만, 그 회의에서는 남자와 이야기하고 싶네요. 그 남자 담당자 님이 가능한 시간으로 다시 잡아봅시다.") 이 페이지는 2015년 봄에 처음 개설됐는데, 몇 시간 만에 수많은 사람의 분노를 한데 모아냈다.

노골적인 차별의 증거들이 스팸메일처럼 날마다 쌓이고 있는데도, 그리고 2015년 초에 미국의 인권 단체 미국시민자유연맹American Civil Liberties Union에서 할리우드 주요 스튜디오의 채용 관행을 재조사하겠다고 발표했는데도, 영화업계 종사자들은 정반대 이야기를 종종 한다. 지금이야말로 영화의 여성성이 극대화된 시대이며, 카메라 앞에서나 뒤에서나 여성들이 왕성하게 활약하고 있다고 그들은 말한다. 예컨대 이익 단체인 미국극장주협회 National Association of Theatre Owners 회장 존 피시언 John Fithian은 어느 업계 행사에서 2015년은 "여성의 해"가 되리라는 예측을 내놓았다. 그 이유인즉슨 〈그레이의 50가지 그림자〉, 〈인서전트 Insurgent〉, 〈신데렐라〉 같은 여성 친화적 영화표를 구매하는 사람 중 여성의 정체성을 지닌 관객이 60퍼센트 이상이라는 것이다. 그러고 나서 피시언은 "과거 어느 때보다 많은 여성들이 주도적인 역할을 하는 모습을 내 딸에게 보여줄 수 있어서 너무나 기쁩니다"[7] 라고 덧붙였다. 극장주와 영화업계를 연결하는 중요한 인물인 그에게 질문을 던져보고 싶기도 하다. 당신의 딸에게 영화 속 여성의 모습을 보여주는 것이 그렇게 중요하다면 과거에 당신은 왜 영화업계에 그런 제의를 한 적이 없었느냐고. 하지만 그냥 넘어가자. 몇 달 후에는 그 유명한 칸영화제에서도 여성의 해라는 듣기 좋은 말이 쏟아져 나왔다. 그해 명예 황금종려상은 여성 감독 아녜스 바르다 Agnès Varda에게 돌아갔다. 여성이 명예 황금종려상을 받은 것은 69년 만에 처음이었다. 그리고 또 하나의 신기록이 수립됐다. 칸영화제 개막작으로 선정된 〈말로니의 두 번째 이야기 Standing Tall〉역시 여성 감독의 작품이었다.

피시언의 연설을 보도한 연예 전문지 《버라이어티 Variety》의 기사에 따르면, 그의 예측은 전통적인 지식에서 출발한 것이었다. 기사의 일부를 옮겨 보겠다. "대다수 애널리스트들은 미국 국내의 극장가 매출이 사상 최초로 110억 달러를 넘어설 거라고 예측하고 있다. 그들의 낙관은 〈어벤저스: 에이지 오브 울트론〉과 〈스타워즈: 깨어난 포스〉 등의 대작 영화에 팬들이 몰릴 거라는 가정을 바탕으로 한다."

〈말로니의 두 번째 이야기〉가 칸영화제 개막작으로 선정된 것은 이미지 관리를 위한 칸영화제 집행위원장 티에리 프레모Thierry Fremaux의 의도적인 선택이었다. 프레모는 전 세계 영화의 흐름을 주도한다고 자부하는 칸영화제가 여성 감독의 작품을 상영하는 데는 매우 인색하다는 비판을 희석하고 싶었을 것이다. (《말로니의 두 번째 이야기》는 그해 칸에서 상영된 여성 감독의 작품 2편 중 하나였다. 이전 3년 동안 칸은 여성 감독의 작품을 각각 2편, 1편, 0편 상영했다.)

할리우드는 지난 10여 년 동안 표현만 조금씩 바꿔서 여성의 해를 계속 선언했다. 그리고 대중매체는 매우 특이한 방법으로 사회의 기대치를 계속해서 낮춰왔다. 예컨대 할리우드에서 흥행한 100편의 영화에서 주요 배역 중 12퍼센트만이 여성의 몫이었다고 치자(이것은 2014년의 실제 통계다). 이듬해에 그 수치가 몇 퍼센트 증가하면 상황이 개선되고 있다고 야단법석을 떠는 식이다. 2012년 《뉴욕 타임스 매거진》에 실린 A. O. 스콧의 기사는 본문에서 "배역 몇 개를 가지고 성역할의 근본적인 전환이 일어났다고 선언하는 것은 어리석은 일일 것이다"라고 지적하면서도 "할리우드가 여주인공을 숭배했던 한 해"라는 제목을 달았다.

나는 매년 〈셀룰로이드 천장 보고서〉를 발간하는 마사 로젠에게 물었다.

수치로 보면 전혀 그렇지 않은데도 할리우드에서 여성의 영향력이 과거 어느 때보다 크다고 반복적으로 이야기하는, 거의 병적인 낙관주의가 영화업계를 풍미하는 이유가 뭘까? 로젠은 그것이 사실에 부합하지 않는 관념이라는 데 동의하면서 원인을 두 가지로 설명했다. "첫째, 사람들은 여성들이 유명해지면 일단 성공한 걸로 봅니다. 예컨대 캐스린 비글로Kathryn Bigelow 같은 여성은 성공 사례가 되는 거죠. 여배우 한두 명의 성공, 그것의 가시적 효과가 사람들의 현실에 대한 관념을 통째로 바꿔놓을 수도 있습니다. 그래서 매년 화면 안팎에서 중요한 역할을 맡는 여성들의 수를 실제로 집계하는 작업이 중요합니다."

로젠이 말하는 두 번째 이유는 다음과 같다. 수십 년 동안 아무것도 바뀌지 않았다는 말만큼 우울한 건 없다. 그런데 할리우드는 본질상 '기분 좋음'을 공격적으로 추구하는 곳이다. "이곳 사람들은 매년 상황이 나아지고 있다고 믿으려는 욕구가 대단히 강합니다." 로젠이 이메일로 보내온 답변의 일부다. "현상 유지에 이해관계를 가진 단체들의 대표는 할리우드의 성평등에 대한 낙관적인 믿음을 전파하기 위해 노력합니다." 미국영화인명예협회Motion Picture Arts and Sciences의 회장인 셰릴 분 아이작Cheryl Boone Isaacs(그녀는 최초의 흑인 회장이고 여성 회장으로는 3번째다)은 2015년 오스카상 후보자 명단을 발표했다. 연기대상 후보자 중에 비백인의 이름이 하나도 없고 각본이나 감독 분야에는 여성 후보자가 하나도 없는 명단이었다. 분은 명단을 읽은 후에 "다양한 목소리와 의견을 발견할 의무"를 강조했다. 하지만 로젠은 그것도 대중의 반발을 무마하려는 시도가 아니었나 하는 의심을 품고 있다. 실제로도 후보자 명단이 발표되자마자 트위터를 통해

#OscarsSoWhite라는 해시태그가 신속하게 퍼져 나갔다.

　매력적이고 입체적이면서 웃음과 감동을 주는 여성 등장인물은 언제나 있었다(대부분이 백인이긴 했지만). 그리고 두터운 여성 관객층도 언제나 있었다. 여성 친화적이거나, 여성이 제작했거나, 여성에게 초점을 맞춘 영화에 기꺼이 지갑을 열어 응원하는 남녀 관객들은 당연히 있었다. 그렇다고 해서 여성 스타 배우 또는 여성 관객들을 향한 영화사 임원들의 전반적인 태도가 바뀌었다고 말하기는 어렵다. 만약 여성 친화적인 영화가 극장가에서 성공한다면 그것은 요행이고 예외적인 사례라는 통념이 아직도 영화업계를 지배한다. 비백인 배우가 주연을 맡은 영화에 대해서도 마찬가지다. 비백인 영화감독들이 틈날 때마다 이 점을 강조하지만 아무도 귀를 기울이지 않는다. 〈맥팔랜드 USA McFarland USA〉라든가 〈베스트 맨 홀리데이The Best Man Holiday〉 같은 영화들이 기대 이상의 성과를 거둔 이유를 대형 영화사 임원들은 이해하지 못한다. (〈버틀러: 대통령의 집사The Butler〉와 〈프레셔스Precious〉를 만든 리 대니얼스Lee Daniels 감독은 예리한 지적을 했다. "할리우드 사람들에게 흑인도 영화를 보러 나온다는 사실을 알려주려면 대체 어떻게 해야 할까요?")

　2011년 〈내 여자친구의 결혼식Bridesmaids〉이 개봉되어 굉장한 호평을 받고 상영관에서도 우수한 성적표를 받았을 때, 할리우드의 비평가들과 애널리스트들은 마치 영화업계 관계자 전원이 다음과 같은 사실을 처음 알았다는 것처럼 반응했다. 1) 여자 2명이 주인공으로 나오는 코미디물도 재미있을 수 있다. 2) 여자들이 그런 영화를 보기 위해 일부러 극장에 간다. 데이트가 있는 날도 아닌데! 영화업계의 신문에서부터 영화 블로그에 이르는 모든 매체의 기사 제목들은 표현만 조금씩 바뀌서 같은 질문을 던지고 있었다. '어떻게 이렇게 마법 같은 일이 벌어졌는가?' 물론 여성 2명이 주인공인 영화에 자극적인 성격을 가미한 것은 참신한 시도였다. 이 영화에는 저속한 언어가 등장하며, 신부화장 스튜디오에서 여자들이 단체로 복통을 일으킨다. 하지만 여자 2명이 주인공인 영화 자체가 생소한 것이었던가? 그래서는 안 된다. 최근에도 우리는 15억 3천만 달러를 투자한 〈섹스 앤 더 시티〉, 14억 4천만 달러를 투자한 〈맘마미아〉, 12억 5천만 달러가 들어간 〈악마는 프라다를 입는다〉 같은 영화들을 보지 않았던가. 〈나인 투 파이브〉, 〈사랑을 기다리며Waiting to Exhale〉, 〈철목련〉, 〈미녀 삼총사〉, 〈워킹걸Working Girl〉 같은 과거의 흥행작은 말할 것도 없고.

그럼에도 불구하고 〈내 여자친구의 결혼식〉이 예상보다 많은 관객을 동원했다는 사실은(이 영화는 전 세계에서 28억 8천만 달러의 수입을 올렸다) 영화사들과 대중매체의 집중적인 관심을 받았다. 그것은 좋은 소식이어야 했지만, 영화업계의 후진성이 드러나는 계기로도 작용했다. 《비즈니스 인사이더Business Insider》는 다음과 같이 보도했다. "대형 스튜디오들은 추이를 세심하게 살피고 있었다. ……다른 여성 중심적 영화들을 제작할지 여부를 결정하기 위해 저울질을 한 것이다."8 프로듀서 데이비드 프렌들리David T. Friendly가 《할리우드 리포터Hollywood Reporter》에 기고한 글은 자신이 정말로 여성 작가에게 전화를 걸어 새로운 프로젝트를 의논했다는 사실을 자축하는 내용이었다. 여성에게 초점을 맞춰 성공한 다른 영화들과 마찬가지로, 〈내 여자친구의 결혼식〉이 개봉되자 해설 기사가 쏟아져 나왔다. 그런 기사를 쓴 기자들(전부 남성은 아니지만 거의 다 남성이었다)은 '여성이 영화를 보러 가는' 새롭고 멋진 현상의 기원을 밝혀내려고 애썼다. 그런가 하면 자신이 그 현상을 지지한다면서 스스로를 격려하는 글을 쓴 사람들도 걱정스러울 만큼 많았다.

여성과 비백인은 영화 관객이 아니라는 믿음은 할리우드에서 가장 오래도록 지속된 픽션이었다. 노라 에프론Nora Ephron은 2012년 사망하기 직전에 이런 말을 남겼다. "스튜디오 사람들에게 여자들도 극장에 간다고 말할 때마다 다들 충격을 받았다." 역사상 가장 큰 성공을 거둔 독립영화 중 하나인 〈나의 그리스식 웨딩My Big Fat Greek Wedding〉에 출연했던 니아 바달로스Nia Vardalos가 2009년 〈허핑턴 포스트〉와의 인터뷰에서 밝힌 바에 따르면, 그녀는 어느 영화사 임원에게서 "여자들은 극장에 잘 안 가니까" 다음 영화에서는 주인공을 남성으로 바꾸라는 요청을 받았다. (그 임원은 〈섹스 앤 더 시티〉와 〈옵세스드Obsessed〉처럼 여성이 전면에 등장하는데도 크게 흥행한 작품들에 대해 "그건 뜻밖의 행운"이라고 말했다고 한다. 그는 자기만의 세상에 사는 사람이었을까?)

여성 관객들이 항상 스크린 속 남자들의 장난, 총격전, 우주 비행, 연애 실패담, 실존적 고민, 자동차 추격전, 야한 농담 따위를 참고 봐줬으니 남성 관객들도 그 호의에 똑같이 보답하기 위해 그런 여성들을 기꺼이 봐줄 것이다? 할리우드에서 그런 소리를 했다가는 웃음거리가 된다. "영화사 임원들은 남성 관객들이 여성의 시각을 경험하느니 결장 내시경 검사를 받을 거라고 생각한다. 특히 여자 주인공이 술을 마시거나, 욕을 퍼붓거나, 번듯한 직업을 가지고 있거나, 오르가슴을 느끼는 장면은 남자들이 절대 못 참는다." 〈내 여자친구의 결혼식〉이 개봉되기 직전에 《뉴요커》의 태드 프렌드Tad Friend가 쓴 글이다. 그는 할리우드가 여성 코미디 배우의 장래성을 높이 평가하지 않는다는 점을 냉정하게 비판했다. "남자처럼 웃긴다: 안나 패리스와 할리우드 여성들의 문제"라는 제목의 이 기사에는 익명의 스튜디오 임원들의 무심한 발언들("솔직히 말해서 영화 제작에 관한 결정은 대부분 남자들이 합니다. 그리고 남자들은 여성에 관한 영화를 만들지 않아도 된다면 안 만들 겁니다"), 항상 다이어트를 하는 여배우들, 그리고 "가슴을 더 키우라"는 지시를 받는 여성들에 관한 일화가 잔뜩 실려 있다. 이 기사에 인용된 모든 사람은 사실 그래선 안 된다는 점을 알고 있으면서도 그것을 '사업'이라고 표현했다.

아까 하던 이야기로 돌아가서, 〈내 여자친구의 결혼식〉을 시발점으로 여성을 중심에 놓는 영화들이 폭발적으로 증가했을까? 그렇기도 하고 아니기도 하다. 극소수의 여성 영화계 종사자, 예를 들어 〈배철러레트Bachelorette〉를 만든 레슬리 헤드랜드Leslye Headland와 〈피치 퍼펙트Pitch Perfect〉와 그 후 속편의 각본을 쓴 케이 캐넌Kay Cannon 등은 〈내 여자친구의 결혼식〉이 대성공을 거둔 덕분에 자신의 영화가 제작될 수 있었다고 말한다.[9] 그리고 〈내 여자친구의 결혼식〉의 수익률이 높았기 때문에 할리우드가 매기 캐리Maggie Carey 감독의 섹스 코미디물인 〈투 두 리스트The To Do List〉 같은 영화를 개봉하기로 했을지도 모른다(〈투 두 리스트〉는 1980년 개봉작인 스포츠 코미디 영화 〈캐디색Caddyshack〉에 나왔던 그 유명한 수영장 대변 장면을 재현했다). 하지만 그 이면을 보자면 이 영화들은, 그리고 〈내 여자친구의 결혼식〉 이후에 나온 다른 비슷한 작품들은 필연적으로 그들의 조상인 〈내 여자친구의 결혼식〉과 비교당하고 뭔가가 부족한 작품으로 취급당했다. 실제로 〈내 여자친구의 결혼식〉의 감독인 폴 페이그Paul Feig도 다음과 같은 우려를 표시한 적이 있다. "이 영화를 준비하고 제작하는 내내 걱정이 많았어요. 내가 이 영화를 망치면 할리우드는 '그것 봐, 여자들이 많이 나오는 영화는 안 된다니까'라고 말할 핑곗거리를 얻을 테니까요." 이제 영화감독들은 여성 친화적인 작품을 내놓을 때마다 부정적인 비교를 당할 것을 각오해야만 했다. 그래서 〈내 여자친구의 결혼식〉을 연상시키는 작품을 만들면서도 남성을 전면에 내세우는 비교적 안전한 전략이 등장했다. 2015년 여름 저드 애퍼타우Judd Apatow 감독의 〈나를 미치게 하는 여자Trainwreck〉라는 영화의 홍보용 포스터가 바로 그랬다. 에이미 슈머Amy Schumer가 각본을 쓰고 주역을 맡았지만 포스터에 그녀의 이름은 나오지 않았다. 대신 "당신에게 〈내 여자친구의 결혼식〉을 선사한 남자의 후속작……"이라는 문구만 들어갔다. 〈나를 미치게 하는 여자〉는 애퍼타우가 제작하고 폴 페이그가 감독했으며 각본은 배우인 크리스틴 위그Kristin Wigg와 애니 머멀로Annie Mumolo가 썼으므로 이것은 엄밀히 말하면 거짓은 아니었지만 관객을 설득하기 위한 문구임은 분명했다. ("남자들이여, 겁 먹지 마세요. 이 영화는 당신이 심드렁한 얼굴로 '여자들 영화 치고는 꽤 웃기네'라고 평가하는 다른 작품들이랑 비슷하답니다.")

액션 영화에서는 문화적 장벽이 훨씬 높다. 여성이 감독했거나 여성이 주인공으로 나오는 액션 영화, 가령 캐스린 비글로 감독의 스릴 넘치는 전쟁 영화 〈허트 로커〉라든가 힐러리 스웽크Hilary Swank가 출연한 복싱 영화 〈밀리언달러 베이비〉 같은 영화들이 성공을 거두면 운이 좋은 것으로 치부된다. 여성과 용감한 행동은 잘 어울리지 않는다는 법칙을 벗어나서 흥행에 성공한 운 좋은 영화인 것이다. 반대로 여성 중심적 액션 영화가 실패하면 그것은 "여자들은 액션 영화를 안 본다"라거나 "여성 감독들은 전쟁 영화를 만들면 안 된다"라는 영화업계의 교리를 강화하는 근거로 활용된다. 2009년 워너브라더스 회장 제프 로비노브Jeff Robinov의 책상 위에 놓여 있었던 내부 보고서가 할리우드 취재기자인 니키 핑크Nikki Finke의 블로그를 통해 공개됐다. 보고서에 따르면 워너브라더스는 앞으로 여성이 주인공인 영화는 제작하지 않겠다는 방침을 세웠다. 조디 포스터 주연의 액션 드라마 〈브레이브 원The Brave One〉과 니콜 키드먼이 출연한 스릴러 영화 〈인베이젼The Invasion〉의 흥행 성적이 기대에 못 미치자 로비노브는 워너브라더스의 모든 실패를 여성들 탓으로 돌렸다. 핑크 기자의 지적에 따르면 여성이 주인공인 영화를 그만 만든다는 결정은 나중에 가서 괴상하게 변형됐다. ("그가 여성이 중요한 역할로 나오는 영화는 각본조차 보지 않는다는 말을 들었다.") 사실 〈브레이브 원〉과 비슷한 시기에 워너브라더스에서 제작한 영화들 중 남성이 주인공을 맡은 영화들(사실은 등장인물의 대부분이 남성인 영화)도 대부분 극장가에서 성적이 저조했다. 그런 영화들로는 조지 클루니가 출연하고 스티븐 소더버그가 감독한 〈착한 독일인The Good German〉, 낭만적인 서부극 〈비겁한 로버트 포드의 제시 제임스 암살The Assassination of Jesse James by the Coward Robert Ford〉, 난파선 영화를 리메이크한 〈포세이돈 어드벤처The Poseidon Adventure〉, 그리고 영웅의 귀환을 그린 〈슈퍼맨 리턴즈〉가 있다.

2006년 10월 〈뉴욕 타임스〉의 "워너, 대작의 실패 이후 소규모 영화의 '깜짝' 성공을 노리다"라는 기사도 이런 작품들의 실패를 지적했다. 하지만 로비노브와 그의 동료 임원들은 실패를 눈으로 보면서도 남자 주인공들이 나오는 영화가 문제일지도 모른다는 생각은 해보지 않았다. 여성이 주인공으로 나오는 영화들을 그만 만들겠다고 로비노브가 거리낌 없이 선언했다는 것 자체가 할리우드에 오랫동안 존재한 노골적인 성차별의 증거다. 사실이 공개된 후 워너브라더스는 다음과 같은 성명을 발표했다. "최근에 몇몇 블로그에서 보도한 것과 반대로, 워너브라더스는 여전히 여성 친화적 방침을 견지하고 있습니다. ……제프 로비노브 대표는 여성이 주인공인 영화 서너 편의 제작을 소신껏 승인했습니다. 사실 그는 자신이 영화에 나오는 여성을 싫어한다는 근거 없는 소문에 매우 불쾌해하고 있습니다." 하지만 그 보고서가 작성된 시점부터 로비노브가 회사를 떠난 2013년까지 워너브라더스에서 개봉한 영화들의 목록을 보면 그가 자신의 보고서에 충실했음을 알 수 있다.

미국 영화계는 인구의 51퍼센트인 여성이 아직도 돈과 에너지를 투자할 가치가 없는 골칫거리 틈새 관객으로 취급당하는 곳이다. 이런 곳에서 '올여름 가장 페미니즘적인 영화' 또는 '올해의 페미니스트 영화' 또는 '2000년대 최고의 페미니즘 영화'로 칭송받는 작품을 만든다는 말은, 대개의 경우 고작해야 여성의 존재를 '인정'하는 영화를 만든다는 뜻이다.

벡델 지수

"저도 지쳤어요." '할리우드의 여성들Women in Hollywood'이라는 단체를 설립한 멀리사 실버스타인의 말이다. 할리우드의 현실에 실망한 실버스타인은 다른 여성들과 힘을 합쳐 매년 아테나 영화제Athena Film Festival라는 행사를 개최하고 있다. 아테나 영화제는 '여성의 리더십'을 강조하는 작품들을 상영한다(반드시 여성 감독의 작품이 아니어도 된다). 우리의 전화 인터뷰는 실버스타인이 2015년 칸영화제에 참석했다가 돌아온 직후에 이뤄졌다. 그녀는 '여성의 해'라는 상투적인 말이 매년 반복된다는 불만을 토로했다. 그것은 좋은 의도에서 나온 말이겠지만 영화업계에 실제적인 변화가 거의 없었다는 사실을 은폐한다. 자칫하면 진보적인 평론가들은 〈스파이Spy〉나 〈나를 미치게 하는 여자〉 같은 영화들을 보면서 자신들이 페미니즘을 옹호하고 있다고 착각할지도 모른다. 우연의 일치겠지만 우리가 이야기를 나누기 며칠 전에 〈뉴욕 타임스〉는 두 남성 칼럼니스트 프랭크 브루니Frank Bruni와 로스 도댓Ross Douthat이 여성의 역할에 관해 논한 글을 실었다. 그 글에는 여성의 평등을 이따금 수사학적으로 써먹는 사람들이 여성의 역할에 관해 이러쿵저러쿵하면서 드러내는 특유의 오만하고 배타적인 태도가 드러나 있었다. "저는 한 줄도 안 읽었어요." 실버스타인이 한숨을 쉬며 말했다. "다양한 영화를 지지하는 건 당연한 일 아닌가요? 그런 일을 한다고 해서 사람들을 칭찬하고 싶진 않네요."

시장 페미니즘은 교묘하고 과장된 논리를 계속 생산한다. 그리고 솔직히 말하자면 변화의 가능성을 낙관하고 싶은 사람일수록 그런 논리에 사로잡히기가 쉽다. 최근 화제에 올랐던 매기 질런홀Maggie Gyllenhaal의 이야기를 당신이 읽었다고 가정하자. 37세의 매기 질런홀은 그녀보다 스무살 많은 남자에게서 당신 같은 쭈그렁 할멈이 무슨 사랑놀음을 하느냐는 말을 들었다. 그러고 나서 당신은 〈내 여자친구의 결혼식〉을 제작했던 폴 페이그가 여성들이 출연하는 새로운 코미디 영화의 감독을 맡았다는 기사를 봤다. 당신이 춤추는 여성 이모티콘과 여러 개의 느낌표를 달아서 소셜미디어에 공유하고 싶은 기사는 아마도 후자가 아닐까? 대부분의 사람은 나쁜 소식 자체에 염증을 느끼고 있을 뿐 아니라, 자신이 부정적인 것만 보고 있다는 느낌을 그만 받고 싶어 한다. 등장인물이 전부 여성인 〈고스트버스터즈 Ghostbusters〉가 제작된다는 긍정적인 미래를 왜 무시한단 말인가? (개인적으로 나는 무슨 일이 있어도 그 영화를 볼 작정이다). 솔직히 말하자면 우리가 이런 식의 교묘한 속임수에 순순히 넘어가는 것이 영화업계의 변화가 그토록 더딘 하나의 요인일 수도 있다.

실버스타인의 생각은 달랐다. 그녀는 특정 기간에 개봉되는 여성이 만든 영화 또는 여성에 관한 영화의 수가 턱없이 부족하다는 사실을 지적했다. 비유적으로 말하자면 여성 영화 갱단이 영화업계를 향해 아우성을 치는데 '쪽수'가 적다는 것이다. 〈셀마 Selma〉를 만든 에바 두버네이 Ava Duvernay 는 그 문제에 관해 이렇게 말한다. "수치상으로 우리가 불리해요. 여성이 제작한 영화 한 편, 또는 여성에 관한 영화 한 편은 무시당하기 쉬워요. 하지만 한 번에 여섯 편이 나오면 무시할 수가 없죠. 임계질량(critical mass: 우라늄이나 플루토늄이 연쇄 반응을 일으키기 위해 도달해야 하는 최소 질량_옮긴이)은 정치학에서도 중요한 개념이고, 사업을 하려고 해도 따져봐야 하는 개념입니다. 여성 중심적인 영화 여러 편이 동시에 성공해야 합니다. 그러면 우연으로 치부할 수가 없어요."

여기에 희망의 조짐이 있다면, 할리우드의 여성 문제들을 낮은 영화 수준이 아니라 하나의 패턴으로 접근하려는 사람들이 많아졌다는 것이다. 오랫동안 페미니즘 영화 해설은 틈새 분야로 간주됐다. 로라 멀비 Laura Mulvey, 몰리 해스컬 Molly Haskell, 루비 리치 B. Ruby Rich, 벨 훅스 bell hooks 같은 비평가들이 주류 매체의 변두리에서 학자들 또는 소수의 독자들을 향해 글을 쓰는 형국이었다. 하지만 지난 20년 사이 인터넷의 발달에 힘입어 블로그(실버스타인의 '여성과 할리우드Women and Hollywood'도 그중 하나다), 웹진, 팬카페, 참여형 미디어 등에서 페미니즘 영화비평이 아주 활발해졌다.《비치》창간호는 당시에 시기적절하게 개봉한 두 편의 영화 〈키즈Kids〉와 〈슬립 위드 미Sleep with Me〉에 대한 비평을 특집으로 다뤘다. 우리는 주류 비평가들이 그 영화들의 여성과 섹스에 관한 표현을 제대로 분석하지 않을 것이라고 생각했다. 20년이 지난 지금, 페미니즘은 주류 비평가들이 좋아하는 주제로 바뀌었다. 이것은 영화 관객들, 특히 비백인이고 비남성인 관객들이 영화를 만드는 사람들과 전혀 다른 언어로 말하기 시작했다는 뜻이다. 이제 할리우드가 생산하는 '페미니즘' 콘텐츠는 대학원 학생에게 유아용 촉감 그림책을 보여주면서 "네가 독서를 좋아한다던데!"라고 말하는 것과 비슷하다. 아주 당당하고 단호한 백인 여성들이 나오는 주류 영화로 대변되는 시장 페미니즘은 관객들의 언어와 제작자들의 언어 사이의 깊은 심연을 건너는 다리 역할을 하고 있다. 그러나 '겉보기에 페미니즘적인' 콘텐츠가 하나의 유행이 돼버린 시대에 그 다리는 할리우드가 생각하는 것만큼 튼튼하지 않을 수도 있다.

'벡델 테스트Bechdel Test'가 영화비평의 어휘 목록에 신속하게 편입된 것은 시장 페미니즘의 상당히 매력적인(때로는 절망적이지만) 성격을 보여준다. 잘 모르는 사람들을 위해 설명을 덧붙이자면 벡델 테스트는 미국의 그래픽노블 작가 앨리슨 벡델Alison Bechdel이 고안한 테스트 방법이다. 벡델의 만화 〈경계해야 할 레즈비언들Dykes to Watch Out For〉은 다양한 혈통의 레즈비언 활동가들이 끈끈하게 연결돼 생활하는 모습을 그린 작품이다. 벡델이 1985년에 내놓은 〈더 룰The Rule〉에는 기가 세고 날카로운 성격의 진저Ginger 라는 주인공이 애인과 함께 어떤 영화를 볼지 고르는 장면이 나온다. 진저 는 다음과 같은 3가지 기준에 부합하는 영화만 보겠다고 말한다. "첫째, 여 성 등장인물이 두 명 이상 나와야 해. 둘째, 여성 등장인물끼리 서로 대화 하는 장면이 있어야 해. 셋째, 그들이 남자가 아닌 주제로 대화를 나눠야 해." 그리고 진저는 결정적인 한 마디를 던진다. "내가 볼 수 있었던 마지막 영화는 〈에일리언〉이었어." 진저의 이 말은 성평등의 기본적인 조건을 충족 하는 영화를 찾기가 얼마나 힘든가를 강조한다. 이 테스트(벡델은 그 테스 트의 원작자는 자신의 친구 리즈 월리스Liz Wallace라고 밝혔다. 그래도 그 테스트 는 벡델 테스트로 불린다)는 2000년대 후반부터 영화비평 블로그와 웹사이트 에서 언급되기 시작했고, 인터넷의 힘으로 나중에는 보편적인 기준이 됐다. 2010년에는 그 테스트를 통과한 영화들의 목록을 저장하는 벡델테스트닷 컴bechdeltest.com이라는 웹사이트가 생겨났다.

벡델 테스트가 주류 영화비평의 영역에 진입하기 시작하자 눈에 띄는 변 화도 있었다. 몇몇 남성 영화비평가들은 자신이 가장 아끼는 영화들(〈뻐꾸 기 둥지 위로 날아간 새〉, 〈좋은 친구들Goodfellas〉, 〈프린세스 브라이드The Princess Bride〉, 〈점원들Clerks〉, 오리지널 〈스타워즈〉 3부작, 〈반지의 제왕〉 3부작, 그리고 솔 직히 말하자면 그들은 〈투씨Tootsie〉도 좋아한다)이 벡델 테스트를 통과하지 못 한다는 사실을 알고 놀라워했다. 여성들의 반응은 달랐다. 여성들은 별로 놀라지 않았고, 드디어 작가들과 감독들이 창피할 만큼 낮은 기준선을 지 키게 만들 간단한 방법이 생겼다고 안도하기도 했다. 오해하지 말라. 벡델 테스트의 규칙을 적용한다고 해서 〈분노의 주먹Raging Bull〉, 〈대부〉, 나아가 〈이것이 스파이널 탭이다This Is Spinal Tap〉 같은 작품들의 지위를 박탈하는 것은 아니다. 언론비평가이자 웹사이트 '페미니스트 프리컨시Feminist Frequency'를 만든 애니타 사키시안Anita Sarkeesian도 2009년 벡델 테스트에 관한 영상 강연에서 이렇게 설명했다. "벡델 테스트는 어떤 영화가 페미니즘 영화인지, 좋은 영화인지를 판정하는 방법이 아닙니다. 벡델 테스트를 통과했다는 건 그냥 여성 등장인물이 나오는 영화라는 뜻입니다."

어떤 사람들은 사키시안이 말한 내용을 이해하지 못한 상태에서 자신이 사랑하는 영화가 벡델 테스트를 통과하지 못하는 이유를 설명하려고 애쓴다. ("하지만 배트맨이 그 영화의 주인공이잖아! 여자 등장인물들이 배트맨에 관해 이야기하는 건 당연한 일이지!") 벡델 테스트는 영화의 질이나 미묘한 분위기를 평가하지 않는다. 아름답고 감동적인 영화인 〈그래비티〉는 벡델 테스트를 통과하지 못하지만 〈27번의 결혼 리허설27 Dresses〉 같은 뻔한 로맨틱코미디 영화는 문제없이 통과하지 않는가. 하지만 벡델 테스트는 여성 등장인물들이 줄거리 속에서 중요하게 여겨지는지 여부를 간단하게 판별하는 중립적인 수단이다. 그리고 대개의 경우 여성들은 중요한 등장인물이 아니라는 결과가 나온다.

벡델 테스트는 아주 단순하기 때문에 '정치적으로 올바른' 트집 잡기라거나, 모든 영화를 페미니즘의 교리에 순응하게 만들려는 사악한 음모라는 비난을 받을 일이 없다. 2013년 스웨덴의 소규모 극장주 연합은 벡델 테스트를 기준으로 모든 영화를 심사하고 테스트를 통과한 영화에는 A라고 표시한다는 시범적인 계획을 발표했다. 그 계획을 주도한 사람들 중 하나인 엘렌 텔레Ellen Tejle는 AP통신과의 인터뷰에서 다음과 같이 말했다. "스크린에 여성이 많이 나올수록 여성들에게는 더 많은 상상의 가능성이 열립니다. 우리의 목표는 스크린에서 여성들의 이야기와 여성들의 시각을 더 많이 보여주는 것입니다." 이들의 선언에 대해 영화업계의 거물들은 당연히 분개하면서, 벡델 테스트는 의미 있는 영화의 기준들 중 한 가지에만 집착하고 등장인물의 발전과 플롯의 질보다 양을 우선시한다고 반박했다. 스웨덴 잉마르 베리만 재단Ingmar Bergman Foundation의 최고경영자는 극장주들의 새로운 방침에 대해 "유의미한 문화비평을 명예로운 어리석음의 제단에 바치는 행위"라고 말했다.[10]

성평등과 인종평등을 지향하는 영화비평가와 영화 팬들은 벡델 테스트의 한계를 인식하고, 측정 방법은 비슷하지만 한 단계 발전된 안을 내놓았다. 2013년 로봇 전쟁 영화 〈퍼시픽 림〉이 개봉된 직후에 어느 텀블러 이용자가 제안한 마코모리 테스트Mako Mori Test가 그것이다. ('마코모리'는 〈퍼시픽 림〉에서 관객의 사랑을 받는 몇 안 되는 주인공들 중 하나다.) 마코모리 테스트는 벡델 테스트를 약간 변형해서 다음과 같은 규칙을 정했다. "1) 여성 등장인물이 하나 이상 등장하고, 2) 그 여성 등장인물이 자기만의 이야기를 가지고 있으며, 3) 그 여성 등장인물이 남성의 이야기를 보조하는 데 그치지 않아야 한다."[11] 텔레비전 비평가인 에릭 데건스Eric Deggans의 이름이 붙은 테스트도 있다. 이 테스트에서는 어떤 텔레비전 프로그램 또는 영화의 주요 등장인물 중에 비백인이 2명 이상이면 합격이다. 그리고 《비치》의 편집장을 지낸 키어스틴 존슨Kjerstin Johnson은 2015년 개봉작인 〈엑스 마키나 Ex Machina〉를 보고 나서 영화에 등장하는 여성들의 누드를 분석하는 방법을 제안했다. ("그녀가 얼마 동안 옷을 벗고 있는가? 그 장면들은 누구를 기쁘게 하는 것인가? 그녀는 시체인가?")

벡델 테스트의 문제점 중 하나는 그 테스트의 효용이 원래의 의도보다 훨씬 확대 해석되고 있다는 것이다. 애초에 벡델과 월리스가 그 기준들을 제시한 의도는 별다른 생각도 없이 기계적으로 반복되는 플롯을 가진 주류 영화들을 가려내는 것이었는데, 요즘에는 벡델 테스트를 통과한 영화는 자동으로 "페미니즘 영화"로 간주된다. 벡델 테스트는 원래 페미니즘의 척도라기보다는 문화에 대한 계량 도구에 가까웠다. 이를테면 〈트와일라잇〉 시리즈는 벡델 테스트의 기준선을 통과한다. 〈트와일라잇〉은 뱀파이어와 학대에 가까운 관계를 맺고 있으며 늑대인간과는 조금 더 자학적인 연애를 하는 어느 젊은 여성의 이야기를 다룬 영화인데 말이다. 2010년 개봉작인 〈신부들의 전쟁Bride Wars〉은 또 어떤가? 케이트 허드슨Kate Hudson과 앤 해서웨이가 절친한 친구로 나오는데, 그들은 하필이면 같은 날에 결혼식을 잡고 나서 '괴물 신부(bridezilla: 결혼식을 앞두고 성격과 행동이 점점 날카로워지는 예비신부를 일컫는다_옮긴이)'로 변해간다. 이 영화도 벡델 테스트를 통과했다. 거의 모든 여성 등장인물이 스트립댄서 아니면 매춘부로 나오고, 성적으로 대상화되고, 남성의 잔혹한 폭력에 희생되는 〈씬 시티〉도 마찬가지다. 한편 〈앤드레와의 저녁식사My Dinner With Andre〉(처음부터 끝까지 남자 두 명만 등장해서 이야기를 나누는 영화)라든가 〈롤라 런Run Lola Run〉(롤라라는 등장인물이 화면에 나오지만 말은 거의 하지 않는 영화) 같은 작품들은 벡델 테스트를 통과하지 못한다. 그리고 여성에 대해 상당히 위험한 태도를 취하는 감독(내가 개인적으로 싫어하는 우디 앨런 같은 이들)이 만든 영화들은 아무리 상상력을 동원해도 페미니즘 영화로 간주할 수 없는데도 벡델 테스트를 무난히 통과한다.

시장 페미니즘의 세계에서는 작가들과 감독들이 작품 전반의 성차별을 개선하려는 노력은 전혀 하지 않으면서 테스트를 통과하기 위해 여성 등장인물 몇 명을 각본에 추가하고 남성과 관련 없는 대화를 삽입할 가능성이 높다. 어떤 경우에는 이미 그런 일이 벌어지고 있다. 2014년 마블에서 제작한 블록버스터 〈가디언즈 오브 갤럭시〉는 여성 작가의 대본과 셋이나 되는 강력한 여성 등장인물을 자랑했지만, 평론가 개비아 베이커-화이틀로Gavia Baker-Whitelaw의 표현을 빌리자면 그 영화는 "모욕적인 공기"로 채워져 있었다. 영화 속에서 초록색 피부의 여성 암살자인 가모라(조이 살다나Zoe Saldana 분)는 같은 우주인인 남성 동료에게서 "창녀"라는 소리를 듣는다. 다른 동료 우주인은 그녀에게 다 같이 감옥에서 탈출하기 위해 섹스를 이용하자는 암시적인 제안을 한다.[12] 여성 감독들을 특수한 이해관계자로 취급하는 태도와 마찬가지로, 시장 페미니즘의 세계에서 영화의 이곳저곳에 강력한 여성 등장인물을 조금씩 삽입하는 것은 아주 쉬운 일이다. 그런 여권 신장의 요소마저 없으면 진부한 영화가 되기 때문이다. 영화제작자의 입장에서나 관객들의 입장에서나 실제로 태도를 변화시키려고 노력하는 일은 그보다 훨씬 어렵다.

하지만 멀리사 실버스타인이 주도하는 '영화평등운동Film Equality Movement'의 한 부분으로서 벡델 테스트는 분명히 유용하다. 벡델 테스트는 종착점이 아니라 제작자, 작가, 감독들이 딛고 뛰어오를 수 있는 발판이다. 벡델 테스트는 할리우드에서 만들어낸 상품들의 획일적인 패턴을 지적하는 언어로서도 유용하다. 벡델 테스트는 지금까지 각본과 플롯에 무엇이 빠졌는가를 상사에게 건의할 때마다 무시만 당했던 각본 편집자와 제작자들에게 근거를 제공한다. 영화에 관한 글을 쓰는 사람들에게(영화를 만드는 사람들에게는 아직 아닌 것 같지만) 벡델 테스트는 일종의 표준으로 자리 잡았다.

이제 〈매드 맥스: 분노의 도로〉, 페미니스트의 오류, 그리고 문화 상품을 페미니즘적으로 만드는 요소에 관한 이야기로 잠시 돌아가자. 여성 작가 또는 감독(또는 작가 겸 감독)이 참여한 영화라고 해서 페미니즘 영화가 되는 건 아니다. 우리는 낸시 마이어스Nancy Myers와 노라 에프론의 작품을 통해 그 점을 알고 있다. 〈사랑은 너무 복잡해It's Complicated〉와 〈줄리 앤드 줄리아 Julie and Julia〉는 미각을 자극하는 달콤한 작품이긴 하지만 페미니즘 영화로 보기는 어렵다. '강력한 여주인공'이 통상 남자들의 역할로 간주되던 어떤 일을 하는 영화는 페미니즘 영화일 수도 있지만, 그렇지 않을 수도 있다. 할리우드는 다양한 영화 관객들에게 좋은 반응을 얻기 위해 더 진솔하게 노력할 책임이 있다(그것을 위해 미국시민자유연맹의 조사가 필요하다면 조사를 해야 한다). 하지만 담론과 규범을 변화시키는 것은 열성적인 관객들의 몫이기도 하다. 시장 페미니즘을 넘어서기 위해서는 "〈매드 맥스〉(혹은 〈나를 미치게 하는 여자〉든 뭐든 좋다)는 페미니즘 영화인가?"라는 질문을 조금 바꿀 필요가 있다. 그렇지 않으면 영화에서 가장 중요한 것은 '스스로 페미니스트라고 생각하는 사람들이 불편함 없이 영화를 즐길 수 있는지 여부'라고 주장하는 셈이 된다.

페미니즘을 고정된 공식 또는 행렬로 취급하면 사람들이 영화를 보러 가는 근본적인 이유인 서사적 가능성을 축소시킨다. 페미니즘 영화가 아닌 영화를 본다고 해서 누군가가 페미니스트의 렌즈로 그 영화를 보는 것을 막을 수는 없다. 〈매드 맥스: 분노의 도로〉는 벡델 테스트를 통과하든 아니든 간에 훌륭하고, 시끌벅적하고, 극적인 재미까지 갖춘 영화다. 그 이전에 만들어진 다른 디스토피아 영화들과 마찬가지로, 〈매드 맥스: 분노의 도로〉의 줄거리를 자세히 들여다보면 가부장제가 남녀 모두에게 피해를 입힌다는 적나라한 고발을 볼 수 있다. 하지만 할리우드가 그 중요한 여름방학 기간에 항상 그랬던 것처럼 여성을 부차적인 존재로 그리지 않았다고 해서 어떤 영화를 성급하게 칭송하는 일은 바람직하지 않다. 그런 칭송은 우리가 희망할 수 있는 최대치가 그런 영화라는 결론을 재촉할 테니까.

> **66**
> 사람들은 저를 머리 모양으로
> 기억합니다. 그건 모욕이에요.
> 해방을 위한 정치 운동이
> 고작 패션 운동으로 축소되니까요.
> **99**

앤절라 데이비스
Angela Davis,
인권운동가, 1994

3장 이 팬티를 입으면 페미니스트가 되나요?

할머니 팬티(granny panty: 끈으로 된 팬티가 아닌 힙라인을 편안히 감싸주는 일반적인 형태의 팬티_옮긴이)가 새로운 페미니즘으로 부상하고 있다. 이것은 나의 주장이 아니다. 2015년 6월 초에 〈뉴욕 타임스〉는 '스타일' 섹션의 1면에 지금까지는 구태의연하고 여성적이지 않은 것으로 간주됐던 흰색 면 속옷에 관한 기사를 실었다. 소규모로 속옷을 제작하는 젊은 여성 사업가들 덕분에 할머니 팬티가 다시 유행하게 된 모양이다. 그중에는 엉덩이 부분에 '페미니스트'라는 글자가 인쇄된 팬티도 있었다. "젊은 여성들은 끈팬티를 거부한다"라는 제목의 이 기사는 끈팬티thong 시장이 축소되고 몸을 감싸주는 일반적인 형태의 팬티 시장이 확대되고 있다는 통계를 제시했다. 그것은 최근에 페미니즘 속옷이 대세라는 증거라고도 했다. 기사에서 어느 속옷 판매원은 다음과 같이 말했다. "지금까지 속옷은 대부분 남자를 유혹하기 위해 만들어졌어요. 우리는 그런 건 고려하지도 않습니다. 우리 제품은 전적으로 여성이 자기 자신을 위해 입는 속옷입니다." (하지만 기사에서도 지적한 대로, 그 여성이 자신의 속옷 사진을 인스타그램에 올리고 "허락 없이 엉덩이 사진을 올려서 미안"이라는 뜻의 '벨피belfies' 태그를 다는 경우에는 이야기가 다르다.) 한때 우리는 페미니즘의 다음 목표는 동일임금 달성이나 보편적인 의료보험이라고 생각했는데, 알고 보니 속옷이었다!

온라인 매체들은 신속하게 〈뉴욕 타임스〉 기사를 발견하고 그 기사의 주장을 되풀이했다. 할머니 팬티 혁명을 예찬하는 기사 제목들로는 "할머니 팬티가 다시 유행하는 이유는?"(《리파이너리29 Refinery 29》), "빅토리아 시크릿 주의!: 여자들이 섹시한 속옷을 벗어던지고 있다"(《비즈니스 인사이더》), "'할머니 팬티'의 인기는 건강한 미에 관한 인식과 관련된다"(《허핑턴 포스트》) 등이 있었다. 그리고 〈뉴욕 타임스〉의 블로그 중 하나인 '세계의 여성들Women in the World'에는 너무 진지해서 어색하게 느껴지는 "보고서에 따르면 젊은 여성들, 끈팬티보다 할머니 팬티를 선호"라는 글이 올라왔다.

이 기사에 관해서는 한두 가지 설명을 덧붙여야 한다. 첫째, 그것은 보고서가 아니라 유행을 예측한 글에 가까웠다. 둘째, 유행에 관한 그 기사는 〈뉴욕 타임스〉의 스타일 섹션의 특징을 정확히 보여준다. 소수의 특권층 사람들이 하는 일(과거에는 촌스럽게 여겨지던 일을 갑자기 최신 유행으로 규정하고, 그것을 토대로 사업을 벌인다)을 널리 알리고, 마치 그것이 전 국민의 취향을 반영하는 것처럼 기사를 작성하라. 그 상품이 일반인이 소비하기 어려운 것이라는 점은 무시하라(그 속옷은 한 벌당 각각 25달러, 35달러, 45달러에 판매된다고 한다). 사실을 과장하라(끈팬티 판매량이 7퍼센트 감소했다는 것이 정말로 그렇게 중요한가?). 그 상품을 만드는 사람은 그걸 입고 사진을 찍어도 될 만큼 젊고 예뻐야 한다. 여기서 상품이란 엉덩이 부분에 분홍색으로 '페미니스트'라고 인쇄된 속옷이다. 어떤 상품이든 신체의 정치학, 미美의 정치학과 끊임없이 연결시켜 입소문 마케팅을 추구하라.

반쯤 벗고 있는 젊은 여자들 사진으로 독자들을 사로잡는 할머니 팬티가 '페미니즘이 대세야'라고 말하는 대중매체에 기회주의적으로 편승한 상품이 아니라고? 그게 사실이라면 다음의 문장도 참이 된다. "페미니즘은 당신이 어떤 속옷을 입느냐와 무관하다. 누군가가 당신에게 그런 소리를 한다면 당신에게 뭔가를(아마도 45달러짜리 속옷이겠지) 팔기 위해서일 것이다." 하지만 마치 할머니 팬티가 진정한 페미니즘의 발전인 것처럼 이야기하는 기사가 뉴스를 타고 퍼져 나갔다는 사실은 시장 페미니즘이 매혹적인 모습으로 패션 분야에 침투했다는 증거다.

역사를 돌아보면 여성의 해방과 속옷이 유의미한 관련을 맺었던 시기도 분명히 있다. 19세기 후반에 '합리복(Rational Dress: 영국에서 여성이 자전거를 타기 위해 헐렁하게 만든 바지를 이렇게 불렀다_옮긴이)'을 주창한 개혁론자들은 여성들의 치마를 부풀리고 움직임을 제약하는 모직 페티코트, 크리놀린, 고래 뼈로 만든 코르셋에 반대했다. 예컨대 런던의 합리복협회Rational Dress Society는 여자들이 무게 7파운드가 넘는 속옷을 입어서는 안 된다는 합리적인 제안을 했다. 1850년대에 아멜리아 블루머Amelia Bloomer가 유행시킨 속옷을 애용했던 소비자들도 이와 같은 급진적인 사고방식의 소유자들이었다. 빅토리아 시대의 페미니스트이자 열성적인 자전거 애호가였던 아멜리아 블루머는 터키 여자들이 입는 일종의 헐렁한 바지를 개량한 '블루머'를 널리 보급했다.

20세기에는 거들이 다른 옷들과 함께 '자유의 쓰레기통Freedom Trash Can'에 버려졌다. 1968년 애틀랜틱시티에서 열린 미스 아메리카 선발대회에 항의하는 의미에서 여성운동가들이 전설적인 '브라 태우기bra-burning' 행사를 개최한 것이다. 저명한 페미니스트이자 영국 워릭 대학 교수인 저메인 그리어Germaine Greer는 첫 저서인 《여성, 거세당하다The Female Eunuch》에서 브래지어를 "터무니없는 발명품"이라고 불렀다. 그리고 한때는 끈팬티가 여성에게 해방을 제공한다는 마케팅이 있었다는 사실을 잊지 말자. 비록 겉으로 쉽게 드러나는 팬티 라인과 냉혹한 V자 모양으로부터의 해방일 따름이었지만, 그래도 끈팬티가 무엇의 상징인지는 명확했다.

이와 대조적으로 페미니즘 속옷인 할머니 팬티가 전국을 휩쓸고 있다고 보도한 어떤 매체도 그 팬티가 정확히 무엇의 상징인지는 밝히지 않았다. 할머니 팬티는 '자기 몸 긍정주의(body positivity: 자신의 몸을 그대로 받아들이고 사랑하는 자세. 이 책의 저자는 body positivity와 body acceptance를 혼용하고 있는데, 의미상 큰 차이가 없으므로 둘 다 '자기 몸 긍정주의'로 옮겼다_옮긴이)'를 확산하려는 작은 움직임인가? 빅토리아시크릿 같은 브랜드 속옷이 지나치게 야하고 생산 과정에서 개발도상국의 저임금 노동력을 혹사하는 데 대한 반발인가? 젊고 날씬한 사람들만 좋은 팬티를 입을 자격이 있다는 대중매체의 암묵적인 시각을 교정하려는 노력인가? 〈뉴욕 타임스〉 기사에서 소개한 '속옷 사업가(원문은 undiepreneur로, 속옷을 뜻하는 undie와 기업가의 enterpreneur를 합친 말이다_옮긴이)'들이 공통적으로 이야기했던 것은 다음 두 가지였다. 1) 큰 속옷은 편안하다. 2) 할머니 팬티는 남자들의 선호도에 맞춘 것이 아니다. 여기서 우리는 다른 질문들을 떠올리게 된다. 그들은 트랜스젠더가 아닌 이성애자만 팬티를 입는다고 생각하는 건가? 그들은 조키 포 허Jockey For Her에서 3개 묶음으로 판매하는 팬티를 몰랐단 말인가?

　시장 페미니즘이 본격화하고 나서 페미니즘 속옷이 일종의 유행으로 떠오른 것은 자연스러운 일일지도 모른다. (몇몇 소규모 기업들은 자사 상품을 페미니즘 상품으로 광고한다.《나일론Nylon》매거진 인터넷판은 카드뉴스에서 "이제는 속옷 쇼핑이 여성해방에 기여한다"라고 감격했다.) 팬티는 페미니즘 브랜드를 갖다 붙이기에 좋은 소비재다. 팬티는 누구나 필요로 하는 물건이고, 대개의 경우 겉으로 드러나지 않으며, 그만큼 무난하고 규범화된 물건이다. 페미니즘 속옷의 부상은 마르크스Karl Marx가 말했던 '물신 숭배commodity fetishism'가 기묘하게 변형된 결과다. 마르크스는 대량생산된 상품이 그 고유한 사용가치와 분리되고 나면 그것에 온갖 의미가 부여된다고 주장했다. 어떤 물건에 페미니즘 브랜드를 붙인다고 해서 그 물건이 이데올로기, 노동, 정책, 구체적인 행동과 직접 연관된다는 법은 없다. 다만 "이것이 페미니즘인 이유는 우리가 그렇게 말하기 때문입니다"라고 외칠 뿐이다.

페미니스트는 이런 모습입니다

　오랫동안 "페미니스트 패션feminist fashion"이라는 말은 형용모순이었고, 페미니스트와 패션의 사이에 놓인 '머나먼 다리' 취급을 받았다. 만약 어떤 스타일을 페미니즘의 특징으로 인정한다면 몇몇 유명한 페미니스트들의 의류와 액세서리를 인정해야 한다.《여자는 무엇으로 사는가》의 저자 안드레아 드워킨Andrea Dworkin의 자루처럼 헐렁한 오버올, 전직 국회의원이자 유태계 페미니스트 벨라 앱저그Bella Abzug의 거대한 모자, 글로리아 스타이넘이 즐겨 착용했던 조종사용 안경과 콘초(Concho: 인디언 문양이 새겨진 금속 장식_옮긴이) 벨트. 그러나 페미니스트들이 패션에 관심이 많거나 패션계에 적극적으로 참여하는 것을 흥미 또는 여가 활동으로 간주하는 경우는 드물다. 역사적으로 다양한 페미니즘의 열쇠가 된 사상들은 모두 반자본주의였다. 그 사상들은 광고의 메시지, 소비자에 대한 명령, 백인 중상류층에게 맞춰진 성적 매력의 기준에 의문을 제기했다. 게다가 페미니스트들은 더 중요한 일에 신경을 써야만 했다. 어떤 페미니스트가 패션에 관심이 있다고 말하면, 아니 패션에 관심 있는 것처럼 보이는 것만으로도 그들의 정치적 신념은 비판의 대상이 될 가능성이 있었다. 1970년대에 스타이넘이 애용했던 미니스커트와 롱부츠는 동료들의 적대적인 눈초리를 받았다. 얼마 후에는 페미니스트 문학평론가 일레인 쇼월터Elaine Showalter가 《보그》에 기고한 글에서 자신이 "태어날 때부터 패션 광신도"였으며 패션에 대한 관심이 "때로는 수치스러운 이중생활"처럼 느껴졌다고 고백했다. 그러자 그녀의 동료 학자들과 페미니스트들은 마치 뭔가를 증명하려는 것처럼 신속하게 그녀를 비웃었다. 1990년대의 "립스틱 페미니스트"라는 가시 돋친 말은 항상 불신의 의미를 담고 있었다. 전형적인 여성들의 함정인 패션 따위를 진심으로 좋아하고 수용하는 사람은 죄다 위선자 취급을 받았다. 그러나 신기하게도 페미니스트라는 수식어가 붙는 옷을 만드는 몇몇 디자이너들(미우치아 프라다Miuccia Prada, 레이 가와쿠보Rei Kawakubo, 마리아 코르네호Maria Cornejo 등)은 지성인으로 묘사된다. 아마도 사람들은 색이 아주 짙거나 아주 옅고, 특이

한 주름이 잡히거나 여기저기 각이 지고, 맨살을 최소한으로 노출하는 옷들을 "지적"이라고 부르는 모양이다.

하지만 지난 20년 동안 페미니즘과 패션의 관계는 보다 다원적이고 섬세한 것으로 바뀌었다. 요즘에는 '신체를 긍정하는' 독립 디자이너와 소매업자들이 있는데, 그들은 큰 사이즈로 정확하게 재단한 고품질 의류를 판매한다. 그동안 대다수 디자이너와 소매업자들에게 무시당했던 사이즈 또는 체형을 가진 여성들에게 그것은 희소식이다. 요즘에는 페미니스트 패션 잡지와 블로그도 있다. 이런 곳에서는 젠더 정체성, 성적 취향, 섬유 산업의 역사와 구조 등 다양한 주제를 논의한다. 어떤 블로그들은 잘 입지 않는 옷을 매립지에 버리는 대신 업사이클링(upcycling: 재활용품을 새로운 상품으로 재탄생시켜 사용하는 것_옮긴이)하는 요령을 알려준다. 그리고 패션 산업에 종사하는 노동자(대부분이 여성이고, 규제와 도덕의 사각지대에서 위험한 노동을 한다)들의 현실이 널리 알려지면서 외모만이 아니라 윤리에 관해서도 공적 대화가 이뤄진다. 예컨대 2013년 방글라데시에서 월마트와 조프레시Joe Fresh 같은 브랜드의 옷을 생산하던 의류 공장이 붕괴된 사건은 H&M과 포에버 21 같은 패스트 패션fast fashion에 의존하는 서구인들을 잠시 고민하게 만들었다. 값싼 복제 의류들은 한 시즌 동안만 입다가 다음 시즌이 오면 버려진다. 방글라데시 공장 사고로 사망한 1,300명의 노동자들은 대부분 여성이었는데, 그들은 공장 노동 말고 다른 직업을 구할 수 없는 처지였다. 그것은 소비자 해방의 한계를 지적하는 사건이기도 했다. '패션을 통한 페미니스트의 자기표현을 칭찬하는 것은 끔찍하고 오만한 일이다. 실제로 옷을 만드는 여자들은 그런 사치를 못 누리지 않는가.'

작가이자 편집자이자 배우인 태비 게빈슨Tavi Gevinson은 11세 때 '스타일 루키Style Rookie'라는 패션 블로그를 시작했다. 곧바로 미디어 신동으로 떠오른 그녀는 패션 위크에 초대받아 인터뷰를 했다. 그녀의 블로그 독자들 중에는 같은 또래 소녀들도 있지만 그 이상으로 성인들이 많았다. 스타일 루키(나중에 온라인 매거진 《루키Rookie》로 발전한다)는 고급 패션을 예술로 바라봤다는 점에서 다른 잡지들보다 한 발 앞섰지만, 더 놀라웠던 것은 페미니즘에 대한 게빈슨의 입장이었다. 10대 초반 청소년들이 연금펀드에 관심 없는 것처럼 젠더 정치학에도 관심이 없던 때였는데, 게빈슨은 패션이 해방의 영역이라고 하면 웃음거리가 된다는 점에 대해 성인들보다 논리정연한 글을 썼다. 2013년 내가 게빈슨과 인터뷰를 했을 때 그녀는 고등학교 3학년이었는데, 《루키》의 '올해의 우수 기사 모음' 편집을 맡고 있었으며, 첫 번째 출연 영화인 니콜 홀로프세너Nicole Holofcener 감독의 〈이너프 세드Enough Said〉의 촬영을 마친 직후였다. 그때 그녀는 예전만큼 패션에 관심이 많지 않다고 말했다. ("저는 좀 편안해지고 싶어요.") 하지만 패션과 페미니즘의 오랜 적대감이라는 주제가 나오자 게빈슨의 목소리는 갑자기 활기를 되찾았다. "제가 패션과 페미니즘에 둘 다 관심이 있다고 했을 때 얼마나 많은 사람이 그걸 무시했는지 아세요? 다들 그러더군요. '패션 이야기만 안 하면 더 똑똑해 보일 거야.' 그때 내 심정은 이랬어요. '뭐야, 패션에 관해 글을 쓰는 사람은 무조건 어리석다는 거야?'"

게빈슨은 패션업계가 젊음과 마른 몸매에 집착한다는 사실을 인정했고, 오래전부터 패션업계를 물들인 인종차별 때문에 "문제가 많다"고도 말했다. 하지만 게빈슨은 패션에 대한 관심 그 자체를 지성인 또는 페미니스트의 자질과 충돌하는 것으로 보는 견해에는 반대했다. "〈가디언〉에 정말로 어리석은 기사가 실린 적이 있어요. 그때 저는 8학년이었는데, 기사 제목은 '내가 패션을 싫어하는 이유'였죠. '쇼핑은 좋은 것이라고 나를 설득하려 하는 상점들의 광고가 싫다. 그 모델들이 삐삐마른 것도 싫다.' 대략 이런 내용이었죠. 그때 난 이런 생각을 했어요. '그래, 좋아. 하지만 그건 맥도널드가 있기 때문에 〔당신이〕 음식을 싫어한다고 말하는 거랑 같은 논리잖아.' 그건 지나친 일반화라고 생각해요."

최근에는 페미니스트들의 의상을 통한 자기표현과 엘리트적이고 소통 불능인 패션업계를 분리해서 봐야 한다는 주장이 나왔다. (샤넬의 2014년 '페미니스트' 행진이 유행을 추종하는 뻔뻔한 시도로 보였던 이유도 이것이 아닐까.) 그래서인지 오늘날 옷에 박아 넣는 페미니즘 선언들은 문자 그대로 '선언문'이다. 온라인 쇼핑몰과 독립 티셔츠 제작자들은 "판을 깨는 페미니스트Feminist killjoy", "가부장제를 박살내자Crush the Patriarchy", 심지어는 단순하게 "페미니스트FEMINIST"라는 문구를 자주 사용한다. 나는 구호가 들어간 티셔츠를 즐겨 입지 않지만, 티셔츠 때문에 오하이오주의 어느 10대 청소년이 자기가 다니는 중학교를 통렬하게 비판하는 서신을 보냈다는 기사를 읽은 적은 있다. 학교에서 단체 사진을 찍었는데 누군가가 그녀의 티셔츠에 박힌 "페미니스트"라는 문구를 포토샵으로 지웠기 때문이다. 나는 그 청소년에게 마음속으로 박수를 보냈다. 옷을 통해 브랜드, 디자이너, 대학, 스포츠팀, 종교적 신념 등 온갖 것을 홍보하는 시대에 살면서 "페미니스트"라는 단어를 불쾌하게 받아들인다니 얼마나 속 좁은 행동인가. (만약 당신이 1990년대를 기억할 정도 나이의 미국 독자라면, 당시 거리를 활보하던 청년들의 절반은 "포르노 스타"라든가 "섹시"가 가슴팍에 떡하니 새겨진 아주 짧은 티셔츠를 입고 다녔다는 사실을 알고 있을 것이다.)

구호가 새겨진 티셔츠는 거의 모든 현대적 사회운동의 홍보 활동에서 공식적인 '대표 얼굴'로 활용되어 왔다. 하지만 최근에 범람하는 '광고판 역할을 하는 옷'의 시초는 2003년부터 미국의 여성 단체인 페미니스트 머조리티Feminist Majority 웹사이트에서 판매했던 평범한 흰색 티셔츠였다. 그 티셔츠에는 "페미니스트는 이런 모습입니다"라는 문구가 새겨져 있었다. 애슐리 저드Ashley Judd가 그 티셔츠를 입고 《글래머Glamour》 매거진의 화보 촬영 현장에 나타났을 때, 《미즈》 관계자들도 이를 주목했다. 얼마 후 저드는 마거릿 조Margaret Cho, 우피 골드버그, 캠린 맨하임Camryn Manheim과 함께 당당한 모습으로 '팀 페미니즘'을 표방하며 《미즈》 표지에 실렸다. 2005년부터 2006년까지 그 티셔츠는 페미니스트 머조리티 웹사이트에서 가장 잘 팔리는 상품이었다. 그 웹사이트에서는 동일한 문구를 새긴 650종의 각기 다른 티셔츠를 판매했다. 판매량이 많았던 것은 대학 캠퍼스에서 단체로 나눠주거나 팔기 위해 대량으로 주문한 덕택이었다. 그 구호의 매력은 해석하기가 어렵지 않다는 것이다. 사실 사람들이 페미니즘을 받아들이기 어려워하는 이유 중 하나는 그것이 시각적으로 아름답지 않다는 과거의 평판이다. 오랜 세월 동안 쭈그렁 할망구, 레즈비언, 제모하지 않은 여자, 화난 여자, 손가락질하는 여자, 성질 고약한 여자 따위의 명사와 형용사가 '페미니즘'이 표방하는 진실과 엮여 있었고, 애석하게도 오랜 시간이 지나면서 그런 이미지들이 자연스럽게 페미니즘에 대한 선입견으로 굳어졌다. 많은 여성과 남성들이 '자신이 페미니스트라고 당당하게 밝히는 사람'에 대한 전통적인 선입견을 완화시킬 수 있으리라는 가능성에 주목하면서 그 티셔츠에 호응했다.

그 티셔츠를 못마땅하게 여긴 페미니스트들은 그것이 지나치게 타협적이라고 주장했다. 그들이 보기에 그 티셔츠의 구호는 '여성이 페미니스트가 된다는 것'과 '예쁘고 매력적인 여성으로 보이려 애쓰는 것'은 모순이 아니라고 사람들을 회유하고 있었다. 그 티셔츠가 몸에 달라붙는 배꼽티 형태로 만들어졌으며 주로 젊은 여성을 마케팅의 대상으로 삼았다는 사실을 보더라도, 그 티셔츠를 보급한 목적은 페미니스트에 대한 고정관념이 틀렸다고 선언하는 것이 아니라 페미니즘이 추방하기를 원하는 바로 그 미의 기준에 굴복하는 것이었다. 언론인(현재는 〈뉴욕 타임스〉의 서평 담당자)으로서 그 티셔츠에 반대했던 패멀라 폴Pamela Paul은 〈우먼스 이뉴스Women's ENews〉와의 인터뷰에서 그 티셔츠에 관해 이렇게 말했다. "자기 권리를 주장하는 여자들은 하나같이 못생겼고, 섹시하지 않고, 유머 감각도 없고, 성공하지 못한 사람이라는 페미니즘 반대론자들의 논리를 오히려 강화하고 있어요. 저는 그것이 힘을 과시하는 방법치고는 너무 슬프다고 생각해요." 하지만 젊은 여성들은 그녀의 의견에 귀를 기울이지 않았다. 《비치》에도 티셔츠 판매 여부를 문의하는 여성 독자들의 전화가 쇄도했는데, 그들 중 상당수는 간결하고 선언적인 문구를 통한 작은 저항 행동에 동참할 의향이 있었다.¹

"페미니스트는 이런 모습입니다"라는 구호가 힘을 발휘한 것은 상당 부분 그 구호가 출현한 정치적 배경에 기인한다. 조지 W. 부시 행정부는 출범 단계에서부터 출산에 대한 선택과 권리를 전면적으로 공격했다. 부시가 2001년과 2004년 사이에 주도했거나 승인했던 사업들은 영화 〈시녀 이야

기Handmaid's Tale)를 방불케 했다(《시녀 이야기》는 동명의 소설을 바탕으로 제작,
1990년 개봉한 영화로서 2015년의 미국을 대부분의 여성이 불임 상태에 빠진 디스
토피아로 그렸다_옮긴이). 가족계획 서비스 예산은 삭감되고 금욕만을 강조하
는 성교육 프로그램의 예산 규모가 커졌다. 뱃속의 아기에게 건강보험을 제
공하는 법안이 고안되었지만, 정작 그 아기를 키울 성인들에게는 보험 혜택
을 주지 않았다. '인간 생명 존중의 날'을 제정하고(혹시 눈치 못 챈 독자를 위
해 설명하자면, 여기서 '인간 생명'이란 지금 살고 있는 사람들의 생명이 아니다) 줄
기세포 연구 기금을 삭감했다. 그리고 식품의약국FDA의 복제약 자문위원
회에 데이빗 해거David Hager가 임명되었다. 개인적으로 백미라고 생각하는
부분이다. 산부인과 의사인 해거는 가부장제를 광적으로 옹호하는 복음주
의자로서 여성 환자들에게 피임약 처방전을 써주지 않았다. 그리고 그는 사
후응급피임약인 플랜 BPlan B가 FDA 승인을 받지 못하도록 방해했다.

　여성과 여성의 몸에 대한 초토화 작전이 진행 중이었는데도 그것에 관
한 논의는 일종의 금기였다. 9·11 사태가 발생한 직후여서 모든 관심이 그
쪽에 쏠리고 있었기 때문에 더욱 그랬다. 나는 미국가족계획연맹Planned
Parenthood Federation of America의 전직 위원장이자 2004년 《낙태 전쟁The War
on Choice》을 펴낸 글로리아 펠트Gloria Feldt에게 이 시기에 대한 회상을 부탁
했다. 그녀는 여성의 재생산 선택권이 광범위하게 해체되는 동안 강제적인
애국주의가 일종의 투명 망토 역할을 했다는 점이 아직도 놀랍다고 대답했
다. "내가 《낙태 전쟁》을 쓴 것은 주류 정치의 일상적인 영역에서는 여성의
권리가 침해당하고 있는 현실을 폭로할 방법이 없었기 때문입니다." 그녀의
목소리는 밝았지만 분노가 섞여 있었다. "정치권에서 그런 문제를 제기했다

가는 박살이 나니까요. 그러면 믿을 수 없는 사람으로 간주됩니다. 불순분자 취급을 받는 거죠. 나는 그저 부시 행정부와 그 산하 기관들이 하는 모든 일을 객관적인 기록으로 남기고 싶었어요. 그 기록을 한군데 모아놓으면 그것이 마구잡이로 행해진 공격이 아니라는 점을 알게 되거든요. 어떤 패턴이 있었어요."[2]

"페미니스트는 이런 모습입니다" 티셔츠는 2014년에 다시 한 번 유행한다. 이번에는 그 티셔츠도 소비자들의 앞에 놓인 수많은 상품 중 하나였을 뿐이다. 정보가 빠른 소비자들은 라이엇걸 운동의 영향을 받은 젊은 페미니스트의 취향에 맞는 상품을 쉽게 찾을 수 있었다. 예컨대 수공예품 거래 사이트인 엣시Etsy에서는 십자수로 "나의 페미니스트 의제가 뭐냐고 물어보세요"라고 수놓은 자수 견본, 보드라운 천으로 자궁 모양을 만들고 행복한 얼굴을 수놓은 작품, 페미니스트 시인 오드리 로드Audre Lorde의 얼굴을 새긴 목제 귀걸이에 이르는 다양한 상품을 판매한다. 《버스트BUST》와 《원Worn》 같은 잡지들은 DIY 의류와 빅사이즈 독립 의류 브랜드는 물론이고 젬Jem과 홀로그램Holograms 같은 복고풍 여성 브랜드를 소개한다. 《미즈》는 이미 버락 오바마의 사진을 표지에 실었다. 그 사진에서 오바마는 마치 〈슈퍼맨〉의 클라크 켄트Clark Kent처럼 셔츠 맨 위 단추를 풀고 있으며, 셔츠 안에는 포토샵으로 만든 "페미니스트는 이런 모습이다" 티셔츠가 보인다. 물론 부시 시대에 활약했던 인물들은 여전히 여성의 신체 자유를 뒤로 돌리려고 총력을 기울이고 있었다. 하지만 펠트가 2000년대 초반에 주장했던 것과 반대로 사람들은 소셜미디어를 통해 점점 더 긴밀하게 연결되고 자극을 받는다. 그들은 여성들이 독립적이고 성에 대해 당당해질 때 벌어질 일을 두려워하면서 퇴보적인 태도를 취하는 사람에게 당장 항의할 준비가 돼 있다.

하지만 2014년에 유행한 "페미니스트는 이런 모습입니다" 티셔츠에는 예전과 다른 점이 있었다. 그 티셔츠는 영국의 포셋 소사이어티Fawcett Society가 엘르 UK와 손잡고 고급 여성 의류 브랜드인 휘슬Whistles과 제휴해서 제작했다. 같은 구호가 새겨진 스웨터, 핸드백, 휴대전화 케이스도 함께 제작했다. 구호는 예전처럼 커다랗고 투박한 글씨체가 아니라, 가늘고 우아한 손글씨처럼 새겨져 있었다. 그것은 "페미니스트는 이런 모습입니다"라는 구호를 덜 적대적이고 더 아름답게 보이게 만들려는 브랜드 전략이었다. "이것은 모든 빈티지 구호 티셔츠의 완결판인 최고의 빈티지 구호 티셔츠입니다!"《엘르》 2014년 9월호는 이렇게 선언했다. "유명한 페미니스트인 트레이시 에민Tracey Emin, 커스티 워크Kirsty Wark, 그리고 섀미 차크라바티Shami Chakrabarti가 맨 먼저 입었던 티셔츠를 우리가 다시 만들었습니다. 선진적인 사고방식을 가진 '휘슬' 사람들과 힘을 합쳐 제작했지요. 하나 구입하고 싶으신가요? 당연하죠." 버켄스톡 슬리퍼와 헐렁한 바지를 입은 단정하지 못한 여자들을 실컷 조롱하고 비웃던 시절은 가고, 마침내 페미니즘이 유행으로 떠올랐다. 이제 페미니즘은 인간의 권리에 관한 이념이 아니라 여성을 위한 세련된 소비재의 형식을 띤다. 어찌됐든 사람들이 페미니즘에 관해 이야기하기는 한다. 그렇지 않은가?

페미니스트가 돼라,
아니면 페미니스트 같은 옷차림을 하든가
—

작가이자 인권 운동가인 앤절라 데이비스는 아프로(흑인들의 둥근 곱슬머리_옮긴이) 머리 모양을 선보인 최초의 흑인 여성이 아니었다. 데이비스는 급진적 공산당의 지도자면서 블랙 팬서(Black Panther: 1960~1970년대 미국에서 활동했던 급진적인 흑인 인권 단체_옮긴이)와도 관련이 있었고, 교도소 인권 개선 활동에도 앞장섰던 인물이다.

그녀는 1970년 4명을 사망에 이르게 한 캘리포니아 마린 카운티 법원 인질 소동에 가담한 혐의로 FBI 지명수배 명단에 오르면서 유명해졌다. 그녀의 머리 모양은 수많은 동료들과 마찬가지로 태어날 때부터 정치적이었지만 (1960년대 말부터 1970년대 초까지 전개된 '블랙 프라이드Black Pride' 운동은 "검은 것이 아름답다black is beautiful"라는 미학에 입각해 흑인들의 자연스러운 머리 모양을 긍정적으로 받아들였다), 그녀의 가장 유명한 특징이 머리 모양이라고 말할 수는 없었다. 그래서 한 여성이 오빠에게 데이비스를 소개했을 때 데이비스는 적잖은 충격을 받았다. "오빠라는 그 남자는 내 이름을 듣고도 멍하니 나를 쳐다보기만 했어요. 그 여성이 오빠에게 핀잔을 줬죠. '앤절라 데이비스가 누군지 모른단 말이야? 그건 부끄러운 일이야.' 불현듯 그의 얼굴에 알겠다는 표정이 스쳐갔다. '아!' 그가 외쳤다. '앤절라 데이비스. 그 곱슬머리.'"[3] "나를 공인으로 만들었던 온갖 사건들이 벌어진 지 30년도 안 지났는데 내가 머리 모양으로 기억되고 있다니. 그리고 나니 모욕당한 느낌도 들고, 내가 보잘것없는 존재구나 싶기도 했다." 이것은 데이비스가 1994년에 발표한 에세이의 일부다.

12년 후 데이비스는 《버스트》 매거진의 특집 기사인 "페미니스트가 되라. 아니면 페미니스트 같은 옷차림을 하든가"에 상징적인 인물로 등장했다. 잡지 안쪽의 접히는 화보에는 "우리의 옷, 우리 자신Our Outfits, Ourselves"이라는 제목이 붙어 있었다. 이것은 유명한 여성 건강 지침서인 《우리의 몸, 우리 자신Our Bodies, Ourselves》을 변형한 제목으로 보인다. 《버스트》 화보에서는 모델들이 글로리아 스타이넘, 벨라 앱저그, 엘리자베스 케이디 스탠턴Elizabeth Cady Stanton, 캐슬린 해나Kathleen Hanna, 여성 인문학자 커밀 팔리아Camille Paglia, 앤절라 데이비스를 현대적으로 재해석한 의상을 입고 있었다. 또 기사에는 '패션 감각이 뛰어난 페미니스트들'의 사진도 삽입돼 있었다. 《버스트》는 페미니즘을 강력하게 옹호하는 잡지였고, 그 특집은 좋은 의도에서 제작된 것이었다. 《버스트》의 장난스럽고 암시적인 전달 방식에 익숙한 독자들은 그 특집이 무분별한 타협을 옹호하는 것이 아님을 알아차렸을 것이다. ("페미니스트가 돼라. 아니면 페미니스트 같은 옷차림을 하든가"라는 제목은 뉴욕 바비종 모델 학교의 저속한 광고를 풍자한 것이었다. 바비종 모델 학교의 광고는 이렇게 약속한다. "모델이 되세요. …… 아니면 모델 같은 외모를 가져보세요.") 《버스트》가 패션 감각이 뛰어난 페미니스트들에게 경의를 표하는 기사를 실은 것은 처음이 아니었다. 종전에는 가상과 현실이 뒤섞인 2쪽짜리 '치명적인 미인 페미니스트feminists fatale'라는 화보를 제작한 적도 있었다. '치명적인 미인 페미니스트' 목록에는 멕시코의 화가 프리다 칼로, 시인 내털리 바니Natalie Barney, 가수 겸 무용가 조세핀 베이커Josephine Baker, 그리고 여러분의 짐작대로 앤절라 데이비스가 들어갔다.

그런데도 그 패션 화보는 내 마음을 불편하게 했다. 당시에는 나도 그 이유를 명확히 표현하지 못했지만. 알고 보면 그 이유는 단순할지도 모른다. "이전 세대의 감각적인 페미니스트들을 칭찬하는 것(그런데 커밀 팔리아는 좀 아니지 않나?)과 의상을 협찬한 회사 이름 및 판매처를 기사에 포함시키는 것은 다르지 않나?" 그 화보는 페미니스트였던 여성들을 상품화하고 있었다. 마치 우리가 그 여성들에게서 배울 수 있는 가장 중요한 것이 그들의 패션인 것처럼, 그들의 스타일을 흉내 내는 행위가 페미니즘을 실천하는 행위와 똑같은 가치를 지니는 것처럼.

나의 회의적인 느낌은 고급 의류를 판매하는 온라인 상점인 네타포르테 Net-A-Porter에서 발행하는 두툼하고 고급스러운 잡지인 《포르테PORTER》의 2015년 봄호를 받아본 후에 더 굳어졌다. 《포르테》는 미국 페미니스트 글로리아 스타이넘의 여성에 대한 분명한 메시지, 여성해방을 위한 그녀의 주장, 그리고 1970년대에 그녀가 보여준 특유의 스타일을 기념하려 한다. 그녀의 스타일은 오늘날까지 생명력을 잃지 않고 우리에게 영감을 준다." 이와 같은 설명에 이어 14쪽짜리 컬러 화보가 나온다. 젊은 스타이넘 마네킹이 아주 약간 정치적으로 보이는 일들을 하고 있었다. 그녀는 전화 통화를 하거나, 강연장에서 잠시 쉬고 있거나, 벽에 기댄 자세로 '선언문MANIFESTO' 이라고 적힌 전단지를 읽고 있었다. 그리고 장발의 남성 조수가 그녀를 쳐다보고 있었다. 모든 옷과 액세서리(살바토레 페라가모가 디자인한 2,815달러짜리 가죽 망토, 11,610달러짜리 톰포드 정장, 그리고 실제의 스타이넘과 최대한 비슷해 보이는 연출을 위해 동원된 1,300달러짜리 카르티에 안경)가 네타포르테에서 판매되고 있었다.

《포르테》화보와《버스트》화보가 똑같다는 것은 아니다. 그리고 "헤어스타일이 세상을 바꾼 19가지 이야기"라는 제목의 온라인 카드뉴스에 데이비스가 포함된 것도 경우가 다르다. 그 카드뉴스는 세계에서 가장 유명한 흑인을 첫머리에 등장시키긴 하지만, 그 머리 모양의 주인이 왜 전설적인 존재인지를 있는 그대로 설명한다. 하지만《포르테》패션 화보의 제목은 "옛날에 우린 이랬어요The Way We Were"였고, 앞에서 소개한 스타이넘에 관한 설명 외에 그녀에 관한 언급은 일절 없었다. 카피는 옷이나 스타일링에 관한 설명이거나《패션 용어 백과사전Big Book of Fashion Cliche》에서 그대로 베낀 것 같은 진부한 패션 용어들의 집합이었다. ("단추 달린 스커트와 무릎까지 오는 부츠를 통해 맨살을 살짝만 드러낸다", "단색 케이프와 스커트의 조합 속에서 실용성이 여성성을 만난다.")

"옛날에 우린 이랬어요"의 행간을 읽어보면 시장 페미니즘적 의도가 더 확연하게 드러난다. 패션 잡지《포르테》는 그 화보를 통해 패션업계가 지금까지는 엮이고 싶어 하지 않았던 사조를 자기 것으로 만들려고 했다. 다시 말하면 페미니즘이 주류에 편입되어 금기가 아닌 복고로 바뀌면서 멋져 보이기까지 하자 잽싸게 그것을 부여잡으려 했던 것이다. 그 화보는 사회적 표현의 제약으로부터 여성을 해방시키려는 운동을, 길고 반짝이는 머리채와 세련된 바지 정장으로 이뤄진 멋진 복고풍 패션으로 대체했다. 그리고《버스트》의 패션 화보가 아무리 나를 불편하게 했더라도, 적어도 그 화보를 통해서는 페미니즘이 복수의 인물, 목소리, 의제를 포괄하는 집단적이고 현재진행형인 움직임이라는 사실은 인정할 수 있었다. 그러나《포르테》화보의 경우 여성해방을 위한 투쟁을 마치 단 한 사람의 업적인 것처럼 그렸다.

이 마지막 차이점이 중요한 이유는 주류 미디어가 스타이넘을 단독으로 조명하면서 마치 그녀가 페미니즘의 전부인 것처럼 취급한다는 비판을 너무나 많이 받아왔기 때문이기도 하고, 한편으로는 스타이넘 자신이 현대 페미니즘을 주류의 입맛에 맞는 상징들에 가두려는 흐름에 대해 공공연히 좌절감을 토로했기 때문이기도 하다. (2012년 〈뉴욕 타임스〉와 인터뷰에서 "글로리아 스타이넘의 후계자"가 탄생할 것 같은가라는 물음에 그녀는 이렇게 대답했다. "나는 지금의 글로리아 스타이넘도 반드시 필요하다고 생각지는 않습니다.")

나는 패션 잡지를 좋아한다. 나는 패션 잡지를 구입하기도 하고 구독하기도 한다. 이른 아침에 비행기를 탈 일이 있는 날에는 불난 집에서 곧바로 공항으로 달려온 여자처럼 차림이 엉망일지라도 《마리끌레르》에 실린 코트 실루엣 기사는 무조건 읽는다. 이런 이야기를 늘어놓는 이유는 내가 패션 잡지의 내용에 어떤 환상을 품고 있지 않다는 것을 강조하기 위해서다. 패션 잡지를 만드는 사람들이 사회 정의를 실현하려는 운동가가 아니라 꿈과 환상을 만들어내는 산업 내부에 존재하는 사람들이라는 사실을 나도 안다. 그리고 《포르테》 같은 잡지들(《버스트》 같은 잡지들도 마찬가지다)이 다음과 같은 글을 실으리라고 기대하지 않는다. "글로리아 스타이넘 같은 옷차림을 하고 싶은가? 그렇다면 지금 당신의 옷장 안에 있는 청바지와 검정색 터틀넥을 꺼내 입어라." 아무리 그렇다 해도 "예전에 우린 이랬어요"에서 가장 당황스러운 점은 그 화보가 맵시 있는 정장도 아니고, 여성의 리더십도 아니고, 현대 사회에서 최고로 강력해진 어떤 것을 보여줬다는 것이다. 그 어떤 것이란 바로 페미니즘의 브랜드화였다.

논란의 여지는 있지만 브랜드 전략(어떤 기업 또는 그 기업에서 제작하는 상품과 특정 단어, 이야기, 이미지를 연관시키는 것)이 중요하게 부각된 것은 신자유주의가 세계적인 성공의 원칙으로 자리 잡은 시기와 일치한다. 이제 우리는 어떤 사람이나 어떤 회사의 성공에 관해 이야기하고 글을 쓰지 않는다. 우리는 브랜드의 성공에 관해 이야기한다. 모든 것은 브랜드가 됐다. 오프라(Opra: 그녀는 브랜드다)와 카다시안 집안(Kardashians: 그들은 본인들이 원하든 원치 않든 브랜드가 됐다), 애플과 마이크로소프트, 힐러리 클린턴과 칼리 피오리나Carly Fiorina, 그리고 당신도 마찬가지다. 1997년 미국의 경제 잡지인 《패스트 컴퍼니Fast Company》에 실린 "당신이라는 브랜드The Brand Called You" 라는 기사에 따르면 모든 사람은 브랜드다. "이제는 당신이라는 브랜드를 구상하고 발전시킬 생각을 진지하게 해봐야 하고, 한층 더 진지하게 노력해야 한다." 브랜드 전문가 톰 피터스Tom Peters의 글이다. 그리고 우리는 그의 말대로 했다.

현재 애플의 세계 지배 전략에 관한 책을 쓰고 있는 학자 니키 리사 콜Nicki Lisa Cole은 제품 생산노동을 외주화에 의존하면서 브랜드의 중요성이 더 커졌다고 말한다. "예전에는 기업들이 자신의 상품을 내세웠어요." 그녀의 설명이다. "당신이 만든 상품이 곧 당신의 명함이었죠. 하지만 당신이 그 상품을 실제로 만들지 않는다면 사람들에게 뭔가 다른 걸 홍보해야죠." 이제 가치 있다고 여겨지는 것은 브랜드다. 얼마 전까지만 해도 사회운동을 브랜드화한다는 사고방식은 저속하고 냉소적인 것으로 받아들여졌다. 사실 인권이라든가 동성애자의 권리와 같은 정치적이고 사회적인 투쟁도 그에 수반되는 단어, 이야기, 이미지들을 가지고 있지만 그런 것들은 상품으로 간주되지 않았다. 누군가 그런 것을 상품 취급한다면 인권과 정의가 아닌 이윤을 목적으로 한다는 뜻이었다. 하지만 이제 '브랜딩'은 기업들만 쓰는 단어가 아니다. 이제 사람들은 당신만의 브랜드를 구축하고, 당신 자신을 브랜드로 만들어 고용주와 애인에게 매력적으로 보이게 하고, 소셜미디어를 통해 당신이라는 브랜드의 '가치를 극대화leverage'하라는 이야기를 태연한 얼굴로 주고받는다. 그리고 버락 오바마의 대통령 선거운동에서부터 탐스 슈즈의 1+1 마케팅(소비자가 신발 한 켤레를 사면 아프리카 등지의 신발을 못 신는 아이들에게 한 켤레가 기부된다)이라든가 #BlackLivesMatter(흑인의 생명도 소중하다는 의미의 해시태그)처럼 브랜드가 붙은 사회운동은 과거보다 덜 부정적으로 보이기 시작했다.

적어도 과거에는 페미니즘에 대한 반작용을 있는 그대로 설명했다. '현재상태에서 이익을 보는 사람들이 자신들에게 위협으로 간주되는 이데올로기를 두려워하는 반응.' 그런데 몇 년 전부터 담론이 바뀌기 시작했다. 이제 그것은 반작용으로 불리지 않는다. 대신 '브랜드 전략의 문제branding problem'라고 불린다. 2013년 영국판 《엘르》는 페미니즘 '브랜드'를 젊은 여성에게 더 매력적이고 더 멋진 것으로 '재구축rebrand'하기 위해 3개의 광고기획사 및 3개의 페미니즘 단체와 협약을 체결했다. 과거에 "많은 사람들이 복잡하고 부정적이라고 생각해서 부담스러워했던 용어"의 대변신을 시도했다는 것이 엘르 측의 설명이었다.

얼마 후 미국에서는 광고계에 종사하는 여성들의 모임인 '3% 프로젝트The 3% Project'가 여성주의 미디어 플랫폼인 '비타민 W 미디어Vitamin W Media', 프로젝트 그룹인 '미스 리프리젠테이션Miss Representation'과 힘을 합쳐 공모전을 개최했다. 그들은 시각 이미지를 통한 창조적인 '브랜드 재구축' 전략을 발굴하기 위해 사람들에게 이렇게 호소했다. "페미니즘에게 사랑을 주세요. 페미니즘을 모든 사람에게 의미 있고 가깝게 느껴지는 것으로 만들어 주세요." 엘르가 체결한 협약의 결과물은 3장의 그래픽한 포스터였다. 그중 둘은 페미니스트로서의 정체성을 드러내는 행동에 관한 것이었고, 하나는 여성들이 남성 동료에게 연봉을 얼마나 받는지 물어보고 임금 격차를 의식해야 한다는 내용이었다. '3% 프로젝트'와 '비타민 W'가 개최한 공모전의 우승작은 "페미니즘은 인권입니다"라고 외치는 포스터 세트였다. 그리고……그걸로 끝이었다. 그것이 브랜드 재구축을 위한 노력의 한계였다. 그들은 브랜드 재구축 계획을 이미 알고 있었던 사람들에게 그 공모전에서 선발된 포스터를 공유해달라고 요청했다. 하지만 성능이 더 우수하고, 신속한 건조가 가능하고, 레몬처럼 싱그러운 신제품 페미니즘에 관해 좋은 소문을 퍼뜨리기 위한 대대적인 계획은 없었다.

브랜드 전략이 새로운 공용어로 자리 잡은 것이야 그렇다 치더라도, 주인도 없고 내용도 다양한 사회·정치 운동을 특정한 하나의 단체 또는 프로젝트가 나서서 브랜드 재구축을 한다는 발상은 애초에 문제가 많았다. 브랜드 재구축은 페미니즘을 내부에서부터 강화하는 것(핵심 가치를 다시 강조하고, 과거와 현재에 페미니즘 운동에 기여했던 수많은 사람의 목소리를 증폭하려고 노력하는 것)이 아니라 외부에 초점을 맞추는 방법이었다. 페미니즘을 하나의 이미지 또는 몇 마디의 말로 환원해서 최대한 많은 사람에게 매력적으로 보이게 만들려는 노력이었다.

그러나 다원론적인 페미니즘의 시대에 그것은 불가능한 일이다. 사실 이

시대에는 하나의 페미니즘에 관해 이야기한다는 것 자체가 불가능하다. 하지만 브랜드는 모두가 아니라 특정한 잠재적 구매자를 끌어들이기 위해 자신들의 고유한 가치를 전달한다. (예컨대 메르세데스-벤츠는 지프 자동차를 구매하는 사람들을 고객으로 끌어들이려 하지 않는다.) 엘르의 브랜드 재구축 프로젝트에서 제작한 포스터는 페미니즘을 번듯한 직업을 가진 중산층 백인 여성의 영역으로 묘사했다. 번듯한 직업을 가진 중산층 백인 여성은 모든 주요 기업에서 잠재적 구매자로 끌어들이려 하는 사람들이다. 나 같은 백인 중산층 여성들도 그런 식의 묘사로는 페미니즘의 역사와 진실을 제대로 담아내지 못한다는 사실을 안다. 그런 식의 페미니즘 브랜드는 지금도 부족하지 않다. 이른바 브랜드 재구축 프로젝트가 거둔 성과는 이미 수십 년 동안 주류 사회에 들어와 있었던 의제와 이미지들을 구체화한 것에 지나지 않는다. 페미니즘을 더 매력적으로 보이게 하려고 페미니즘의 복잡하고, 불편하고, 섹시하지 않은 요소들을 계속해서 제거하는 것이다.

불쾌한 골짜기 현상

'불쾌한 골짜기uncanny valley'란 인간이 아닌데 인간과 흡사하게 움직이는 대상 또는 특성에 대해 우리가 느끼는 반감, 불편함, 공포를 가리키는 말이다(이것은 일본의 로봇학자인 모리 마사히로가 처음 주장한 이론으로, 로봇이 인간과 구별할 수 없을 정도로 완전히 흡사하면 괜찮지만 어중간하게 비슷했다간 도리어 극도의 반발심이나 거부감을 유발하는 효과를 가리킨다_옮긴이). 스릴러 영화 〈링The Ring〉과 〈셔터Shutter〉에서 휘청거리며 달려가는 긴 머리의 여자 유령들이라든가 〈헐크〉에 나오는 컴퓨터 애니메이션으로 만들어진 슈퍼 인간들을 생각해보라. 그들은 괴물로 보일 정도로 무시무시하지는 않지만, 그렇다고 사람으로 보이지도 않아서 관객을 소름 끼치게 만든다. 〔방송국을 배경으로 만들어진 드라마 〈30 록30 Rock〉에 나오는 프랭크 로시타노는 이렇게 말한다. "우린 R2-D2를 좋아하고 C-3PO도 좋아해. ······하지만 이쪽으로 내려오면(골짜기를 가리키며) 컴퓨터그래픽으로 만든 스톰트루퍼 군단과 〈폴라 익스프레스〉에 나오는 톰 행크스가 있지."〕 글로리아 스타이넘을 부각시킨 《포르테》 화보는 페미니즘의 불쾌한 골짜기라고 말할 수 있다. 우리는 그 이미지들을 인식하고 어떤 의도인지도 알 수 있지만 막상 그것을 자세히 살펴보면 굉장히 불쾌해진다. 그 화보가 스타이넘의 모조품을 페미니스트라고 말해서만이 아니다. 그 모조품 페미니스트를 페미니즘의 과거 전체를 대표하는 인물로 바라보라고 요구하기 때문이다.

시장 페미니즘은 여러 가지 방법을 써서 페미니즘을 누구나 소비할 수 있고 누구나 소비해야 하는 하나의 정체성으로 브랜드화한다. 그것은 마치 복잡하고 골치 아픈 페미니즘 의제들을 구석으로 밀어두면서 '모두가 배에 타면 너희를 데리러 올게'라고 안심시키는 행동과 비슷하다. '모두'를 배에 태우려면 결국 페미니즘을 단순하고 자극적인 브랜드로 포장하게 된다. 배에 탈지도 모르는 사람들에게 영합하는 셈이다. 아직 남아 있는 미완의 과제들을 해결하는 것이 아니라. 어쩌면 페미니즘이 매력을 발휘하는 순간부터 그런 일이 벌어질지도 모른다. 그것은 이론상으로는 나쁜 일이 아니지만 실제로는 운동의 다면성을 무시하고 가장 매력적이고 손쉬운 측면만을 부각시키는 문제를 낳는다. 시장은 단순하고 매력적인 영역에만 페미니즘의 브랜드를 붙임으로써, 복잡하고 불편한 페미니즘의 문제들을 주변화하는 것이다.

페미니즘의 불쾌한 골짜기에는 우리에게 익숙한 발상, 담론, 목표가 가득하다. 그것들을 유심히 살펴보면 거의 다 개인의 정체성과 소비에 관한 내용이다. 셰릴 샌드버그의 《린 인》이 대성공을 거둔 이유는 그것이 어느 모로 보나 페미니즘처럼 보이는 이야기를 하면서 여자들을 자연스럽게 매혹시켰기 때문이다. 그러나 샌드버그는 그 여자들에게 현재의 불평등한 기업 문화를 바꾸기 위해 집단적으로 노력하자고 말하는 대신 개인적 자아를 그 문화에 맞게 바꾸라고 호소했다. 2015년 《맥심》 매거진이 '페미니즘 잡지'라는 브랜드 전략을 실현하기 위해 여성 편집장을 새로 임명하고 페미니스트를 자처하는 사람(테일러 스위프트)을 표지에 실었을 때(심지어는 그녀에게 비키니를 입히지도 않고!), 아무런 의심 없이 그 소식을 보도했던 수많은 매체들은 불쾌한 골짜기에 굴러 떨어졌다. 불쾌한 골짜기 안에서는 할머니 팬티가 페미니즘 상품이 된다. 엉덩이 부분에 페미니스트라고 새겨져 있다는 이유로.

넓게 본다면 페미니스트의 불쾌한 골짜기는 지난 50년 동안 정치, 경제, 문화를 개인주의와 사유화의 거미줄 속에 가둬놓고 공동체와 공공의 이익에는 무관심하게 만들었던 신자유주의의 산물이다. 이론상 신자유주의는 자유무역, 기업에 대한 규제 완화, 민영화를 신봉한다. 현실에서 신자유주의가 주도권을 잡은 것은 1980년대였다. 1980년대에 미국의 로널드 레이

거과 영국의 마거릿 대처는 경제 권력을 정부에서 민간으로 옮기는 정책들을 시행했다.

신자유주의는 우리에게 자유 시장이 있기 때문에 정부는 필요하지 않다고 주장한다. 이론만 보자면 자유 시장 안에서 모두 평등하며, 무엇이 가치가 있고 무엇이 가치가 없는지를 시장이 판별해줄 것이다. 한편으로 신자유주의의 사회적 메시지는 다음과 같았다. 가난한 사람들과 경제적 권리를 박탈당한 사람들, 즉 하층계급은 착취를 당하는 것이 아니라 그저 의욕이 부족한 것이다. 미국 사회는 다른 어떤 사회보다도 개인주의를 사랑한다. 미국인들은 예술, 정치, 경제 등 모든 분야에서 역경을 이겨내고 성공한 사람을 우상화한다. 자기 자신만을 위해 사는 사람. 외로운 늑대. 마을의 낯선 사람. 강경파. 고집 센 아이. 공포 영화에서 마지막까지 살아남아 악착같이 싸우는 여자. 사람은 누구나 혼자다. 모든 게 당신에게 달려 있다. 신자유주의와 현대 페미니즘은 여러 면에서 연관이 있지만, 가장 눈에 띄는 공통점은 둘 다 소비자의 선택과 개인의 능력을 강조하면서 사람들의 시야를 좁힌다는 점이다.

낙수효과trickle-down라는 경제 이론이 레이거노믹스의 핵심인 것처럼, 사회학자 트레시 맥밀란 코틈Tressie McMillan Cottom이 만들어낸 용어인 '낙수 페미니즘trickle-down feminism'은 현대 주류 페미니즘의 중심에 위치한다. 낙수효과 이론과 낙수 페미니즘은 둘 다 가장 부유한 계층의 권리와 부가 아래로 흘러내려와 궁극적으로 모두를 이롭게 하리라고 주장한다. 낙수효과 경제학은 원래 부자였던 사람 말고는 거의 모두에게 처참한 불행을 안겼다. 낙수 페미니즘의 장래도 밝아 보이지 않는다. 맥밀란 코틈은 이렇게 썼다.

"힘을 가진 사람들은 그 힘을 유지하기 위해 행동한다. 그들은 젠더(인종도 마찬가지)의 이해관계에 따라 행동하지 않는다."[4]

신자유주의가 페미니즘의 불쾌한 골짜기와 만나는 지점 중 하나는 중요한 지위에 오른 여성들에 대한 무조건적인 찬양이다. 그들이 대부분의 여자들에게 도움이 되지 않는 방법으로 자신의 권력과 지위를 활용하는데도 그들을 찬양하는 것은 문제가 있다. 예컨대 전직 국무장관 콘돌리자 라이스는 중요한 자리에 오른 힘 있는 여성이었지만 그 힘을 여성 전체의 이익을 위해 쓰지 않았다. 또한 공화당 여성의원들은 상원의 남성 의원들과 똑같이 남녀평등임금법Equal Pay Act에 반대표를 던졌다. 그것도 두 번이나. 세계적인 인터넷 기업 야후의 최고경영자인 머리사 메이어Marissa Mayer는 CEO가 되자마자 재택근무 제도를 폐지해 직원들의 가족에게 피해를 입혔다. 그리고 공화당의 세라 페일린Sarah Palin에 대해서는 말을 아끼는 편이 낫겠다. 불쾌한 골짜기로 내려가는 길에서 우리는 '힘을 가진 여성들의 이미지'라는 추상적인 개념이 남녀 모두를 위한 평등을 실현하기 위해 실질적으로 노력하는 사람들과 똑같이 중요하다고 판단해버린다.

소비자 페미니즘이 주류로 부상했다고 말하면 사람들은 다음과 같은 반응을 보인다. 그건 잘된 일 아닌가요? 페미니즘적인 어떤 것이 사회적 관심을 받으면 기뻐해야 하지 않나요? "만약 세상을 변화시키기 위해 페미니즘이 브랜드가 돼야 한다면, 나는 전적으로 찬성합니다." 2014년 영국 〈가디언〉과의 인터뷰에서 리나 더넘은 이렇게 단언했다. 하지만 앞에서도 언급했듯이 낙수효과를 넘어서는 의제를 다루어야만 하는 사회운동의 필연적인 전진과 페미니즘의 브랜드화는 근본적으로 충돌한다. 이 점에서는 신자유주의 페미니즘도 마찬가지다. 페미니즘을 포괄적인 사회운동으로 만들기 위해 필요한 목소리, 의제, 접근법, 과정의 다양성은 멋들어진 하나의 브랜드에 적당히 집어넣을 수 없는 복잡하고 불규칙한 반란이기 때문이다.

강력한 여자는 강력 팬티를 입는다

약간 우울하긴 하지만 여기서 속옷 이야기로 돌아가보자. 패션 및 상품 마케팅의 세계에서 암묵적인 페미니스트 마케팅이 명시적인 페미니스트 마케팅으로 서서히 전환한 과정을 가장 잘 보여주는 사례는 보정속옷 브랜드 스팽스Spanx의 눈부신 성공이다. 배를 꽉 조여주는 스판덱스 속옷을 화사하고 만화 같은 포장에 담아낸 스팽스는 하룻밤 사이에 하나의 대중문화로 떠올랐다.

스팽스의 창업자인 세라 블레이클리Sara Blakely는 2000년부터 조지아주에 있는 그녀의 아파트에서 탄력성이 강한 보정속옷(shapewear: 1950년대 용어로는 파운데이션 속옷)을 만들어 팔기 시작했다. 그로부터 1~2년 후, 그녀는 당시에 급성장 중이었던 '엉덩이를 날씬하게 해주는' 산업을 지배하기에 이르렀다. 오프라 윈프리가 자신이 매년 진행하는 '오프라가 아끼는 물건들Favorite Things'이라는 특집 방송을 통해 복음을 전파한 것을 계기로 스팽스의 성공은 견고해졌다(사실 오프라 윈프리라는 브랜드 자체가 원래 요요 다이어트와 결부되어 있었다).

2012년이 되자 블레이클리는 세계에 몇 안 되는 여성 억만장자 반열에 올랐고, 그때부터 매년 2억 5천만 달러 정도의 돈을 긁어모았다. 스팬스의 "배 길들이기", "허벅지 정돈하기" 그리고 "엉덩이 올려주기" 속옷들은 그 이전 수십 년 동안 유행하던 '몸을 조이는 거들'의 사촌 격이다. 나 역시 스팬스 속옷을 즐겨 입었는데, 약간 따가운 느낌을 받은 적도 있고 하체에서 땀이 나는 지옥을 경험한 적도 있다. 스팬스 제품은 현대 문화의 일회용 반창고가 됐다. 여미 터미Yummie Tummie 같은 후발 브랜드들도 보정속옷 시장에 진입하긴 했지만, 어느새 스팬스는 여성의 옷장에 반드시 있어야 할 물품을 가리키는 하나의 대명사가 됐다.

2012년 〈가디언〉의 인물 소개 기사에서 블레이클리는 남자들, 특히 할리우드 남자들이 스팬스 속옷을 입는다는 사실을 알고 나서 제품을 특대 사이즈로도 제작하게 됐다고 말했다. 그래도 스팬스의 주요 고객은 여성들이다. (내가 알기로 블레이클리가 트랜스젠더 여성이나 여장을 즐기는 남성 동성애자drag queen을 제3의 시장으로 언급한 적은 없었다. 하지만 스팬스는 이 두 집단에서 사랑받는 브랜드로 알려져 있다.) 스팬스의 사훈은 "세상을 바꾸자, 한 번에 엉덩이 하나씩"이고, 스팬스가 최고의 브랜드가 된 이유 중 하나는 여성 연예인들이 공개적으로 스팬스를 밀어주고 있기 때문이다. 드라마 〈30 록〉의 어느 에피소드에서 방송작가인 여주인공 리즈 레먼Liz Lemon은 하루에 세 군데의 결혼식에 가야 했는데, 그녀는 "12시간 동안 스팬스와 함께하게 생겼어"라고 한탄한다. 레먼을 연기한 티나 페이Tina Fey는 어느 시상식 인터뷰에서 스팬스는 "내가 꿈꾸던 속옷"이라고 말했다. 그녀는 풍자적인 의도로 이 말을 했을지도 모르지만, 언론은 그 말을 거듭해서 인용했다. 영국의 슈퍼스타 아델은 2012년 그래미 시상식에 스팬스를 4벌이나 겹쳐 입고 갔다고 털어놓았다. 그녀는 '21'이라는 앨범으로 6개의 트로피를 받았지만, 다음날 아침 신문기사는 그녀가 스팽스를 여러 벌 겹쳐 입었다는 사실을 그녀의 음악적 성과만큼이나 크게 부각시키고 있었다.

티나 페이, 아델, 타이라 뱅크스Tyra Banks처럼 몸 구석구석에 남의 시선을 받는 유명한 여성들이 공개석상에서 속옷 이야기를 한다는 것은 과거와 비교하면 괄목할 만한 변화이긴 하다. 여성에 대한 억압이 더 심했던 과거에 거들은 누구나 가지고 있지만 아무도 입에 올리지 않는 물건이었다. 2세대 페미니즘 운동에 동참한 여성들이 거들을 거부하고 내다 버리기 시작했을 때 거들은 비로소 눈에 보이는 물건이 됐다. (그리고 최근에는 페티시 패션의 한 부분으로 거들이 유행하고 있다.) 오늘날 여성들이 속옷을 공개적으로 언급하는 요인 중 하나는 스팽스의 페미니즘 홍보 전략이다.

스팽스의 광고 문구는 여성에게 제약을 가하기보다 여성의 권능을 향상시키는 내용으로 이루어져 있다. 스팽스는 '인파워 팬티In-Power Panty'라는 제품 명칭과 "강력한 여성은 강력한 팬티를 입는다"라는 광고 문구를 통해, 암암리에 여성의 신체와 활동은 언제나 제약을 받아야 한다는 메시지를 전달하던 보정속옷의 이미지를 자유와 진보의 가시적 이정표로 바꿔놓았다. 2015년 〈뉴욕 타임스〉는 고통을 참아가며 속옷을 입기를 원치 않는 소비자들(아직 고객이 되지 않은 소비자들)을 공략하려는 스팽스의 시도를 기사화했다. 스팽스의 홍보 전략이 명확히 드러나는 기사였다. 첫머리에서는 뉴욕시의 어느 패션 스타일리스트가 한 말("몸을 압박하는 건 15년 전에나 유행했죠")을 인용하고, 다음으로는 "애슬레저(athleisure: 운동복과 일상복의 경계를 허문 가벼운 스포츠웨어_옮긴이)"의 등장으로 보정속옷의 트렌드가 바뀌었다고 지적했다. 요가 팬츠로 대표되는 애슬레저는 몸이 날씬하고 탄탄하게 보이는 원단으로 만들었지만, 그 옷을 입는 사람은 고통 없이 신발 끈을 맬 수 있다.

스팽스의 신임 CEO에게 새로운 브랜드 전략을 설명해달라고 부탁한다면(《뉴욕 타임스》는 실제로 그런 질문을 던졌다) 어떤 몸이든 다 인정받아야 하며 몸에 관한 부정적인 대화에 대해서는 공공의 반박이 가해져야 한다는 답변이 나온다. 그것은 새로운 페미니즘의 세계다. 스팽스의 새로운 제품 포장은 여자가 여자에게 "세상의 법칙에 너무 얽매이지 마세요"라고 충고하는 형식으로 페미니즘 의식을 일깨운다. 만약 스팽스의 진짜 목표가 세상의 법칙을 바꾸는 데 있다면 그건 좋은 일이다. 하지만 스팽스는 이윤을 추구하는 기업이고, 스팽스가 페미니즘을 수용하는 것은 성평등을 실현하기 위해서가 아니다. 그것은 경쟁사들이 좀 더 편안한 속옷과 운동복을 내놓는 바람에 수익률이 떨어진 어느 기업의 영업이익을 다시 높이려는 노력일 뿐이다. 몸을 조이지 않는 부드러운 원단의 편안함을 강조해서 돈을 벌어들일 수 있다면 그것이 스팽스가 가는 길이다. 사실 "당신의 옷을 바꿔라, 그러면 세상이 바뀐다!"라는 페미니즘 구호는 문자 그대로 몸을 덜 조이는 탄성섬유에 대한 구호일 뿐, 세상을 바꾸는 것과는 거리가 멀다. 여성이 '핑크 게토(pink-ghetto: 여성들이 저임금을 받는 특정 직업에 몰리는 현상_옮긴이)'의 벽과 유리천장을 부수지 못하는 원인이 사회적 기대치와 제도적 불평등이 아니라 허벅지를 편안하게 해주는 팬티가 없어서일까?

만약 스팽스가 1980년대에 존재했다면 홍보 문구는 다음과 같았을 것이다. "당신의 운명은 당신이 결정한다. 그런 당신이 원하는 결정권." 이런 문구와 함께 두툼한 어깨 패드가 들어간 정장을 입고 남성으로 가득 찬 회의실로 들어가는 여성의 사진이 있었을 것이다. 1990년대였다면 스팽스는 오프라를 연상시키는 자아실현에 관한 메시지를 채택했을 가능성이 높다. 예컨대 "당신의 꿈만큼이나 강력한 보정속옷"이라고 했을 것이다. 요즘 광고에 자주 등장하는 '법칙을 깬다' 또는 '세상을 바꾼다'라는 구호들은 여성들이 인류를 위해 큰일을 해야 한다고 말한다거나 여성들이 내면화하고 있는 법칙을 거부한다는 점에서는 페미니즘을 지지하는 것처럼 보인다. 이 지점에서 스팽스는 양다리를 걸치려고 한다. 한편으로는 획일성에 반대한다는 립서비스를 하지만, 다른 한편으로는 스팽스의 존재 자체가 소비자들에게 자신의 열등감에 순응하거나 그냥 감내하라는 메시지를 보낸다. (여자들이여, 스팽스 속옷은 페미니즘적인 상품일 수도 있다. 그렇다고 해서 당신의 엉덩이가 크지 않다는 뜻은 아니다.)

이것은 오래전부터 활용된 마케팅 기법이다. 다이어트 셰이크, 자동차, 첨단 전자 제품 등을 판매하기 위해 잠재적 고객들의 낮은 자존감을 이용하는 것은 설명할 가치도 없는 진부한 전략이다. 물론 누군가는 스팽스 속옷 한 벌을 입고 자신이 힘 있는 존재라고 느낄 수 있다. 마찬가지로 자신 있는 부분을 강조해주는 보정 브라, 끝내주게 아름다운 드레스, 축구복 등을 통해 자신이 강한 존재라고 느낄 수도 있다. 하지만 그렇다고 해서 그 상품 자체가 페미니즘이 되는 것일까? 그렇게 따지면 페미니즘이 아닌 옷이 있을까?

어찌됐건 그 페미니스트 속옷을 사세요! 그것은 놀랄 만큼 수요가 많은 시장이었다. 비단 할머니 팬티만이 아니었다. 생리혈 패드가 부착된 속옷, 살갗을 찌르는 철사가 없이도 가슴을 올려주는 브라 등 수많은 상품이 대

성공을 거뒀다. 페미니스트 의류는 한 순간의 유행이지만 페미니스트의 외모는 하나로 정해져 있지 않기 때문이다. 하지만 페미니즘을 당신의 행동이 아니라 당신이 입는 옷이나 소비하는 상품으로 재정의해서 당신이 얻는 것은 없다. 당신 개인의 입장에서도 그렇고, 우리 사회에서 여성을 어떻게 바라보고 가치를 매기고 정당화하느냐라는 측면에서도 그렇다. 당신의 엉덩이에 어떤 문구가 새겨져 있든 간에 그 점이 중요하다.

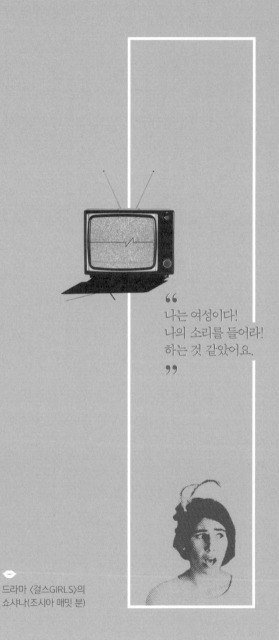

"
나는 여성이다!
나의 소리를 들어라!
하는 것 같았어요.
"

드라마 〈걸스GIRLS〉의
쇼샤나(조시아 매밋 분)

4장 페미니즘 텔레비전의 황금시대

미국시민자유연맹의 활동가들은 기회가 찾아오면 포착할 줄 아는 영리한 사람들이었다. 2015년 봄의 어느 월요일 아침, 그들은 드라마 〈매드맨〉의 사랑받는 캐릭터 조앤 해리스에게 트윗을 전송함으로써 과거와 현재, 허구와 현실의 경계를 불분명하게 만들었다. 전날 밤 해리스는 불굴의 의지로 그녀가 새로 입사한 회사의 고위 간부를 굴복시켰다. 그리고 그 다음날부터 스털링 쿠퍼라는 좁은 연못의 큰 고기였던 해리스는 이제 악취를 풍기는 광활한 바다(성차별적 기업들)에서 남성 우월주의자 상어들과 함께 헤엄쳐야 했다. 그녀는 임원 사무실에 찾아가서 불만을 제기했다. 그녀는 1970년대 여권 운동의 신성한 삼위일체(고용기회균등위원회, 미국시민자유연맹, 여성운동가 베티 프리던Betty Friedan)를 거론하며 자신의 주장을 펼쳤다. 미국시민자유연맹은 다음날 아침 일찍 트위터 계정을 통해 '비치'의 대명사가 된 해리스에게 다음과 같은 공개 메시지를 보냈다. "조앤, 직장 내의 성희롱은 용납할 수 없는 일입니다! 우리에게 연락하세요." 〈매드맨〉 시청자들 중에는 젊은 남성도 많기 때문에, 시청자들의 다수는 트위터에 로그인해서 1970년대의 직장 생활이 여성에게 그렇게 불리했을 리가 없다는 견해를 표명했다. 하지만 미국시민자유연맹 메시지의 핵심은 1970년대의 근무 환경이 성차별적이었다는 것만이 아니라, 지금도 1970년대와 별반 다르지 않다는 것이었다.

〈매드맨〉의 그 에피소드가 방송되기 두 달쯤 전에는 실리콘밸리의 벤처 기업가인 엘렌 파오Ellen Pao가 전 고용주인 클라이너 퍼킨스 콜필드&바이어스Kleiner Perkins Caulfield & Byers와의 유명한 성차별 소송에서 패배했다. 그 소송은 능력이 중심이어야 하는 실리콘밸리에 극심한 성차별이 존재한다는 문제를 제기했는데, 그런 논쟁은 지금도 진행 중이다. 파오는 백인과 남성이 압도적 다수인 사무실 문화에서 자신이 소외당했으며 첨단 기술 분야에서 일하는 수많은 여성과 트랜스젠더와 비백인도 같은 처지라고 주장했다. 스키 여행, 사적인 저녁 식사, 동료들끼리의 모임이 사무실 안의 소수자들에게는 열려 있지 않았다. 파오는 자신보다 직급이 높은 어느 직원의 성희롱을 고발했다는 이유로 해고당했다고 주장했다. 트위터, 구글, 애플 같은 비슷비슷한 IT기업들과 그보다도 다양성이 적은 벤처 기업들이라는 더 큰 그림 속의 통계를 살펴보면 파오의 주장이 설득력을 지닌다. 하지만 남성 6명과 여성 6명으로 구성된 배심원단은 차별의 증거를 발견하지 못했으며 파오가 성희롱 고발 때문에 해고당했다는 주장에도 근거가 없다고 판결했다. (하지만 파오의 다음 번 직장은 IT업계의 젠더 불균형에 관한 그녀의 주장을 입증하는 데 크게 기여했다. 공격적이기로 유명한 남성 취향의 소셜사이트를 운영하는 인터넷 기업 레딧Reddit의 과도기 CEO로 부임했던 그녀는 레딧에서 외설과 혐오가 가장 심한 게시판 몇 개를 폐쇄한 후 산사태처럼 쏟아지는 인종차별적, 성차별적 위협과 욕설에 시달리다가 결국 사표를 제출했다.)

〈매드맨〉의 그 에피소드가 방영되기 1년쯤 전에는 〈뉴욕 타임스〉가 여성들을 위한 연봉 협상 지침을 기사화하면서 여성이 협상에 임할 때의 위험을 강조한 사건이 있었다. "연봉을 올리기 위해서는 성역할을 넘어서라"라는 제목의 그 기사는 독자들에게서 오해를 샀다. 기사는 직장 생활을 하는 여자들이 연봉을 올리기 위해서는 남자들과 다르게 행동해야 한다는 내용이었다. 기사에 따르면 여자들은 남자들을 위한 협상 지침을 채택하되 그것을 '부드럽게' 바꿔야 한다. 여자들이 자신의 장점을 내세우는 말을 하면 고용주들은 "무의식적일지라도" 그것을 부적절하게 생각한다. 기사는 여성 직원들의 경우 연봉 이야기를 협상이 아닌 "일상적인 대화"처럼 하라고 충고한다. 그들이 마땅히 받을 자격이 있는 것을 요구하면 모두가 질색할 것이기 때문이다(하지만 남자들이 그런 것을 요구하면 당연하게 여긴다). "우리는 여성들에게 아슬아슬한 줄 위에서 요술을 부리라고 조언한다. ……그것은 전적으로 불공평한 일이다. 남성들에게는 똑같은 요구를 하지 않기 때문이다." 카네기멜론 대학의 성평등 교육과정을 만든 사람의 말이다. 사실 그 기사에 인용된 전문가들은 거의 모두 그런 차별이 직장 문화 전반의 문제인 동시에 개별 기업의 문제라고 인정했다. 그런데도 그 기사는 여성들에게 영구적으로 젠더화된 기대에 순응하고 앞으로 직장에 다닐 다른 여성들을 위해 그것을 구체화하라고 부탁하는 것밖에 방법이 없다는 태도를 취했다.

〈매드맨〉의 그 에피소드가 방영되고 나서 1년도 지나지 않은 시점에 외식업계의 성희롱 실태를 담은 〈유리 바닥The Glass Floor〉이라는 보고서가 발표됐다. 고용기회균등위원회에 따르면 요식업계는 성희롱 신고가 가장 많은 분야라고 한다. 그 보고서의 결론은 놀랍지는 않지만 우리를 화나게 한다. 남성이든 여성이든 요식업 노동자들은 누구나 자신이 원하지 않는 성적인 질문, 신체 접촉, 괴롭힘, 압박을 경험한다. 하지만 가장 큰 피해자는 여성과 트랜스젠더 직원들이다. 그들은 업주, 동료 직원, 고객들로부터 희롱을 당한다. 미국의 경우 최저임금 수준의 임금을 받고 팁으로 생활하는 노동자들은 원치 않는 성적 관심의 대상이 될 확률이 높다.[1] 이 보고서의 모든 통계를 관통하는 사실은 성희롱이 외식업계의 "풍토병"과도 같다는 것이다. 그래서 요식업 노동자의 대다수가 그것을 직업의 일부로 받아들인다.

〈매드맨〉의 그 에피소드가 방영되기 2년쯤 전에는 연방대법원에서 밴스 대 볼 주립대학Vance vs. Ball State 소송의 판결이 나왔다. 그 판결은 성희롱 고발에 대한 관리자의 감독 책임을 매우 좁게 정의했다. 관리자를 직원의 고용, 해고, 승진에 대한 직접적인 권한을 행사하는 사람으로 한정한 것이다. 밴스 판결은 하나의 선례로서 원고들이 직장 성희롱 사건에서 승리할 확률을 낮췄다. 특히 앞으로 상점, 식당, 병원 직원들이 자신들의 바로 위에 있는 상사, 즉 자신을 감독하는 인물로부터 지속적인 성희롱을 당한 경우 재판 결과는 기각으로 끝날 가능성이 높아졌다. 성희롱이 일어나지 않아서가 아니라, 관리자의 정의(직원의 고용, 해고, 승진에 대한 직접적인 권한을 행사하는 사람만 관리자로 정의했으니까)가 좁혀진 덕분에 고용주들이 책임을 면하기 때문이다. 그리고 고용기회균등위원회의 법무 담당자가 미국의 진보 인터넷 매체 '싱크 프로그레스Think-Progress'와의 인터뷰에서 밝힌 바에 따르면, 밴스 판결은 변호사들이 기술적 문제에 부딪칠 것을 우려해서 직장 성희롱 사건 수임을 꺼리게 만든다. 넓게 보자면 밴스 판결은 성희롱 피해자들에게 성희롱을 주장하기 위한 조건이 완전히 갖춰지지 않았다면 법에 호소하지 말라는 메시지를 보내고 있다.[2]

그러니까 트위터의 회의론자들이여, 그건 현실이다. 1970년대에 성차별은 정말로 그렇게 심했고, 불행한 일이지만 아직도 그런 곳이 많다. 하지만 단 하나의 결정적인 측면에서는 상황이 훨씬 나아졌다. 이제 우리에게는 모든 암울한 불평등에 대해 현실과는 다른 결말을 보여주는 영역이 있다. 그리고 우리는 그 영역에 쉽게 접근할 수 있다. 텔레비전에서 우리는 늘 여자들을 보고 그들의 목소리를 듣는다. 우리는 그들을 주의 깊게 보고, 그들의 말에 귀를 기울인다. 우리는 그들의 영향을 받고, 그들을 모방하려는 충동도 느낀다. "당신이 보지 못한 뭔가가 될 수는 없다You can't be what you can't see"라는 격언은 사회생활을 하는 수많은 여성에게는 더 이상 적용되지 않는다. 어떤 분야이건 간에 그 분야에 이미 진출해 빛나는 모습으로 일하고 있는 여성의 모습을 우리는 텔레비전 또는 컴퓨터에서 찾아볼 수 있기 때문이다.

그녀는 성공을 위해 맹렬히 돌진하는 정치인이다. 그녀는 성미가 괄괄하고 잘 나가는 외과의사다. 그녀는 지방검사, 검사보, 판사로 나온다. 그녀는 위기에 처한 미국의 대통령으로도 나온다. 그녀는 특수 요원이고, 사랑에 우는 미망인이고, 건방진 마녀들의 집회를 주관하는 우두머리 마녀다. 그녀는 복제인간, 사이보그, 외계인이다. 그녀는 내성적인 흑인 소녀, 순진무구한 백인 소녀, 혼전 임신한 여자, 섹스 중독자다. 그녀는 트랜스 여성이고, 남자 같은 여성이고, 아직 성정체성을 결정하지 못한 여성이다. 그녀는 뜻밖의 장소에서 사랑에 빠진다. 그녀는 가망 없는 연애를 끝내고 드디어 자신을 되찾는다. 그녀는 적에게 누명을 씌우고, 마약을 복용하고, 범죄 조직을 운영한다. 그녀는 무술 실력을 발휘해 좀비 수십 마리를 물리친다. 그녀는 술에 취해 소파에서 굴러 떨어진다.

일과 가정의 양립에 관한 장시간의 논의가 사실은 텔레비전에서만 유효하다는 걸 누가 알겠는가?

상자 속의 여자들

텔레비전은 항상 광고주의 변덕에 휘둘리는 매체다. 텔레비전은 여성해방이라는 열차에 처음부터 올라타지는 않았다. 원래 텔레비전 방송국 임원들은 여자들을 아기를 돌보고, 세제를 구입하고, 냉동식품을 데워 저녁을 차리는 사람들이라는 획일적인 집단으로 묘사하는 데 익숙했다. 그러나 여성들이 더 이상 자기 집 거실의 화면 속에서 자신들의 모습을 발견하지 못한다는 지적이 나오자 텔레비전 방송국 임원들(대부분 백인 남성들로 구성된)은 당황해서 어쩔 줄 몰랐다. 페미니즘이 여성 시청자들의 관심을 끄는 주제라는 사실이 분명해진 후에야 임원들은 광고주의 심기를 건드리지 않는다는 전제 아래 페미니즘의 핵심 메시지 일부를 방송으로 내보내기 시작했다.

1971년이 되자 텔레비전은 미혼이고 독립적인 몇몇 커리어우먼의 모습을 보여줬다. 〈줄리아Julia〉의 간호사 줄리아 베이커, 〈메리 타일러 무어 쇼The Mary Tyler Moore Show〉의 메리 리처즈와 로다 모건스턴이 대표적인 예였다. 이런 여성들도 처음에는 1차원적으로 묘사됐다. MTM의 여성 작가들(여성 작가를 2명 이상 채용한 최초의 방송국이었다)은 세심하게 만들어진 '완전체' 메리조차도 여성성의 다양한 측면을 함부로 드러내서는 안 된다는 점을 이해하고 있었다. 다시 말해서 그들은 독신 남성의 삶을 그릴 때처럼 독신 여성의 자유로운 삶을 있는 그대로 보여주는 대본을 쓸 수가 없었다. 메리는 항상 데이트를 했지만 그 프로그램의 시즌3에 가서야 최초로 남자와 밤을 보냈다. (그 장면은 화면에 나오지도 않았다). 시즌3의 뒷부분에서 피임약이 언급됐다는 점은 이 프로그램이 세운 중요한 이정표였다.[3]

1972년에 실시한 한 여론조사에서 "대중매체는 여성을 사고력 없는 인형으로 취급한다"라는 《레드북Redbook》의 분석에 동의한 여성들, 그리고 조금 더 흥미진진한 볼거리를 원했던 여성들은 미국 시트콤 〈모드Maude〉를 만족스럽게 시청했다. 〈모드〉는 〈올 인 더 패밀리All in the Family〉를 리메이크한 작품으로서 이디스 벙커의 돌직구 사촌 모드 핀들리가 주인공으로 나왔다. 세 번 이혼한 페미니스트로서 새치 섞인 머리를 수수하게 단장하고 다니며, 신경안정제를 복용하고, 긴 조끼를 즐겨 입는 모드는 여성운동의 산물인 동시에 여성운동에 대한 조롱이었다. 그녀는 자신을 가장 자유주의적인 사람으로 부각시키려고 노력하는 사람이다. 이 때문에 그녀의 행동은 좋은 의도에도 불구하고 가끔 사람들의 눈살을 찌푸리게 만든다. 하지만 그녀는 따뜻한 심성을 보여준다. 그녀의 캐릭터가 중요한 이유는 모드가 주요 시간대의 방송 프로그램 주인공 가운데 법적으로 이혼한 최초의 여성이었기 때문이다.

페미니즘 의제들을 수용했던 1970년대의 텔레비전은 부분적인 성과를 거뒀다. 환경이 빠르게, 실시간으로 진화하고 있었기 때문이다. 1970년대의 영화와 시트콤, 드라마와 토크쇼에는 이혼, 한부모, 실업, 제도적인 성차별과 인종차별, 빈곤, 남성 우월주의 같은 주제들이 등장했다. 게다가 방송업계에는 당대의 사회적 의제에 관해 목소리를 내면서 시청자의 취향에 영합하지도, 30분마다 따분하고 무난한 결론을 제시하지도 않는 프로듀서가 적어도 한 명은 있었다. 〈모드〉, 〈올 인 더 패밀리〉, 〈굿 타임스Good Times〉, 〈제퍼슨 가족The Jeffersons〉, 〈원 데이 앳 어 타임One Day at a Time〉, 〈메리 하트먼, 메리 하트먼Mary Hartman, Mary Hartman〉을 만든 노먼 리어Norman Lear였다. 리어는 자칭 '감상적인' 자유주의자였지만 자신이 제작한 혁신적인 프로그램들을 자랑하지는 않았다. 예를 들자면 리어는 2014년 〈프레시 에어Fresh Air〉와의 인터뷰에서 "모드가 낙태에 관해 했던 말은 내가 우리 집에서, 우리나라에서, 그리고 우리 사회에서 수백 번 들었던 대화였습니다"라고 말했다. "그러니까 나는 텔레비전에 나오는 가족에게도 그 토론의 기회를 열어줘야 마땅하다고 생각했어요." (리어는 나중에 국회의원 바버라 조던Barbara Jordan과 함께 '미국적 방식을 지지하는 사람들PFAW'이라는 단체를 결성한다. PFAW는 세를 키워가는 종교적 우파의 문화적 영향력에 대항하기 위한 인권 단체였다.)

하지만 1980년이 되자 여성해방은 이미 완성됐고 누구도 여성해방에 관한 이야기를 더 듣고 싶어 하지 않는다는 인식이 확산된다. 특히 텔레비전 방송국에 그런 인식이 만연해 있었다. 낙태에 관한 모드의 고민을 여성 경찰관 2명이 등장하는 드라마 〈캐그니와 레이시의 우정 어린 작전Cagney and Lacey〉에 나오는 크리스틴 캐그니의 고민과 비교해보자. 〈캐그니와 레이시의 우정 어린 작전〉을 만든 사람들은 제작 초기부터 여성 등장인물의 면면을 놓고 CBS 임원들과 전투를 벌여야 했다. 임원들은 여자 주인공들이 너무 거칠다, 나이가 너무 많다, '여성적이지' 않다, 그리고 나약함이 부족하다는 불만을 표시했다. 캐그니의 뜻하지 않은 임신이 유산으로 이어진다는 설정도 바람직하지 못하다고 했다. 결국 작가들은 대본을 다시 썼다. 캐그니가 임신한 줄 알았는데 그것은 착오였다! 그러자 레이시가 캐그니에게 한바탕 설교를 늘어놓는데, 여기서도 낙태라는 주제는 교묘하게 피해갔다.[4]

1980년대 중반 무렵에는 페미니즘이 텔레비전에서 확고한 금기가 됐다. 텔레비전에서 페미니즘을 제거하는 방법 중 하나는 성인 여주인공을 대본에서 아예 빼는 것이었다. 그래서 주인공의 엄마가 떠나버렸거나 사망한 것으로 설정된 시트콤이 하나의 하위 장르로서 유행한다. 〈개구장이 아널드Diff'rent Strokes〉, 〈김미 어 브레이크!Gimme a Break!〉, 〈내 이름은 펑키Punky Brewster〉, 〈아빠는 멋쟁이Silver Spoons〉, 〈우리 아빠는 둘My Two Dads〉, 〈풀하우스Full House〉, 〈블라섬Blossom〉, 〈못 말리는 유모The Nanny〉, 〈미란다 키우기 Raising Miranda〉.

이런 시트콤의 대부분은 주인공의 친엄마가 죽었거나 빚을 졌다는 사실을 밝히고 아빠의 모습을 대신 보여주거나, 당황한 아빠의 요구로 어쩔 수 없이 엄마 노릇을 하는 새엄마를 소개한다. 그 후로는 사라진 친엄마에 관해 언급조차 하지 않는다. 시트콤에서 엄마가 사라진 이유에 대한 그럴듯한 설명 중 하나는 이혼이 점점 일반화하는 추세(1983년 미국의 2개 주만 빼고 모든 주에서 합의이혼에 관한 법률이 채택됐다) 속에서 이런 이야기들은 '엄마 없는 가족은 가족이 아니'라는 믿음에 대한 도전이라는 것이다. 텔레비전은 이렇게 말하고 있었다. '아빠에게 필요한 건 가정부 또는 여자친구, 아니면 동성의 친구 한두 명이면 된다.' 1987년에 인기를 끌었던 코미디 영화 〈뉴욕

세 남자와 아기Three Men and a Baby〉를 보라.

1980년대 텔레비전의 페미니즘 실종 현상에서 눈에 띄는 2가지 예외는 시트콤 〈로잔느 아줌마Roseanne〉와 〈머피 브라운Murphy Brown〉이었다. 〈로잔느 아줌마〉는 블루칼라 노동자 가정을 둘러싸고 벌어지는 소동을 그려낸 시트콤으로서, 리어 특유의 유머 감각과 사회적 내용이 스탠드업 코미디언 로잔느 바Roseanne Barr의 솔직하고 자신만만한 연기로 뒷받침된 작품이다. 그리고 〈머피 브라운〉의 주인공 머피 브라운은 알코올 중독자 경력이 있으며 고집이 센 텔레비전 방송기자다. 그녀는 시트콤에 등장한 여주인공 가운데 여자 반영웅(antihero: 전통적인 히어로와는 달리 비영웅적이고 약한 모습을 보이는 유형_옮긴이)에 가장 가까운 인물이라고 할 수 있다. 로잔느 아줌마와 머피 브라운은 텔레비전 시트콤 등장인물의 전형으로서 나중에도 꾸준히 복제된다. 1990년대에는 그들의 뒤를 이어 노동자 계층의 수다스러운 여성이 주인공으로 나오는 드라마(《그레이스 언더 파이어》, 〈리바Reba〉)와 부유한 독신 여성들이 데이트, 노화, 자녀 문제로 속을 끓이는 드라마 〈시빌Cybill〉, 〈서든리 수전Suddenly Susan〉, 〈베로니카스 클로짓Veronica's Closet〉이 연이어 만들어졌다.

그리고 눈에 띄는 작품으로 〈리빙 싱글Living Single〉이 있다. 〈리빙 싱글〉은 4명의 남녀가 주인공 역할을 하는 여성 중심 시트콤이라는 전형(《디자이닝 우먼Designing Women〉이나 〈골든 걸스The Golden Girls〉)을 약간 변형해 4명의 전문직 흑인 여성을 주인공으로 채택했다. 그들은 재즈 음악이 발달하기 전의 브루클린에서 동거하면서 커리어, 미의 기준, 섹스, 성역할 등을 놓고 다투기도 하고 서로를 동정하기도 한다. 당시 〈리빙 싱글〉이 일종의 대안으로서 인기를 끌었던 것은 텔레비전에 등장하는 페미니즘이 점점 획일화되고 있었기 때문이다. 하지만 〈리빙 싱글〉역시 여러 가지 선택에 대해 개인주의적으로만 접근했다는 점에서 텔레비전의 다른 밋밋한 여성 코미디물과 다르지 않았다. 〈리빙 싱글〉에 등장하는 여자들은 소극적으로 해방된 삶을 살았다. 그들은 인생의 중요한 결정을 스스로 내렸고, 스스로 돈을 벌었고, 실수를 저지르기도 했다. 그리고 그들은 자신의 독립과 성생활과 주장에 대해 부끄러워하거나 죄의식을 느끼지 않았다. 그러나 그것은 탈중심적이고, 탈맥락적이며, 어디에도 소속되지 않아서 안전한 페미니즘이었다. 무엇보다 그것은 잘 팔리는 페미니즘이었다.

위대한 텔레비전

텔레비전이라는 매체가 페미니즘이라는 주제를 진지하게 다루고, 페미니즘에 도전하고, 페미니즘을 변형했다는 주장은 전혀 설득력이 없다. 텔레비전의 역사를 보더라도 그렇고 지난 수십 년 동안 대중매체 경제법칙의 변천 과정을 보더라도 그렇다.

1990년대 미국에는 민주당 대통령이 있었다. 연방정부 예산은 남아돌았고, 기술혁명이 상승세를 탔고, 다문화주의가 주목을 받았으며, 청년들의 정치적 실천이 다시금 활기를 띠었다. 페미니스트들은 불쾌한 역풍을 맞아 기침을 하면서도 사회적, 정치적 담론에 다시 편입됐다. 페미니즘은 음악이나 독립영화 등의 대중문화를 통해서도 널리 알려졌다. 그때만 해도 안티 패션(antifashion: 기업이 주도하는 획일적이고 강압적인 패션을 거부하고 개성을 추구하는 태도_옮긴이)이 대세였다. 독립적이고 대안적인 청년들의 문화는 '쿨헌터(cool hunter: 최신 경향의 패션 아이디어를 조사해 기업에 판매하는 사람_옮긴이)라는 새로운 집단에 의해 기업에 스카우트 됐다. 그리고 〈뉴욕 타임스〉는 젊은이들과 잘 통하는 신문이 되기를 갈망한 나머지 신세대가 만들어낸 "지저분한" 속어들을 사전으로 만들어 발행했다.

비주류가 주류에 편입하는 동안 텔레비전 시청자들을 겨냥한 표적 마케팅도 이전보다 섬세해졌다. 수십 년 동안 방송 산업의 가장 기본적인 콘텐츠는 가족이 다 같이 시청하는 프로그램이었다. 미국의 평범한 가족들은 저녁마다 텔레비전 앞에 모여앉아 월튼 가족, 리카도 가족, 코스비 가족, 키튼 가족들이 벌이는 소동을 감상했다. 하지만 1980년대부터 HBO와 쇼타임 같은 케이블방송 채널이 생겨나기 시작했고, 어린이 채널 니켈로디온Nickelodeon 같은 독립 채널도 등장했다. 그러자 텔레비전 프로그램은 오랫동안 3대 주요 방송사를 먹여 살렸던 "반발을 최소화하는 편성"에서 조금이나마 벗어날 수 있게 됐다. ('반발을 최소화하는 편성'이란 시청자들 개개인이 모든 프로그램을 좋아하지는 않더라도 전반적으로 거부감이 가장 적은 내용을 편성해야 한다는 이론이었다.) 틈새 마케팅(잠재적 시청자들을 연령, 인종, 성별, 가계소득 등으로 세분화하는 마케팅)은 대중 마케팅mass marketing을 대신해 시청자를 끌어들이는 주된 전략으로 자리 잡았다.

오락 산업 재벌들은 18세에서 49세의 핵심 시청자를 끌어들이기 위해 새로운 텔레비전 채널들을 탄생시켰다. 루퍼트 머독Rupert Murdoch의 뉴스 코퍼레이션News Corp.이 만든 '폭스Fox' 채널이 하나의 선례가 됐다. 폭스는 〈코스비 가족The Cosby Show)과 여기서 파생된 프로그램인 〈디퍼런트 월드 A Different World〉, 그리고 〈비버리 힐즈 90210〉, 〈멜로즈 플레이스Melrose Place〉 같은 프로그램을 성공시켰다. 워너브라더스는 10대 소년소녀들을 위한 WB 채널을 열었고, 파라마운트는 젊은 남성 시청자와 도시 시청자들을 위한 UPN 채널, 여성을 겨냥한 라이프타임Lifetime과 WE 채널을(2000년에 개통한 옥시즌Oxygen도 비슷한 시청자층을 겨냥했다) 열었다. 이처럼 규모는 작지만 지갑이 두둑한 시청자 집단이 존재하는 상황에서 광고주들의 관심은 점점 '내로캐스팅(narrowcasting: 브로드캐스팅broadcasting과 대비되는 말로 다양한 층의 대중이 아닌 지역적, 계층적으로 한정된 대중을 대상으로 하는 정보의 전달을 의미한다_옮긴이)' 방식으로 기울었다.

여성을 겨냥한 채널들은 광고주를 설득하기 위해 페미니스트라는 단어를 피하면서 조심스러운 태도를 취했다. '페미니스트'라는 단어가 화장품, 세제, 아기용품을 기피하는 여성들을 연상시킨다는 우려가 있었기 때문이다. 라이프타임 채널은 나중에 핵심 시청자층을 다음과 같이 정의했다. "40대 초반의 여성. 워킹맘일 가능성이 높다. 언제나 멀티태스킹을 하며 다양한 관심사를 추구하는 바쁜 여성. 건강, 육아, 사회적 의제, 여성에 대한 폭력과 악순환을 중단시키는 방법에 관한 정보를 원한다. 즉 그녀는 다양한 얼굴을 가진 사람이다." 그리고 옥시즌 채널의 편성 책임자는 광고주들에게 다음과 같은 시청자상을 제시했다. "자기 자신에게 관심이 많은 여성입니다. 당연히 자기계발에 열심이죠. ⋯⋯[그녀는] '난 나이가 들어가는 게 아니라 더 나은 사람이 되고 있어. 나에게는 목표가 있고, 나는 그것을 이루고 싶어'라고 말합니다."[5]

하지만 텔레비전업계의 가장 큰 변화는 빌 클린턴이 1996년 방송통신법 Telecommunications Act에 서명한 것이었다. 방송통신법은 라디오, 텔레비전, 그리고 한창 성장하는 인터넷을 포함한 통신 산업 전반의 규제를 완화해 경제 성장과 언론사들의 상호 경쟁을 촉진한다는 취지의 법안이었다. 방송통신법에는 나름의 장점도 있었다. 텔레비전을 생산할 때 V칩(부모가 자녀에게 시청을 허락하고 싶지 않은 프로그램이 화면에 나오지 않도록 조정 가능한 컴퓨터칩_옮긴이)을 반드시 삽입하도록 하는 의무 조항과 미국의 모든 학교, 도서관, 교육 기관에서 인터넷 검색이 가능하도록 한다는 조항은 바람직한 것이었다. 하지만 방송통신법은 규제 완화에 방점을 찍고 있었기 때문에 역사상 규모가 가장 크고 가장 파괴적인 언론사 합병 대란이 일어났다. 예컨대 한 회사가 소유할 수 있는 라디오 방송국과 텔레비전 방송국의 개수 제한이 폐지됐다. 그래서 클리어 채널Clear Channel이나 컴캐스트Comcast 같은 거대 기업이 소비자의 선택을 독점할 수 있게 됐다. 지방에 위치한 독립적이고 영세한 방송국들은 대기업에 합병됐다. 게다가 소규모 방송국을 여럿 거느린 거대 기업들이 방송 허가를 보장받는 기간이 길어졌기 때문에 대중에 대한 책임도 그만큼 가벼워졌다.

만약 방송통신법이 시행된 후의 상황을 하나의 영화로 제작한다면, 그 영화는 〈고질라〉를 리메이크한 또 하나의 작품이 될 것이다. 고질라 역을 맡은 일련의 다국적 기업들이 미국 전역을 휩쓸고 다니면서 수천 개의 지역 방송국을 손아귀에 넣고 망가뜨린다. 언론사 인수합병 과정에는 방송국들이 앞으로도 '공익을 추구하는 텔레비전'이라는 기준을 지켜나가리라는 암묵적인 기대가 깔려 있었다. '공익을 추구하는 텔레비전'은 모호한 용어로서 대체로 아이들에게 필요한 정보와 교육을 제공한다는 의미로 해석된다.[6] 그러나 현실은 달랐다. 그 방송국들의 새 소유주가 된 세계적 오락 산업 재벌들(2000년대 중반이 되자 황금시간대 텔레비전 프로그램의 75퍼센트를 5대 다국적 미디어 재벌이 좌지우지하고 있었다)의 유일한 고려 사항은 돈이었다. 텔레비전 프로그램의 개수가 많아지면 광고주도 늘어나고, 광고주가 늘어나면 이윤이 증대한다. 프로그램을 더 많이 만들려면 제작비를 낮춰야 한다. 제작비가 낮아지면 노동조합은 약해지고, 참신한 대본은 줄어들며, 간접광고만 늘어난다. 그렇게 해서 오늘날 우리가 보는 〈독신남들Bachelors〉, 〈독신녀들Bachelorettes〉, 〈생존자들Survivors〉, 〈백조들Swans〉, 〈톱모델Top Models〉, 리얼리티쇼 〈농구선수의 아내들Basketball Wives〉, 경매쇼 〈스토리지 워Storage Wars〉, 〈진짜 주부들Real Housewives〉, 〈댄스 맘스Dance Moms〉, 〈덕 다이내스티Duck Dynasties〉와 같은 프로그램이 넘쳐나게 됐다. 그리고 가정불화, 유령 쫓기, 가만히 누워서 유인원 기다리기, 태닝 살롱 경영하기, 가슴 성형술을 받았는데 엉덩이와 어울리지 않는다는 사실을 뒤늦게 깨닫기에 관한 프로그램이 500만 개쯤 만들어졌다.

　방송통신법 시행 이전에도 리얼리티쇼가 있긴 했다. MTV는 1992년 〈리얼 월드The Real World〉를 탄생시켰다. 〈리얼 월드〉는 1973년의 유명한 텔레비전 다큐멘터리였던 〈아메리칸 패밀리An American Family〉를 모방한 사회적 실험으로서, 여기저기 카메라를 숨겨놓고 미리 정해진 대본 없이 전개되는 상황을 촬영했다. 〈리얼 월드〉는 서로 연고가 없는 사람 7명이 서로의 차이를 인정하고 서로에게서 배워나가는 과정에 주목했다. 그리고 시즌마다 시청자들이 동질감을 느낄 수 있는 평범한 외모의 호감 가는 젊은이들을 다양하게 등장시켰다. 〈리얼 월드〉는 학습의 순간(에이즈, 노숙자)과 불가피한 갈등(인종차별, 땅콩버터를 지저분하게 먹는 습관)이 적절히 균형을 이룬 생태계를 창조하려고 시도했는데, 이것은 선의의 시도였을 수도 있고 냉소적인 것이었을 수도 있다. 당신이 누구에게 묻느냐에 따라 다른 대답이 나올 것이다. 하지만 〈리얼 월드〉가 언제 위기를 벗어났는지에 대해서는 논란의 여지가 없다. 시즌 7에 이르러 시애틀에서 룸메이트로 살던 스티븐과 이렌이 말다툼을 했다. 그러다가 스티븐이 이렌의 뺨을 때렸다. 그 사건으로 이후 모든 에피소드의 분위기가 바뀌었다. 각종 사건들과 사회적 의제들은 뒤로 밀려나고 뜨거운 물이 담긴 욕조와 엄청난 양의 술이 전면에 등장했다. 〈리얼 월드〉는 학습의 순간을 다루는 프로그램이 아니라 흥행을 위해 나쁜 행동을 이용하는 프로그램으로 바뀌었다. 현실적인 맥락이 없는 줄거리, 수사, 여정을 보여주는 리얼리티쇼는 방송국 입장에서는 황금이었다.

한편으로 방송통신법은 뉴스의 유통 구조를 완전히 뒤바꿔놓았다. 1980년에는 24시간 뉴스 채널이 텔레비전 하나밖에 없었다. 시시각각 취재해야 하는 뉴스가 많지 않았던 시절에 텔레비전은 오락적이거나 신기한 이야기로 방향을 틀었는데, 이것이 바이럴 동영상의 선조 격이다. (사람이 손에 들고 있는 아침신문을 순식간에 먹어치우는 염소 좀 보세요!) 1990년대 후반이 되자 전국 단위 뉴스 채널이 5개가 넘었고 지역 뉴스 채널도 많아졌다. 하지만 그 중에 어떤 채널도 24시간을 다 채울 만큼 진짜 뉴스를 많이 보유하고 있지는 않았다. 2000년대 초반에 뉴스를 전파하는 통로가 인터넷으로 옮겨가기 시작하자 텔레비전 뉴스 채널들은 시청자의 관심을 끌기 위해 다른 방법을 찾아야 했다. "인포테인먼트Infotainment", 즉 건강을 위협하는 것들에 관한 뉴스, 정치인이나 연예인에 관한 과장된 소문이나 잡다한 소식 등이 뉴스 방송에서 차지하는 비중이 어느 때보다 커졌다. 딱딱한 뉴스는 부풀려지고 정보는 아예 그림에서 빠진다. 애나 니콜 스미스Anna Nicole Smith가 사망했을 때, 나는 그 소식을 텔레비전에서 처음 들었다.

현실을 지배하다

언론비평가 제니퍼 L. 포즈너Jennifer L. Pozner는 엄청난 인내심을 발휘하며 케이블 뉴스와 리얼리티쇼를 수천 시간 동안 시청했다. 그러자 그 프로그램들이 서로 얼마나 비슷한지를 누구보다 잘 알게 됐다. "20년 전이었다면 언론이 다루지도 않았을 이야기를 우리는 헤드라인 뉴스로 다룹니다." 그리고 시청자인 우리는 20년 전이었다면 거들떠보지도 않았을 리얼리티쇼를 가장 중요한 프로그램처럼 취급한다. 하지만 페미니즘과 관련 있는 논의 주제는 따로 있다. 리얼리티쇼라는 장르는 어떻게 반동적인 젠더 역학 관계를 자유와 해방의 표현으로 포장할 수 있었는가? 이것은 누구도 예측하지 못한 페미니즘에 대한 반작용이었다. 불순한 동기를 가진 소비주의 매체는 개성, 기회, 자율성, 선택과 같은 페미니즘의 수사들을 교묘하게 훔쳐 쓰면서 여성을 자진해서 성적 대상이 되려고 하는 초여성적인hyperfeminine 신비한 존재로 묘사했다.

포즈너가 2010년에 출간한 《리얼리티의 역습Reality Bites Back》에 따르면, 리얼리티쇼의 부정적인 효과는 여성 참가자들(그리고 그 프로그램을 시청하는 소녀와 성인 여성들)로 하여금 미, 자기 가치, 성공을 매우 좁게 정의하게 만든다는 점이다. 리얼리티쇼는 어떤 삶이 가능하며 어떤 삶이 바람직한가에 대한 여성들의 기대치를 낮추는 작용을 한다. 그러면서 한편으로는 다른 여자들을 경쟁과 비교의 대상으로만 보도록 유도한다. '리얼리티'라는 단어는 리얼리티쇼가 인종차별적이고 성차별적인 상투어를 쓰고 시대착오적인 줄거리를 따라 전개된다는 비난에 마법의 방패 역할을 한다. 리얼리티쇼의 제작자와 참가자들은 만약 여자 25명을 잘 모르는 남자와 함께 한 방에 넣어둔다면, 그날 저녁은 여자들이 흐느끼고, 소리치고, 서로의 머리카락을 잡아당기고, 서로에게 욕을 퍼붓다가, 술 취한 사람처럼 천장을 향해 '우린 함께여야 하잖아'라고 중얼거리는 장면으로 끝날 거라고 추정한다. 리얼리티쇼는 원더브라 광고처럼 '페미니즘 덕분에 당신들은 원하는 것이라면 뭐든 될 수 있는 힘과 자유를 얻었다'라는 포스트페미니즘 담론의 일부를 제공함으로써 여성들을 안심시키는 역할을 한다. 그런데 마침 여자들이 원하고 고를 수 있는 것이 월트 디즈니의 얼음 공주마저도 '너무 만화 같잖아'라며 거부할 정도로 불안정하고 심술궂고 따분하고 악랄한 전형들뿐이라면? 그거야말로 여권 신장 아니겠는가?

〈독신남들〉을 예로 들어보자. 〈독신남들〉은 10년 이상 가장 많은 사랑을 받은 방송 드라마 중 하나이기 때문에 반드시 살펴볼 필요가 있다. 〈독신남들〉은 2002년 처음 방영된 이래 ABC 방송국의 간판 리얼리티쇼 지위를 유지하면서, 광고주들이 가장 좋아하는 이른바 돈벌이가 되는 집단(18~34세 여성)을 백만 단위 시청자로 끌어들였다. 〈독신남들〉은 젊은 이성애자들, 그리고 대부분 백인 여성인 시청자들에게 데이트 시장에서 경쟁하기 위해서 자신의 꿈, 성격, 행동을 어떻게 변화시켜야만 하는지를 메시지로 전달했다. 언론비평가 수전 J. 더글러스는 〈독신남들〉이 처음 방영된 날에 다음과 같은 견해를 밝혔다. "그 프로그램은 표준에 매우 가까운 여성의 '유형'들을 제공한다. 대부분의 여자들은 그중 하나와 일치할 것이다. 여자들은 자기 자신을 포스트페미니즘적인 여성성의 저울에 올려놓고, 자신의 정체성과 품위를 다 잃지 않으면서 남자들의 마음에 들려면 얼마나 더 노력해야 하는지를 따져보게 된다. 그 과정에서 젊은 여성들은 그게 좋은 일이든 아니든 간에 남성 우위의 세상에서 어떤 종류의 여성적 특징들이 가장 확실한 성공을 보장하는가를 가늠하게 된다."[7] 20시즌까지 제작되는 동안 〈독신남들〉은 여자들이 원하는 것(결혼, 돈, 자신이 알지도 못하는 남자를 얻기 위해 자신이 수많은 다른 여성을 제쳤다는 확신)과 남자들이 원하는 조건(날씬하고 공손한 여자, 남편을 낚아채는 데 필요할 만큼만 야심이 있는 여자)에 관한 수백 년 동안의 고정관념을 더 굳혔다.

　〈독신남들〉은 매 시즌 공식을 충실히 따랐다. 선탠을 하고 화려한 드레스를 입은 한 무리의 미녀들(서로 차별화가 되지 않는다)이 사각턱과 이두박근을 가진 남자들(마찬가지로 서로 차별화가 되지 않는다)의 순간적인 애정을 구걸한다. 여자 참가자들은 각본에 나온 대로 못된 여자, 놀기 좋아하는 여자, 술에 절어 사는 섹시한 여자 등의 역할을 열심히 수행한다. 그런데 시간이 흐르면서 프로그램 속에서 앞날이 불투명한 약혼까지 이뤄지는 동안(그리고 〈독신녀들〉과 〈천국의 독신남Bachelor In Paradise〉이라는 자매 프로그램까지 제작되는 동안) 이상한 일이 벌어졌다. 젊은 백인 여성이 대부분인 여성 출연자들이 그 프로그램을 페미니즘의 산물로 생각하기 시작했던 것이다. 그들은

〈독신남들〉이야말로 페미니스트가 남몰래 향유하는 꺼림칙한 즐거움의 결정판이라면서 열광적인 찬사를 보냈다.

2014년, 어느 블로그에 올라온 "'독신남들' 시즌 19 참가자들은 당당한 페미니스트"라는 글은 참가자들의 이력을 단편적으로 소개하면서("앨리사는 야생마가 되고 싶다고 말했다. 야생마는 자유롭게 달리면서 탐험하고, 예측 불가능한 아름다움을 지녔기 때문이란다. 앨리사, 당신을 응원한다! 마일리 사이러스처럼, 당신도 길들여질 수 없는 존재랍니다") 〈독신남들〉이 성평등이라는 대의에 복무하고 있다는 주장을 펼쳤다. (그 시즌의 〈독신남들〉 우승자인 어느 농부가 장래의 자기 아내는 커리어를 포기하고 아이오와주에 있는 그의 고향으로 이사해야 한다고 당당하게 말했다는 점은 신경 쓰지 말자.) "페미니스트 독신녀들The Feminist Bachelorette"이라는 평론은 리얼리티쇼가 여자들에게 남자들과 똑같은 성적 문란함을 허용했다는 이유로 리얼리티쇼를 지지했다. 그것은 〈독신남들〉의 자매 프로그램인 〈독신녀들〉에 적용된 확연한 이중 기준을 간과한 분석이었다. '독신남들'이 20명 정도의 낯선 여성들과 유쾌한 시간을 보낸다면 그것은 동화 같은 이야기다. 그런데 '독신녀들'이 똑같은 행동을 하면 그것은 색을 밝히는 여자들의 야단스러운 잔치판이 된다. (《독신녀들》 2015년 시즌의 핵심 줄거리는 주인공인 케이틀린이 한 참가자와 '너무 일찍' 잠자리를 같이했다는 것이다. 그 시즌의 나머지는 그녀가 저지른 잘못을 둘러싸고 이야기가 전개되며, 그녀는 시청자들로부터 창녀라는 혐오 메일을 받았다.) 그리고 "강하고 똑똑한 페미니스트 여성들이 〈독신남들〉을 보는 9가지 이유"라든가 "페미니스트가 〈독신남들〉을 봐도 괜찮은 7가지 이유" 같은 제목의 기사도 있었다. 이런 글들은 그럴듯한 억지를 부리면서 〈독신남들〉의 단골 대사들(여성 참가자들은 "신데렐라가 된 기분이에요"라고 말하거나, 24명의 다른 여자와 데이트하고 있는 남자에게 "줄 것이 너무나 많은데"라면서 눈물을 흘린다)을 강한 여성의 솔직하고 신선한 묘사로 왜곡했다.

〈독신남들〉 같은 프로그램들은 완벽한 공주가 되고 싶다는 참가자들의 욕구를 대놓고 드러낸다. 〈도전! 슈퍼모델America's Next Top Model〉, 〈진짜 주부들〉, 〈패션 불변의 법칙What Not to Wear〉과 〈나 어때? How Do I Look?〉, 그리고 입에 담기도 싫은 어린이 리얼리티 프로그램 〈토들러 앤 티아라Toddlers & Tiaras〉를 비롯한 모든 리얼리티 프로그램의 숨은 주제도 다 비슷비슷하다. 리얼리티 프로그램은 여자가 가질 수 있는 것 중에 외모가 최고로 중요하며 여자가 얻을 수 있는 것 중에 가장 중요한 것은 남자라는 생각을 강요한다. 그리고 다른 여자들은 쓰러뜨리거나 뛰어넘어야 할 장애물일 뿐이라는 생각을 주입한다. 그러고 나서도 그녀가 불행하거나 외롭다면? 더 열심히 노력해야 한다. 모든 면에서.

포즈너가 지적하는 대로 광고주에게는 이것이 최상이다. "자존감이 탄탄해서 자신이 아름답고, 사랑스럽고, 있는 그대로의 모습으로도 행복해질 수 있다고 믿는 여성보다 고독을 두려워하는 불안정한 여성에게 화장품과 옷을 속여 팔기가 훨씬 쉽다. 온라인 중매업체 매치닷컴Match.com과 발리 헬스클럽의 회원권은 말할 것도 없고."[8] 뭔가를 팔아서 이윤을 남기기 위해, 지금껏 화면에 나온 것 중에서도 가장 고약한 메시지가 은쟁반에 담겨 여성들에게 전달된다. 악마의 시간대인 7시~11시가 지난 심야에 외모를 바꿔주는 〈익스트림 메이크오버Extreme Makeover〉와 미인대회가 결합된 프로그램을 방영하기도 한다.

2004년에 시즌 2까지 방영된 폭스 채널의 〈더 스완The Swan〉은 시청자들에게 한 무리의 '미운 오리 새끼들'을 소개한다. 미운 오리 새끼들은 각자 자신의 외모 때문에 삶이 얼마나 힘들었는지를 털어놓는다. 따돌림부터 거식증, 광장공포증, 가학적 연애까지 다양한 사연이 공개된다. 그러면 해결책은 무엇일까? 제작진이 검증한 성형외과 의사들(그리고 장식품 역할만 하는 심리치료사)이 그들에게 인생을 바꿔주겠다고 약속하고 머리끝부터 발끝까지 철저한 외과적 수술을 실시한다. 하지만 그걸로 끝이 아니다. 이제 다시는 그렇게 가혹한 평가를 받지 않으리라고 믿으면서 누에고치처럼 붕대를 친친 감고 있다가 모습을 드러낸 그들은 미인대회에서 다시 서로 경쟁해야 한다. 주류 매체의 우스꽝스럽도록 좁은 미의 기준에 맞추기 위해 문자 그대로 리모델링을 했더라도 다른 여자와 비교하면 여전히 부족할지 모르니까.

리얼리티쇼를 시청하면서 오랫동안 간직할 만한 좋은 기분과 진정성을 기대하는 사람은 없다. 하지만 리얼리티쇼가 환영받는 이유가 단순히 돈 때문이 아니라 여성을 대하는 태도 면에서 절묘한 중간 지대에 머무르기 때문이라는 주장도 있다. 광고와 마찬가지로 리얼리티쇼는 페미니즘을 건너뛰고, 당연하게 받아들이고, 공공연히 반박하지도 않고, 과도하게 수용하지도 않는다. 프로그램에 참가 신청을 하는 것, 다른 여성을 깎아내리는 것, 교활하게 섹스를 지렛대로 사용하는 것 등 리얼리티쇼 출연자들의 모든 결정은 페미니즘적이라고 보기 어려운 개인적 결정이다. 하지만 '선택'이 최고의 가치로 여겨지는 문화적 담론 안에서는 그것이 명백하게 페미니즘에 반하는 결정이라고 단언하기도 어렵다.

리얼리티쇼의 역사가 10년이 넘는 지금은 중립적인 성격을 잃지 않으면서도 더욱 매력적인 풍자(때로는 악랄한 풍자) 리얼리티쇼라는 영역이 생겨났다. 인터넷 연재물을 각색한 케이블텔레비전 프로그램인 〈버닝 러브Burning Love〉는 〈독신남들〉 참가자들과 그들의 획일적인 캐릭터를 조롱하기 위해 참가자들의 젠더, 인종, 성격 유형을 엉뚱하게 변형한다. '못된 여자' 캐릭터는 사실 살인범이고, '쿠거(cougar: 젊은 남성과 데이트를 하거나 결혼하는 중년 여성을 가리키는 속어_옮긴이)'는 80대 할머니라는 식이다. 보다 윤리적 성격이 강한 풍자 프로그램으로는 라이프타임 채널의 메타드라마 〈언리얼 UnREAL〉이 있다. 2015년 처음으로 방영된 〈언리얼〉은 리얼리티쇼 로맨스 산업의 실체를 감추던 화려한 커튼을 확 열어 젖힌다. 그리하여 꼭두각시를 뒤에서 조종하는 권력과 성공적인 프로그램을 만들어내는 심리 조작술의 실체를 폭로한다. 우리는 남성 우승자가 특정한 여성들에게 사탕발림을 하라는 조언을 받는 모습을 본다. 우리는 외부와의 접촉을 차단당한 채 술을 실컷 마시는 참가자들이 점점 제작자의 뜻에 굴복하는 모습을 본다. 그리고 우리는 중요한 캐릭터(못된 여왕, 빈민가의 공주, 능력 없는 여자, 섹시한 중년 여자)를 얼마나 잘 조작해내느냐, 그리고 자신들이 책임진 캐릭터를 얼마나 잘 부추겨서 감정을 자극하는 최고의 장면을 연출하느냐에 따라 현금 보너스를 받는 제작자들과 그들이 서로 경쟁하는 모습을 본다.

제작자들 중에서도 최고의 조작 실력을 보여준 인물은 레이철 골드버그 Rachel Goldberg였다. 촬영장 트럭에서 잠을 잔다는 그녀는 움푹 팬 눈과 죽은 영혼을 가진 까무잡잡한 마법사로 통한다. 우리가 레이철을 만났을 때 그녀는 "페미니스트는 이런 모습입니다"라고 외치는 어두운 회색 티셔츠를 입고 있었다. 우스운 것은 레이철 같은 여자 제작자들이 자신을 페미니스트라고 여기면서도 자존감을 파괴하는 공주 판타지, 공포 영화, 그리고 수위가 낮은 음란물이라는 어두컴컴한 구멍으로 다른 여성들을 끌어들여서 돈을 번다는 것이다. 그들은 단순히 시대착오적인 리얼리티 프로그램의 전달자 역할만 하는 것이 아니다. 그들은 그 프로그램을 설계한 사람들이다.

〈언리얼〉을 제작한 사람은 세라 거트루드 셔피로Sarah Gertrude Shapiro라는 프로듀서였다. 셔피로는 〈독신남들〉의 9개 시즌 제작에 참여한 경력이 있는데, 그녀는 그것을 "도살장의 채식주의자"와 비슷한 경험이었다고 표현한다.[9] 사실 〈언리얼〉에서 가장 눈에 띄는 부분은 시장 페미니즘의 핵심인 '평등과 선택이라는 커다란 환상'에 대한 비판적 접근이다. 레이철의 인생은 '쇼 안의 쇼'라는 소우주였다. 그 소우주 안에서 그녀는 자신을 잃어가는 게임에 참가하는 출연자들과 똑같이 갇혀 있었다. 게다가 그녀에겐 그녀 자신보다 더 무자비한 멘토가 있었다. 〈독신남들〉의 책임 프로듀서인 퀸Quinn은 그녀의 감정과 행동을 노련하게 조종했다. 〈독신남들〉 시즌 1이 끝날 무렵 퀸과 레이철은 촬영용 세트의 아파트에 놓인 의자에 누운 채, 다음 시즌에는 더 나은 프로그램을 만들 거라는 선의의 거짓말을 주고받으며 서로를 위로했다. 리얼리티쇼 시장이 정의하는 '자유'(나아가 '페미니스트의 자율성')를 이보다 잘 표현하는 장면은 없을 것이다. 포위당한 환상의 영역 안에서 여자들이 얻는 자유란 꼭두각시 줄 몇 개를 잡고 흔들 수 있는 자유에 불과하다.

여성 반영웅의 급진화

2000년대 중반이 되자 대본이 있는 프로그램들은 주요 방송사의 우선순위에서 밀려났다. 그리고 프리미엄 케이블에서 '공익적인 텔레비전'이라는 새로운 패러다임이 나타나기 시작했다. 복잡하고, 때로는 거부감을 불러일으키고, 때로는 부도덕한 인물들이 주인공으로 나오는 드라마들이 등장한다. 이런 드라마들은 대부분 주제 의식이 있고 대본이 훌륭했다. 이제 이 시기는 "새로운 황금시대new Golden Age"의 초창기라는 애정 어린 별명으로 불린다. 당시에 〈소프라노스〉, 〈더 와이어〉, 〈식스 핏 언더〉를 만든 방송작가, 제작자, 배우들은 대중문화의 킹메이커 대접을 받는다. 단 하나의 눈에 띄는 예외는 앞의 드라마들과 같은 시기에 HBO 채널에서 방영됐지만 지금까지도 요란하기만 하고 시시한 드라마로 격하되는 〈섹스 앤 더 시티〉다.

〈섹스 앤 더 시티〉는 1999년 '섹스를 다루는 사회 코미디물'이라는 미명 아래 처음 방영된 시점부터 화젯거리로 떠올랐다(이 드라마는 캔디스 부시넬 Candace Bushnell이 1997년에 발표한 동명의 논픽션을 바탕으로 제작됐다). HBO는 그 이전에도 〈리얼 섹스Real Sex〉라든가 스트립댄서들의 삶을 다룬 〈지스트링 디바G-String Divas〉 같은 외설적인 다큐멘터리를 당당하게 선보인 적이 있었고, 대부분의 시청자들은 그런 프로그램을 본다는 사실을 말하고 다니지 않았다. 그런데 〈섹스 앤 더 시티〉는 사람들이 정수기 앞에서 나누는 잡담의 소재가 됐다. 뉴욕을 배경으로 하는 〈섹스 앤 더 시티〉는 어느 모로 보나 현실적이지는 못했다. 등장인물의 다양성도 그렇고, 주인공이 매번 굽 높은 하이힐을 신고 외출하는 것도 그렇고, 주간신문의 칼럼 한 편이 캐리 브래드쇼의 호화로운 생활 방식을 지지하는 데 할애됐다는 점에서도 그렇다. 하지만 여성과 섹스에 관한 전통적 관념의 변화라는 측면에서 〈섹스 앤 더 시티〉는 모든 유형의 여자들이 이미 하고 있는 대화들을 거울처럼 비춰준 중요한 '문화적 커밍아웃'이었다. 그런데 시간이 가면서 주인공들은 희화화되고, 성적 관습에서 페미니즘의 위치에 관한 진지했던 대화는 재치 있는 짤막한 대사로 바뀌었다.

《뉴요커》의 텔레비전 비평가인 에밀리 누스바움Emily Nussbaum은 2013년에 〈섹스 앤 더 시티〉 15주년을 맞이해 쓴 칼럼에서 다음과 같이 한탄했다. "케이블 방송국들이 명품 프로그램을 많이 만들어내자, 원래 걸작이었던 〈섹스 앤 더 시티〉는 갑자기 '공허하고 정적인 만화들의 집합'이자 '여성 전체의 수치'라는 혹평을 받았다. 그 드라마를 보던 시청자들은 더 이상 대중문화의 고정된 기준과 싸우지 않아도 된다."

나는 〈섹스 앤 더 시티〉에 대한 평이 좋았다가 다시 나빠진 이유 중 하나를 누스바움의 주장대로 "표현이 세련된(혹은 정해진 틀을 따른, 혹은 유쾌한, 혹은 웃긴, 혹은 여성적인, 혹은 폭력이 아닌 섹스에 관해 공공연히 이야기하는, 혹은 여럿이 협력해서 만든) 프로그램은 모두 질이 떨어질 것이다"라는 가정에서 찾는다. 〈섹스 앤 더 시티〉는 뉴욕 맨해튼을 배경으로 하면서도 섹스에 영향을 미치는 요인으로서 인종 문제를 다루지 않았다는 점에 대해 변명의 여지가 없었다. 그 드라마가 계급 문제에 관해서는 종종 날카로운 관점을 보여준 사실과 비교하면 더욱 그렇다. 게다가 그 드라마를 각색해서 만든 두 편의 영화는 만화적이고 따분했으며 원작 드라마의 문화적 유산을 강화하려는 어떤 시도도 하지 않았다. 하지만 처음부터 그 드라마를 시청했던 사람으로서 의견을 말하자면, 그 드라마의 은근한 페미니즘 역시 시간이 갈수록 불분명해졌다. 그 드라마는 진실한 성행위자가 되고 싶어 하는 여성들의 집단적 견해를 외견상으로나마 반영하다가 나중에는 시야가 좁은 이기적인 개인들의 별난 습관으로 방향을 틀었다.

지금의 눈으로 보면 〈섹스 앤 더 시티〉의 첫 번째 시즌은 미학적인 측면에서 독립영화에 가까울 정도로 소박했다. 시즌 1의 모든 회차에는 "궁금한 게 있는데……"로 시작하는 인류학적 질문들이 등장했다. 페미니즘(그리고 자본주의, 에이즈, 도시의 젠트리피케이션 현상)이 데이트와 섹스를 어떻게 변화시켰는가? 아니면 페미니즘은 왜 데이트와 섹스를 변화시키지 못했는가? 예컨대 여자들도 '남자들처럼' 애착이나 기대가 없는 성행위를 할 수 있다. 그런데 그 여자의 상대가 그 사실을 모른다면? 가벼운 섹스가 스포츠처럼 흔해졌는데 배우자에 대한 정절을 기대하는 것이 현실적인 일인가? 모든 가능성을 인정한다면 도대체 무엇이 비정상 또는 성애란 말인가? 4명의 여주인공은 페미니즘을 "건너뛰고" 서로 다른 4가지 답변을 제시한다. 그들에게 페미니즘이란 과거의 운동이다. 하지만 앤절라 맥로비의 이론대로 그들은 페미니즘의 "다 써버린 힘"이 다양하고 자유로운 생각들을 태동하게 했다고 생각한다. 물론 그런 생각들은 탈정치적인 것들이다.

4명의 주인공 중에서 가장 전통적인 사고방식을 지닌 인물인 샬럿은 페미니즘 정치학을 강하게 거부한다. 샬럿은 평등에 관한 온갖 담론에도 불구하고 여성이 진짜로 갈망하는 것은 남성과의 안정적인 결혼이라고 생각하는 사람들을 대표한다. 미란다는 2세대 페미니즘의 좌절을 상징하는 인물이다. 그녀는 커리어를 중시하고, 획일적인 미의 기준에 반대하며, 때로는 남자들의 기를 죽이기도 한다(그녀와 사귀었다 헤어졌다를 반복하던 애인 스티브는 언젠가 "가끔은 네가 남자인 것만 같아"라고 소리쳤다). 미란다는 전체 여성을 대표해서 분개하지만 그녀 자신만 빼고 모든 사람이 그것을 우습게 여긴다. 사만다는 포스트페미니즘을 대표하는 인물이다. 그녀는 이따금씩 공격적인 섹스를 이용해 남성들을 상대한다. 그녀가 인생에서 원하는 것을 얻기 위해서는 그것이 가장 편한 길이었기 때문이다. 그런데 현실에서 그것이 대등한 관계로 해석되지 않을 때도 있다는 점을 알고 그녀는 혼란스러워한다. 마지막으로 캐리는 시장 페미니즘을 대표하는 인물이다. 그녀는 다양한 이데올로기와 태도를 뷔페처럼 늘어놓고 쾌활한 태도로 그때그때 자신에게 유리한 것을 고른다. 그리고 그것이 자신에게 맞지 않을 때는 폐기 처분한다.

〈섹스 앤 더 시티〉가 시간과 비평에 의해 변색되긴 했어도 그 드라마는 여전히 페미니즘 텔레비전 프로그램의 전환점으로 평가된다. 그 드라마의 주인공들이 매우 극단적이고, 결점이 많고, 심지어는 비호감일 수도 있는 인물이었기 때문이다. 〈섹스 앤 더 시티〉는 벨라 앱저그가 1977년에 제시했던 '진정한 성평등의 척도'를 현실화한 드라마였다. "오늘날 우리 투쟁의 목표는 여성 아인슈타인을 조교수로 임명하려는 것이 아니다. 멍청한 여자들이 멍청한 남자들과 똑같은 속도로 승진하게 만드는 것이다." 성평등이란 단순히 여성의 지위를 높이는 것이 아니라 여성에게도 다른 모든 사람과 똑같이 커다란 실패를 허용하는 것이다. 그런 점에서 〈섹스 앤 더 시티〉의 네 여자는 텔레비전이 그동안 주인공으로 채택하지 않았던 '멍청한 여자들'이었다. 그전까지 방송업계에서는 남자들과 똑같이 무모하고 비호감인 여자들을 보여쳤다가는 시청자를 잃을 것이라는 공포에 사로잡혀 있었다.

요즘에는 멍청한 여자들이 텔레비전 화면을 점령한다고 말하는 것은 틀린 주장일지도 모른다. 하지만 우리가 여자 반영웅의 시대에 들어선 것만은 분명하다. 이것은 채널이 더 많아지고, 인터넷 연재물이 더 많아지고, 스트리밍 서비스가 널리 보급되면서 우리가 더 다양한 텔레비전 프로그램을 접하게 됐기 때문이기도 하지만, 텔레비전이 작가들의 활동 영역 중 하나가 됐기 때문이기도 하다. 지금은 어느 때보다 다양한 작가들이 활동하고 있다. 그리고 그 작가들은 요즘 시청자들이 한 회가 끝날 때마다 모든 걸 깔끔하게 포장하고 나비 리본으로 묶어주는 프로그램을 원하지 않는다는 사실을 알고 있다.

숫자로 보는 방송업계의 여성들

지금으로부터 20년 전, 미국의 모든 거실은 이른바 '문화 전쟁culture war'의 최전선이었다. 팻 뷰캐넌(Pat Buchanan: 공화당 출신의 보수 정치인. 대선에 세 차례 출마했으며 텔레비전, 폭스 뉴스 등에서 활동했다_옮긴이)은 1992년 공화당 전국 전당대회 대선 후보 경선 유세 도중에 미국이 "무신론자의 나라"가 됐다고 주장했다. 그가 제시한 근거에는 낙태, 동성애, 여성들의 참전과 같은 우파들의 단골 메뉴와 함께 대중문화가 포함됐다. 부통령이었던 댄 퀘일Dan Quayle은 그의 유명한 연설에서 "가족의 가치"야말로 미국의 토대라고 역설하면서 시트콤 〈머피 브라운〉을 예로 들었다. 퀘일은 〈머피 브라운〉이

혼자 아이를 키워도 괜찮다는 인식을 유포하고, 국가적인 빈곤 문제를 더 심각하게 만들며, "혼자 아이를 키우면서 그것을 하나의 선택이라고 부르기 때문에 아빠들의 중요성을 깎아내리고" 있다고 주장했다.[10] 미국가족협회와 '책임 있는 텔레비전을 원하는 기독교 리더들Christian Leaders for Responsible Television' 같은 단체들은 〈로잔느 아줌마〉, 〈새터데이 나이트 라이브〉, 〈엘렌〉 등의 텔레비전 프로그램을 상대로 십자군 전쟁을 개시했다. 그들은 클로록스Clorox, 버거킹 등의 광고주에게 맹공을 퍼부어 자신들이 싫어하는 프로그램에 대한 광고 집행을 철회하도록 만들었다.

때때로 나는 이런 상상을 해본다. 뷰캐넌이 2015년(현재 시점)의 어느 날 밤에 텔레비전을 켰다가 동성애자, 트랜스젠더 부모, 참전 여성, 싱글맘, 심지어는 낙태 장면이 텔레비전에 나오는 것을 보고 버럭 성을 낸다…… 그게 다가 아니다. 텔레비전에는 마약중개인, 부패하고 타락한 정부 관료들, 부도덕한 종교 지도자들, 끝내주게 멋진 스파이, 냉혹한 범죄조직 두목들도 자주 나온다. 아, 그런데 그 사람들이 하필이면 여성이다. 뷰캐넌과 함께 문화 전쟁을 수행했던 십자군들은 우리의 작은 화면에 나오는 프로그램의 윤리적 성격을 변화시키려고 부단히 노력했지만, 작가와 감독과 책임프로듀서showrunner들의 세대 교체가 이뤄지고 방송업계의 이윤 추구 방식이 진화하면서 그들의 분노는 힘을 잃었다.

텔레비전이 그들보다 우위에 있었다. 텔레비전 드라마들은 정치의식, 사회적·법적 정의, 성평등이라는 측면에서 현실 세계보다 훨씬 앞서갔다. 〈로 앤 오더〉, 〈CSI〉 같은 경찰 드라마에서 살인범, 강간범, 납치범, 전설적인 범죄를 저지르는 사람은 정신질환자, 마약중독자, 비행청소년일 때도 있지만 의사, 변호사, 주식중개인, 성직자일 때도 있다. 드라마 속의 마약중독자, 정신질환자, 비행청소년은 주인공으로서 시청자들의 동정심을 유발하기도 한다. 지난 10년 동안 미국 텔레비전 드라마 속의 대통령들 중 4명이 여성이었다. 문화 전쟁의 용어를 빌리자면 "부도덕"이 승리한 것이다. 그리고 그런 프로그램은 시청률도 높았다.

한편으로 마라 브록 아킬Mara Brock Akil, 티나 페이, 젠지 코한Jenji Kohan, 리즈 메리웨더Liz Meriwether, 숀다 라임스Shonda Rhimes, 질 솔로웨이 같은 여성 제작자들이 늘어나면서 〈허핑턴 포스트〉의 텔레비전 비평가인 지바 블레이Zeba Blay가 명명한 페미니스트 텔레비전의 황금시대가 열렸다. 페미니즘 성향 블로그, 잡지, 소셜미디어들은 여성 제작자들을 열심히 홍보하고 칭찬했다. 그리고 《엔터테인먼트 위클리》, 《롤링스톤》, 〈월스트리트 저널〉과 같은 주류 매체의 텔레비전 비평에서도 페미니즘, 인종 평등주의, 성소수자라는 주제는 보편적인 것이 되었다. 요즘 텔레비전 프로그램들은 대중문화의 다른 어느 장르보다 실생활을 사실적으로 묘사한다. 등장인물의 42퍼센트 정도가 여성이고, 그중에는 트랜스젠더 여성도 포함된다. 그러나 화면 뒤를 살펴보면 텔레비전은 페미니즘적 산업도 아니고 특별히 여성 친화적인 산업도 아니라는 사실을 발견하게 된다.

2014년에서 2015년까지 텔레비전에 방영된 프로그램들의 다양성을 분석한 미국방송감독조합The Directors'Guild of America의 보고서에 따르면, 그해의 모든 에피소드 중 16퍼센트가 여성 감독의 작품인 반면 신인 감독의 84퍼센트는 남성이었다. 영화업계와 마찬가지로 방송업계에서도 남성이 경영진의 신임을 불균형적으로 많이 받는 셈이다. 영화텔레비전연구센터The Center for the Study of Film and Television가 같은 시기를 대상으로 집계한 바에 따르면 전체 프로그램의 20퍼센트를 여성이 제작했으며 총괄 프로듀서들 중 여성은 23퍼센트였다. 감독의 13퍼센트와 편집자의 17퍼센트가 각각 여성이었던 반면 사진 담당자 중 여성 비율은 단 2퍼센트였다.

다른 말로 하자면 페미니스트 텔레비전의 황금시대는 보기만 해도 신이 나고 그 시대의 제작자들이 하는 말은 듣기만 해도 만족스럽다. 하지만 텔레비전 자체를 가지고 논의한다면 겉모습에 비해 실속이 없었다. 시청자들(특히 젊은 시청자들)의 입장에서 자신들이 좋아하는 드라마를 만드는 사람이 자신들의 부모, 교사, 또는 친구와 비슷한 외모를 가진 모습을 보는 것은 바람직하다. 특히 젊은 시청자들이 나중에 자신들도 텔레비전에서 자기만의 이야기와 세상을 만들어낼 수 있다는 자신감을 얻으려면 그런 모습을 봐야 한다. 하지만 방송 산업의 긍정적인 측면만 지나치게 강조하면 아직도 남아 있는 수많은 불가능의 장벽들이 은폐된다. "여성 제작자와 여성 작가들은 아직 충분하지 않습니다." '할리우드의 여성들'을 설립한 멀리사 실버스타인의 말이다. 여성 제작자의 비율에 관해 사람들이 주고받는 대화들은 텔레비전업계 특유의 성차별적 태도가 아직도 뿌리 깊이 박혀 있음을 보여준다고 그녀는 말한다. "사람들이 책임프로듀서에게 이렇게 말하는 일은 없죠. '이봐요, 당신의 텔레비전 드라마에는 남성 작가들이 충분하네요.' 그러나 내가 아는 책임프로듀서들은 '이제 여성 작가들이 충분히 많아졌네요'라는 말을 자주 듣는다고 합니다." '회의실 공포'란 남자들이 회의실에서 여자 2명 이상의 목소리를 듣고 여자가 10명쯤 있다고 상상하는 현상이다. 회의실 공포는 일종의 인지 부조화로서 우리 사회 곳곳에 존재한다. 하지만 영화업계와 방송업계의 회의실 공포는 유독 심해서 연구 대상이 된다.

지나 데이비스는 영화배우로서 다양한 역할을 맡으면서 훌륭한 커리어를 남긴 인물이다. 1991년 개봉작 〈델마와 루이스〉를 비롯한 그녀의 영화들에는 할리우드에서 일하는 여성들의 처지를 근본적으로 개선하려는 의도가 있었다. 물론 근본적인 변화는 일어나지 않았다. 그녀는 성 불균형을 연구하고 수치화하며 그것을 개선할 방법을 모색하기 위해 2004년 지나 데이비스 미디어 연구소Geena Daivs Institute for Media Studies를 설립했다. 그녀가 남성 프로듀서 또는 남성 영화사 사장들과 이야기를 나누다가 그들의 영화에 여성이 얼마나 적게 나오는가를 알려주면 그들은 충격을 받았다(새삼스럽게 충격이라니!). 그녀의 연구소가 가족 영화의 전체 등장인물 중에 소녀를 포함한 여성은 17퍼센트밖에 안 된다는 통계를 공개하면 그들은 머리를 긁적였다. "어떤 집단에서 여성의 비율이 17퍼센트쯤 되면 그 집단의 남자들은 50 대 50이라고 느낍니다." 데이비스가 NPR 라디오의 〈더 프레임The Frame〉에 출연해서 한 말이다. 여성의 비율이 17퍼센트 이상이 되면 남성들은 무슨 모계사회에 온 것처럼 생각한다. 데이비스의 분석에 따르면 33퍼센트가 여성인 집단에서 남성들은 자신이 소수라고 인식하고 있었다.[11]

이런 사실을 감안하면 텔레비전 스튜디오에서는 영화 스튜디오에서보다 돈이라는 변수가 큰 힘을 발휘하는 듯하다. 그것은 텔레비전 프로그램 제작비가 영화 제작비만큼 천문학적이지 않기 때문일 수도 있다. 텔레비전이 영화보다 몇 광년 앞서 있는 것처럼 보이는(스크린 뒤에서는 아니지만 적어도 스크린에서는) 이유도 일부나마 설명된다.

2015년 7월, 나는 방금 비공개 시사회에 다녀온 지바 블레이와 인터뷰를 했다. 비공개 시사회란 텔레비전 방송국들이 광고주와 방송 전문 매체들을 초청해 다음 시즌의 프로그램을 미리 보여주는 행사를 말한다. "ABC 방송국에서 갑자기 흑인과 여성이 주인공으로 나오는 갖가지 프로그램을 보여주더군요. 그래서 우리 모두 흥분했죠. 나도 궁극적으로는 그게 우리에게 좋은 일이라고 생각해요." 하지만 그녀는 그것이 제도적 변화의 진실한 척도라기보다는 흥행을 노린 또 하나의 상술일지도 모른다고 지적했다. "그건〔다양성은〕사장이 충동적으로 결정할 문제가 아니에요." 그녀의 목소리가 높아졌다. "'아, 다양성이 그렇게 중요하다니까 우리도 화면에 강한 여주인공을 더 내보내도록 하지.' 이런 식은 아니죠! 방송국들은 사람들이 점점 더 다양성에 관심을 가진다는 사실을 깨달았기 때문에 그런 결정을 하는 거죠. 윤리적인 책무 때문이 아니라 돈을 벌기 위한 결정이에요. 겉보기엔 좋지만 불순한 동기도 섞여 있는 겁니다."

소셜 네트워크

텔레비전은 시장 페미니즘의 주된 운반 수단이다. 텔레비전의 특징과 가치는 대단히 주관적이기 때문이다. 50명에게 페미니즘 텔레비전이 어떤 것인지 물어보면 50가지 다른 대답이 나올 것이다. 지바 블레이는 여성 교도소를 배경으로 하는 드라마인 〈오렌지 이즈 더 뉴 블랙Orange Is the New Black〉을 새로운 기준으로 본다. 그녀에게는 그 프로그램이 "텔레비전에 나오는 여자들에 대한 정당한 대우를 보여주는 청사진"이다.[12] 어떤 시청자들은 프로그램의 내용과는 무관하게 제작진의 인종과 성별과 젠더의 다양한 분포를 페미니즘 텔레비전 프로그램 또는 드라마의 기준으로 친다. 어떤 시청자들은 페미니즘 텔레비전 프로그램에는 세상을 완전히 뒤집어엎고 새롭게 만드는 굉장히 참신한 이야기가 있어야 한다고 생각한다. 이 새로운 '황금시대'의 장점 중 하나는, 과거에 시청자들은 가장 덜 불쾌한 프로그램을 선택할 수밖에 없었지만 이제 그들은 자신들의 목소리가 텔레비전의 경로에 반영될 수 있다는 사실을 깨달았다는 점이다. 특히 텔레비전의 역사에서 언제나 삭제되고, 배제되고, 주변화되던 영역에서.

텔레비전의 역사를 보면 시청자들의 행동이 변화를 일으킨 사례가 많다. 〈스타트렉〉은 시즌 2까지 제작된 후에 종영 위기를 맞이했으나 시끄러운 팬들 덕분에 계속 만들어질 수 있었다. 1967년 보 트림블과 존 트림블Bjo and John Trimble이 편지 보내기 캠페인을 조직했다. ("당시의 뉴스는 여성해방운동과 '젊은 주부들이 목소리를 내기 시작한다' 같은 것밖에 없었어요." 보 트림블은 그녀가 갑자기 방송업계에서 악명을 떨치게 된 사건을 회상하며 이렇게 말했다.) 1980년대와 1990년대 초반, 이익 단체인 '텔레비전의 품격을 요구하는 시청자들Viewers for Quality Television'은 방송국들을 설득해서 〈디자이닝 우먼〉이나 〈캐그니와 레이시의 우정 어린 작전〉처럼 대형 광고주들을 끌어들이진 못하지만 대졸 이상 중산층 시청자들에게 인기가 높았던 프로그램들의 폐지를 막아냈다. 2003년 컬트 공상과학 드라마 〈파이어플라이Firefly〉의 방영이 중단되자 상처 입은 팬들은 격하게 반응했다. 그래서 감독 조스 휘던Joss Whedon은 마지막 방송을 특별편 영화처럼 제작하겠다고 제안할 기회를 얻었다(그리고 그 드라마의 다음 시즌이 DVD로 발매됐다). 그리고 인터넷은 시청자와 제작자가 참여하는(때로는 동시에 참여하는) 새로운 빙법을 세공했나.

최초의(그리고 가장 훌륭한) 텔레비전 시청자 사이트인 '인정사정없는 시청자들Television Without Pity'에서 시청자들은 자신이 좋아하는 프로그램에 관한 재치 있는 분석과 논평을 읽고(디지털 녹화기와 스트리밍 기술이 보편화되기 전에는 프로그램에 대한 분석글이 반드시 필요했다), 작가들과 제작자들도 훔쳐볼 가능성이 있는 애청자 게시판에서 의견을 개진할 수 있었다. 시청자 사이트가 늘어나고 소셜미디어가 등장하면서 이제는 모든 시청자들이(문자 그대로 모든) 비평가가 됐다. 지바 블레이는 시청자들의 입장을 다음과 같이 표현한다. "우리는 대중문화를 박살 내지 않고는 소비하기 어려운 지경에 이르렀습니다. 우리가 그것을 즐기더라도 마찬가지에요. 〈오렌지 이즈 더 뉴 블랙〉을 시청할 때조차 우리는 '정말 재미있고 훌륭한 프로그램이구나' 하면서 그냥 보는 게 아니라 생각을 하죠. '이 장면은 강간을 어떻게 묘사하고 있지?' '이 장면은 흑인과 백인의 연애에 관해 어떤 메시지를 전하는 거지?' 그런데 우리가 이런 프로그램들을 그냥 꿀꺽 삼키지 않고 매 시간 분석하는 것이 우리에게 무슨 의미가 있을까요? 그렇게 분석해서 뭔가를 얻을까요? 아니면 단지 그게 오락 프로그램을 소비하는 새로운 방법이기 때문에 일단 분석하고 보는 걸까요?"

직업적 비평가들과는 달리 시청자들의 비평은 그야말로 인정사정이 없었다. 자신들이 싫어하는 줄거리, 자신들이 보기에 엉성한 등장인물, 그리고 자신들이 이해할 수 없는 상황 설정 등에 큰 목소리로 항의하기 시작했다. 그리고 그러한 항의는 신속하고 광범위하게 퍼져나갔다. 불가항력적인 변화가 텔레비전 프로그램 제작자들에게 찾아온 것이다. 24시간 떠들썩한 소셜미디어 때문에 제작자들은 페미니즘적인 것이든 아니든 간에 비평을 걸러 내기가 어렵다. 이러한 비평은 고무적인 것이기도 하지만 당혹스러운 것이기도 하다.

특히 페미니스트 비평가들은 지루하고 평범하고 대중적인 드라마 주제와 대사를 거부하는 목소리를 낸다. 예컨대 2015년 봄, 주로 여성 독자들을 위해 다양한 장르의 마니아 문화를 비평하는 사이트인 '메리 수The Mary Sue'는 앞으로 HBO 방송국의 드라마 〈왕좌의 게임〉을 지지하지 않겠다고 선언했다. 이 선언에는 나름의 이유가 있었다. 조지 R.R. 마틴의 베스트셀러 소설인 《얼음과 불의 노래》(한국어판 제목은 《왕좌의 게임》이다_옮긴이)를 토대로 제작된 판타지 서사 드라마인 〈왕좌의 게임〉은 시즌 1부터 시즌 5까지 악한 사람들이 끔찍한 행동을 하는 장면을 수없이 방영했다. 특히 여성 등장인물에 대한 강간을 동력으로 줄거리를 이끌어 나간다는 사실이 심한 불쾌감을 유발했다. (메리스 크리즈먼Maris Kriezman의 글 일부를 인용하겠다. "〈왕좌의 게임〉은 〈스타워즈〉 팬들 중에서 레아 공주가 강간당하기를 바랐던 사람들을 위한 드라마다.")[13] '메리 수'의 필진들은 〈왕좌의 게임〉을 만드는 사람들이 자신들의 잘못을 깨닫고 변화하기를 바랐기 때문에 지지 철회를 선언한 것이 아니다. 메리 수 필진들은 공공연히 시장 거래의 용어를 쓰면서 "우리가 그 드라마에 투자했는데 돌아오는 것이 적어지고 있다"라고 말했다. 메리 수의 편집 담당자인 질 팬토지Jill Pantozzi는 다음과 같이 단언했다. "이제부터 '메리 수'는 〈왕좌의 게임〉에 대한 분석글, 사진 모음, 예고편 등의 홍보 콘텐츠를 올리지 않을 것입니다."

지바 블레이는 FOX 채널의 〈슬리피 할로〉와 관련해서도 비슷한 사건이 있었다고 증언한다. 〈슬리피 할로우〉는 '머리 잘린 전사' 이야기를 급진적이고 다양한 시각으로 재해석한 작품이다. 시청자들은 흑인 여주인공 애비 밀스를 사랑했다. 시즌 1이 끝난 후부터 백인 등장인물에게 할애되는 시간이 늘어나고 그녀의 비중이 떨어지자 시청자들은 분개해서 채널을 돌렸다. 프로그램의 순위가 곤두박질치고, 사람들은 #abbimillsdeservesbetter(애비 밀스에게 정당한 대우를)라는 해시태그 운동을 벌이며 그 드라마의 '미끼 상술'에 항의했다. 그 목소리는 〈슬리피 할로우〉의 제작자들에게도 똑똑히 전달되었다.

소셜미디어가 항상 떠들썩한 소리를 내고 시장이 구매자에게 유리한 조건에서는 텔레비전 프로그램을 제작하는 사람들도 시청자들의 불만과 푸념과 논리적인 주장을 전적으로 무시할 수 없다. 마찬가지로 대중문화의 진실성과 정직성에 관한 우리의 개입이 창작의 자유를 훼손해서는 안 된다. 하지만 시청자들이 "의미 없는 강간이 몇 번이면 지나치게 많은 건가?"라는 질문(바라건대 라이언 머피가 이 질문에 답해주면 좋겠다. 그의 명작인 〈아메리칸 호러 스토리American Horror Story〉에는 시즌 1부터 시즌 5까지 매 시즌에 남성과 여성 모두를 폭력적으로 강간하는 장면이 나왔다)을 던지는 것은 최후통첩이 아니다. 그것은 아직도 젠더화된 대중매체에 명백히 존재하는 상상력의 결핍을 지적하는 하나의 방법이다.

어떤 제작자들은 실제로 비평가들의 목소리를 수용해 프로그램의 중요 사건을 바꿨는데, 그 결과는 단순하지 않았다. 2011년 〈30 록〉의 한 에피소드는 평소보다 더 메타적 성격을 띠는 액자식 구성이었다. 남성이 지배하는 코미디 영화의 세계에서 그 에피소드는 여성과 섹스어필에 관한 페미니스트 블로그들의 뜨거운 논의를 반영한다. 그 에피소드에서 드라마 속의 텔레비전 프로그램인 〈TGS〉에 새로운 출연자 애비가 등장한다. 애비는 '섹시한 아기 같은 목소리'를 가진 스탠드업 코미디언이었다. 프로그램의 진행 책임자 리즈 레먼(티나 페이 분)은 애비의 목소리가 가부장제의 파멸을 부르는 울음소리라고 주장한다. 리즈는 애비의 노브라, 음란한 이야기, 우스꽝스러운 익살 따위가 자신이 선동하려고 하는 "페미니즘 혁명fem-o-lution"을 방해할 거라고 생각한다. 그래서 그녀는 애비가 섹시하지도 않고 아기 목소리로 말하지도 않는 코미디언과 똑같이 웃기다는 사실을 입증하기 위해 옛날 비디오 화면을 찾아서 '제제벨'과 비슷한 조앤오브스나크 JoanofSnark.com라는 웹사이트("페미니즘 운동이 어떤 성과를 거뒀는지, 어떤 연예인의 수영복 몸매가 최악인지 여자들이 직접 이야기하는 멋진 페미니스트 사이트")에 보낸다. 그런데 애비의 별난 행동과 음담패설은 학대를 일삼았던 전 남자친구에게서 자신의 정체성을 숨기기 위한 속임수라는 사실이 밝혀진다. 리즈는 자기 나름대로 '좋은' 페미니스트가 되려고 노력했지만 결과는 정반대였던 셈이다.

그 에피소드는 선택, 주체성, 판단을 둘러싼 현대 사회의 끝없는 논쟁을 정면으로 마주하려는 시도였고, 결국에는 아무것도 해결하지 않는 방법으로 문제를 해결했다. 그 에피소드가 방영된 지 며칠 후 티나 페이는 〈프레시 에어〉와의 인터뷰에서 다음과 같이 설명했다. "그건 워낙 복잡하게 얽힌 문제입니다. 여자들이 자신을 세상에 드러내는 방식이요. 간혹 여자들은 팬티 속에 엄지손가락을 집어넣은 모습으로 남성 잡지 《맥심》 표지 사진을 찍고 나서 그걸로 서로를 비난하죠. 문제가 간단하지 않기 때문에 우리는 해답을 제시하는 대신 이렇게만 말했던 겁니다. '맞아요, 그건 복잡한 문제고 우리 모두 살아가면서 그 답을 찾으려고 노력하죠.'"

민디 캘링Mindy Kaling의 〈더 민디 프로젝트The Mindy Project〉와 리나 더넘의 〈걸스〉처럼 여성이 만들어낸 대중문화 콘텐츠들은 페미니즘의 렌즈를 통해 대중문화를 바라볼 때 생기는 높은 기대치와 싸워야 했다. 〈더 민디 프로젝트〉와 〈걸스〉에 대한 보편적인 반응, 즉 〈걸스〉는 다소 삐딱한 4명의 여자 친구들 이야기라는 전통적인 유형을 따른 작품이고 〈더 민디 프로젝트〉는 가족 같은 직장을 무대로 하는 고전적인 시트콤이라는 반응은 그 두 프로그램의 제작 의도와는 다른 것이었다.

더넘과 캘링은 각자의 작품을 방송에 내보낸 직후 페미니즘 매체의 뜨거운 질문 공세에 시달렸다. 그들은 각자가 제작한 프로그램의 인종 다양성, 섹스와 연애를 표현하는 방식, 그리고 여성들의 우정을 다루는 방식에 관해 취조를 당했다. 두 사람은 아직 여성에게 불리한 업계에서 활약하는 젊은 창작자로 인정받는 대신 자신들의 의도를 해명하고 자신의 입장을 옹호해야만 했다. 남성 제작자들이 그런 요구를 받는 일은 좀처럼 없다. 예컨대 더넘은 〈걸스〉가 방영된 직후부터 비판에 휩싸였다. 〈걸스〉는 현대 브루클린을 배경으로 하는 드라마인데 유색인종이 주인공이나 조연으로 등장하지 않는다는 것이었다. 만약 〈걸스〉가 극사실성에 초점이 맞춰진 드라마라면 그것은 당연히 중요한 비판 지점이다. 하지만 그런 비판은 또 하나의 의문을 불러일으킨다. 〈내가 그녀를 만났을 때How I Met Your Mother〉, 〈지루해 죽겠어Bored to Death〉, 〈트루 디텍티브True Detective〉 같은 백인 중심적 현대물을 제작한 남성들에게는 단 한 번도 공개적으로 요구한 적이 없었던 과제를 왜 젊은 여성 제작자에게 떠넘기는가?

1974년의 〈겟 크리스티 러브!Get Christie Love!〉 이후 방송 드라마로서는 최초로 흑인 여주인공을 등장시킨 〈스캔들Scandal〉 역시 처음 방영되던 날부터 버거운 기대와 마주쳤다. 페미니즘적으로 해석되고 열광과 논쟁의 대상이 됐다는 점에서 〈스캔들〉은 텔레비전계의 비욘세라 할 수 있다. 올리비아 포프는 자신을 질투하고 비밀리에 도청하는 공화당 출신의 백인 대통령과 연애하면서 정신적 학대를 당하는데, 그녀가 페미니스트일 수 있는가? 〈언리얼〉의 레이철과 마찬가지로 포프는 직업적 성공을 위해 남을 속이고, 거짓말을 하고, 사람들을 교묘하게 조종한다. (이런 사람이 진짜로 진보적일 수 있을까?) 제작자 숀다 라임스가 〈스캔들〉을 통해 정치 드라마에서 사랑받는 반영웅들은 항상 남성이라는 사실에 반론을 제기했다는 해석도 가능하다. 또 〈스캔들〉은 백인 남성(그리고 백인 여성)의 결점을 묘사할 때 허용되는 자유의 폭이 흑인 여성이 주인공인 드라마에 적용될 때는 근본적으로 달라진다는 점을 일깨워준다. 지금은 올리비아 포프 외에도 흑인 여성이 주인공으로 나오는 텔레비전 드라마가 몇 편 더 만들어진(《하우 투 겟어웨이 위드 머더 How to Get Away with Murder〉의 애널라이즈 키팅, 〈빙 메리 제인Being Mary Jane〉의 메리 제인 폴, 그리고 〈엠파이어Empire〉의 쿠키 라이언 등) 덕분에 포프에게 가해지는 압박이 다소 약해졌지만, 모든 여성 반영웅이 동등한 대우를 받지 않는다는 문제의식은 여전히 유효하다.

시장 페미니즘이 확산되면서 텔레비전(영화, 패션, 연예인도 마찬가지)에 관한 논쟁은 가망 없는 이분법으로 바뀌곤 한다. 예컨대 내가 사교 모임에 가면 사람들이 슬쩍 다가와 자신이 어떤 텔레비전 프로그램을 사랑한다고 고백한다. 그 프로그램을 좋아하면 "안 된다는" 사실을 아는데 그걸 좋아해서 죄책감을 느낀다는 것이다. 페미니즘을 '건너뛰는' 시대에는 우리의 어떤 선택(우리가 긴장을 풀려고 보는 드라마를 선택하는 것처럼 사소한 일이라 해도)이 스스로 합리화하기 어려운 거라면 남에게 말하지 말아야 한다는 암묵적인 규율이 있다. 가장 페미니즘적인 영화 또는 가장 페미니즘적인 팬티와 마찬가지로 이것은 페미니즘을 사회 체제라는 토대 위에서 살아 숨쉬는 윤리로 바라보지 않고 합격 도장이나 금색 별 같은 불변의 실체로 바라보는 시각이다. 페미니즘을 소비해도 되는 혹은 안 되는 대상으로 바라보는 대신, 프로그램 제작자와 시청자들이 이야기와 등장인물과 소통을 바라보는 하나의 렌즈로 보면 어떨까? 고정된 가치를 지닌 페미니즘을 거부 또는 수용하는 일은 우리의 목표가 아니다. 우리의 목표는 백인 남성 신동들의 영역인 방송업계에서 다양한(그리고 점점 수가 많아지는) 제작자, 작가, 감독, 편집자, 디지털 프로듀서들의 포부와 관점도 귀중하게 다뤄지는 것이다.

나는 텔레비전을 시청하면서 남모를 죄책감을 느낄 필요까지는 없다고 생각한다. 하지만 남들 앞에서 좋아한다고 밝히기가 약간 창피한 어떤 프로그램을 좋아한다고 살짝 고백하고 싶은 충동은 이해한다. 텔레비전을 사랑하는 페미니스트들은 항상 어려움을 겪었다. 텔레비전은 대중문화의 여러 영역 가운데서도 비교적 짧은 시간 동안 가시적인 변화를 보여준 영역이기 때문이다. 말하자면 이것은 '닭이 먼저냐, 달걀이 먼저냐'라는 질문과 비슷한 상황이다. 우리가 텔레비전을 계속 시청하는 이유는 텔레비전이 진보적인 매체가 될 가능성이 높아 보이기 때문인가? 아니면 텔레비전에 새로운 얼굴과 더 매력적이고 다채로운 이야기가 많이 나오기 때문인가? 어느 쪽이든 간에 그런 변화야말로 우리가 텔레비전을 계속 시청하는 이유가 된다.

앞에서 살펴본 대로, 여성이 주도한 콘텐츠가 한두 가지만 있어도 권력을 가진 사람들의 눈에는 작은 화면 안에 여자들만 득시글대는 걸로 보인다지 않는가. '페미니스트 텔레비전의 황금시대'는 그런 콘텐츠들이 나중에는 좋은 추억으로만 남을 거라는 의미를 함축하는 말이다. 만약 페미니즘이 방송업계 자체를 변화시킨다면, 우리는 기쁜 마음으로 페미니스트 텔레비전의 황금시대를 지켜볼 수도 있다.

'나는 비욘세가 제이지보다 23퍼센트
적게 버는 게 바람직하다고 생각해.
그리고 나는 비욘세에게 투표권이
주어져야 한다고 생각지 않아.
왜 비욘세가 가수 활동을 하는 거지?'라고
생각하지 않는다면,
당신은 페미니스트입니다.

아지즈 안사리 Aziz Ansar,
미국 코미디 배우

5장 우리의 비욘세: 연예인 페미니즘

지난 8년 동안, 나는 전국의 대학 캠퍼스에서 시간을 보내는 동안 새로운 현상의 출현을 목격했다. 나는 그 현상에 '욘세의 법칙Yonce's Law'이라는 이름을 붙였다. 그러면 욘세의 법칙이란 무엇인가? 백인이 대부분인 15~50세 여성들을 한 방에 모아두고 젊은 여성, 페미니즘, 미국 문화에 관한 집단 토론 또는 세미나를 시켜보면 최초의 주제가 뭐였든 간에 1시간 내로 비욘세에 관한 열띤 논쟁이 벌어진다. 그리고 심층적인 분석이 필요한 질문들이 줄줄이 나온다. 나는 그 질문들을 듣고 또 들었다. 비욘세는 페미니즘에 도움이 되는가, 아니면 해를 입히는가? 비욘세가 페미니스트라고 생각하는가? 그녀가 페미니스트라면 2013년 세계 투어에 '미시즈 카터 쇼The Mrs. Carter Show'라는 제목을 붙인 이유는? 그녀가 그렇게 확고한 페미니스트라면 파격적이고 노출이 심한 무대의상은 뭔가? 그녀가 구불거리는 금발을 가진 전형적인 백인 미인의 모습을 보여주는 건 어떻게 해석해야 하는가? 〈드렁크 인 러브Drunk in Love〉라는 노래의 "케이크를 먹으라구, 애나 메이Eat the cake, Anna Mae"라는 가사는 아이크 터너Ike Turner가 티나 터너를 학대했다는 의미인가? 제이지Jay Z의 노래 가사에 여성혐오의 요소가 있는 건 어떻게 봐야 하는가? 비욘세는 진짜 페미니스트인가? 비욘세가 페미니스트가 아닌데 내가 그녀를 좋아해도 되나?

이런 질문은 끝도 없다. 비욘세의 노래 가사, 결혼, 의상, 머리 모양을 분석하는 질문들, 그리고 세계적인 흑인 여성 스타가 현대적 해방의 상징으로 취급되는 것에 대한 페미니스트들(이번에도 주로 백인 페미니스트들)의 뿌리 깊은 불안을 드러내는 질문들이 되풀이된 횟수를 헤아리면 10년치 신문의 머리기사를 채우고도 남을 것이다. "비욘세: 속옷 차림으로 사진 찍힌다고 페미니즘에 도움이 되는 건 아니다"는 2013년 〈가디언〉의 기사 제목이다. "비욘세의 섹스 해방을 페미니즘이라 부르지 말라." 〈가디언〉의 다른 기사는 이렇게 외친다. 다른 음악인이 비욘세 저격수로 나선 적도 있었다. 2014년 유리스믹스의 보컬인 애니 레녹스Annie Lennox는 NPR과의 인터뷰에서 비욘세의 이름을 거론하며 "엉덩이 흔들기는 페미니즘이 아니"라고 공개적으로 비판했다. 그리고 《모두를 위한 페미니즘》의 저자인 벨 훅스마저도 최근에는 "모두everybody"가 정말 '모든 사람'인가를 재고하기 시작했다. 2014년 흑인 여성들의 신체가 대중매체에 어떻게 반영되는가에 관한 패널 토론에서 훅스는 '미시즈 카터 쇼'라는 투어 제목을 격하게 비난하면서 이렇게 말했다. "나는 비욘세에게 반페미니즘적인 요소가 있다고 생각합니다. 어린 여자아이들에게 미치는 악영향을 감안하면 그녀를 테러리스트로 봐도 무방합니다." 훅스는 비욘세와 같은 초대형 스타가 자신의 속옷 차림 사진을 잡지 표지에 넣는 데 동의하는 것은 "자신을 노예로 만드는 일에 가담하는"

행위라고도 말했다. 그전에도 대중매체는 비욘세의 페미니즘에 관한 논란을 자주 다뤘지만, 이번에는 페미니즘의 대중화 가능성을 믿는 사람이 비욘세의 페미니즘이 진짜가 아니라는 비판을 했기 때문에 특히나 가혹하게 들렸다.

물론 자신이 비욘세를 페미니스트로 인정받게 하는 특별 임무를 맡았다고 생각하는 자칭 페미니스트들의 수는 오랫동안 비욘세의 노래 가사, 인터뷰, 성격 속의 페미니즘을 관찰하면서 그녀가 페미니스트라고 스스로 밝히기만을 기다렸던 사람들의 수와 엇비슷하다. 〈인디펜던트 위민 파트 1 Independent Women Part 1〉을 따라 부르며 비욘세에게 손을 흔들었던 데스티니 차일드 팬들, 비욘세가 2014년 〈슈라이버 보고서 The Shriver Report〉에 기고한 글의 일부를 텀블러 블로그에 올렸던 네티즌들, 비욘세의 2013년 솔로 앨범을 "성적 자신감을 지닌 성숙한 여성의 음악"으로 추켜세웠던 사람들. (그리고 하나 더 있다. 비욘세가 광적인 힙합 팬이라고 고백하더라도 그녀를 무작정 숭배할 사람들. 그런 일이 벌어지지 말란 법은 없다.)

어떤 사람들은 비욘세의 페미니즘에 매혹당한다. 어떤 사람들은 자매애로 그녀를 포용한다. 그리고 어떤 사람들은 그녀에게 페미니스트 자격이 없다고 선언한다. 이처럼 개인과 개인들의 선택에 초점이 맞춰지면 그 선택을 결정하고 제약하는 성차별, 인종차별, 자본주의 체제의 역할은 금방 희석되고 만다. 비욘세가 슈퍼볼이나 《GQ》 표지에 등장할 때 입은 옷을 시시콜콜 분석했던 칼럼니스트들은 여성을 눈요깃감으로만 바라보는 사회의 미적 전통에 대해서는 함구한다. 비욘세가 콘서트에 남편의 성을 따서 '미시즈 카터'라는 제목을 붙였다고 투덜거린 사람들은 오래도록 구조적인 인종차별에서 비롯된 사회 문제들이 흑인 가족, 특히 흑인 한부모들의 책임으로 돌려졌다는 더 넓은 맥락은 고려하지 않았다. (1965년에 노동부 차관이었던 대니얼 패트릭 모이니핸Daniel Patrick Moynihan은 〈흑인 가정: 국가적 조치가 필요하다〉라는 제목의 보고서를 작성했다. 이 보고서에서 그는 도시의 빈곤한 싱글맘들을 "질병 덩어리"라고 표현했다.) 적어도 "비욘세의 새 앨범은 페미니즘이 아닌데 대중매체가 그렇게 몰아가고 있다"라는 식의 기사에는 사회적 맥락을 고려한 흔적이 전혀 없었다.

2015년 《미국의 흑인 여성들The Sisters Are Alright》을 출간한 태머라 윈프리 해리스Tamara Winfrey Harris는 자칭 페미니스트들이 유독 비욘세에게만 감상적인 태도를 취하는 경우가 많다고 지적했다. "그들은 겉으로 드러난 것을 넘어 체제와 맥락을 고찰하기를 주저한다. 그들은 선수를 혐오하고 게임을 무시한다."[7] 비욘세가 페미니스트든 아니든 간에, 그녀는 외부와 단절된 상태에서 활동하는(노래와 춤도 마찬가지다) 것이 아니라 현실에 존재하는 불평등의 산물인 동시에 하나의 현상이다. 그리고 현실의 불평등은 그녀가 만든 것이 아니다.

2014년 MTV 비디오뮤직 어워즈 공연에서 비욘세는 나이지리아 출신의 페미니스트 작가 치마만다 응고지 아디치에의 글을 삽입한 노래를 부르며 자신이 "페미니스트"라고 선언했다. 그날 비욘세는 지난 세기 동안 쌓였던 온갖 부정적 이미지를 털어낸 페미니즘의 개념을 전 세계 소녀들에게 제시했다. 그것도 굉장히 중요한 일이긴 하다. 대중매체와 대중문화가 만들어낸 '섹스와 담 쌓고 사는 괴물 같은 여자들'이라는 전형을 통해 페미니즘을 알게 되는 사람이 많으니까. 그런데 페미니즘에서 아픈 역사와 부정적인 이미지를 모두 제거한다면 페미니즘의 사전적 정의는 어떻게 바뀔까? 아마도 비욘세 자신과 비슷해질 듯하다. 당당하고, 매력적이고, 힘차고, 아름답고, 시끄러운 이미지. 우리가 되고 싶은 사람의 모습과도 비슷하다. 좋든 싫든 간에 비욘세가 그날 밤 자기 것으로 만들었던 페미니즘은 이미 비욘세라는 브랜드와 연관돼 있었던 다른 성공 지향적 상품들의 일부였다.

고위직의 친구들

1978년 8세 소녀 멀리사 리치Melissa Rich는 자신이 수집하던 트레이딩 카드(주로 운동선수나 유명 연예인의 모습이 인쇄된 카드_옮긴이)에 여성의 얼굴은 없다는 사실을 깨달았다. 멀리사는 엄마 로이스Lois Rich에게 그 이야기를 했고, 로이스는 자매였던 바버라 에저먼Barbara Egerman과 그 일을 의논했다. 두 자매는 멀리사 또래의 아이들에게 존경하는 여성 5명의 이름을 대보라고 했지만, 아이들은 5명을 채우지 못했다. 성공한 여성들은 투명인간 같은 존재였다. 로이스의 말에 따르면 멀리사 또래의 소년소녀들이 아는 여성의 이름은 영부인과 텔레비전에 나오는 인물들밖에 없었다. 그래서 자매는 둘이서 성공한 여성 500명의 목록을 만들고, 여자들에게 작은 호의를 부탁하는 편지를 500통이나 썼다. 이듬해 '슈퍼시스터즈Supersisters'는 스포츠, 정치, 과학, 예술 등의 분야에서 여성의 업적을 기리는 최초의 트레이딩 카드가 됐다. 뉴욕주 교육청의 보조금을 받아 제작된 첫 번째 슈퍼시스터즈 카드는 주 내의 학교에 배포됐다. 교사들도 동시대 여성 영웅들의 사례를 학생들에게 알려줄 수 있게 됐다고 기뻐했다. 처음 인쇄한 1만 세트의 카드는 금방 매진됐다.

슈퍼시스터즈는 훌륭한 제품이었다(지금 봐도 훌륭하다. 슈퍼시스터즈 카드는 뉴욕 메트로폴리탄 미술관의 드로잉&프린트 부서에 소장되어 있으며, 나 역시 남편이 이베이에서 구해준 슈퍼시스터즈를 무척 아낀다). 슈퍼시스터즈는 아이들에게 마거릿 미드, 셜리 치점Shirley Chisholm, 엔토자케 샨지Ntozake Shange, 로지 카살스Rosie Casals 같은 인물들을 소개하기만 한 것이 아니다. 슈퍼시스터즈는 페미니즘에 사람의 얼굴을 부여하면 페미니즘에 대한 관심을 불러일으키기도 쉽다는 사실을 증명했다.

사회운동의 인지도를 높이는 데 유명인들은 항상 중요한 역할을 했다. 흑인 가수 해리 벨라폰테Harry Belafonte와 흑인 혈통의 프랑스 가수 조세핀 베이커Josephine Baker는 마틴 루서 킹 주니어의 워싱턴 집회를 지지했다. 말런 브랜도는 〈대부〉로 오스카상을 받게 되자 시상식에 여배우이자 인권 운동가인 사친 리틀페더Sacheen Littlefeather를 대신 보내 '수상을 거부하는 이유'라는 글을 낭독하게 했다. 그는 '할리우드의 원주민'들에 대한 부당한 대우를 비판하기 위해 방송 플랫폼을 이용한 것이다. 엘리자베스 테일러, 마돈나, 엘튼 존은 모금 활동과 댄스 기부 행사를 통해 에이즈의 실상을 널리 알렸다. 비스티 보이즈Beastie Boys가 티베트 독립을 위한 콘서트를 열지 않았다면 당신은 티베트가 독립을 요구하는 줄도 몰랐을 것이다. 서글프지만 그것은 진실이다. 유명한 사람이 어떤 사회적 현안이나 의제를 언급하면 대중의 관심은 쉽게 모인다. 그 문제에 관해 실제로 지식과 경험이 훨씬 많지만 카리스마가 없는 누군가가 이야기할 때는 그만큼의 관심을 받지 못한다.

정치 운동으로서 선풍적인 인기를 끈 적이 한 번도 없었던 페미니즘은 어떤 면에서는 가장 빈곤했다. 오랫동안 페미니즘에 목소리와 이미지를 제공하고 기부도 했던 연예인들은 페미니즘의 대변인이나 전도사라기보다는 전략적 제휴자 역할을 수행했다. 여배우 말로 토머스Marlo Thomas가 구상한 '프리 투 비 유 앤드 미Free to Be You and Me'라는 동요 앨범은 당대의 텔레비전과 영화계 스타들의 목소리와 성격이 담긴 덕분에 폭넓게 사랑받았다. 토머스의 남편인 토크쇼 진행자 필 도나휴Phil Donahue는 자신의 방송 프로그램에 활동가와 전문가들을 초청해서 페미니즘 운동의 정치적 교리를 일상적인 용어로 통역하게 했다. 《미즈》, 《버스트》와 같은 잡지 표지에 실렸던 영화, 텔레비전, 대중문화의 스타들은 그들 자체로도 매력적인 존재였지만, 그들 덕택에 새로운 독자들에게 페미니즘은 더 이상 주변부의 정체성이 아니라고 설득할 수 있었다.

창간 초기의 《미즈》는 당대의 핵심적인 의제를 전달하기 위해 할리우드 인물들을 친선대사로 활용했다. 당대의 핵심 의제란 남녀평등헌법수정안(Equal Rights Amendment: 여성을 차별하는 주법과 연방법 조항들을 폐지할 목적으로 제안된 미국 연방헌법에 대한 수정안_옮긴이)의 국회 비준이었다. "미국을 비롯한 모든 나라의 정부는 성별을 근거로 법적 권리의 평등을 부정하거나 축소해서는 안 된다"라는 원칙을 재확인하기 위해 마련된 남녀평등헌법수정안은 1923년에 처음 제출됐는데, 양당의 고른 지지를 받았음에도 상하원을 모두 통과하는 데는 계속 실패했다. 1972년이 되자 필리스 슐래플리Phyllis Schlafly가 주도하는 이 시대의 십자군 '스톱 ERA Stop ERA'의 조직적인 반대 운동에도 불구하고 사회 분위기는 남녀평등헌법수정안의 시대가 도래한 것만 같았다.[2] 하지만 그 수정안이 의회를 통과한 후에노 전체 수의 4분의 3에서 주의회 비준을 받는 절차가 남아 있었다. 최종 기한이 얼마 남지 않은 1979년에도 3개 주에서는 비준이 이루어지지 않은 상태였다. 남녀평등헌법수정안을 통과시키는 것은 주류 자유주의적 페미니즘Liberal Feminism의 가장 현실적인 목표가 됐다. 그리고 남녀평등헌법수정안은 연예인들의 지지를 이끌어내는 토대가 되기도 했다.

1978년 《미즈》의 한 호에는 여배우 메리 타일러 무어Mary Tyler Moore, 〈매시Mash〉의 앨런 알다Alan Alda, 〈굿 타임스Good Times〉의 에스더 롤Esther Rolle과 34명의 방송, 영화, 음악인들이 등장했다. 그 호의 표지 기사 제목은 "할리우드의 새로운 행동 강령"이었다. 새로운 행동 강령이란 남녀평등헌법수정안을 적극 지지하는 것이었다. 로버트 레드퍼드, 셜리 매클레인, 워런 비티 같은 사람들이 공개적으로 지지자 명단에 이름을 올렸다. "페미니즘은 여자들만의 문제가 아닙니다"라고 선언한 앨런 알다는 페미니스트들의 공식적인 동경의 대상으로 등극했다. (그래도 남녀평등헌법수정안은 마감 시한인 1982년까지 3개 주에서 비준을 받지 못했다. 2016년 현재 미국 헌법은 성별에 근거한 차별을 금지하지 않고 있다.)

정치와 문화에 대한 연예인들의 참여는 정치 자체를 연예인들이 하는 것으로 바꿔놓았다. 대선 토론은 자동차에 올라탄 어릿광대들의 난장으로 바뀌었다. "당신은 이 후보와 맥주를 한잔하시겠습니까?"라는 질문이 정치적 입장을 결정하는 중요한 변수로 간주된다. 오늘날 정치인들은 다른 무엇보다 만능 엔터테이너가 돼야 한다. 미래의 지도자가 〈투나이트쇼〉 또는 〈엘런쇼〉에 출연해 엘런 디제너러스Ellen Degeneres 곁에서 춤을 선보이지 않는다면 우리는 그 사람이 국가를 이끌 만큼 매력적이고 상냥하고 겸손한가를 검증할 수 없기 때문이다(제길!). 여기서도 선수보다 게임이 더 중요하다. 대중매체를 만드는 기업이 점점 대형화하고 수익률에 치중하는 조건에서는 자연히 정치인의 실체에 대한 엄격한 검증보다, 입소문을 탈 수 있는 정치인의 짤막하고 재미있는 발언들을 먼저 다루게 된다. (나는 힐러리 클린턴에게 투표할 작정이다. 하지만 그녀가 엘런과 함께 격렬한 댄스를 추거나 〈새터데이 나이트 라이브〉에서 말을 더듬거리는 모습을 보고 싶지는 않다.)

반대로 진짜 엔터테이너들이 정치적 활동을 하면 진실하지 않게 보일 때가 많다. 웹사이트, 팟캐스트, 라디오 토크쇼, 소셜미디어 플랫폼, 가십성 게시판들이 변덕스러운 시선들을 붙잡기 위해 어지럽게 경쟁하는 가운데, 연예인의 이름값에 따라 어떤 정보는 폭탄 같은 특종이 되고 어떤 정보는 맥없는 불발탄이 된다. 패션 잡지에는 어느 연예인이 비영리 단체를 위한 자선 행사에 참석했다는 기사가 실리지만 그 비영리 단체에 관한 후속 보도는 절대 없다. 행진과 항의 시위는 외면당하고, 사회적 책임을 다하는 기업의 "브랜드 홍보대사"(예술적으로 기획된)가 주목을 받는다. 할리우드의 PR 생태계에는 유명 연예인과 인도적 대의를 결부시키는 것을 전문으로 하는 회사들이 있다. 그리고 대다수 연예인들은 자신의 이름이 특정 정당이라든가 윤리적 판단, 종교적 판단, 찬반이 팽팽한 논쟁에 휘말리지 않도록 각별히 조심한다. (남아프리카에서 에이즈 퇴치 활동을 벌인다? 정치색이 너무 짙다. 남아프리카 어린이를 돕는다? 딱 좋다. 사랑스러운 사진만 찍어도 은행에 돈이 막 들어온다.)

페미니즘은 연예인들이 선뜻 나서서 참여하는 사회적 의제가 아니다. 페미니즘은 멸종 위기에 처한 호랑이를 구하려고 노력하거나 국제 식량 지원 프로그램 또는 하이퍼 인터내셔널(Heifer International: 125개 국가의 빈곤층에게 암소 등의 가축을 지원해서 기아를 해결하고 자립을 돕는 프로그램_옮긴이)의 모금 행사를 주최하는 것과는 다르다. 페미니즘은 한결 복잡하다. 활동가들만의 영역을 넘어서는 곳에서 성평등에 대한 자각을 촉구하는 것도 좋지만, 일단 우리에게는 페미니즘이라는 '운동'의 정당성 입증이라는 지극히 기본적인 과업을 맡아줄 연예인들이 필요하다. 페미니즘은 남성혐오도 아니고 땀내 제거제를 뿌리지 않는 것과도 다르다는 사실(지금까지 백만 번쯤 말했지만)을 감수성 예민한 수억의 청소년들에게 이해시킬 액션 영화배우 한 사람도 못 구한다면 우리가 대체 누구를 설득할 수 있겠는가? 그래서 2014년에 상승세를 타기 시작한 연예인 페미니즘의 물결(유명한 영화배우, 코미디언, 가수들은 마치 시상식에 협찬 받은 브랜드의 테니스 팔찌를 차고 나올 때처럼 앞 다투어 페미니즘이라는 용어를 쓰기 시작했다)은 커다란 잠재력을 지니고 있다. 그래서 실망도 그만큼 크겠지만, 그 점에 대해서는 잠시 후에 이야기하자.

2014년부터는 페미니즘에 대한 거부감을 조장하던 기사 제목들이 페미니즘의 중요성에 동의하는 사람들을 찬양하는 제목으로 바뀌기 시작했다. 《미즈》는 남성 중심적인 드라마 〈브루클린 99 Brooklyn 99〉의 배우이자 《맨후드Manhood》의 저자(그가 분란을 일으키는 사람인 건 분명하다)인 테리 크루즈에 관해 "우리의 마음: 테리 크루즈, 사나운 페미니스트"라는 기사를 실었다. 〈MTV 뉴스〉는 기사에 "페미니스트의 진실을 폭로한 키라 나이틀리에게 하이파이브를"이라는 제목을 붙였고, 〈엘리트 데일리Elite Daily〉는 "베네

딕트 컴버배치, 모두에게 사랑받는 페미니스트가 되다"라고 주장했다. 아무 날이나 골라서 트위터 피드와 뉴스 기사 제목을 읽을 때 텔레비전의 거대한 쌍방향 지도의 한 칸에 선거 개표 결과가 표시되는 모습을 보는 기분이다. 스위프트가 우리 편이 됐다! 곧 포트먼도 넘어올 것 같다. …… 거의 확실…… 포트먼이 넘어왔다! 아지즈 안사리와 존 레전드John Legend도 우리 편이다! 켈리 클락슨Kelly Clarkson은 우리를 버렸다. 그래도…… 조셉 고든-레빗은 좋은 사람이다! 어, 저건 뭐지? 마크 러팔로도 우리를 지지했다고? 마크 러팔로를 위해 하이파이브!

이게 다가 아니다. 훨씬 일찍부터 이른바 '젠더평등팀Team Gender Equality' 소속이었던 연예인들도 있다. 제인 폰다, 지나 데이비스, 로지 페레스, 릴리 톰린, 에이미 폴러Amy Poehler, 그리고 당신 마음에 들든 안 들든 비욘세가 여기에 포함된다. 이만하면 서커스 천막에 어느 정도 사람들은 모인 셈이다. 이들 중 상당수는 실제로 행동하는 사람들이다. 그 점을 지적하면 연예인 활동가들에 대한 기대치가 극히 낮다는 사실이 드러난다. 데이비스, 리나 더넘, 케리 워싱턴Kerry Washington, 개브리엘 유니언Gabrielle Union, 스칼렛 요한슨은 연방정부가 가족 계획 예산을 삭감하려 했을 때 가족 계획을 지지하는 광고와 홍보 영상에 출연했다. 폴러는 2008년 여성 인권을 위한 온라인 커뮤니티인 '똑똑한 여자들의 파티Smart Girls at the Party'를 만들었다. 2015년 전기 영화인 〈온 더 베이시스 섹스On the Basis of Sex〉에서 젊은 시절의 루스 베이더 긴스버그Ruth Bader Ginsberg 역할을 맡은 내털리 포트먼Natalie Portman은 감독을 여성으로 하지 않으면 자기도 출연하지 않겠다는 의사를 밝혔다.

역설적이지만 몇 년 전부터 연예인 페미니즘이 유행하게 된 것은 자신이 페미니스트라고 밝히는 스타들이 많았기 때문이 아니다. 대개의 경우 스타들이 자신이 페미니스트임을 인정하지 않았기 때문이다. "당신은 페미니스트입니까?" 《버스트》와 《미즈》, 《비치》 같은 잡지들은 남자든 여자든 유명인과 인터뷰할 때마다 이 질문을 던졌다. 이 질문이 어떻게 해서 영화제 시상식에서 "이 배역을 위해 머리색을 바꿔야 해서 힘드셨나요?"와 "지금 입으신 옷이 어느 디자이너의 작품인가요?" 사이의 고정 메뉴가 됐는지는 분명치 않다. 어쩌면 이 질문이 보편화된 과정은 〈헝거 게임〉과 〈인서전트〉 같은 블록버스터 액션 영화에서 젊은 여성이 주역으로 발탁되는 경우가 많아진 것과 관련이 있을 법도 하다. 어쩌면 점점 포화 상태가 돼가는 연예인 가십 분야에서 특종을 얻기 위한 경쟁이 치열해져서인지도 모르겠다. 연예인 가십은 금전적 가치가 있으며 때로는 기사 하나가 막대한 광고 수익으로 이어지기도 한다. 하지만 다른 한편으로 페미니즘에 대한 대중적 관심은 페미니즘 언론과 소셜미디어가 일반적으로 피임, 성희롱, 고위직 인사들의 강간과 가정폭력 사건과 같은 주제를 다루기 때문이기도 하다.

한동안 여자 연예인들은 페미니즘에 관한 질문을 받기만 해도 마치 처녀막에 관한 질문을 받은 것처럼 수치스러워했다. 페미니즘이라는 단어 자체를 이해하지 못하는 철부지 연예인들도 있었다. 10대에 엄마가 된 포르노 스타 파라 에이브러햄Farrah Abraham("당신이 레즈비언인가 뭔가라고 하던데, 그게 무슨 뜻이죠?")이나 여배우 에반젤린 릴리("나는 내가 여성인 걸 자랑스럽게 생각합니다. 그리고 여자로서 페미니즘이라는 단어를 별로 좋아하지 않아요. 페미니즘이라고 하면 남자 흉내를 내려고 애쓰는 여자들이 떠오르는데, 나는 남자 흉내를 내고 싶진 않거든요.")가 여기에 속한다. 몇몇 스타들은 남성혐오론자라는 소문을 부인하려고 애썼다. 테일러 스위프트("나는 세상을 남자 대 여자로 보지 않아요")와 레이디 가가("나는 페미니스트가 아닙니다. 나는 남자들을 사랑해요. 남자들을 향해 환호하죠. 미국 남성들의 문화, 맥주, 술집, 스포츠카를 축복해요……")가 여기에 속한다. 케이티 페리를 비롯한 몇몇 스타들은 자신이 페미니즘의 내용이 아니라 페미니즘이라는 단어를 거부한다고 밝혔다("나는 페미니스트가 아닙니다. 하지만 나는 여성의 잠재력을 믿어요"). 가장 혼란스러운 경우는 〈인서전트〉의 스타 셰일린 우들리Shailene Woodley였다. 우들리는 이 모든 것에다 제로섬 논리를 더해 아주 자유분방한 주장을 했다. "아니에요. 저는 남자들을 아주 좋아해요. 그리고 '남자들의 손에서 권력을 빼앗아서 여자들에게 주자'라는 주장은 절대 실현되지 않을 거라고 생각해요. 뭐든지 균형이 필요하니까요. 개인적으로는 나 자신의 남성적인 면이 마음에 듭니다. 나의 50퍼센트는 여성적이고 50퍼센트는 남성적이거든요. 세상에는 나 같은 사람이 많을 걸요? 이것도 중요한 지점 같아요. 그리고 나는 남자들이 권력을 내려놓고 여자들이 힘이 세지는 것도 별로라고 생각합니다. 균형을 잘 맞춰야겠죠."

이와 같은 연예인들의 대답은 주기적 순환을 이루며 대중매체에 기삿거리를 제공한다. 그 순환은 다음과 같다. 어떤 연예인(보통은 젊은 백인 여성)이 멍청한 발언을 해서 기삿거리가 된다("스위프트, '테일러 스위프트를 페미니스트라고 부르지 마세요'"). 그 연예인의 발언은 트위터와 페이스북과 텀블러에서 되풀이되고 공유된다. 그러면 그 연예인의 과거 발언을 토대로 '재탕 기사(write around: 이전 시점의 기사를 토대로 이야기를 재구성한 것)'들이 신속하게 쏟아져나온다. 예컨대 "페미니즘을 향한 그녀의 독설"이라는 제목의 기사가 만들어진다. 그리고 해당 연예인이 인정하든 아니든 간에 그 연예인을 페미니스트로 규정하는 추측성 기사들이 양산된다("컨트리 음악은 항상 페미니즘 음악이었다. 테일러 스위프트가 페미니스트가 아닐지라도"). 그 연예인을 실마리 삼아 더 넓은 범위를 조망하는 기사("왜 젊은 여성들이 페미니즘을 거부하는가")들도 나온다. 그러고 나면 반박에 반박이 거듭된다. 어떤 이들은 페미니스트의 공격에 시달리는 연예인을 옹호하는 입장에 선다("테일러 스위프트의 페미니즘을 욕하지 말자"). 그리고 마지막은 페미니스트로의 '전향'이다. 대중매체는 그 연예인을 다시 한 번 기사 제목에 등장시키는데, 이번에는 그녀가 페미니즘에 대해 다시 생각해봤더니 자신이 페미니스트라는 결론에 도달했다고 선포한다("테일러 스위프트, 페미니즘에 대한 생각 바꿔"). 자, 이제 모두가 행복해졌나?

더 골치 아픈 것은 페미니스트 이름표를 달고 나서 "말썽을 일으키는(사회운동 영역의 오래된 관용어를 빌리자면)" 연예인들이다. 예컨대 2013년 가을, 영국의 팝스타 릴리 앨런Lily Allen은 '하드 아웃 히어Hard Out Here'라는 곡의 뮤직비디오를 공개했다. 〈하드 아웃 히어〉는 친절한 노래가 아니었다. 대중음악의 이중적 기준을 신랄하게 비난하면서 거듭 펀치를 날리는 노래였다("너에게 내 성생활 이야기를 해준다면 넌 나를 창녀라고 부르겠지/ 남자들이 자기가 데리고 노는 여자들 이야기를 할 때는 아무도 난리를 치지 않는데 말이야 If I told you 'bout my sex life, you'd call me a slut/ When boys be talking about their bitches, no one's making a fuss").

뮤직비디오는 앨런이 수술용 침대에 누워 지방흡입술을 받는 장면으로 시작한다(이 장면은 앨런의 체중이 얼마나 늘고 줄었는지를 항상 감시하는 영국 타블로이드 신문들에 대한 빈정거림이다). 어느 블로그에서는 그 뮤직비디오를 가리켜 "페미니스트들이 보면 자랑스러워할 것"이라고 평했으나 실제로는 그렇지 않았다. 페미니스트들은 앨런이 (그녀 이전의) 수많은 남성 예술가들처럼 흑인 여성과 라틴계 여성 댄서들을 뮤직비디오에 출연시킨 것을 보고 눈살을 찌푸렸다. 아니, 구체적으로 말하자면 그 여성 댄서들의 엉덩이를 출연시켰다고 해야겠다.

앨런이 우뚝 서 있는데 댄서들은 몸을 웅크리고 앉아 있다. 앨런이 몸치장을 하는 장면에서 댄서들은 엉덩이를 흔든다. 옷을 다 갖춰 입은 백인 예술가가 거의 벌거벗은 혼혈 유색인종 여성들을 액세서리처럼 끼고 "널 위해 내 엉덩이를 흔들 필요가 없어 / 나한테는 머리가 있으니까"라고 노래하는 장면은 시기적으로 좋지 않았다. MTV 비디오뮤직 어워즈에서 마일리 사이러스가 가슴이 빵빵한 흑인 댄서들과 함께 성행위를 연상시키는 춤을 선보인 것이 불과 한 달 전이었기 때문이다. 여성 댄서들과 나누는 몸짓을 보면, 사이러스가 마치 그녀들의 젖가슴을 몸에 우연히 붙어 있는 물건쯤으로 생각하는 듯 보인다. 만약 앨런의 비디오가 사이러스에 대한 패러디였다면 그 의도는 제대로 전달되지 않았다.

앨런은 대중문화가 백인이 아닌 사람들의 신체를 과도하게 성적 대상화하는 관행을 비판하고 있었던 걸까, 아니면 그런 성적 대상화를 되풀이하고 있었던 걸까? 적지 않은 팬들이 앨런을 옹호하면서 그녀의 의도가 전자라고 주장하고, 앨런 자신도 공개 성명을 통해 비판에 대응했다. 하지만 머리는 백인 가수들의 것이고 엉덩이는 흑인 댄서들의 것이라는 그 뮤직비디오의 암묵적인 가정은 다양한 페미니스트들로부터 정당한 분노를 불러 일으켰다. 〈하드 아웃 히어〉는 반어법을 적용한 노래였을 수도 있지만, 그 뮤직비디오가 인상적이었던 이유는 따로 있다. 의도적이지는 않았지만 그 뮤직비디오는 페미니스트 이름표를 달고 하이파이브를 받는 연예인은 거의 다 백인이라는 사실을 강조하고 있다. 지금까지 사이러스가 선보인 엉덩이 춤과 외설적인 무언극, 그리고 그녀가 뮤직비디오와 잡지에서 자주 선보인 나체는 '페미니스트 아이콘'의 작품으로 간주된 반면, 똑같이 외설적인 표현으로 유명한 리한나와 니키 미나지를 보는 사람들은 충격 받은 얼굴로 고개를 절레절레 흔든다.

사이러스의 이미지가 건전하고 쾌활한 10대 소녀에서 쾌락주의적이고 불건전한 호기심을 자극하는 여가수로 바뀌는 과정은 연예인들에게 페미니스트의 꼬리표를 붙이는 것이 패배할 수밖에 없는 게임이라는 점을 보여준다. 하루 24시간, 주 7일 연예인을 감시하는 이 시대에 재벌이 소유한 미디어는 유명한 여성들, 특히 젊은 백인 여성들을 '미국 청년들'의 역할모델로 임명하곤 한다. 그러고 나서 언젠가는 그들의 왕관을 도로 빼앗고 그들의 추락을 흥미 위주로 보도한다. 브리트니 스피어스가 그랬고, 린제이 로한이 그랬고, 아만다 바인스가 그랬고, 마지막으로 마일리 사이러스도 그랬다. 하지만 이런 식으로 스타를 죽였다 살렸다 하는 광경을 보면서 부모들이 개탄하는 사이, 〈허핑턴 포스트〉, 《TMZ》 같은 매체들은 막대한 수익을 얻는다. 대중매체는 거짓된 관심을 지렛대 삼아 하나의 사건을 꼬박 2주일 동안 우려먹으면서 거액을 벌어들인다. 대중매체는 연예인 하나가 교통사고를 내거나 재활원에 들어갈 때마다 과거의 타락한 역할모델들을 다시 불러내 "끝이 좋지 못했던 여자 연예인 톱 10"과 같은 제목의 카드뉴스 기사를 제작하기도 한다.

그리고 대중매체의 역할모델 찾기는 '두 명의 페미니스트가 우리에 들어 갔는데 한 명만 살아 나왔다'라는 식의 대결로 변질된다. 여자들끼리의 경 쟁을 과대포장하려는 무한한 욕망 때문이다. 대중매체는 유명한 여성들 을 늘 그런 식으로 취급한다. 2014년 11월 엠마 왓슨이 유엔에서 연설한 내 용이 인터넷에서 광범위하게 공유되면서 그녀는 하룻밤 사이에 큰 화제 를 모았다. 유엔 홈페이지에 따르면 "성평등을 위한 연대의 운동"인 '히포시 HeForShe' 사업의 홍보대사인 왓슨은 그녀보다 먼저 연설했던 앨런 알다와 마찬가지로 단순한 메시지를 전했다. 성평등은 여성들만의 싸움이 아니라 는 것이다. ("이제는 우리 모두 젠더를 두 개의 상반되는 이상이 아니라 하나의 스 펙트럼으로 바라봐야 합니다.") 그 연설 동영상이 인터넷에 공개된 지 몇 시간 만에 대중매체들은 "페미니즘의 구세주"와 비슷한 표현을 찾기 위해 맹렬하 게 경쟁했다. 《배니티 페어》 웹사이트는 "엠마 왓슨이 유엔에서 페미니즘에 관한 획기적인 연설을 했다"라고 평가했다. 텔레비전 사설은 "페미니즘에게 새 생명을 불어넣은 엠마 왓슨"이라고 극찬했다.

왓슨의 연설은 심금을 울리고, 유창하고, 그녀의 표현으로는 "비의도적 인 페미니스트unintentional feminist"에게 다가가기 쉬운 내용이었다. 비의도적 인 페미니스트란 페미니즘의 기본적인 내용에는 공감하지만 자신을 페미 니스트로 규정하지는 않는 사람을 의미한다. 왓슨의 연설에 대한 대중매체 의 반응은 연예인, 브랜드, 인종, 정치의 휘발성 강한 결합을 보여준 전형적 인 사례였다. 뉴스 보도의 상당 부분은 왓슨이라는 인물과 그녀가 자신을 페미니스트로 명명한 사실이 페미니즘에 미칠 영향을 다뤘다. 그 안에 하위 범주로서 부수적인 이야기들이 들어갔다. "성평등 연설을 통해 유명 인사로 등극한 엠마 왓슨. 그녀가 선택한 의상은?"이라든가 "그녀는 비즈니스다! 똑똑하고 세련된 엠마 왓슨, 벨트 달린 흰색 코트드레스 차림으로 유엔의 여성 친선대사 역할을 수행하다" 같은 기사가 그것이었다. 또 하나의 하위 범주는 그 역사적인 연설문 자체를 되새기는 '리스티클'들이었다("엠마 왓슨의 '히포시' 연설 중 마법 같은 5개의 순간"). 이 기사들을 모두 읽어도 히포시가 정확히 무슨 사업인가를 알아내기란 쉽지 않았다. 그리고 대중매체는 스스로를 페미니스트로 칭했던 다른 연예인들과 왓슨을 비교하면서 최고의 연예인 페미니스트 역할모델로 누가 더 적합한가를 탐색하는 기사를 쏟아냈다.

《배니티 페어》는 왓슨이 〈해리 포터〉에서 헤르미온느 역할을 했으므로 더 유리한 입장이라고 신속하게 지적했다. 연예인의 영향을 쉽게 받는 젊은 세대에게 "F로 시작하는 이데올로기를 옹호했던 비욘세 같은 다른 연예인들보다 영향력이 크다"라는 것이었다. 《미즈》는 다른 매체에 뒤질세라 연말 특집으로 연예인 페미니스트들의 순위를 매기면서 모종의 판단 기준(이 기준은 공개되지 않았다)에 따라 왓슨을 1위에 놓고 비욘세를 4위로 선정했다. 이번에는 마치 빌보드처럼 "올해의 페미니스트 타이틀을 엠마 왓슨에게 내준 비욘세"라는 제목을 뽑았다.

아무도 요청하지 않았던 경쟁에 열을 올리던 재벌 미디어들은 스스로 경쟁의 승자를 뽑아놓고는 한꺼번에 안도의 한숨을 쉬었다. '드디어, 드디어 솔직하고 점잖은 연예인이 나와서 올바른 양만큼의 페미니즘을 올바른 방식으로 표현했구나.' 왓슨에게는 야한 무대의상과 제이지 같은 복잡한 변수들(비욘세)이 없었고, 그녀는 대놓고 성적 매력을 강조하지도 않았으며(리한나, 니키 미나즈), 몸매가 덜 날씬한 것도 아니었고(리나 더넘), 테일러 스위프트처럼 진실한 페미니스트로 인정받지 못할 행동(무슨 행동인지는 몰라도)을 하지 않았다.

언론의 열광은 왓슨이 페미니즘이라는 이름으로 무엇을 성취하려 하는가 보다는 페미니스트라는 정체성을 공개한 그녀의 '용기'에 초점을 맞췄다. 그녀를 따라 페미니스트 선언에 동참한 할리우드의 다른 연예인들에게도 마찬가지였다. 연예인 페미니스트 선언이라는 새로운 현상을 보도하면서 대중매체가 썼던 언어들을 한번 보자. "자신을 페미니스트라 부르기를 두려워하지 않는 여자 연예인들", "페미니스트 딱지를 자랑스러워하는 연예인 10인", "F로 시작하는 단어를 용감하게 쓰는 10인의 연예인" 대중매체가 주목한 지점은 그 연예인들이 관심을 가진 페미니즘의 의제가 아니었다. 대중매체는 연예인들이 자신에게 페미니즘이라는 수식어를 붙이면서도 두려워하지도 싫어하지도 않는다는 점에 놀라워하며 기사를 썼다.

사회에 적극적으로 참여하는 연예인들이 늘 이런 취급을 받는 것은 아니다. 엘리자베스 테일러는 영화배우로서 은퇴한 후 에이즈 관련 활동에 뛰어들어 미국에이즈연구재단American Foundation for AIDS Research 설립에 참여했다. 그녀의 행동은 에이즈라는 질병에 따라붙는 오해와 폐쇄성 때문에 그녀의 이미지를 실추시킬 가능성도 있었다. 대중매체는 그녀의 용기에 박수갈채를 보냈고, 당시의 언론 보도는 그녀가 실제로 하는 활동의 내용에 초점이 맞춰졌다. 이것을 "당신을 황홀하게 만들 9명의 남성 페미니스트 연예인"이라는 목록과 비교해보라. 이 목록에는 아주 약간 긍정적인 인터뷰 답변이 하나 있었고, 심지어는 모순된 답변도 있었다. (《해리 포터》에 왓슨과 함께 출연했던 대니얼 래드클리프의 모순된 답변을 들어보자. "그래요, 예. 나는 페미니스트입니다. 또 나는 모든 방면에서 평등을 주장하고, 유능한 엘리트의 통치를 신뢰합니다.") 이 답변은 여러 편의 리스티클에 인용된 바 있다. 나는 래드클리프의 평등에 대한 신념에 의문을 제기하는 것이 아니다. 내가 알기로 그는 구찌 턱시도를 만들고 남은 천 조각을 활용해 어느 나라의 시골 마을 소녀들을 위해 혼자서 학교를 지어준 사람이다. 그리고 만약 〈해리 포터〉를 좋아하는 소년들이 여자들의 블로그를 돌아다니다가 우연히 "대니얼 래드클리프는 자신이 페미니스트라고 6번이나 당당하고 자랑스럽게 말했다"라는 기사를 읽는다면 그것도 좋은 일이다. 그러나 그것은 연예인 페미니즘의 다른 측면들과 마찬가지로 기대치를 너무 낮게 설정해놓고 실제로는 별 성과가 없는데도 기뻐하는 것과 비슷한 일이다.

리스티클 페미니즘이 무조건 의미 없는 건 아니다. 사회를 변화시키려면 이미지와 언어, 그리고 '이렇게 행동해도 됩니다, 여러분'이라는 포괄적인 함의를 활용해 대중의 의식을 바꿔야 한다. 과거에 금기시되던 이혼, 인종 간 연애, 동성애, 트랜스젠더 같은 주제들이 일반화된 것도 상당 부분 대중문화와 대중매체가 그런 것들을 보여줬기에 가능했다. (동성애자인 엘런 디제너러스가 괜찮은 남자를 찾지 못했다고 얼버무려야 했을 때 얼마나 어색했는지 기억하는가?) 그러나 논쟁을 일상으로 전환하는 것과 논쟁을 한때의 가벼운 유행으로 만드는 것 사이에는 미세한 차이가 있다. 여기서 연예인 페미니즘은 잘못된 편에 설 때가 너무 많다.

사회 정의를 실현하기 위한 모든 운동은 그 외부로부터 다음과 같은 상투적이고 부적절한 불평을 듣는다. '당신들이 조금만 덜 전투적이 된다면 당신들의 의제가 더 매력적으로 다가올 거예요.' '평등에 대한 당신의 요구가 조금 덜 엄격하다면 사람들이 동참할지도 몰라요. 아니, 그걸 꼭 요구라고 부를 필요가 있나요?' 표현은 각양각색이지만 이런 취지의 말을 들어보지 않은 활동가는 거의 없다. 그리고 역사가 알려주는 바에 따르면 사회 정의는 그런 식으로 실현되지 않는다. 그런데 특히 페미니즘은 그런 비판을 쉽게 내면화하는 경향이 있다. 수십 년 동안 거의 정기적으로 나오는 페미니즘 브랜드를 '재구축'하라는 주장은, 페미니즘이 많은 사람을 소외시켰기 때문에 페미니즘 운동이 기세를 회복하는 유일한 방법은 머리끝부터 발끝까지 대변신을 통해 아주 요염하게 바뀌는 것이라는 생각을 토대로 한다. 사람들로 하여금 자신들이 원래 알고 있었고 아주 불쾌하게 생각했던 페미니즘의 정의를 잊어버리게 해야 한다는 것이다.

왓슨의 히포시 연설의 결과가 바로 그랬다. 전 세계의 성평등을 위해 노력하자는 연설의 핵심 내용은 자취를 감추고, '페미니즘의 이미지는 당신들의 생각만큼 무서운 게 아니다'라고 남자들을 설득하는 데 방점이 찍혔다. 마치 남자들이 평등을 지지하게 만들려면 그들의 개인적인 심정을 조금도 불편하게 만들지 않아야 한다는 것처럼. '블랙 걸 데인저러스Black Girl Dangerous'라는 블로그를 만들어 글을 쓰는 미아 맥켄지Mia McKenzie는 이런 분위기를 다음과 같이 재치 있게 설명했다. "〔왓슨은〕 남자들이 성평등을 위한 싸움에 나서지 않는 이유가 단지 여자들이 남자를 초대하지 않아서라고, 그리고 실제로는 남자들을 환영하지 않아서라고 암시하는 듯하다. 여자들이 남자들에게 정식 초대장을 보내지 않았기 때문에 남자들이 동참하지 않았다는 거라고 한다. 남자들이 성불평등 구조에서 굉장히 큰 이익(사회, 경제, 정치…… 등 모든 영역에서)을 누리고 있으며, 차별 철폐를 지지해서 얻을 것이 별로 없어서가 아니란다. 전 세계에 널리 퍼진 여성혐오 때문도 아니란다. 그저 아무도 초대하지 않았기 때문이란다."³

페미니스트 운동이 정당성을 얻기 위해 연예인에게 의존하는 것은 절망적인 일이다. 그것은 꼭 필요한 일처럼 보이지만 스스로 실패를 초래하는 행위다. 이것은 대중문화(연예인을 포함한)가 페미니즘의 오명을 벗길 수 있다는 믿음으로 잡지 창간에 참여한 사람으로서의 의견이다. 페미니스트들이 종종 연예인을 우리 편으로 끌어들이려고 안달하는 이유들은 애초에 페미니즘의 공적 이미지가 손상된 이유들과 동일하다. 우리는 평범한 사람들이 갖지 못한 사회적 영향력을 가진 사람들이 페미니즘 운동의 본래적 가치와 정당성을 인정해주기를 바란다. 연예인들의 말은 보통 페미니스트들의 말보다 잘 먹힌다. 역설적이지만 연예인들은 페미니즘 운동에 깊이 관여하고 있지 않는 사람들로 인식되고, 그래서 페미니스트들보다 사회에 대한 편견이 적을 것으로 간주되기 때문에 사람들은 그들의 발언에 열광한다. 흔히 사람들은 엠마 왓슨이 어릴 때부터 부유하고, 좋은 교육을 받았고, 아름답고, 유명했기 때문에 성평등에 관심을 가질 절박한 필요가 없었을 거라고 생각한다. 그것이 그녀의 페미니즘을 정당하게 만들어주는 근거가 된다. 그러나 회사가 덜 거추장스러운 남자 직원들을 우대하기 때문에 번번이 승진에서 밀려나는 싱글맘이 페미니즘에 관심을 가진다는 사실이야말로 페미니즘의 정당성에 대한 증거로 해석돼야 마땅하지 않을까? 이런 식으로 대중매체는 연예인들을 이용해서 현실의 페미니즘을 걸러낸다. 나는 이것을 어떤 논리로서 제시하는 것이 아니다. 이것은 자신을 페미니스트라고 밝힌 사람들의 대부분이 깨닫게 될 오래된 오류들 중 하나다. (다음의 글을 참조하라. "당신은 페미니스트가 되기에는 너무 예뻐/재미있어/착해 You're too pretty/ funny/nice to be a feminist.")

대개의 경우 연예인 페미니즘에서 강조되는 것은 평등과 자유의 권리가 아니라, 페미니즘 자체의 존재를 정당한 것으로 인정받을 권리에 국한된다. 기업이 지배하는 미디어는 성불평등을 온존시키는 체제의 여러 문제들을 집중 조명하기를 원하지 않는다. 미디어 자신도 그 체제의 일부와 공모 관계라는 사실을 인정해야 할 때는 더더욱 그렇다. 진부하고 매력 없는 페미니스트의 이미지에서 벗어나 참신하고 세련된 페미니스트의 이미지를 만드는 것은 연예인들에게 곤혹스러운 질문을 던지지 않고 격려만 해주는 안전한 방법이다. 그래서 대중매체의 논의는 대부분 "당신이 생각하는 페미니즘은 무엇입니까, 유명하신 분?"과 같은 질문으로 시작한다. 이런 질문은 페미니즘에 대한 연예인들의 정의가 기존에 있던 페미니즘의 아주 명석한 정의와 대등한 가치를 지닌다는 메시지를 대중에게 전한다.

연예인들의 페미니스트 선언을 대중매체가 지극히 피상적인 분석으로 다루는 이유가 바로 여기에 있다. 2014년 《포춘Fortune》에 실린 "젊은 연예인들이 페미니즘을 '쿨'하게 만들 것인가?"라는 제목의 기사는 다음과 같은 지나치게 익숙한 가정으로 시작된다. "브라 태우기. 남성혐오. 성난 여자. 매력적이지 않다. 지난 10여 년 동안 이런 고정관념들이 여성운동에 그림자를 드리웠다. 그런데 요즘에는 일단의 젊고 패셔너블한 연예인들이 페미니즘의 진짜 정의를 전파하려고 노력 중이다." 비욘세의 MTV 공연도 마찬가지다. 트위터와 기명 칼럼들의 격한 반응으로 미뤄보면 그 공연은 비욘세가 다음과 같은 것들을 증명한 사건으로 해석되고 있음을 알 수 있다. 1) 이제 페미니스트들이 결혼과 출산에 윤리적으로 반대하지 않아도 된다. 2) 이제 페미니스트들은 패션 감각을 자랑해도 된다. 3) (이번에도 추정이다!) 이제 페미니스트들은 남성혐오론자가 아니어도 된다. 지난 시절 대중매체가 글로리아 스타이넘, 리베카 워커Rebecca Walker, 나오미 울프Naomi Wolf 등에 관해 똑같은 주장을 펼쳤다는 사실을 고려한다면 이것들을 혁신적인 발견으로 간주하기는 어렵다. 페미니스트 연예인들의 의도는 좋은 것이겠지만, 그들에 대한 타협적인 반응들은 우리를 아주 멀리 데려갈 수 없는 자동차 한 대를 새로 만드는 일에 기여할 뿐이다.

완벽주의의 함정

　명성과 페미니즘의 결합은 항상 까다로운 문제였다. 페미니즘의 이상과 대표적 인물들에 대한 운동 내부의 비판은 오래전 2세대 페미니즘이 '쓰레기trash'라는 단어를 동사로 만들었던 시점에 활발하게 제기됐다. 1948년 페미니스트 활동가 러모나 바스Ramona Barth가 《네이션》에 기고한 여성참정권 운동에 관한 글은 독자들에게 다음과 같이 권유했다. "세니커폴스에서 시작된 운동의 명백한 미덕만이 아니라, 지금까지는 분석의 대상이 되지 않았던 약점들에도 눈을 돌려보자. 1세대 페미니스트들을 기념하는 대리석

조각상을 세우는 것도 좋지만 그들의 내적 동기를 드러내는 것 또한 건강한 일이다."[4] 가려져 있었던 곳에 주목하자는 바스의 주장은 1970년대 여성운동에 광범위하게 반영됐다. 여성운동에 참가했던 사람들은 처음에는 '페미니스트'라는 용어를 기피했다. 앨리스 에컬스Alice Echols가 2세대 페미니즘에 관한 "과감하게 나쁜 사람 되기Daring to Be Bad"라는 기사에서 지적한 대로, 최초의 페미니스트들은 페미니스트란 '부르주아', '개혁론자', 그리고 흑인에게 배타적인 엘리자베스 케이디 스탠턴이나 수전 B. 앤서니Susan B. Anthony 같은 사람들이라고 생각했다. 그들은 자신들의 운동이 쿠바와 중국의 혁명적 여성운동과 더 많은 공통점을 가진다고 판단했다. 그래서 1990년대의 3세대 페미니즘은 2세대 페미니즘의 외형적 특징이었던 섹스에 대한 부정, 인종주의, 계급, 분리주의에 반하는 목소리를 요란하게 냈다. 마치 감정적인 10대 아이가 엄마 앞에서 방문을 쾅 닫는 것처럼 그들은 이전 세대를 부정했다. 그리고 4세대 페미니즘은 쓰나미에 조금 더 가까웠다. 4세대 페미니즘은 과거 페미니즘의 파편들을 싹 쓸어 모아서 그것들을 풀뿌리 운동에서부터 냉소적이고 상업적인 상품 광고에 이르는 모든 분야에 고루 배치했다.

페미니즘이 과거 어느 때보다 덜 획일적이라고는 하지만, 한 가지는 아직 바뀌지 않았고 앞으로도 바뀌지 않을 것 같다. 그것은 의도했든 아니든 간에 특정 개인들이 대중매체와 대중문화에서 여성운동의 상징으로 떠오를 때, 그에 뒤따르는 격렬한 내적 갈등이다. 베스트셀러 책이라든가, 홍보 동영상이라든가, 유명한 노래를 통해 페미니즘의 얼굴이 되는 "유명한 페미니스트"들은 항상 있었다. 그 명성이 오래가지 못해도 마찬가지다. 누군가가 명성을 얻으면 사람들은 의심하기 시작한다. 그 유명해진 사람들이 주로 페미니즘에 적대적인 사람들에 의해 정의되는 하나의 이데올로기를 어떻게 "판매할지", 더 정확히 말하면 어떻게 "팔아넘길지" 불안하기 때문이다.

"어떤 여자들이 〔페미니스트로서〕 유명해지는 건 그들이 다른 페미니스트들로부터 지도력을 인정받기 때문이 아니다. …… 주류 매체가 그들에게서 시장성 있는 이미지를 찾아내기 때문이다. 주류 매체의 시각으로 볼 때 그들은 뉴스 가치가 있는 인물이며 온갖 종류의 불안과 희망과 책임을 투사할 수 있는 대상이다." 2003년 레이철 퍼지Rachel Fudge가 페미니즘 활동과 명성을 화해시키려는 의도로 썼던 글의 한 대목이다. 이것은 중요한 지적이다. 페미니즘의 과거를 돌아봐도 그렇고, 미국의 주류 대중문화가 페미니즘을 수용했다는 믿을 수 없는 사실을 보더라도 그렇다. 한편으로 모든 사회운동은 그 운동을 대표해서 발언하고 선동할 줄 아는 사람들의 외교력과 통솔력을 필요로 한다. 다른 한편으로 복잡한 사상과 목표들이 주류 매체의 입맛에 맞는 지극히 단순한 논점들로 축소되는 경향은 당연히 모든 운동에 해롭다. 페미니즘 운동에서도 마찬가지다. 주류 매체는 임금 격차, 미에 관한 통념, 성노동의 범죄화 같은 복잡한 토론 주제들을 지나치게 단순화하고 페미니즘의 목표를 왜곡했다. 주류 매체는 집단적인 성공을 특정 개인의 성과로 귀속시키고 페미니스트 운동 자체의 복수성을 위축시켰다. 그리고 수없이 많은 잠재적 동료와 동포들을 접근성과 인정이라는 부스러기를 긁어모으려고 싸우는 적들로 돌려놓았다.

조 프리먼Jo Freeman이 《미즈》에 기고한 〈쓰레기 취급하기: 자매애의 어두운 면Trashing: The Dark Side of Sisterhood〉은 지금도 사람들이 메일로 자주 주고받는 글이다. '여자들끼리의 우정'이라는 이름으로 따돌림당하고, 자신을 의심하게 되고, 외톨이가 되는 과정을 자세히 서술한 그 에세이에서 느끼는 분노가 지금도 유효하기 때문이다. 프리먼은 쓰레기 취급은 항상 비평으로 치장하지만 사실은 비평과 전혀 다른 것이라고 단언했다. 쓰레기 취급은 "인격 살인 중에서도 특히 질이 나쁜 인격 살인"이며 "차이를 드러내거나 견해차를 해소하기 위해"서가 아니라 "비방하고 파괴하기 위해" 이뤄지는 행동이다. 그 에세이가 잡지에 실렸던 1976년 《미즈》 사무실에는 어느 때보다 많은 편지가 도착했다. 그 에세이의 유명한 머리말에는 다음과 같은 문장이 있다. "세상의 거의 모든 사람은 쓰레기 취급을 당한 [글쓴이의] 경험과 비슷한 경험을 해본 적이 있다." 한때 시카고의 급진적 페미니스트 분파의 일원이었던 프리먼은 절망적인 경험을 하고 나서 페미니즘 운동에서 손을 뗐다. 하지만 그녀가 발표한 두 편의 에세이 〈쓰레기 취급하기〉와 〈구조 없음의 폭력The Tyranny of Structurelessness〉(후자는 지도자가 따로 없는 이상주의적 환경에서 따돌림이 자주 발생한다는 내용이다)은 여전히 진행 중인 현상에 대한 설명을 제공한다.

개개인의 페미니스트는 페미니스트에게 불만을 품은 사람들에게 모욕과 괴롭힘을 당하는 일에 익숙하다. 요즘에는 이런 일이 더 심하고, 당연히 온라인 공간에도 있다. 그런데 '쓰레기 취급하기' 또는 현대적인 용어로 '싸움 걸기calling out'는 이런 일과 다르다. 동료 페미니스트들이 그런 행동을 한다는 점에서 피해자의 고통은 훨씬 크다. 소셜미디어 덕분에 쓰레기 취급하기는 더 자주, 더 공개적으로 행해진다. 페미니스트 사회학자인 캐서린 크로스Katherine Cross의 표현을 빌리자면 '쓰레기 취급하기'에 참여하는 사람들은

"크건 작건, 과거의 일이건 현재의 일이건, 죄악을 극도로 경계한다."[5] 어쩌면 시작은 전적으로 타당하고 중요한 비평이었지만 사람들이 점점 많이 모이고 맥락이 넓어지면서 혼돈으로 치닫다가 누군가를 '쓰레기' 취급하는 지경에 이르렀는지도 모른다. 아주 사소한 일이 문제로 비화하기도 한다. 언젠가 나는 내가 어느 온라인 게시판에서 쓰레기 취급을 당하고 있다는 제보를 받았다. 알고 보니 내가 어느 극작가와 인터뷰를 하면서 아주 중요한 질문을 던지지 않았다는 것이었다. 쓰레기 취급하기는 이념적 순수성이라는 이상을 둘러싸고 발생하기도 한다. 예컨대 "커리어 페미니스트careerist"는 페미니즘 활동을 하면서 감히 자신의 이름까지 알려지기를 원하는(아니면 생활비 정도는 벌기를 원하는) 페미니스트들을 조롱하는 표현이다. 어떤 경우에는 현재의 페미니즘 교리에 어긋나는 의견을 제시한 사람이 쓰레기 취급을 당한다.

쓰레기 취급하기의 원인이 되는 극심한 경쟁은 페미니즘 운동에만 나타나는 현상은 아니다. 하지만 오래전부터 여러 사람이 지적한 바와 같이, 페미니스트들 사이에서 쓰레기 취급하기가 빈번하게 나타나는 이유는 연령, 인종, 계층과 무관하게 대부분의 여성은 자신의 역할을 전문가나 지도자보다는 중재자connector나 조정자uniter로 생각하도록 사회화되기 때문이다. 또한 과거 페미니즘 운동의 불화들이 아직 다 해결되지 않았기 때문에 갈등이 격화되기 쉽다.

페미니즘 운동에서 쓰레기 취급하기의 선동적인 성격이 강해지는 또 하나의 이유는, 어떤 사람의 활동과 정체성 사이의 경계선이 비행기구름처럼 불분명하다는 것이다. 페미니즘 운동에서 어떤 사람의 일을 쓰레기 취급하는 것은 그 사람 자체를 쓰레기 취급하는 것과 구별되지 않는다.

학계의 전문가들 사이에서 유행하는 농담 중에 "정치가 저질인 이유는 판돈이 작기 때문이다"라는 말이 있다. 이 말을 페미니즘 운동에 적용해도 된다. 자신의 존재를 정당화하기 위해 끊임없이 싸워야 하는 어떤 운동이 있다고 하자. 그 운동에는 수백만의 개인이 참가하고 있으므로 수백만의 성격, 정치 성향, 우선순위가 존재한다. 그 운동에는 복수의 명분과 과제가 존재하는데다 여러 가지 구조적인 문제들도 있다. 그 구조적인 문제들을 해결하는 일은 종종 쳇바퀴처럼 제자리를 빙빙 돈다. 그런 문제들 중 3가지만 들자면 관심의 결여, 자금의 부족, 시간의 부족이다. 전반적으로 고학력 중산층 비장애인 백인 여성들이 불균형적으로 페미니즘을 정의하고 주도했던 역사도 빼놓을 수 없다. 마지막으로 페미니즘은 섬세한 감성보다 갈등을 좋아하고 내용보다 선정성에 주목하는 현대 주류 언론과 소셜미디어 환경 안에 존재한다.

절반쯤 완성된 페미니즘이라는 프로젝트를 이 모든 문제들 속에서 수행해나가는 것은 실로 어마어마한 일이다. 그래서 심한 좌절감이 더 큰 세상의 불평등을 향하지 않고 내부로, 동료 페미니스트들 사이에 존재하는 소우주로 발산된다는 것은 놀라운 일이 아니다. 누군가에 대해 "페미니즘 운동을 잘못하고 있다"라고 말할 수 있는 경우는 수백 가지가 있다. 당장 나만 해도 실수를 범하고 있을지 모른다! 특히 경험 많은 이론가와 활동가들이 1학년 '여성학' 수업에 처음 등록한 사람들과 맞부딪치곤 하는 온라인 공간에서는 갈등이 쉽게 생긴다. 온라인에서는 마치 시시포스의 형벌처럼 똑같은 토론을 하고 또 해야 한다.

유색인 페미니스트들은 교차성(intersectionality: 서로 다른 유형의 선입견들이 연결된다는 사실을 인식하고 그 사실에 근거해서 행동하는 것. 예컨대 페미니스트라면 젠더에 근거한 차별뿐 아니라 인종, 연령, 계급 등에 의한 모든 차별에 반대하는 입장에 서는 것이다_옮긴이)이라는 개념을 설명하고 옹호할 의무를 짊어진다. 성노동에 종사하는 페미니스트들은 그들의 삶을 그들보다 더 잘 안다고 가정하는 다른 페미니스트들에게 상처를 받는다. 이런 문제들은 가상공간에서나 현실에서나 시급하고, 결정적이고, 개인적으로도 의미 있는 것으로 여겨진다. 하지만 외부의 시선으로 보자면 페미니즘은 자기 자신을 갉아먹는 운동처럼 보인다.

연예인들의 페미니즘은 이런 쓰레기 취급하기의 단골 대상이다. 그래서 유명인들이 페미니즘을 자신의 브랜드로 채택하는 일은 복합적인 의미를 가진다. 페미니즘은 개개의 유명인들이 진심으로 지지할 만한 운동이지만, 대개의 경우 실제 페미니즘 의제들에 관한 그들의 지식은 그들의 파급력에 반비례한다. 2015년 오스카 여우조연상을 수상한 퍼트리샤 아켓Patricia Arquette은 자신의 수상 소감 연설을 기회 삼아 임금 평등에 관해 이야기했다. 겉으로 보면 그것은 전 세계가 주목하는 순간을 훌륭하게 활용한 사례였다. 하지만 아켓은 좋은 의도에서 발언한 후에 그 발언의 가치를 스스로 훼손했다. 시상식이 끝난 직후 기자들과 만나서 이렇게 말했던 것이다. "이제는 미국의 모든 여자들, 그리고 여자들을 사랑하는 모든 남자들, 그리고 모든 동성애자와 유색인종들이 우리를 위해 싸워줄 차례입니다. 지금까지는 우리가 그들을 위해 싸웠으니까요." 그녀의 이상야릇한 발언은 아마도 성소수자와 유색인종을 위한 싸움은 승리로 끝났고, 백인 여성들은 그 싸움에 동참하면서 인내심을 가지고 '우리 차례'를 기다렸다는 의미였을 것이다. 그녀의 발언에 대한 반응은 매우 신속하고 격렬했다.

2015년 하반기에는 국제 앰네스티가 성매매 비범죄화 정책에 관한 투표를 준비하는 동안 리나 더넘, 메릴 스트립, 에마 톰슨, 케이트 윈즐릿 등의 할리우드 페미니스트들이 그 정책에 반대한다는 성명서에 서명했다. 성매매의 비범죄화는 껄끄러운 주제기도 하고, 비범죄화가 합법화와 다르다는 점이 널리 알려져 있지 않아 자주 오해를 산다. 그 복잡한 문제에 관한 토론은 일반적으로 그 분야에 전문적인 지식을 많이 가진 사람들에게 맡기는 것이 가장 좋다. 이 경우 전문 지식을 많이 가진 사람들이란 성노동자를 의미한다. 성매매의 현실에 대해 추상적으로만 이해하고 있을 유명한 여배우들이 부지불식간에 성노동자들의 생계와 안전을 위태롭게 만든 이 사건은, 유명인 페미니즘이 도움이 될 수도 있지만 그만큼 우리에게 방해가 될 수도 있음을 보여주는 좋은 예다. 익명의 성노동자 한 사람은 〈데일리 비스트〉와의 인터뷰에서 다음과 같이 이야기했다. "이 문제에 아무런 이해관계가 없고 정책의 영향을 받지도 않을 연예인들이 가장 큰 목소리를 낸다는 건 절망적이고, 솔직히 말하면 비인간적인 일입니다."

한편으로 연예인들은 점점 사람이 많아지는 영역에서 배우 또는 가수 또는 광고 모델로서 계속 활동하려면 자신을 유의미한 존재로 만들어야 한다는 압박을 받는다. 이 모든 요인들의 결합은 연예인들이 페미니즘에 정말로 어떤 이해관계가 있는가라는 필연적인 회의, 그리고 그들의 의도가 아무리 좋아도 행동은 바람직하지 않다는 자연스러운 실망으로 이어진다. 그들이 페미니즘의 겉모습만 취하고 본질은 내던져버릴 확률은 항상 있다. 아켓의 오스카 시상식 연설을 둘러싼 사건도 그렇다. 그녀의 부주의한 발언 때문에 사람들은 그녀가 임금 격차를 줄이기 위해 행동했다는 핵심적인 사실에 주의를 기울이지 않았다. 사실 연예인들이 어떤 발언을 했을 때 그것을 비판하는 것은 타당한 행동이다. 문제는 그런 비판들이 쓰레기 취급하기의 한 형태로 해석되기 쉽다는 것이다.

때로는 비합리적이지만 우리는 연예인들에게 권위를 부여하는 경향이 있다. 그래서 연예인들은 페미니즘 운동이 스스로 하지 못하는 방법으로 페미니즘의 사상과 정치적 주장의 정당성을 입증할 수 있다. 하지만 연예인들은 절대로 완벽할 수 없다. 비욘세조차도 모든 페미니스트를 전적으로 만족시킬 수는 없다(그래도 내가 이렇게 말했다고 비욘세에게 알리진 말아 달라). 연예인들도 우리와 마찬가지로 잘못을 저지르곤 하는데, 불행히도 우리는 그들의 실수를 용납하지 않는다. 바로 이 때문에 연예인 페미니즘이 진정한 변화에 기여할 잠재력이 감소한다. 연예인들에게 완벽한 페미니즘을 기대하는 일은 페미니즘의 대의에 오히려 방해가 될지도 모른다. 그리고 연예인들이 페미니즘을 개인적인 브랜드의 일부로 채택할 경우, 페미니즘은 내년 시상식 시즌이 돌아올 무렵에는 더 이상 회자되지 않을 하나의 유행어로 축소될 우려가 있다.

페미니즘이라는 브랜드

연예인 브랜드 페미니즘과 사회정치적인 페미니즘 운동의 차이를 가장 단순하게 말한다면 전자는 개인과 관련되고 후자는 체제와 관련된다는 점이다. 연예인들은 사회적 문제에 매력적인 얼굴을 부여한다. 하지만 연예 산업이라는 기계는 태생적으로 복잡성이나 섬세한 감성을 토대로 굴러가지 않는다. 연예 산업은 차갑고 냉정한 돈을 토대로 작동한다. 연예인 페미니스트들의 우렁찬 목소리가 체제 내에서, 즉 성불평등에 아무도 의문을 제기하지 않는 영화업계, 방송업계, 음반업계 내부에서 나오는 거라면 그들이 과연 얼마나 많은 일을 할 수 있겠는가?

배우, 코미디언, 가수들이 개인적으로 또는 어떤 시상식이나 행사에서 여권 신장을 강조하는 행동은 그들이 소속된 산업이 여성을 전형화하고 비하하면서 돈을 벌어들이는 관행을 은폐하는 데 기여할 따름이다. 연예 산업의 폐단을 없애는 것이 순전히 연예인들만의 책무일까? 당연히 그렇지는 않다. 하지만 공개석상에서 페미니즘이라는 대의명분을 자랑스럽게 내세우는 사람이라면 그걸로 언론의 관심을 끄는 것 이상의 책임을 져야 한다는 주장은 나름의 타당성을 지닌다. 앞서 언급한 대로 연예인에게 페미니스트의 본보기를 기대하지는 않지만, 적어도 페미니즘의 의제와 관점들을 열심히 공부하기라도 하면 아켓의 수상 소감 굴욕과 같은 불행한 사태는 피해갈 수 있을 것이다.

평등과 대표성에 관한 대화를 계속하는 과정에서 진실성과 투명성이라는 작은 무기는 예상 외로 큰 도움이 된다. 배우이자 코미디언인 에이미 슈머는 골칫거리로 여겨지는 연예인 페미니스트들 중 한 명이지만(다른 스탠드업 코미디언들과 마찬가지로 그녀의 연기는 인종차별적 정서에 의존하고 있다), 그녀는 '이제 여성 상위의 시대가 도래했다!'라는 수사를 받아들이지 않는다는 점에서 참신한 모습을 보여준다. 그녀가 코미디언으로서 빠르게 성장하고 에미상을 수상했을 때 대중매체는 '여성 상위 시대'라고 떠들어댔다. 2015년 가을, 매디슨 스퀘어 가든에서 열린 마돈나의 '레벨 하트' 투어에서 첫 순서를 맡았던 슈머는 할리우드 여성들에게 즐거운 새 시대가 열렸다는 주장에 반론을 제기했다. "우리가 왜 즐거워야 하죠? 순전히 외모로만 평가받는 업계에 있으면서 날마다 자신이 늙어가고 은퇴할 날이 다가온다는 느낌을 받는데. 젊고 어린 스타들이 여기저기서 등장하는데. 딱 6개월만 지나면 나도 긴 흰색 셔츠를 입고 추수감사절 파티에서 마이클 더글러스를 골탕 먹이는 역할이나 해야 한다는 사실을 뻔히 아는데 즐거울까요? 천만에요. 할리우드의 여자들은 지금 즐겁지 않습니다. 농담으로도 그런 말 마세요." 슈머의 발언은 그녀가 2015년에 제작한 〈라스트 퍼커블 데이Last Fuckable Day〉라는 풍자 동영상과도 맥이 닿는다. 그 영상에서 슈머는 숲속에서 점심 식사를 하는 줄리아 루이-드라이퍼스 Julia Louis-Dreyfus, 티나 페이, 퍼트리샤 아켓을 만난다. 그들은 루이스-드라이퍼스가 그동안 방송업계 용어로 "섹스 대상으로 적합한" 여자 역할들을 맡다가 요즘에는 "의상 부서에 가면 긴 스웨터밖에 주지 않는" 역할들로 옮겨간 것을 축하한다.

　슈머의 솔직한 항의는 예외적인 경우에 해당한다. 그녀가 그런 발언을 하고도 큰 피해를 입지 않은 이유는 그녀가 코미디언이기 때문이기도 하지만, 무엇보다 그녀의 영화가 성공했고 〈코미디 센트럴Comedy Central〉이라는 프로그램에서 그녀가 차지하는 영향력이 할리우드의 대다수 동료들보다 크기 때문이다. 한때 로맨틱코미디물에 단골로 등장했던 캐서린 하이글의 경우는 다르다. 그녀는 할리우드에서 여자 등장인물이 어떤 취급을 받는가에 대해 솔직하게 털어놓았는데 결과가 그리 좋지 못했다. 2007년 〈사고 친 후에 Knocked Up〉에 출연해 스타로 떠오른 하이글은 《배니티 페어》와 인터뷰에서 그 영화의 플롯이 "약간 성차별적"이며 "여성을 신경질적이고, 유머 감각 없고, 꽉 막힌 존재로 묘사한 반면 남자들은 여유와 재미를 아는 사랑스러운 사람들로 묘사"했다고 말하는 실수를 저질렀다. 그 인터뷰가 나가자마자 하이글에게는 "까다롭다"라는 낙인이 찍혔다. 겉으로는 페미니즘을 표방하는 제제벨과 같은 사이트들도 그녀의 표현 방식에 유감을 표했고, 그녀의 커리어는 상당한 타격을 받았다. 만약 그때보다 조금 더 여성 친화적으로 바뀐 지금의 영화계에서 하이글이 영리한 비판을 한다면 더 나은 대접을 받을지도 모른다. 하지만 당시에 대중매체에서 그녀가 받은 대접은 다른 여배우들에게 불만이 있어도 입 다물고 있으라는 효과적인 경고로 작용했다.

몇 년 후에는 감사하는 마음이 부족하다는 이유로 다른 여성에게 집중포화가 쏟아졌다. 〈프레셔스〉의 주연이었던 모니크Mo'Nique는 영화의 내용을 비판하지는 않았지만, 영화 홍보와 오스카 여우조연상 수상을 위해 남들과 똑같은 방식으로 노력하지 않았다는 이유로 비웃음을 당했다. (그녀는 결국 여우조연상을 받았다.) 《할리우드 리포트Hollywood Report》와의 인터뷰에서 모니크는 〈프레셔스〉의 감독 리 대니얼스Lee Daniels로부터 그녀가 "게임에 참여할 play the game" 의지가 없어서 할리우드에서 배척당하고 있다는 말을 들었다고 밝혔다. 여기서 '게임'이란 유색인종 여성들을 자주 배제하거나 주변화하는 영화업계 사람들의 비위를 맞추는 것을 의미한다.[6]

이와 같은 실패담은 연예인 페미니스트들이(그리고 그들에게 몰려드는 언론이) 페미니즘의 내용에 대한 구체적 주장보다 자신이 페미니스트임을 밝히는 '정체성' 선언에 머무르는 이유의 일부를 설명해준다. 더욱이 연예인 페미니스트들에게 특정 주제에 관해 이야기할 기회를 주는 매체는 많지 않다. "연예인들은 페미니즘이 대중문화의 시대정신으로 떠오른 순간을 현금화할 수 있습니다." 작가이자 자칭 "2000∼2010년 전문가"인 J. 모린 헨더슨 J. Maureen Henderson의 말이다. 나는 젊은 연예인들 사이에서 페미니스트라는 브랜드가 새롭게 부상하는 현상에 대한 그녀의 견해를 들어보려고 전화를 걸었다. "연예인들이 '나는 페미니스트'라고 말하는 건 자유죠. 우리는 그 연예인에게 당신 입으로 한 말을 책임지라고 요구하지 않습니다. 그 연예인이 선택하는 영화, 그 연예인이 함께 일하는 동료, 그 연예인이 작곡하는 노래에 페미니즘이 구현되기를 기대하지도 않습니다. 연예인은 그저 자기가 페미니스트라고 말하기만 하면 됩니다. 그러면 신문 지면을 장식하죠. 그들이 페미니즘을 실천하면서 사는지는 관심거리가 되지 않는 것 같습니다."

게다가 연예인들은 자신의 정체성과 일치하는 행동을 하더라도 실질적으로 얻는 것이 없다. 페미니즘 블로그들의 일부는 그 연예인들에게 압력을 가하려고 하겠지만, 블로그들이 그 연예인들에게 월급을 주거나 다음 작품의 배역을 결정하는 건 아니다. 엠마 왓슨은 유엔에서 히포시 연설을 한 직후에 자신의 차기작은 〈미녀와 야수〉를 실사 촬영으로 리메이크한 영화라고 발표했다. 〈미녀와 야수〉는 스톡홀름신드롬(인질이 인질범에게 동화되거나 호감을 느끼는 비이성적인 현상_옮긴이)을 다룬 영화로서 디즈니 만화영화 중에서 가장 감동적인 명작으로 손꼽힌다. 이것은 좋은 기회다. 2014년 '최고의 페미니스트'로 선정된 여배우에게 당신의 페미니즘은 자신을 성에 가둬놓고 지배하는 남자와 사랑에 빠진 여자 이야기와 어떤 연결고리를 가지느냐고 물어봐야겠다. 그녀가 뭐라고 말할지 너무너무 궁금하다!

(잠깐, 그건 반칙이야.)

좋다. 엠마 왓슨이 납치당한 공주 역할을 맡는다고 해서 페미니즘에 대한 개인적인 신념이 훼손되지는 않는다고 치자. 조지 클루니가 정치에 관여하고 언론 윤리를 위해 활동한다고 해서 그가 〈판타스틱 Mr. 폭스Fantastic Mr. Fox〉에 나오는 못된 동물 캐릭터의 목소리 연기를 하지 말라는 법은 없는 것처럼 말이다. 페미니즘이 할리우드의 유행어인 동시에 매력적인 정체성인 조건에서, 왓슨이 자신의 정체성과 자신이 선택한 배역의 관계에 대해 나름대로 설명하고 싶으리라고 생각하는 것은 합리적인 추론이다. 하지만 왓슨의 페미니즘을 대대적으로 보도했던 대중매체들은 이번에도 그녀에게 그런 것을 묻지 않았다. 이처럼 대부분의 연예인 페미니즘이 개인적으로는 좋은 의도에서 출발하겠지만, 그것은 우리가 그 연예인들을 바라보며 만들어내는 이미지 및 환상과 실질적으로는 관련이 없을 때가 많다.

작가 겸 문화비평가로서 2014년에 《나쁜 페미니스트Bad Feminist》를 출간한 록산 게이Roxane Gay는 〈가디언〉에 기고한 글에서 연예인 페미니스트 현상에 관해 다음과 같이 설명했다. "우리가 연예인 페미니스트의 반짝이는 빛에서 눈을 떼지 못하는 동안, 우리는 전 세계 여성들이 계속해서 직면하는 실제적인 불평등을 외면하는 셈이다. 우리는 남녀의 임금 격차, 그리고 우리가 듣는 음악이 거의 항상 성차별적이고 우리가 보는 영화가 여자들의 이야기를 형편없이 전달한다는(아니면 아예 안 한다는) 사실, 여자들이 재생산의 자유를 온전히 누리지 못한다는 사실, 사회에 만연한 성희롱과 지나치게 많은 여자들이 당하는 폭력에 관한 불편한 대화를 회피하고 있다. 우리는 이런 사회를 바꾸기 위해 필요한 힘겨운 노력에 관한 대화를 회피하고 있다.[7] 어떻게 보면 연예인들이 페미니즘 운동에 참여하는 것이 아니라, 꼭 페미니스트들이 연예인 운동에 참여하고 있는 것 같다.

브랜드 전략에 관해 말하자면 연예인은 본래 복잡한 것과는 잘 맞지 않는다. 연예인은 최대한 많은 사람들이 최소한의 노력으로 이해할 수 있는 매혹적인 포장을 제공하는 사람이다. 그렇기 때문에 상업적인 매체들이 절대로 하지 않을 방식으로 연예인에게 질문을 던지는 것이 중요하다. 우리는 그들에게 페미니즘을 어떻게 정의하느냐고 묻는 대신, 그들의 일과 그들의 공동체에서 페미니즘을 어떻게 실천할 것인가를 물어야 한다. 그들이 어떤 의제를 널리 알리기 위해 입는 옷에 주목하는 대신, 그들의 메시지를 증폭시킬 방법을 찾아야 한다. 이런 것들은 비합리적인 요구가 아니다. 그런데도 우리는, 연예인들은 연예계에서 평판이 나빠지지 않을 정도로만 정치적 발언을 하고 활동할 것이라고 습관적으로 단정한다. 만약 연예인들이 진정으로 페미니즘을 옹호한다면, 누가 "용감하게" 페미니즘이라는 단어를 받아들이는가를 따질 필요가 없어진다. 우리는 너무나 오랫동안 여배우들과 대중가수들의 등을 두드려주면서 그들의 미모와 매력으로 페미니즘을 '새로 써주기를' 바라거나, 혹은 그 연예인들이 공론장에 나와서 "모든 사람은 평등해야 한다"(당연한 소리!)라는 주장에 동의하며 "판도를 바꿔놓기를" 바라면서 시간을 보냈다.

대중문화와 언론은 담론을 바꾸는 데 기여해야 한다. 현재의 담론은 실질적으로 평등을 실현하기 위해 노력하는 대신 페미니스트의 정체성을 선언만 하는 것이다. 이제는 누가 페미니즘을 지지한다고 말하느냐가 아니라,

그 사람이 페미니즘을 위해 어떻게 행동하느냐가 중심에 놓여야 한다. 물론 과거에 할리우드가 에이즈 퇴치 활동, 환경운동, 반전운동 등에서 그랬던 것처럼 연예인 페미니즘도 시간이 흐르면 시들해지고 다른 유행으로 대체될 수도 있다. 하지만 지금은 어쨌든 연예인 페미니즘이라는 현상이 나타나고 있으므로 우리가 스포트라이트의 방향을 바꿔낼 가능성도 있는 것이다.

2부

과거의 잣대

> 굳이 물어보시니까 말하는 건데,
> 저는 페미니스트들에게 질렸어요.
> 페미니즘이라면 질색입니다.
> 여자들의 지나친 요구 때문에
> 요즘 남자들도 어려움이 이만저만이
> 아닙니다.

마이클 더글러스
Michael Douglas,
미국 영화배우

6장 페미니즘에 대한 반작용

만약 1980년대부터 시작된 페미니즘에 대한 반작용의 주제가가 있다면, 그 것은 1987년 개봉한 스릴러 영화 〈위험한 정사Fatal Attraction〉의 불길한 음악 일 것이다. 119분의 상영 시간에 여성해방에 대한 모든 혐오와 두려움을 압 축적으로 담아낸 〈위험한 정사〉는 반작용 영화의 표준으로 인정받는다. 이 영화의 줄거리는 대부분 알고 있을 것이다. 결혼한 남자가 어느 독신 여성 을 우연히 만나 하룻밤 정사를 나눈다. 남자는 자신의 생활로 돌아가려 하 지만 여자가 그에게 집착한다. 여자는 자살을 시도하고, 남자의 평온한 집 에 쳐들어가고, 애완용 토끼를 끓는 물에 집어넣는다. 남자의 아내가 감히 자신의 결혼 생활을 더럽히려 했던(물론 욕조도 더럽히려 했다) 사기꾼 여자 를 죽이고 나서야 비로소 질서가 회복된다. 이 이야기의 교훈은? '남자들이 여, 직장 생활을 하는 독신 여성들은 무시무시한 존재입니다.'

　내 생각에는 1987년 존 업다이크John Updike의 소설을 영화화한 〈이스트윅 의 마녀들The Witches of Eastwick〉도 〈위험한 정사〉에 못지않은 1980년대 반작용 영화의 대표작이다. 업다이크가 쓴 동명의 원작 소설에서 마녀 알렉산드라, 제인, 수키는 원래 남편이 있었지만 지금은 독신으로 행복하게 살아가는 여자들로 나온다. 그들은 자신의 마력을 인지하고 적절히 통제하며, 때로는 그 힘을 영악하게 이용한다. 반면 영화에서 그 여자들은 과부, 이혼녀, 버림받은 여자로 그려진다(셰어, 수전 서랜던, 미셸 파이퍼가 세 마녀로 분했다). 그런데 부유하고 신비롭고 기괴한 남자인 대릴 반 혼이 동네로 이사와서 그들을 유혹하고 문란한 섹스로 그간의 지루했던 삶을 흔들어놓는다. 그러자 세 마녀의 마력은 극대화된다. 잭 니컬슨Jack Nicholson이 연기한 대릴은 양육을 담당하는 여성의 본래적인 힘에 관해 장황하게 이야기하고 성기를 흔들어대는 평범한 남자들을 비하하는 방법으로 세 여자를 차례로 유혹한다. "남자들은 참 더러운 인간들이죠?" 그는 새침한 성격의 동네 오케스트라 지휘자인 제인(수전 서랜던 분)에게 말한다. "대답하지 않아도 됩니다. 그건 사실이니까요. 남자들은 겁을 먹어서 그래요. 강력한 여자 앞에서는 그들의 거시기가 마비되거든요. 그러면 그들이 어떻게 할까요? 그런 여자들을 마녀라고 부르고, 불태우고, 고문하죠. 모든 여자들이 공포에 떨 때까지요. 여자들이 자기 자신을 두려워하고…… 남자들을 두려워할 때까지…… 그게 다 뭘 위한 걸까요? 순전히 자기가 발기를 못 하게 될까 봐 두려워서죠."

〈이스트윅의 마녀들〉(이 영화의 감독 조지 밀러는 2015년 최고의 페미니스트 영화로 선정된 〈매드 맥스: 분노의 도로〉를 만든 사람이다)은 여성의 힘과 잠재력에 관한 피상적인 견해들을 산만하게 늘어놓는 한편으로 그런 견해들을 억누른다. 이 영화는 감히 자신의 힘으로 독립을 쟁취할 수 있다고 믿는 주인공들이 그 대가를 치르게 한다. 동네에 이상한 소문이 돌면서 생계가 위태로워지자 세 여자 주인공들은 대릴과 멀어지려 한다. 그러자 대릴은 당장 그들을 처벌한다. 그는 그들을 마녀로 규정하고 고문한다. 언제까지? 그가 스스로 말한 대로였다. "남자들을 두려워할 때 까지." 여자들은 마침내 자신의 신비로운 힘을 동원해 필사적으로 대릴과 싸우려 한다. 그 여자들에 대한 대릴의 진정한 감정은 그 싸움의 결과를 보여주는 장면에서 장엄하게 드러난다. 마녀들의 저주를 받은 그는 비틀거리고, 토하고, 엉덩방아를 찧으며(이게 코미디 영화라고 내가 말했던가?) 마을 교회로 들어간다. 교회 안에서 그는 여자들이 자신들을 사랑하려고 하는 불쌍한 사람들에게 항상 악한 행동을 한다고 욕하면서, 여자라는 사악한 존재에 관해 설명해달라고 신에게 호소한다. "여자들. 신의 실수인가? 아니면 신이 고의로 우리에게 이런 짓을 했단 말인가?"

1984년 마거릿 애트우드Margaret Atwood가 〈뉴욕 타임스〉에 기고한 영화평에서 지적한 대로, 업다이크의 원작 소설에서 세 여자가 마녀가 된 이유는 단순했다. "그들에겐 남편이 없었다……. 이는 미국의 마을 공동체가 이혼녀를 어떤 눈으로 바라봤는가를 보여준다." 소설의 결말 부분에서는 셋 다 재혼을 한다. 반면 영화에서는 대릴이 진부한 방법으로 최후의 승리를 얻는다. 그는 세 여자를 모두 임신시키는 방법으로 그녀들이 자신에게서 독립하지 못하게 만든다. 영화의 마지막 장면에서 여자들은 대릴의 육체를 상대로는 승리했지만 문자 그대로 '사탄의 자식'을 뱃속에 품고 있었다. 사탄의 자식들은 모두 남자아이였다. 그리고 비록 대릴의 육체는 사라졌지만, 영화의 막바지에 가면 그의 영혼이 여러 개의 텔레비전 화면 속에서 자기 자식들을 쳐다보며 의미심장하게 웃는다.

이것은 비단 마녀들만이 아니라 자신이 남자를 변화시키거나 남자로부터 자유로워질 수 있다고 생각하는 거만한 여자들에게 보내는 최후의 경고였다. '여자들이여, 너무 편하게 살지 말라.'

1960년대와 1970년대에 여러 분야의 사회운동이 기존 체제를 위협하기 시작하자, 여성운동 역시 신속하고 무자비한 반작용에 부딪쳤다. 거리에서 시위와 행진을 했던 활동가들은 "브라도 입지 않은 골빈 여자애들"이라는 모욕을 당했다. 〈뉴스데이〉의 기자 매릴린 골드스타인은 편집장으로부터 "밖에 나가서 여성운동은 다 허튼 짓이라고 말해줄 전문가를 찾아오"라는 지시를 받았다. 제니퍼 L. 포즈너가 말한 '가짜 페미니스트의 죽음 증후군("미디어가 퍼뜨린 악성 바이러스"로서 "역사, 이데올로기, 여성운동의 목표에 대한 우리의 집단적인 이해를 오염시키는 것"이라고 그녀는 설명했다)[1] 이라는 현상도 나타나기 시작했다. 《미즈》의 '노코멘트' 란은 원래 눈에 띄게 성차별적이고 인종차별적인 광고를 수집해서 보여주는데, 1982년판 《미즈》의 노코멘트 란은 성평등을 위한 싸움의 약화와 쇠퇴를 대놓고 기뻐하는 신문과 잡지 기사의 제목들로 구성됐다. "여성운동을 위한 진혼곡: 사람으로 꽉 찬 방 안의 공허한 목소리들"(《하퍼스Harper's》, 1976), "여성해방은 죽었다"(《에듀케이셔널 다이제스트Educational Digest》, 1973), "페미니즘은 끝났는가?"(《마드모아젤Mademoiselle》, 1981) 같은 정직하지 못한 질문과 단언으로 점철된 기사 제목들은 언론이 앓고 있던 만성질환의 증상을 보여주었다..

수전 팔루디Susan Faludi는 1990년에 출간한 《백래시Backlash》에서 페미니즘에 대한 반작용을 다음과 같이 묘사했다. "끊임없이 깎아내리는 과정 그것은 여성들의 개인적인 불안감을 자극하고 그들의 정치적 의지를 박탈하는 효과를 낳았다." 그 과정이 효과적이었던 이유는 '포스트페미니즘'이라는 세련된 탈을 쓰고 있었기 때문이다. 포스트페미니즘이라는 용어의 기원에 대해서는 때때로 이의가 제기되지만, 학계의 논문에서는 대략 1980년부터 '포스트'가 붙은 다른 용어들(포스트모더니즘, 포스트식민주의, 포스트구조주의)과 나란히 포스트페미니즘이라는 말이 쓰였다. 포스트는 본래 페미니즘 이론의 토대 위에 앞으로 무언가를 더 쌓는다는 의미였다. 하지만 그 용어가 학계를 벗어나 신보수주의 시대와 결합하자 주류 언론은 뻔뻔하게도 포스트페미니즘의 포스트를 '반反'의 의미로 해석하기 시작했다. 그들은 페미니즘에게 "짐을 싸서 나가. 이제 너랑은 끝이야"라고 통보했다. 페미니즘에 관한 책들도 나왔고 행진도 할 만큼 했으니 더 볼 것이 없다는 식이었다.

　포스트페미니즘이라는 용어를 주류 매체에서 처음으로 사용한 것은 1981년 〈뉴욕 타임스〉에 실린 "포스트페미니즘 세대의 목소리"라는 기사였다. 그 기사를 쓴 수전 볼로틴Susan Bolotin은 젊은 중산층 여성들이 페미니즘이라는 개념으로부터 일제히 이탈하고 있다고 주장했다. 볼로틴이 만난 취재원들은 페미니즘과 여성운동을 대놓고 동정했다. "독립적이고 강한 것도 좋죠. 하지만 그런 여자들은 대부분 혼자잖아요." 한 여자가 말했다. 다른 여자는 이렇게 말했다. "맞아요. 세상에는 차별이 있죠. 하지만 나 자신을 동정하면서 가만히 앉아만 있을 수는 없잖아요. 자신의 가치를 입증하는 건 여성 개개인의 책임이에요. 가치를 입증한 다음에 동등한 임금을 요구할 수 있는 거죠." 이 말에서 우리는 확연한 '인지 부조화'를 발견할 수 있다. 기사를 쓴 볼로틴마저도 2세대 페미니즘 운동이 평등을 위해 노력했다고 해서 자신이 만난 여자들이 자신의 가치를 입증하기 위해 기울이는 노력을 폄하할 자유는 없다고 말했다.

〈뉴욕 타임스〉 기사에 실린 '페미니즘에 대한 거부반응'은 매우 좁은 범위의 인구 집단에 초점을 맞춘 것이었다. 대학 교육을 받은 커리어 지향적인 젊은 백인 여성들. 언론은 그들의 생각과 경험을 토대로 "페미니즘의 죽음"과 같은 기획을 제작했다. 사실 페미니즘은 1980년대에도 꽃을 활짝 피우고 있었다. 단지 주류 매체들이 굳이 보려고 하지 않았던 장소에서 꽃을 피웠을 뿐이다. 페미니즘 운동이 백인과 중산층 여성들의 관심사에 치중하면서 2세대 페미니즘 운동에 활발히 참여했던 흑인 여성과 라틴계 여성들의 활동은 대부분 가려졌다. 1980년대에 흑인과 라틴계 여성들은 인종과 계급의 정체성이 젠더와 교차하면서 여성들의 삶에 영향을 미친다는 페미니즘 담론을 만들기 위해 노력했다. 여성주의womanism와 교차성 페미니즘에 관한 획기적인 저작들도 1980년대에 나왔다. 앤절라 데이비스의 《여성, 인종, 계급Women, Race, and Class》, 체리 모라가Cherrie Moraga와 글로리아 안살두아Gloria Anzaldua의 《유색인종 여성들의 목소리This Bridge Called My Back》, 글로리아 헐Gloria Hull, 퍼트리샤 벨 스콧Patricia Bell Scott, 바버라 스미스Barbara Smith의 《여자들은 모두 백인, 흑인들은 모두 남자All the Women are White, All the Blacks are Men, but Some of Us are Brave》, 폴라 기딩스Paula Giddings의 《미국 흑인 여성 운동사When and Where I Enter》, 오드리 로드Audre Lorde의 《여자들 속의 이방인 Sister Outsider》, 그리고 벨 훅스의 《페미니즘 이론: 주변에서 중심으로Feminist Theory》. 이런 책들은 페미니즘을 전성기가 지나버린 유한한 운동으로 바라보는 주류 매체와 다른 시각을 보여준다. 선배들의 노력을 잔인하게 폄하하면서 선배들의 노력으로 얻은 과실만 욕심껏 즐기는 백인 여성들이 장사가 되는 소재였던 것과는 반대로, 학계를 비롯한 여러 영역에서 페미니즘 이론의 범위를 넓힌 유색인종 여성들은 주류 매체들의 칼럼에 소개될 만큼 섹시하지 못했다.

대중매체의 포스트페미니즘은 외부와 단절된 상태에서 생겨난 것이 아니라 국가적 환경의 급격한 변화 속에서 탄생했다. 세를 키워가던 보수주의와 신자유주의의 물결을 타고 1980년 로널드 레이건이 대통령에 당선됐다. 낙태 반대, 시민권 반대, 사회보장제도 반대, 소수자 우대 조치 철폐라는 레이건의 정책은 여성의 자율성을 표적으로 삼는 정책의 시발점이었다. 레이건은 공화당 행사에서 남녀평등헌법수정안을 공격하고, 낙태를 금지하는 생명존엄헌법수정안Human Life Amendment을 지지하고, 우파 종교 단체들의 비위를 맞추는 한편, 빈곤층 가정을 정부 예산이나 축내는 "복지 여왕(welfare queen: 레이건 대통령이 일은 안 하면서 복지지원금으로 잘 먹고 잘 사는 사람을 공격할 때 썼던 용어_옮긴이)"이라고 공격하면서 빈곤층에 대한 사회적 적의를 불러일으켰다. 미국 공화당은 놀라운 속도로 우경화하면서 여성, 소수민족, 이민자,정신질환자 등 사회적 약자를 향해 카우보이와 만화 속 악당이 기묘하게 뒤섞인 태도를 취했다 ("우리는 2년 동안 그와 면담을 시도했지만, 그는 여성 단체를 만나려 하지 않더군요." 전국여성정치동맹 National Women's Political Caucus의 의장이자 공화당 당원이었던 사람이 1983년에 했던 말이다. "대통령에게 소리치면 들릴 정도의 거리에 여자는 한 명도 없나 봅니다"[2]).

이런 분위기에서 주류 매체들은 2세대 페미니즘의 확고한 성과(무책 이혼, 가정폭력을 범죄로 규정, 고용 기회 평등, 교육 기회 평등)들을 공격하기 시작했다. 주류 매체의 기사와 칼럼들은 여성들이 획득한 지나친 자유가 괴물을 양산한다고 주장했다. 초독립적인ultra-independent 여성들은 나중에 결국 아이도 없고, 외롭고, 사랑에 굶주려 있는 자신의 모습을 깨닫게 될 것이라는 논리였다. 신문과 잡지들은 통계를 일부분만 인용하고 연구 결과를 왜곡해서 "평등이 지나쳐서 문제"라는 식의 가벼운 기사들을 생산하며 즐거워했다. 팔루디의 설명대로 대중매체가 포스트페미니즘을 받아들인 것은 우연이 아니었다. 대중매체의 포스트페미니즘은 논리적 오류, 섬세한 감성의 결여, 그리고 실제 페미니즘의 성과에 대한 근본적인 불만에서 비롯한 십자군 전쟁이었다. "언론은 주류 독자들에게 여자들의 삶의 역설을 가장 먼저 제시하고 해결책까지 제시했다. ……여자들은 아주 많은 걸 성취했는데도 만족감을 느끼지 못하고 있다. 여자들이 이렇게 고통스러운 원인은 페미니즘의 부분적인 성과에 대한 사회의 반응이 아니라 페미니즘의 성과 그 자체라고 언론은 말했다."³

반작용을 정착시킨 가장 유명한 뉴스 기사는 1986년 《뉴스위크》에 실린 "숫자로 본 결혼The Marriage Crunch"이다. 당시 《뉴스위크》의 표지에는 세계 최악의 수직 강하 롤러코스터처럼 보이는 그래프가 실렸고, 그 그래프 옆에는 "만약 당신이 독신 여성이라면, 당신이 결혼할 확률"이라는 제목이 달려 있었다. 잡지를 펼치면 이제는 익히 알려진 주장이 등장했다. 40세가 되도록 결혼하지 않은 대졸 이성애자 여성들은 남편을 구할 가능성보다 테러리스트에게 살해당할 확률이 높다! 그 한 문장을 출발점 삼아 수없이 많은 트렌드 분석 글, 데이트 서비스, 남자를 잡기 위한 세미나, 그리고 상담 코너가 만들어졌다. 그러나 팔루디가 지적한 대로 그 기사는 〈미국의 혼인 패턴Marriage Patterns in the United States〉이라는 연구를 토대로 추정해서 쓴 것이다. 〈미국의 혼인 패턴〉이라는 연구의 실제 결과는 《뉴스위크》의 해석처럼 극단적인 것이 아니었다(그리고 이 연구에는 테러리즘에 관해 언급한 대목이 아예 없었다). 하지만 사회가 점점 보수화하고 "가족의 가치"가 이성애자 남녀 사이의 '가장 남편/주부 아내'의 결혼을 의미하는 암호로 굳어져가던 시대에, 주류 매체는 페미니즘을 훼손하거나 비방하는 데 도움이 될 만한 소식이라면 뭐든 가리지 않고 퍼 날랐다. 《뉴스위크》의 기사는 페미니즘 때문에 여자들이 결혼을 미루다가 위험에 처한다는 주장으로 공포를 조장하고, 여성의 해방과 독립에 관한 이런저런 논의에도 불구하고 여자들이 진짜로 원하는 건 전통적이고 일반적인 러브스토리라는 점을 암시했다. 이런 식의 이야기는 두 다리는 물론 압박 스타킹과 운동화까지 갖추고 있었다. 1983년부터 1986년 사이에 전문직 여성의 고독(그들의 불행은 페미니즘 때문이라고 했다)을 한탄한 특집 기사는 총 53편이었다. 그 이전 3년 동안에는 비슷한 기사가 5건에 불과했다.

페미니즘을 공격하는 영화들
—

영화 〈이스트윅의 마녀들〉이 보여준 것처럼 해방이라는 함정에 빠져 옴짝달싹 못하게 된 오만한 백인 여성들은 할리우드에서 돈이 되는 소재였다. 특히 2세대 페미니즘이 본격적으로 전개되면서 여성운동이 핵가족과 이성애를 흔들어 놓으리라는 불안감을 다룬 영화들이 나왔다. 〈업 더 샌드박스Up the Sandbox〉, 〈엘리스는 이제 여기 살지 않는다Alice Doesn't Live Here Anymore〉, 〈셰일라 레빈은 죽었다, 이제 뉴욕에 산다Sheila Levine is Dead and Living in New York〉 같은 영화들은 여성들이 전통적인 성역할에 좌절을 느끼면서도 한편으로는 사회적으로 주입된 본능에 따라 저항을 꺼리는 이중적 심리를 충실히 반영했다. 〈스텝포드 와이프The Stepford Wives〉와 〈미스터 굿바를 찾아서Looking for Mr. Goodbar〉처럼 자유와 위험을 직접적으로 연결한 작품들도 있었다. 그러나 포스트페미니즘 대중문화는 모호하지 않았다. 포스트페미니즘 영화는 해방된 여성을 성적 자율성과 감정적 결핍이 불쾌하게 뒤섞인 상태로 남자들의 삶을 쥐고 흔드는 교활한 여자로 묘사하거나, 자신의 야망에 희생당하는 불안한 사람으로 그렸다. 예컨대 〈크레이머 대 크레이머〉에 나오는 이기적인 커리어우먼 조앤나는 "자기 자신을 찾기 위해" 아직 엄마밖에 모르는 아이를 운 나쁜 남편에게 맡기고 훌쩍 떠난다. 영화 〈브로드캐스트 뉴스〉의 간판급 프로듀서로 신경증에 시달리는 제인 크레이그는 승진을 위해 억지로 로맨틱한 프로그램을 맡는다. 그리고 〈아이작 인 맨해튼Isaac in Manhattan〉에서 우디 앨런의 전처로 나오는 질 데이비스는 자신의 결혼에 대한 불평불만을 글로 써 공개하는 냉정한 여자이면서 남자를 맥 빠지게 만드는 레즈비언이다. (질과 조앤나는 모두 메릴 스트립이 연기했다. 그 점에 대해서는 당신 마음대로 해석해도 된다.)

텔레비전 화면에서 전개되는 이야기도 비슷했다. 황금 시간대에 방영되는 〈다이너스티Dynasty〉, 〈팰콘 크러스트Falcon Crest〉, 〈낫츠 랜딩Knots Landing〉 같은 드라마의 여자 주인공들은 뒤에서 서로에 대한 험담을 일삼고 수시로 계략을 세웠다. 그들은 서로의 머리를 잡아당기고 뺨을 때리는 행동으로 여자들끼리의 자매애를 의심케 만들었다. 이런 프로그램에서 페미니즘은 개인적인 권력 다툼으로 묘사되며, 여자 주인공들은 자신이 부와 권력을 얻는 데 방해가 되는 거라면 뭐든지 무자비하게 희생시킨다.[4] 〈L.A. 로L.A. Law〉, 〈세인트 엘스웨어St. Elsewhere〉, 〈힐 스트리트 블루스Hill Street Blues〉와 같은 비교적 신선한 직업 소재 드라마에서도 가족보다 일을 우선한 여자 등장인물들은 신경쇠약, 약물중독, 남편의 복수심 등으로 대가를 톡톡히(그리고 극적으로) 치른다. 텔레비전이 전반적으로 퇴보하는 분위기였을 뿐 아니라 '텔레비전 전도televangelism'까지 유행하던 시대였다. 텔레비전 전도는 1980년대 이전에도 존재하긴 했지만, 로널드 레이건이 기독교 근본주의를 내세워 대통령직을 수행하는 동안 문화적 담론 속에서 중요한 자리를 차지했다. 짐 베커와 태미 베커Jim and Tammy Bakker의 PTL Praise the Lord 클럽, 제리 폴웰Jerry Falwell의 '도덕적 다수파Moral Majority', 그리고 지미 스워가트Jimmy Swaggart의 '하느님의 성회Assemblies of God' 같은 보수 종교 단체들은 텔레비전 설교를 통해 어마어마한 신도들을 끌어모았다. 그들이 이미 신자인 사람들에게 기독교 원리를 설파했을 뿐이라는 반론도 있다. 하지만 그들이 극적인 태도로 이혼, 동성애, 남녀평등헌법수정안을 폄하하기 시작한 후부터 점차 집 밖에서 일하는 여성들이 비종교 시청자들의 시야에 비판 대상으로 들어왔다.

그리고 1987년에 우리의 친구 〈위험한 정사〉가 나왔다. 이 영화는 원래 영국 작가 제임스 디어든James Dearden이 구상하고, 처음에는 한 남자의 불륜과 그 윤리적인 결과에 초점을 맞춘 〈다이버전Diversion〉이라는 단편영화로 제작됐다가 나중에 블록버스터로 만들어졌다. 원작을 옹호하는 할리우드 프로듀서 새리 랜싱Sherry Lansing은 다음과 같이 회상했다. "그 단편영화에서 좋았던 점은 남자 주인공이 책임을 진다는 거였습니다. 자기 행동에 대가를 치렀잖아요……. 우리의 영화에서도 바로 그걸 전달하고 싶었습니다. 저는 관객들이 그 여자에게 깊이 공감하기를 바랐어요."[5] 하지만 랜싱이 파라마운트에 그 영화 대본을 가져간 후에 디어든은 각본을 다시 쓰라는 압력을 받았다. 도덕적 회색 지대에 있는 불완전한 사람들의 이야기는 그만하라는 거였다. 대신 남자를 결백한 사람으로 그리고 여자는 성생활의 자유를 누리고 직업적으로도 성공했지만 자신이 진정으로 원하는 가정은 얻지 못한 신경증 환자로 묘사하라고 했다. 감독 에이드리언 라인Adrian Lyne은 해방된 여성들에 대한 경멸을 숨기지 않았다. "그래, 당신은 직장 생활도 하고 성공도 했지. 하지만 여자로서는 꽝이야." 스타 배우 마이클 더글러스도 여성을 비하하는 발언을 했다. "굳이 물어보시니까 말하는 건데, 저는 페미니스트들에게 질렸어요. 페미니즘이라면 질색입니다. ……여자들의 지나친 요구 때문에 요즘 남자들도 어려움이 이만저만이 아닙니다." 이처럼 맹렬한 분노는 섬세한 감성이 개입할 여지를 남기지 않는다. 영화 〈위험한 정사〉의 원래 결말은 가정 파괴범인 알렉스가 자살을 하고, 그 과정에서 순수한 댄이 살인을 저지르고 참회하는 모습을 보여주는 것이었다. 하지만 그 결말은 거부당하고, 댄과 아내가 알렉스를 살해하고 자신을 변호하는 장면으로 바뀌었다. (〈위험한 정사〉가 개봉한 지 25년이 지나서 디어든은 마침내 그가 원래 썼던 이야기를 런던의 연극 무대에 올렸다.)

그 시대의 텔레비전이 보여준 '독립적 성생활을 하는 흑인 여성'의 이미지는 영화에서처럼 멜로드라마적이지는 않았지만 논란의 여지가 많긴 마찬가지였다. 스파이크 리 감독이 1986년 선보인 독립영화 〈그녀는 그것을 좋아해 She's Gotta Have It〉에서 '그녀 she'는 놀라 달링이라는 화가였다. 놀라에게는 3명의 애인이 있었는데, 그 3명은 이론상 서로를 싫어해야 했지만 놀라를 더 미워했다. 그녀가 감히 자신의 욕망에 대해 사과하지 않았기 때문이다. 거침없는 태도로 섹스를 대하는 놀라가 세 남자의 눈에는 '괴짜' 또는 '색정증 환자'로밖에 보이지 않았다. 섹스를 즐기지만 섹스 상대를 반드시 사랑하지는 않고 그 상대와 장기간 사귀지도 않는 여자를 정의하는 중립적인 용어는 아예 없었다. 〈그녀는 그것을 좋아해〉가 절정에서 결말로 치달을 무렵, 놀라의 애인 제이미는 그녀를 매트리스 위에 쓰러뜨리고 강간하면서 "이 음부는 누구 거지?"라고 다그친다. 그것은 공포를 자아내기 위해 삽입된 장면이 아니었다. 놀라가 '괜찮은' 여자로 "길들여질" 수 있는 유일한 방법이었다. 영화가 개봉됐을 때 영화평을 썼던 흑인 페미니스트 코라 해리스 Cora Harris는 그 강간이 제임스의 남성 우월주의적 소유욕이 아니라 놀라의 독립성 때문으로 해석되기를 원했던 것 같다고 비판했다. "스파이크 리 자신의 언어를 빌리자면 놀라는 '남자처럼 행동하고' 있다. 유사 남성이다. '여성의 역할'에서 벗어난 놀라는 우울증, 악몽, 강간의 대상으로 안성맞춤이다."[6] 현재 스파이크 리는 〈그녀는 그것을 좋아해〉를 쇼타임 채널의 드라마로 다시 제작하고 있다. 그는 2014년 《데드라인 할리우드 Deadline Hollywood》와의 인터뷰에서, 자신의 커리어에서 단 하나 후회되는 지점이 강간 장면이라고 털어놓았다. "만약 내가 과거를 바꿀 수 있다면 그 장면을 바꾸고 싶네요."

대부분의 사람은 페미니즘의 평판이 나쁜 이유를 보기 싫은 바지를 입고 자신의 권리를 시끄럽게 외치면서 행진하는 여자들의 이미지와 연결한다.

미국의 페미니스트이자 정치운동가였던 안드레아 드워킨Andrea Dworkin의 군단이라고나 할까? 하지만 페미니즘에 대한 반작용의 시대에 대중매체와 대중문화가 보여준 이미지들 역시 페미니즘의 평판을 떨어뜨렸다. 1980년대에 청소년으로서 페미니즘을 처음 접한 나는, 당시 대중문화 상품에 알게 모르게 포함돼 있던 페미니즘에 대한 적대감 때문에 친구나 가족에게 나의 생각과 의견을 충분히 설명하지 못했다. 우리의 생각과 우리가 일상적으로 경험하는 현실은 일치하지 않았고, 우리 대부분은 그것에 관해 이야기하는 언어를 획득하지 못한 상태였다.

토머스/힐 청문회

1980년대는 정치, 경제, 사회 영역에서 여러 가지 부정적인 전형들이 뿌리를 내리는 시기였다. 월스트리트는 여피족이라는 전형을 탄생시켰고, 레이거노믹스는 캐딜락을 몰고 다니는 복지 여왕이라는 전형을 만들어냈다. '페미니스트'는 추상적이지만 매우 강력한 전형이었다. 언론인 폴라 카멘Paula Kamen은 1991년 출간한 《페미니스트 파탈Feminist Fatale》에서 1980년대의 페미니즘에 대한 사회적 반작용이 그녀 세대에 남긴 영향을 조사하기 위해 다양한 남성 및 여성들과 인터뷰한 결과를 소개한다. 인터뷰 대상자들은 페미니즘의 목표를 지지했지만 '페미니즘'이라는 단어 자체는 기피했다. 대상자들 가운데 자신을 페미니스트라고 소개할 용의가 있는 사람은 불과 16퍼센트였다. 나 역시 1990년대 초반 대학가의 페미니즘을 처음 접했을 때 그런 식의 조롱을 경험했다. 그때 나는 결성된 지 얼마 되지 않은 학생 페미니스트 동아리의 회의에 참석했는데, 학생회관의 현수막에 페미니즘이라는 단어를 포함시키는 것이 '지나친 일인가, 아닌가'를 논의하면서 예정된 시간의 4분의 3을 허비했던 기억이 있다. 우리를 따라다니며 괴롭힌 전형은 한둘이 아니었다. 카멘은 그 전형들을 다음과 같이 설명했다. "브라를 태우고, 다리털을 밀지 않고, 여전사 같고, 중성적이고, 전투적이라 여성미가 없고, 공산주의자에, 마르크스주의자에, 분리주의자들이고, 여자 깡패들이고, 여성 지상주의자들이고, 마초 여성이고, 십중팔구 레즈비언이고, 머리가 나쁘고, 남성을 혐오하고, 남자를 두들겨 패고, 남자들의 일자리를 노리고, 남자들을 지배하려 하고, 남자가 되고 싶어 하고, 매력적으로 보이기 싫어서 일부러 머리를 짧게 자르고, 괴상한 행동을 하면서 돌아다니고, '나는 여자다, 내 목소리를 들어'라고 소리치는 사람들이고, 재미도 없고, 화를 잘 내는 중산층 백인 급진파들이다."

그런데 1991년에 결정적인 순간이 찾아왔다. 카멘이 인터뷰했던 사람들과 비슷한 젊은 사람들은 그 사건을 계기로, 여자들의 다리에 털이 많든 아니든 간에 페미니즘은 아직 완성된 프로젝트와 거리가 멀다는 사실을 깨달을 수 있었다. 그 사건이란 미국 대법관으로 지명된 클래런스 토머스Clarence Thomas의 인준 청문회에 법대 교수 애니타 힐Anita Hill이 등장한 것이다. 만약 포스트페미니즘이라는 거짓말을 반박할 근거를 하나만 들라고 한다면, 텔레비전으로 생중계되는 청문회에서 힐이 토머스의 성희롱 사실을 증언한 사건이라고 답해도 된다. 힐은 고용기회균등위원회에서 자신의 상사로 일했던 토머스가 자신에게 어떤 짓을 했는가를 증언했다. 성희롱에 대한 대중의 이해라는 측면에서 그 청문회가 얼마나 중요한 계기였는지는 아무리 강조해도 지나치지 않다. 나를 포함한 수많은 시청자들은 우리가 학교와 직장에서 그냥 웃어넘기거나 기분 좋게 받아들여야 한다는 압력을 받았던 행동들이 사실은 성희롱이었다는 사실을 처음 깨달았다. 자신들이 남자아이들과 대등한 잠재력을 지니고 있으며 자신들에게는 과거에 없었던 선택권과 기회가 주어진다고 배우면서 성장한 젊은 여자들은, 그 청문회를 통해 여전히 남자들이 주도하는 공적 생활에 여자가 참여한다는 것이 무슨 의미인가를 깨달았다. 그리고 이미 페미니즘과 포스트페미니즘 양쪽의 암묵적인 백인 중심성 때문에 배제된 느낌을 받아왔던 유색인종 여성들은 그 청문회를 보면서 프랜시스 빌Frances Beal이 1969년 〈이중의 위험Double Jeopardy〉이라는 에세이에서 지적했던 '인종'과 '성'이라는 이중의 위험을 다시금 떠올렸다. (2014년 청문회 기록을 보면 힐은 다음과 같이 고백했다. "나는 흑인 여성이기 때문에 여성의 권리를 누리지 못합니다.")

그때 나는 대학 기숙사 룸메이트들과 함께 식당에서 서둘러 돌아와 청문회를 시청했다. 청문회 시청은 매주 〈비버리힐즈 90210〉을 봐야 하는 것과 똑같이 중요한 일이었다. 청문회 장소였던 의사당의 안과 밖을 감싸고 있었던 경멸의 기운은 소름이 돋을 정도였다. 국회의사당, 텔레비전 뉴스, 토크쇼, 신문은 전반적으로 힐의 설명을 받아들이지 않으려는 분위기였다. 아니, 그들은 성희롱이라는 것이 현실에 존재한다는 주장조차 받아들이기를 꺼렸다. 힐이 증언하는 동안 상원 사법위원회의 남성 의원들은 창백하고 회의적인 얼굴을 하고 나란히 앉아 있었다. 그런 장면을 보면 과연 힐에게 세상에 존재할 권리가 보장되는가라는 의문이 들었다. ("당신은 매력 없는 여자 취급을 당했습니까?" 사각턱을 가진 상원의원 하월 헤플린Howell Heflin이 물었다. 힐이 토머스에게 불리한 증언을 하는 이유를 파헤치기 위한 질문이었다. 법사위원들은 애초에 그녀를 소환한 주체가 자신들이라는 사실을 잊은 듯했다.)

흑인 남성과 여성들 다수는 자신들의 형제로 간주되는 사람을 배신했다는 이유로 힐을 미워했다. 그들은 그 형제가 정치적으로 보수파라는 사실은 개의치 않고, 미국연방대법원의 대법관으로 흑인이 지명됐다는 사실에만 집착했다. 몇몇 여성들(애석하지만 우리 엄마도 여기에 포함된다)은 순수한 의도로 힐이 "그를 유혹하는" 어떤 행동을 하지 않았을까라는 의문을 제기했다. 그리고 대중매체에서 떠들어대는 여성들의 "지나친 민감성", "남자들은 원래 그렇다"라는 말들이 청문회의 분위기에도 스며들었다. 힐이 고용기회균등위원회 사무실에서 음모와 성기의 크기에 관해 이야기하지 않겠다고 선언한 것이 극단적 페미니즘이라는 주장도 있었다. 종종 초현실적인 분위기를 풍기던 서커스 같은 청문회에서는 힐에게 동정심을 느끼는 것처럼 보이는 법사위원들조차 번번이 그녀를 공격했다. 그때 청문회장에서 벌어진 일들은 정말로 잊기 어렵다. 예컨대 지금 모두에게 사랑받는 조 바이든Joe Biden은 당시 상원 의장이었는데, 바로 그가 힐의 핵심적인 증언을 청취하기를 거부하면서 사실상 토머스를 위해 붉은 카펫을 깔아줬다. 바이든은 무죄 추정의 원칙이 적용된다면서 토머스를 안심시키고, 상원의원 앨런 심프슨Alan Simpson에게 편지와 팩스에 관해 질의하지 않았다. 심프슨은 토머스에게 "성희롱 건에 대해" "그 여자를 잘 관리하세요"라는 경고 메시지를 보냈다는 혐의를 받고 있었다.[7]

그 청문회는 예기치 않게 모든 국민이 성희롱에 대해 관심을 갖게 만드는 촉매가 됐고, 10여 년 동안 페미니즘이 잠자고 있거나 사망했다고 선포한 주류 언론의 관심을 환기시켰다. 토머스의 대법관 임명이 확정된 직후 〈뉴욕 타임스〉에는 다음과 같은 성명서가 전면 광고 형식으로 실렸다. "클래런스 토머스에 부과된 혐의들이 젠더나 인종의 문제로 잘못 전달된 경우가 많습니다. 아프리카계 혈통을 가진 여성들인 우리는 성희롱을 다음과 같이 이해하고 있습니다. …… 인종차별과 성차별의 오랜 전통을 가진 이 나라는 흑인 여성에 대한 성적 학대 문제를 한 번도 심각하게 토의한 적이 없습니다." 그 성명서는 단호한 선언으로 끝났다. "우리는 앞으로도 서로를 보호하는 발언을 계속할 것을 다짐합니다. 미국의 흑인 공동체를 보호하고, 피부색이 어떻든 간에 사회 정의를 해치는 사람들에 대항할 것입니다. 우리 자신 말고는 우리를 대변할 사람이 없습니다." 그 성명서에 서명한 1,603명은 5만 달러짜리 광고를 구입하기 위해 자신의 돈을 기꺼이 내놓았다. 비판적 인종 이론critical-race theory을 연구하는 학자 킴벌 윌리엄스 크렌쇼Kimberle Williams Crenshaw가 나중에 지적한 대로, 그들은 "돈을 내고 자신들도 논쟁에 끼어들려는"[8] 시도를 했으며 자신들을 "스스로를 보호하는 미국의 흑인 여성들African American Women in Defense of Ourselves"이라고 칭했다. 여성들이 페미니스트로서의 정체성을 강조하는 목소리를 내기 위해 돈을 냈다는 사실은 대다수 매체들이 인정하는 것보다 중요하며 복잡한 사실이었다.

토머스/힐 청문회는 페미니즘의 부활을 촉진했다. 특히 젊은 여성들에게 그 청문회는 수전 볼로틴의 "포스트페미니스트 세대" 기사와는 달리, 자신을 위해 싸웠던 사람들의 노력을 당연하게 받아들이면 안 된다는 사실을 깨우쳐줬다고 평가된다. 2세대 페미니즘의 탁월한 저자, 시인, 여성주의자였던 앨리스 워커Alice Walker의 딸 레베카 워커도 그들 중 하나였다. 레베카 워커가 활동가로서 처음 모습을 드러낸 것은 청문회가 끝난 지 몇 달 후 발행된 《미즈》 특별호에 실린 글을 통해서였다. 그녀는 텔레비전으로 생중계된 인격 살인의 장면을 보면서 가슴속에 분노가 일었다고 고백했다. "우리 어머니가 과거에 그랬던 것처럼 나는 에너지의 상당 부분을 여성의 역사, 건강, 치유에 쏟아부을 결심을 하고 있다. 나의 모든 선택은 페미니스트로서 내가 세운 정의의 기준을 따를 것이다." 그런데 그 에세이의 마지막 문장은 그야말로 통쾌한 일격이었다. "나는 포스트페미니즘 페미니스트가 아니다. 나는 3세대 페미니스트다." 그것은 반작용에 대한 힘차고 적극적인 반격이었다. 워커의 에세이는 굉장한 반향을 일으켰다. 《미즈》에 그 에세이를 발표한 후 워커는 젊은 페미니스트들의 열정을 사회적, 정치적 변화로 바꿔낸다는 목표 아래 섀넌 리스Shannon Liss와 손잡고 '제3페미니즘 직접행동Third Wave Direct Action Corporation'을 설립했다.

이러한 움직임은 곧 '3세대 페미니즘'으로 불리게 됐다. 3세대 페미니즘의 초창기 이론들은 어느 한 사람이 작성한 논설이나 선언문이 아니라, 인종과 정치 성향 면에서 다양성을 지닌 젊은 작가들(대부분이 여성이었다)이 페미니즘 활동, 정체성, 사회 변화의 가능성에 관해 쓴 글들의 모음집 형식으로 세상에 알려졌다. 이런 글 모음집의 시초는 1995년에 발행된 두 권의 책이다. 하나는 워커가 편집한 《페미니즘의 진실을 말하자To Be Real》였고, 다른 하나는 《미즈》의 책임 편집자인 바버라 핀들린Barbara Findlen이 묶은 《신세대 페미니스트들의 목소리Listen Up: Voices from the New Feminist Generation》였다. 두 권에 수록된 에세이들은 민족성과 미의 기준, 가족주의 뒤집기, 성차별과 힙합, 성욕에 대한 분석 등 다양한 주제를 다루고 있었다. 두 책의 공통점은 글을 기고한 사람들이 뿌리 깊고 끈질긴 젠더 차별만이 아니라 '페미니스트'라는 규정 자체의 제약에 대해서도 고민했다는 점이다. 그들은 과거의 페미니즘에서 물려받은 짐을 짊어진 채, 어떻게 선배 세대의 노고와 성공과 실패를 기리는 동시에 차별화된 활동을 펼쳐 나갈까라는 질문을 던졌다. 그리고 그들은 자신들이 페미니즘을 획일적으로 이해했고 그에 따른 무의식적인 죄책감이 생겨났다는 점을 인정했다. 그들에게는 새로운 도구가 주어졌지만 미완의 과제도 너무나 많았다.[9]

구멍의 여자들

—

시기를 기준으로 따지면 미국의 3세대 페미니스트(나 자신도 여기에 속한다고 생각한다)들은 정치색이 강했던 1960년대와 1970년대 페미니즘의 상징적인 자식들이다(워커의 경우는 실제로 페미니스트의 자식이지만). 국가적인 물 부족, 석유 부족, 해외의 인질 사태, 스태그플레이션(stagflation: 경기 침체와 물가 인상이 동시에 나타나는 현상_옮긴이), 약물의 유행, 불길한 핵전쟁의 위협, 연쇄 살인 사건, 그리고 인공 섬유의 유행. 우리가 어린 시절을 보낸 세계는 유토피아가 아니었다. 그러나 우리에겐 사회적 의식을 지닌 대중문화가 있었다. 우리는 1972년 6월 제정된 미국의 연방개정교육법 제9조의 수혜자였다. 우리는 빌리 진 킹Billie Jean King이 〈성별 전쟁Battle of the Sexes〉의 바비 릭스Bobby Riggs를 향해 엄지손가락을 치켜드는 장면을 목격했다. 우리는 자유스러운 어린 시절을 노래하는 음반 《프리 투 비 유 앤드 미》의 가사를 처음부터 끝까지 암기했다. 억세고 열정적인 미식축구 스타인 로지 그리어Rosey Grier가 우리에게 "울어도 괜찮아 It's Alright To Cry"라고 말해줬고, 캐럴 채닝 Carol Channing의 〈하우스워크Housework〉는 광고업계를 뒤흔들었다. 우리에겐 노먼 리어의 텔레비전 제국이 있었다. 노먼 리어는 인종과 계급 그리고 시사적인 소재를 다루는 시트콤들을 차례로 내놓으면서 미국의 게으른 시청자들에게 낙태, 인종차별, 백인들의 교외 이주white flight, 강간 같은 문제들을 정면으로 제기했다. 우리 시대에는 장난감들도 조금은 각성된 상태로 시장에 나왔다. 캘리포니아 대학 데이비스 캠퍼스의 박사과정 학생이었던 엘리자베스 스윗Elizabet Sweet은 최근 시어스 백화점 카탈로그에 실린 장난감 광고들의 시대 변화를 연구한 결과, 1975년이 성중립적인 장난감 마케팅의 절정이었다는 결론에 이르렀다. 1975년에는 장난감 광고의 70퍼센트가 젠더에 대한 언급을 아예 하지 않았다. 다수의 광고는 의식적으로 "여자아이들이 건물을 짓고 비행기를 조종하는 모습과 남자아이들이 부엌에서 요리하는 모습을 보여주면서 젠더 고정관념을 탈피하려는" 모습을 보였다.[10]

우리는 초등학교 시절부터 사회운동에 관한 이야기를 나누진 않았다. 하지만 우리 삶의 거의 모든 부분이 어떤 식으로든 페미니즘 또는 민권운동과 연관돼 있었고, 우리 세대의 다수는 우리가 얼마나 행운아인가를 알지 못할 정도로 운이 좋았다. 우리의 엄마들, 아빠들, 할머니들, 할아버지들, 미국의 수호자들이 여성해방을 위한 정치적 운동을 지지했는지 여부와 무관하게 주류 사회에 일정한 수준의 평등 의식이 뿌리를 내리고, 입법 절차를 통해 공고해지고, 대중매체와 대중문화를 통해 널리 퍼졌다. 하지만 우리가 성장하는 동안, 어쩌면 이 평등의 약속이 실제보다 과장된 것일지도 모른다는 무시무시한 예감이 들었다. 초등학교 선생님들은 여자아이들이 운동장에서 남자아이들과 함께 킥볼이나 술래잡기를 하면 "너무 거칠게" 논다고 나무랐고, 고등학교 선생님들은 여자아이들이 물리학을 "진짜로 이해할 수 있는지"를 여전히 의심했다. 그러는 동안 데이트와 섹스에 관한 이중적 기준도 그대로 유지됐다.

콜럼비아 대학 법대 교수인 수전 스텀Susan Sturm은 여성운동과 민권운동의 결과로 "고쳐졌다"라고 알고 있는 성차별과 인종차별 문제들이 학교, 기업 등의 조직에 여전히 잠복해 있다고 주장했다. 그녀는 이러한 착각을 "2세대 편견second-generation bias"이라고 불렀다. 1세대 편견이 자유와 성과를 가로막는 가시적인 장벽의 형태로 나타났다면(여학생과 소수민족 학생들의 입학을 거부했던 대학들, 피임의 불법화, 성차별적이고 인종차별적인 구인 광고 등) 2세대 편견은 훨씬 미묘하고, 개인의 문제로 치부되며, 내면화하는 경향을 띤다. 2세대 젠더 편견의 은밀한 성격(비공식적인 배제, 멘토와 역할모델의 결핍, 고정관념을 따르는 것에 대한 두려움)은 구조적인 불평등을 개인의 실패로 돌리는 신자유주의의 이념적 교리와 잘 맞아떨어진다. 그 논리는 다음과 같다. 오늘날의 여성에게는 남성이 하는 거의 모든 일을 할 권리가 있다. 그렇다면 여성의 성공을 가로막는 장애물이나 여성의 실패는 체제와 무관하다. 실패는 개인적인 것이다. 개인이 더 유능해지고, 더 빨라지고, 더 강해지고, 더 부유해지면 해결된다. 이것은 3세대 페미니즘과 대립하는 새로운 유형의 포스트페미니즘(이것을 "나는 페미니스트가 아닙니다. 하지만" 페미니즘이라고 부르자)이 뿌리를 내리기에 좋은 비옥한 토양이었다. 그리고 그런 포스트페미니즘이 주류 매체와 대중문화의 관심을 끌었던 건 우연이 아니다.

1990년대 초반의 정치적 환경에서는 페미니즘을 부정하는 논리가 힘을 발휘했다. 페미니즘이 여자와 소녀들을 아이 취급하고, 남자들을 악마화하며, 정상적인 성적 관계마저 성폭행이나 강간의 지뢰밭으로 만드는 등 여성을 희생양으로 만드는 문화를 만드는 데 일조했다는 것이었다. 신자유주의는 사회적 책임에 대해 '난 잘 살고 있으니까 넌 꺼져'라는 입장을 전파했다. 미국의 대중매체는 안면을 싹 바꿔서 불평등, 구조적 차별, 공격적인 언어 사용 등에 대한 대중의 감시로부터 벗어나고자 했다. "정치적 올바름political correctness"을 언급할 때는 조소를 숨기지 않았다. 사람들이 자신이 하는 말과 그 말투에 대해 생각해봐야 한다는 것은 너무나 피곤한 일로 여겨졌다. 1990년에는 《뉴스위크》의 "생각 경찰THOUGHT POLICE"이라는 특집 기사가 화제를 모았다. 그 기사의 부제목은 "인종, 섹스, 의견을 이야기하는 '정치적으로 올바른' 방식이 있다고 한다. 이것은 새로운 계몽주의인가? 아니면 새로운 매카시즘인가?"였다. (단서: 음침한 배경음악.) 그 기사 자체는 미국 전역의 대학 캠퍼스에서 교육과정을 다양화하고 관용을 증진하려는 노력에 관해 자세히 서술하고 있었지만, "다양성"이라든가 "다문화주의"라는 단어에 붙은 야단스러운 물음표들로 보건대 기자들은 그런 것들을 지나치게 예민한 사람들의 무의미한 소리라고 여기는 것이 분명했다.

이때부터 포스트페미니즘이라는 용어가 조금씩 변형되기 시작했다. 원래 포스트페미니즘은 페미니즘의 쇠퇴에 관한 과장된 보고서 몇 편에서 시작됐는데, 에이리얼 레비Ariel Levy는 2005년에 출간한 《여성 우월주의자들 Female Chauvinist Pigs》에서 구멍의 여자들loophole women이라는 개념으로 포스트페미니즘을 정의했다. 구멍의 여자들이란 자신들이 워낙 선진적이기 때문에 자신들에게는 딱딱한 페미니즘 이데올로기가 필요하지 않다고 믿는 여자들을 가리킨다(또한 자신은 사회가 강요하는 규범적인 여성성에서 벗어나 있다고 여기면서 자신과 똑같이 행동하지 않는 다른 여성들을 무시한다_옮긴이). 구멍의 여자들의 지도자는 선정적인 주장으로 인기몰이를 하던 이론가 커밀 팔리아였다. 팔리아는 1990년대 초반에 출간한 3권의 책(《성의 페르소나 Sexual Personae》, 《섹스, 예술, 미국 문화 Sex, Art, and American Culture》, 《뱀파이어와 떠돌이 Vamps and Tramps》)에서 페미니즘 운동을 교회 소풍이나 다니는 10대들이 환희에 차서 부르는 페미니스트 복음성가라고 비아냥댔다. 팔리아는 페미니스트 운동의 치명적인 실수는 "남성의 정력을 차단하려 한 것"이고, 그 실수가 자연스럽게 강간을 유발하는 원인으로 이어졌다고 주장했다. "엄숙한 캐리 네이션(Carrie Nation: 1900년대 초반에 이름을 날렸던 금주운동가. 주류를 판매하는 모든 장소를 파괴하는 것이 자신의 신성한 의무라고 생각했던 그녀는 미국 전역을 돌면서 술집을 파괴해 '손도끼 Hatchetation'라는 별칭으로 악명을 떨쳤다_옮긴이)처럼 사람들의 욕구를 억압하는 페미니즘은 남자들의 에로티시즘이나 강간이 무엇을 의미하는지 알지 못한다. 특히 전염성이 강하고 난폭한 집단 강간의 환희를 알지 못한다." (그래, 알았다. 우리가 나쁘다고 치자.) 팔리아가 보기에 여성 일반은 어리석다. 그 이유 중 하나는 여성들이 남자들만큼 힘차게 소변을 보지 않기 때문이다. "남자의 소변은 초월적인 곡선이며 진짜로 뭔가를 성취하는 행동이다. 여자는 자기가 서 있는 땅을 적실 뿐이다." 팔리아는 자신이(마돈나와 마찬가지로) 우리 사회의 가장 확고한 페미니스트라고 주장했다. 하지만 그녀는 자신의 페미니즘이 아닌 다른 모든 페미니즘은 시대에 뒤진 피해 의식이라고 깎아내리고, 페미니즘 운동에 대해서는 "감상적인 여자들이 곰팡이 핀 노이로제를 보관할 수 있는 만능의 채소 서랍이 됐다"라고 조롱했다.

1990년대에 팔리아 일파가 일단의 구멍의 여자들을 흡수하면서 세를 키운 덕분에 주류 매체는 페미니즘을 쓰레기 취급하는 보도를 내보내기가 더 쉬워졌다. 2세대 페미니즘 작가 앤 로이페Anne Roiphe의 딸인 케이티 로이페 Katie Roiphe는 1993년 《다음날 아침The Morning After》을 출간하면서 언론의 집중 조명을 받았다. 로이페는 그 책을 출판하기 전에 그녀가 "데이트 강간 히스테리date rape hysteria"라고 부르는 현상을 1년 정도 취재했다. 책에서 로이페는 '지인에 의한 성폭행' 사건들이 늘어난 이유는 페미니즘을 통해 자신이 희생양이라고 주입 받은 여자들 때문이라고 단언했다. (사실은 그게 아니라 우리 세대가 성폭행을 성폭행이라고 부르기 시작한 결과가 아닐까? 로이페의 엄마와 나의 엄마 세대에는 그걸 "실패한 데이트"라고 불렀다.) 25세의 로이페는 고작 "내 주변에는 성폭행을 당했다는 사람이 하나도 없다. 그러니까 성폭행은 현실의 문제가 아니다" 정도의 논지를 펼치면서도, 자신이 팔리아처럼 여자들을 영원한 희생양으로 만드는 교조적인 2세대 페미니즘의 문제와 용감하게 싸우는 사람이라고 자처했다.

1993년 나오미 울프의 《눈에는 눈Fire With Fire》은 맹렬히 앞으로 돌진하는 "파워 페미니즘power feminism"을 대안으로 제시했다. 무엇의 대안일까? 그렇다. "희생양 페미니즘"의 대안이었다. 그리고 르네 덴펠드Rene Denfeld가 1995년에 펴낸 《우리 시대의 빅토리아인The New Victorians》에는 자유주의 페미니즘이 비백인, 비중산층 여성을 배제한 데 대한 문제의식도 담겨 있지만, 그 책의 주된 내용은 페미니스트들을 남자의 기를 죽이고 여신을 숭배하는 이념적 꼴통으로 묘사하는 것이었다. 이 저자들의 공통점(서로 간의 공통점, 그리고 문화적 환경과의 공통점)은 이제 집단적 행동에는 진실한 가치가 남아 있지 않다는 믿음, 성불평등을 뛰어넘을 능력을 획득하는 것은 페미니즘의 과제가 아니라 의지에 불타는 개별 여성들의 과제라는 믿음이었다.

포스트페미니즘이 구시대의 경비병을 물리치는 새로운 경비병이라는 매력적인 이미지를 훔쳤기 때문에 주류 매체들은 3세대 페미니즘의 내용을 제대로 이해하려고 애쓰는 대신 구닥다리 2세대 페미니즘 활동가들과 고집쟁이 신세대 여성들 간의 다툼을 부각시킬 수 있었다. 《다음날 아침》, 《눈에는 눈》, 《우리 시대의 빅토리아인》 같은 책들은 《신세대 페미니스트들의 목소리》와 《페미니즘의 진실을 말하자》처럼 3세대 페미니즘의 중요한 에세이 모음집에 글을 기고한 젊은 활동가들과 이론가들을 등장시키지도 않았다. 그들은 리사 존스Lisa Jones와 조앤 모건Joan Morgan이 《방탄 여가수Bulletproof Diva》와 《닭대가리들이 집에 온다When Chickenheads Come Home to Roost》에서 각각 규정했던 힙합 페미니즘을 인정하지 않았고, 찬드라 모한티와 가야트리 스피박이 제시한 초국적 페미니즘transnational feminism이라는 개념도 받아들이지 않았다. 앞의 책 3권을 더 정확히 묘사하자면 아스트리드 헨리Astrid Henry가 《나는 어머니와 다르다Not My Mother's Sister》에서 보여준 태도처럼 단지 "자기 자신의 페미니즘 브랜드를 부각시키기 위해 그것과 대비되는 무의미하고 획일적이고 오류투성이의 2세대 페미니즘을 창조한" 여자들의 저작이라고 말할 수 있다.

그것은 단순한 세대 간의 결투가 아니었다. 그것은 대중매체와 대중문화가 복잡한 사회적 현실과 문제들을 바라보는 렌즈를 좁히는 행동이었다. 《다음날 아침》과 데이트 강간의 경우만 해도 〈뉴욕 타임스〉와 같은 유력한 매체들이 로이페 자신의 표현대로라면 엘리트 캠퍼스 생활에 대한 "인상적인" 기록을 인용하면서 그것을 사실로 받아들였다. 그런 매체들은 로이페를 페미니즘의 대변인으로 만들었고, 그 책의 논리적 오류(데이트 강간은 존재하지 않는다, 만약 그런 일이 벌어진다면 그것은 피해자의 잘못이다)에 대한 반발을 이용해 "징징 짜는 페미니스트"라는 로이페의 모욕적인 묘사를 뒷받침했다. 제니퍼 고너맨Jennifer Gonnerman은 1994년 《배플러Baffler》에 기고한 "케이티 로이페로 장사하기The Selling of Katie Roiphe"라는 기사에서 다음과 같이 주장했다. "궁극적으로 로이페는 개인적인 인상을 토대로 용어를 만들었다. 게다가 그녀는 데이트 강간에 관한 토론의 한계를 설정해버렸다."[11] 그 기사는 불행히도 진실이 되고 말았다. 20년이 넘게 지난 지금, 대학 캠퍼스의 성폭행에 관한 논쟁은 과거보다 훨씬 복잡해졌으며(하나만 이야기하자면 요즘에는 "데이트 강간"이라는 용어도 잘 쓰지 않는다) 문제를 해결하기 위한 글과 주장과 정책이 아주 많이 제시된다. 그런데도 대중매체에서 발언권을 얻는 사람들 중 상당수가 아직도 강간을 가해자가 아닌 다른 뭔가의 탓으로 돌린다. 그리고 여전히 여자들이 뻔뻔한 거짓말쟁이라거나 자기 경험에 대한 증언이라서 신빙성이 떨어진다는 통념이 캠퍼스 강간에 대한 최선의 해법 찾기를 방해하고 있다.

포스트페미니즘 피로

1990년대의 사회적으로 각성된 대중문화는 1970년대와 마찬가지로 페미니즘이 노골적인 정치색을 띠지 않고도 존재할 수 있음을 보여줬다는 점에서 의미가 있다. 당시의 대중문화 속 페미니즘은 정치적일 때도 무겁다기보다는 꽤 재미있었다. 퀸 라티파Queen Latifah와 MC 라이트MC Lyte, 모니 러브Monie Love와 디거블 플래닛츠Digable Planets의 페미니즘 힙합은 MTV에 나오는 여성 음악인들의 훌륭한 대안이었다. 그때만 해도 여성들은 대부분 워런트Warrant나 포이즌Poison 같은 헤어메탈 밴드 뒤에서 연주하는 모습이 대부분이었다. 리즈 페어Liz Phair와 가비지Garbage의 셜리 맨슨Shirley Manson은 사랑, 섹스, 갈망에 관한 솔직하고 가식 없는 노래를 들려줬다. 오랫동안 여성을 비하하는 가사와 풍선처럼 부풀린 성기 모양의 무대장치를 보여주던 비스티 보이즈조차도 눈에 띄게 진보적인 방향으로 유턴했다. 잡지 《쎄시》는 라이엇걸 운동과 같은 젊은 여성들의 활발한 움직임을 기사화했고(사실상 그런 활동을 부추겼고) 독자들에게 성차별에 대응하고 저항하라는 메시지를 보냈다. 《쎄시》의 단명한 형제지 《더트Dirt》는 의식 있는 하드코어와 힙합 가수들을 칭찬하고, 10대 소년 독자들이 여자아이들을 정복할 육체가 아닌 사람으로 바라보도록 이끌었다. 미시간 대학 학부생 3명이 창간한 잡지 《휴스HUES》는 소수민족 여성들을 위한 최초의 전국 단위 잡지로서 다양한 체형과 치수와 피부색을 가진 모델들의 모습을 보여주면서 페미니즘 담론에 힘을 보탰다. 이른바 "립스틱 페미니즘(lipstick feminism: 모든 화장품을 피하라는 페미니스트들의 규칙에 반기를 든 움직임)"의 등장은 화장을 하고 패션에 신경을 쓰는 일이 단순히 미의 기준에 굴복하는 것이 아니라, 개인의 정체성 표현일 수 있다는 3세대 페미니즘의 사고방식을 반영한다. 이런 것들은 시장 페미니즘의 초창기 모습이었다. 《쌔시》는 페미니즘을 '이미지에 민감한 청소년들이 체제에 순응하지 않는 방법'으로 포장했다. 심지어는 독립 화장품 라인들도 조용히 페미니스트의 감수성을 제품에 반영했다. 어반디케이 Urban Decay에서는 신제품의 색상에 일부러 사랑스럽지 않은 이름("바퀴벌레 Roach", "유막Oil Slick" 등)을 붙였고, 엘리자베스 케이디 스탠턴은 스틸라Stila 의 친환경적 마분지 포장을 페미니즘으로 해석했다.

그러나 잡지사 입장에서는 '나쁜 남자'가 페미니즘을 마구 두들겨 패는 구시대적인 전략이 여전히 매력적이었다. 1991년 오하이오주의 작은 지방대학인 안티오크 칼리지Antioch Collage가 전국적으로 유명해졌다. 자유주의 성향의 학교였다가 이제는 폐교된 안티오크 칼리지에서 성적 행동에 관한 포괄적인 규칙을 제정했기 때문이다. 그 규칙에 따르면 접촉의 수위가 한 단계 높아질 때마다 적극적으로 언어적 동의를 구해야 했다("내가 네 셔츠를 벗겨도 되겠니?"). 그 이유 하나만으로 안티오크 컬리지의 규칙은 대부분의 매체에서 조롱을 당했다. 그 규칙이 섹스에서의 투명성, 소통, 그리고 적극적인 참여를 강조(예컨대 "잠든 사람은 동의할 수가 없다")하는 사실상 무척 건전한 규칙이라는 점에는 아무도 신경 쓰지 않았다. 대중매체와 대중문화는 그 규칙에서 요구하는 대화의 양, 그리고 캠퍼스 안의 '안티오크의 여자들 Womyn of Antioch'이라는 단체에서 규칙의 초안을 마련했다는 부정할 수 없는 사실을 가지고 분노와 웃음을 일으켰다. 1993년이 되자 그 규칙은 문화적 유머로 쓰이기에 이르렀다. 〈새터데이 나이트 라이브〉는 '이것은 데이트 강간일까요?'라는 가상의 게임을 만들어 그 규칙을 조롱했다. 그 코너에는 〈비버리힐즈 90210〉의 스타 섀넌 도허티가 "희생양학" 전공 학생으로 출연했다. 〈뉴욕 타임스〉는 "키스에 관한 규칙을 제정하는 일"이 성적 탐색의 즉흥성과 흥분을 앗아간다고 투덜거렸다. 그 규칙에 공감하는 사람들도 그것을 당당하게 지지하지는 못했다. "안티오크 규칙에 관한 대중매체의 보도는 남자들과 여자들을 서로 충돌하고 경쟁하는 이해관계를 가진 두 집단으로 보고 있었습니다. 그들은 대학 캠퍼스 안에서 성폭행이 빈번하게 발생할 여지를 없앤, 응집력 있는 공동체가 만든 정책을 제대로 보도하지 않았습니다." 그 규칙의 초안 작성에 참여했던 학생들 중 하나인 크리스틴 허먼 Kristine Herman의 말이다.[12]

1990년대에 페미니즘은 점점 커지는 열정을 가지고 주장을 펼쳐나갔다. 페미니즘은 다양한 성격을 지닌 세대 페미니즘 이론과 행동주의로 나타나기도 했지만, 아직은 미지의 영역이었던 '사이버스페이스'를 통해서도 자기를 표현했다. 이론과 비평과 행동의 새로운 매개체를 이용하려는 페미니스트들은 다양한 링크 사이트, 뉴스레터, 게시판에서 활약했다. 하지만 대중매체들은 팔리아와 로이페가 만들어낸 포스트페미니즘이라는 브랜드를 편리한 도구로 활용하면서 과거의 페미니즘(실제와 상상 모두)과 일정한 거리를 유지했다. 《버스트》는 "당신은 진정한 페미니스트입니까?"라는 퀴즈를 통해 포스트페미니스트 여성을 다음과 같이 정의했다. "시궁창 같은 현실 속에서 진짜로 책임을 지는 사람. 가부장제를 탓하지 않는 사람. 가부장제 탓이란 건 여성의 자존감을 떨어뜨리는 변명 같은 말이다. 자신의 모든 문제는 자신이 만들었다는 점을 인정하는 진정한 자존감을 가진 사람. 모든 페미니스트는 유머 감각이 없다는 소리를 듣지만, 포스트페미니스트는 실제로 유머 감각이 없는 사람이다."*13* 사실 《버스트》의 기사는 포스트페미니즘에 공감하는 척하면서 비아냥대는 것이었지만, '포스트페미니스트 플레이그라운드Postfeminist Playground'라는 웹사이트의 필진들처럼 포스트페미니스트를 자처하는 사람들은 성평등을 쟁취하기 위한 노력을 지루하고 가망 없는 프로젝트로 보면서 그것에 반대하는 주장을 장황하게 늘어놓았다. 그들은 웹사이트 소개글에 다음과 같이 썼다. "포스트페미니스트들은 페미니즘을 극복하고 앞으로 나아가려고 합니다. …… '비치'가 되어 서로 할퀴어대던 시대는 갔습니다." 그 웹사이트의 필진인 수재나 브레슬린Susannah Breslin과 릴리 제임스Lily James는 그들과는 달리 아직도 페미니즘을 "극복" 하지 못한 사람들을 서슴없이 공격했지만, 이데올로기적 진화의 과정에서 그들이 진정으로 원하는 것이 무엇인가를 선명하게 밝힌 적은 없었다. 브레슬린은 《버스트》에 기고한 "나는 페미니즘이 싫다"라는 글에서 팔리아와 로이페의 손을 들어주고 모든 페미니스트를 성교와 성행위를 비난하는 고지식한 사람들로 묘사했다. 그녀가 자기 주위를 한번 둘러보기만 했다면, 아니 《버스트》의 다른 지면을 훑어보기라도 했다면, 섹스를 열렬히 지지하는 다양한 성격의 페미니즘을 발견했을 것이다. 작가 수지 브라이트Susie Bright, 레즈비언을 위한 에로틱 잡지 《온 아워 백스On Our Backs》의 여자들, 성매매업 종사 여성들을 위한 월간지 《댄진Danzine》, 샌프란시스코에서 시끌벅적하게 진행된 길거리 공연 '시스터 스핏Sister Spit', 여러 저자의 글을 모은 《매춘부와 페미니스트Whores and Other Feminists》, 페미니스트이자 사이버섹스의 선구자인 리사 팔락Lisa Palac, 그리고 여성의 시선으로 포르노 연기를 하는 니나 하틀리Nina Hartley와 칸디다 로얄Candida Royalle이 있지 않은가.

대개의 경우 포스트페미니스트들은 자신이 쿨하다는(그러니까, 남자들처럼 쿨하다는) 것을 보여주고 싶어 한다. 쿨한 포스트페미니스트는 직장의 남성 동료들이 자기만 빼놓고 스트립클럽에 가도 개의치 않는다. 쿨한 포스트페미니스트는 거리에서 길거리에서 희롱을 당해도 질색하지 않는다. 팔리아의 주장처럼 낯선 여자에게 "어이, 이쁜이!"라고 소리치는 행위는 남자들의 고유한 본성을 따르는 것뿐이니까. 그리고 칭찬을 싫어하는 사람이 어디 있나? 쿨한 포스트페미니스트는 여자들이 동등한 임금을 받지 못한다거나 승진에 불이익을 당한다는 소리를 듣기 싫어한다. 이유야 어찌됐든 불평을 늘어놓는 건 쿨하지 않으니까. 《칙릿: 포스트페미니즘 소설Chick Lit: Postfeminist Fiction》(1995)과 《칙릿 2: 희생양인 여자는 없다Chick Lit 2: No Chick Vics》(1996)라는 두 편의 포스트페미니즘 소설 모음집을 묶은 크리스 마자 Cris Mazza는 책들의 서문에서 포스트페미니즘 글쓰기의 원칙을 소개하는데, 주로 포스트페미니즘 글이 아닌 것을 나열하는 방법을 썼다. 그녀의 주장에 따르면 포스트페미니즘은……

페미니즘에 반대하는 것이 절대로 아니다. 하지만 다음과 같은 것들도 거부한다. 내 몸이 곧 나 자신이다 / 애인이 떠나서 나는 너무나 슬프다 / 나의 모든 어려움은 남자들 때문이다 /……내가 소리치는 모습을 봐라 / 나에게 일어난 일은 굉장히 심각한 것이다 / 나의 거식증은 사회가 만든 것이다 / 낮은 자존감 / 희생자의 영원한 공포 /……그러므로 나는 내 행동에 책임이 없다.

다시 말하자면 포스트페미니즘은 페미니즘에 대한 반대라기보다 페미니즘에 대한 조롱이었다. 지나치게 격한 조롱. 크리스 마자는 자신이 그 단편소설집을 편집하기 전에는 "포스트페미니즘"이라는 단어를 몰랐으며, 머리말에 그 단어를 쓴 것은 "신중하지 못한" 행동이었다고 나중에 인정했다.[14] 하지만 당시에는 여성들이 글을 쓸 때(더 넓게 보자면 여성들이 어떤 태도를 취할 때) 사회적인 운동 단체들의 영역과 거리를 두고, 역설을 구사하고, 유식한 척을 해야 어느 정도 인정을 받는 것이 현실이었으므로 마자 같은 사람들이 수두룩했다. (포스트페미니스트 플레이그라운드의 여성 필진들은 '쿨하게' 섹스 찬성론을 펼쳤지만, 그들이 도메인 갱신에 실패한 후 똑같은 도메인을 쓰는 포르노 사이트가 만들어졌다는 사실을 알고는 그다지 기뻐하지 않았다.)

2006년《뉴스위크》는 20년 전 "독신 여성/테러리스트에게 살해당할 확률"이라는 기사를 통해 자신들이 씨를 뿌린 공포에 대해 자책하는 입장을 표명했다. 그들은 자신들이 연구 결과를 부정확하게 해석했다고 인정했으며, 그 기사의 자극적인 구성에 대해서는 "언론이 복잡한 학문적 연구를 단순화할 때 어떤 일이 벌어질 수 있는가를 보여주는 반면교사"라고 표현했다. 책임을 인정한 건 좋다. 하지만 시간적으로 조금 늦었고, 2퍼센트가 빠져 있었다. 언론이 평범한 사건이나 유행을 한껏 부풀려 페미니즘의 오류에 대한 인민재판을 유도하는 경향은 1980년대 이래로 더 강해졌다.

예컨대 2009년에 언론은 또다시 페미니즘의 사망을 선고했다. 여자들이 예전만큼 행복하지 않다는 것이 이유였다. 핵심 근거는 그해에 공개된 학계의 논문 한 편이었다. 경제학자 벳시 스티븐슨Betsey Stevenson과 저스틴 울퍼스Justin Wolfers의 〈여성의 행복감 저하의 역설The Paradox of Declining Female

Happiness〉이었는데, 그와 비슷한 시기에 미국과 해외에서도 비슷한 연구 논문 몇 편이 발표됐다. 스티븐슨과 울퍼스의 연구에 따르면, 여성들은 40년 전보다 덜 행복하며 동시대의 남자들과 비교하더라도 행복도가 낮았다. 이는 여성들이 나이가 들수록 기쁨 수치가 서서히 하락한다는 다른 연구들의 결과와도 일치했다. 스티븐슨과 울퍼스는 아무것도 배제하지 않고 "새로운 젠더 격차"가 생겨났다는 결론을 내렸지만, 주류 매체는 그 연구를 보도하면서 무척 들뜬 태도로 단 하나의 결론을 제시했다. '페미니즘이 또 공격을 개시했다!'

야단스러운 기사들이 신속하게 쏟아져 나왔다. "40년 동안의 페미니즘에도 불구하고 여자들은 더 불행해졌다", "해방된 여성들은 불행하다. 놀라운 일일까?" "여성은 불행하다―페미니즘을 탓하라." 〈뉴욕 타임스〉의 칼럼니스트 모린 다우드Maureen Dowd는 "검정의 시대는 가고 파랑의 시대가 왔다"라고 빈정댔다. 파랑은 여성의 우울을 상징했다. 과거보다 여성의 권리가 신장됐음에도 여성들은 여전히 우울하다는 메시지가 깔려 있었던 것이다. ("기혼이든 미혼이든, 소득이 얼마든, 자녀가 있든 없든, 어느 민족에 속하든, 어느 나라에 살든 결과는 동일하다. 전 세계의 여성들은 좌절하고 있다.") 그리고 다우드의 동료인 로스 도댓은 기명 칼럼에서 그 연구는 양쪽 진영에서 자신에게 편리한 대로 해석할 여지가 있다고 지적했다("페미니스트들은 그 연구를 혁명이 방해를 받고 있다는 증거로 바라볼 것이다. 그들은 높아진 기대가 유리천장에 부딪치고 있기 때문에 여자들이 지극히 정당한 분노를 느끼고 있다고 말할 것이다. 전통적인 사고방식을 가진 사람들은 페미니즘 혁명이 애초부터 틀렸다는 증거를 찾아낼 것이다. 여자들은 자신들의 생물학적 특성에 반하는 생활 방식을 강요받고,

남자들은 돼지처럼 무책임하게 생활할 자유를 얻었다고 주장할 것이다"). 그러나 "해방됐는데 불행하다Liberated and Unhappy"라는 도댓의 칼럼 제목은 여성들의 태도가 글러먹었다는 편집자의 편견을 큰 소리로 되풀이한 것에 지나지 않았다.

언론이 최초의 반격을 개시한 지 20년이 지난 시점에도, 페미니즘에 대한 비난은 여전히 성공이 보증되는 기삿거리였다. 사람들이 그런 이야기를 믿고 싶어 하기 때문이었다. 그리고 그 비난에 대한 지적이고 합리적인 반론들은 쉽게 기사화되지 않았다. 예를 들자면 탐사 전문기자인 바버라 에런라이크Barbara Ehrenreich는 스티븐슨과 울퍼스의 연구 및 그 연구가 보도된 맥락의 맹점을 철저히 분석했다. 에런라이크는 그 연구에서 남성과 여성의 행복지수 격차가 나타났지만, 그 연구가 진행된 34년 동안 여성 자살률은 감소 추세인 데 반해 남성 자살률은 "거의 일정"했다는 사실을 지적했다. 또 스티븐슨과 울퍼스는 통계에서 흑인 여성과 남성의 행복지수가 실질적으로 상승하는 지점을 무시했다.[15] 마지막으로 바버라 에런라이크는 그 연구에서 가장 눈에 띄는 지점을 부각시켰다. 연구는 사회적 통념과 달리 결혼과 출산은 결코 여성들에게 행복을 보장해주지 않았다는 점을 지적했다. 그러나 언론은 자신들이 보도하고 싶었던 이야기(페미니즘은 실패했다. 여자들이여! 글로리아 스타이넘, 똑똑히 보시오!)와 일치하지 않는 연구 결과는 기사에서 빼 버렸다.

독신 여성/테러리스트 기사가 그랬던 것처럼, 언론과 대중문화는 여전히 여성의 불행이 페미니즘 때문이라는 주장을 큰 소리로 되풀이하고 있다. 그런 주장은 "여자들이여, 쇼핑하라"와 "하룻밤 즐기기 위한 섹스가 당신을 죽인다" 사이 어딘가에 위치한다. 게다가 일부 여성들은 자신이 여성해방이라는 교리에 속아서 인생이 공짜 경품과 아이스크림처럼 환상적인 것이라고 믿었다고 증언하면서 그런 주장을 정당화한다. 그런 환상을 유포한 것이 페미니스트들이 아니라, 페미니즘의 이미지와 수사를 이용하기 위해 진정한 페미니즘과 시장 페미니즘 사이를 오락가락하던 대중문화였다는 생각은 떠오르지 않는 모양이다.

이런 식의 포스트페미니즘은 정기적으로 자기 선언을 한다. 진짜 문제는 젠더 억압과 구조적 불평등이 난무하는 세상이 아니라 계속해서 그 문제를 지적하는 일부 사람들이라는 주장이 난데없이 튀어나온다. 2014년 12월 《타임》 매거진은 '내년에 미국인들의 생활에서 빠져야 할 단어들'의 목록에 "페미니스트"를 포함시켰다. 모방을 통해 탄생한 속어들(om nom nom), 청소년들의 은어로 추정되는 말들(obvi), 그리고 흑인들의 방언들(bae)로 이뤄진 목록에서 의미가 뚜렷한 단어는 페미니스트가 유일했다. 얼마 후 '페미니즘에 반대하는 여자들Women Against Feminism'이라는 페이스북 페이지와 블로그가 만들어졌다. 여기에는 젊은 여자들이 "나에게는 페미니즘이 필요하지 않습니다. 나의 예쁜 모습을 남자들이 봐주는 게 좋거든요"라든가, "나에게는 페미니즘이 필요 없습니다. 나는 비난과 혐오가 아닌 사랑의 힘을 믿기 때문입니다"라는 손글씨 피켓을 든 사진이 올라와 있었다. 이것은 조직적인 운동도 아니었고, 지극히 개인주의적인 수사법이 역사와 논리를 얼마나 크게 왜곡할 수 있는가를 보여주는 사례일 뿐이었다. '페미니즘에 반대하는 여자들'은 대부분 대학생 정도 나이의 젊은 여자들이었고, 거의 전원이 백인이었고, 무지개색 마커펜과 출처가 불분명한 통계로 무장하고 있었다. ("나는 페미니즘에 반대한다. 페미니스트들 때문에 처녀들이 더 창피해지기 때문이다.")
그들의 주장은 과거의 포스트페미니스트들이 이용했던 것과 똑같은 '허수
아비 페미니스트(straw feminist: 급진적인 페미니스트들은 이러저러할 것이라고 가
정해서 그중에서도 가장 부정적인 속성들을 모아 만들어낸 허상. 남성을 혐오하고,
섹스를 혐오하고, 모든 남성은 강간범이라고 생각하는 '자칭 페미니스트'를 의미한
다_옮긴이)'라는 개념을 강화한다. 허수아비 페미니스트는 극우파 방송인 러
시 림보Rush Limbaugh를 연상시키기도 하고 디즈니 만화 속의 공주들과도 비
슷한 허상이다.

두말할 필요 없이 그것은 '미디어 마약'과도 같았다. 너무나 쉽게 속아 넘
어가는 보수적 대중과 자유주의적 대중에게는 물론이고, 시선을 끌기 위해
페미니스트라는 단어에 의존하던 대중매체들에게도 그것은 일종의 마약이
었다. 일부 매체들은 '페미니즘에 반대하는 여자들'을 혹독하게 비판하면서
페미니스트 운동이 아니었다면 그들이 지금 누리는 개인주의적인 자유도
없었을 거라고 훈계했다. BBC를 비롯한 다른 매체들은 중립적 관점에서 양
쪽 입장을 대비시키고, '페미니즘에 반대하는 여자들'과 '페미니즘에 반대하
는 여자들에 반대하는 여자들'의 대결 구도를 만들었다. (그런데 대부분은 양
쪽이 일방적으로 자기 이야기를 하고 끝났다.) 자유주의 성향의 독립 여성 포럼
Independent Women's Forum' 연계해서 활동하는 작가 캐시 영Cathy Young은 《보
스턴 글로브Boston Globe》 칼럼에서 '페미니즘에 반대하는 여자들'의 주장을
옹호하면서 "이런 주장들은 해결을 요하는 것이다. 무시하거나 조롱할 것
이 아니다"라고 주장했다. 그 주장들의 대부분이 페미니즘을 지구상의 모
든 남자가 사라지는 환각과 비슷한 하나의 사건으로 이해하고 있었다는 점

을 감안한다면 영의 주장은 지나치게 희망적이었다("나에게는 페미니즘이 필요 없습니다. 남자들이 없다면 누가 병뚜껑을 열어주겠어요?"). 나중에는 '페미니즘에 반대하는 고양이들Cats Against Feminism'이라는 블로그가 똑같이 부조리한 논법으로 무장하고 등장했다. ("나는 페미니즘을 필요로 하지 않습니다. 그건 먹는 게 아니니까요. 아, 혹시 먹는 건가요?")

아직도 페미니즘을 필요로 하는 사람들이 많음에도 불구하고, 페미니즘은 마치 유행이 지나버린 액세서리처럼 취급을 받는다. 논쟁이 벌어질 때마다 제시되는 '무시무시한 허수아비 페미니스트들의 마녀 집회'라는 허구적인 이미지는 이제 너무 흔해져서, 온라인에서 복제와 풍자의 대상이 된다(만화가 케이트 비튼Kate Beaton은 허수아비 페미니스트에 대한 공포를 풍자하는 데 탁월한 재능을 보여준다). 이런 환경에서 사람들은 페미니즘을 현 체제의 균형을 무너뜨릴 만큼 강력한 힘을 가진 존재로 믿게 된다. 1990년대의 '구멍의 여자들'과 마찬가지로 이들은 페미니즘이 워낙 전염성이 강한데다 대성공을 거뒀기 때문에 용감한 소수가 전통적인 성별 전형을 되살려내야 한다고 말한다. "여자들은 단지 자신의 성품 때문만이 아니라 몸 때문에 사랑받는 기쁨을 재발견하고 있다." 2006년 칼럼니스트 케이트 테일러Kate Taylor가 〈가디언〉에 기명으로 기고한 칼럼이다. 여기서 테일러는 성적 대상화는 이제 과거의 유물이기 때문에 우리 모두 쿨해져도 상관없고, 성적 대상화가 현실의 정치적 선언일 수도 있다고 주장했다. ("최후의 페미니스트는 민소매 배꼽티를 입은 여자들이다.") "인간으로 보일 권리를 간절히 원하는 대신" "오늘날의 여자들은 자신들이 성적 대상물로 보인다는 구시대적 관념을 가지고 논다." 테일러의 주장에 따르면 둘 다 되기란 불가능하다. 당신은 허수아비 페미니스트들의 명령에 따라 섹스를 즐기지 않는 따분한 두뇌 덩어리가 되든지, 아니면 허수아비 페미니스트들이 싫어하는 엄청나게 재미있는 성적 대상물이 되든지 둘 중 하나다. 중간 지대는 없다. 이런 주장은 그 후에 영국의 다른 칼럼니스트 폴리 버논Polly Vernon이 출간한 《핫한 페미니스트 Hot Feminist》에도 실려 있다. 《핫한 페미니스트》의 논지는 페미니스트들, 즉 유머 감각 없는 나이 먹은 페미니스트들(특별히 누구를 지칭하지는 않았다)이 핑크색 옷을 입고 거리에서 집적거림을 당하는 여자들만의 전통적인 기쁨을 박탈했다는 것이다. 버논의 표현을 빌리자면, 어떤 여자가 코딱지를 파내려고만 해도 페미니스트들의 '안 된다'라는 합창 소리가 들린다! 그것은 완전한 억압이다……

이런 이야기는 새로운 것이 아니다. 그리고 우리는 머지않아 이런 이야기를 또 들을 것이다. 언론의 반작용과 포스트페미니즘은 주기적으로 되풀이된다. 그런 주장들이 세상을 많이 바꿔놓아서가 아니라, 아직도 그런 주장들이 여자, 남자, 섹스, 권력, 성공에 관한 사회적인 불안감과 맞아떨어지기 때문이다. 아마도 여성과 성평등 문제를 논할 때마다 사회적 합의보다는 페미니즘에 대한 반작용이 상업적으로 유리할 것이고, 집단적인 노력보다 개인들의 예외주의가 관심을 많이 끌 것이고, 개인의 선택은 다른 모든 것보다 우위에 놓일 것이다.

> 나에게 페미니즘은 행복해지는 길을
> 따르는 것이다. 그것은 당신의 사전에서
> '보시bossy*'라든가 '비치bitch'라는 단어를
> 없애는 일일 수도 있고, 종일 〈독신녀들〉을
> 시청하는 일일 수도 있고, 가부장제라는
> 악에 맞서 영웅적인 싸움을 벌이는
> 것일 수도 있다. 무엇이든 간에
> 당신을 행복하게 만드는 일을 하라.

《버스트》 기사 중에서

7장 여권 신장의 역습

나는 여권 신장에 대한 피로 증세가 심한 편이다. 여권 신장 피로를 일으키는 원인은 정말 많다. 다음과 같은 문구로 시작되는 광고 이메일을 받을 때. "제가 권해드리는 브랜드는 여권 신장을 목표로 합니다. 특히 한 달에 한 번 찾아오는 그 시기에 말이죠." 또는 "능력을 향상시키는 뷰티 팁!"을 약속하는 여성 잡지 기사들 바로 뒤에 실린 연예인 인터뷰에서 제니퍼 애니스턴이 촬영장에서 화장을 안 했더니 "굉장한 해방감"을 느꼈다고 외칠 때.

'여권 신장'은 "자존감 상승", "섹시하고 여성스러운", "감탄사가 절로 나오는" 등의 다양한 의미로 이해되는 두루뭉술한 표현이다. '여권 신장'은 이제 젠더 본질주의자인 동시에 상업적인 동기를 가진 여성의 존재 방식을 가리키는 단어가 됐다(예컨대 남성을 위한 스트립 에어로빅 강좌를 홍보하면서 '남

---

* 너무 잘난 척하고, 항상 주도권을 쥐려고 한다는 뜻. 미국에서는 주로 외모와 능력이 출중한 여성을 비아냥거리는 뜻으로 쓰인다_옮긴이

권'이라는 말을 쓰는 것을 들어봤는가?). 지난 20년 동안 광고, 대중문화 상품, 페미니즘 수사를 통해 여성의 권능을 향상시킨다고 선전된 것들 중 일부만 나열해보자. 하이힐. 플랫슈즈. 성형수술. 주름을 자연스럽게 받아들이기. 아이 낳기. 아이를 낳지 않기. 자연분만. 무통분만. 뚱뚱한 몸 긍정하기. 거식증 긍정하기. 가사 노동. 게으르게 살기. 남자처럼 행동하기. 여자답게 행동하기. 호신술 배우기. 총기 구입하기. 트럭 운전. 오토바이 타기. 자전거 타기. 걷기. 조깅. 요가. 봉댄스 배우기. 걸그룹 따라하기. 텃밭 채소 기르기. 마당에서 가축 키우기. 마약 복용. 금주. 가벼운 섹스 즐기기. 순결 지키기. 종교 생활. 모태 신앙 거부. 좋은 친구 되기. 야비한 짓 하기. 2003년 〈어니언The Onion〉의 한 기사가 "이제 여성들이 하는 모든 행동은 여권 신장의 수단이다"라고 선언했을 때는 정말로 "오늘의 여성들은 거의 24시간 내내 권능이 향상된 상태로 생활하는" 것처럼 보였다.

그로부터 10년이 넘은 지금, 그 기사가 남긴 가장 견고한 유산은 우리가 여권 신장이라고 하면 으레 여성, 권력, 행동, 성공 등을 떠올린다는 것이다. 그리고 여권 신장을 "이것은 여자인 내가 좋아하는 일이에요"라는 뜻으로만 알았던 젊은 세대는 대중매체와 대중문화에서 그 말을 매우 적극적으로, 의심 없이 사용하고 있다. 예컨대 2013년 마일리 사이러스는 MTV 비디오뮤직 어워즈 파문 직후에 영국판 《코스모폴리탄》과의 인터뷰에서 이렇게 말했다. "여자들의 권능을 향상시킨다는 의미에서 저는 페미니스트입니다. ……저는 시끄럽고, 재미있고, 전형적인 미인도 아니거든요." 정보를 입수한 연예인 타블로이드 신문 〈OK!〉는 그녀의 발언을 토대로 여권 신장을 "자신이 원하는 일을 하는 능력"으로 다룬 한 편의 기사를 썼다.

오늘날 연예인들은 직업적 성공보다 여권 신장을 갈구하기 때문에 자기만의 개성적인 스타일을 숨기지 않는다. 마일리 사이러스는 논란을 즐긴다. 그녀는 수줍어하는 기색도 없이 매번 댄스에 엉덩이 흔드는 동작을 포함시킨다. 엠마 스톤은 자신의 여권 신장을 위해 세계인이 가장 사랑하는 영웅이 의지하는 정적인 여자친구 역할을 차지했다. 테일러 스위프트는 누구와 데이트를 하건(하지 않건) 간에 지저분한 과거가 없는 10대 연예인이라는 명성을 쌓고 음악계의 거물이 됐다. 이들은 모두 자신에게 맞는 스타일을 찾아내고 그것을 브랜드로 만들었다.

기사는 다음과 같은 질문으로 끝을 맺는다. "자, 할리우드의 연예인처럼 권능을 향상시키기 위한 당신의 전략은 무엇인가?"

여권 신장은 선택 페미니즘(페미니스트가 뭔가를 선택하면 그것은 모두 페미니즘적 선택이다)의 한 측면인 동시에 "페미니스트"라는 단어를 사용하지 않고 우회하는 방법이다. 하지만 여권 신장이란 무엇이며, 그것에서 이익을 보는 사람은 누구인가? 지금까지 살펴본 사례들에서 답은 "내가 해방이라고 정한 것"과 "주로 내가 이익을 본다"였다.

여자들에게 권능을

1970년대 후반과 1980년대 초반 이전에는 여권 신장이라는 말이 여성의 자존감/성과/구매력을 표현하는 데 쓰이지 않았다. 일상생활에서도 여권 신장은 자주 쓰이는 말이 아니었다. '여권 신장'이라는 단어는 소수민족 공동체의 사회복지, 지역 개발, 공중 보건 분야에서 처음으로 등장했다. 바버라 브라이언트 솔로몬Barbara Bryant Solomon의 1976년 저서 《흑인의 권능 향상 Black Empowerment》은 사회복지사들을 위한 전략을 소개한다. 이것이 미국 최초로 권능 향상을 제목에 넣은 책인 듯하다. 응용사회학 연구에서 취약 계층 또는 사회적으로 소외된 계층에게 개인적 성공과 집단적 성공을 위한 도구를 제공한다는 이론이 인기를 끌면서 권능 향상은 소외 계층 및 그들의 운동과 연관된 용어로 인식되기 시작했다. 즉 권능 향상은 경제적 안정과 권력을 획득하기 위한 지역사회 내부의 노력을 가리킨다. 그것은 경제력과 권력을 가지고 있는 재단, 선교 단체, NGO 등의 시혜에 의존하는 하향식 권능 향상 모델의 대안이었다.

그런가 하면 남반부에서는 페미니즘을 위한 사회 변화의 틀로서 '여권 신장'이라는 개념이 실제 행동을 통해 대중적으로 알려졌다. 특히 유엔이 시행하는 자선 위주의 가부장적인 사업에 실망했던 동남아시아와 라틴아메리카의 활동가들이 '여권 신장'이라는 개념을 적극적으로 수용했다. 세계 여성의 인권을 옹호하는 스리라사 밧리왈라Srilatha Batliwala는 1994년에 출간한 《남아시아 여성들의 여권 신장Women's Empowerment in South Asia》에서 권력 구조 자체의 급진적 재해석이라는 새로운 접근법을 제시한다. 나중에 그녀는 그 접근법을 다음과 같이 설명했다. "가부장제만이 아니라 개발도상국에서 여성의 지위와 상태를 결정하는 중간 구조인 계급, 인종, 민족(그리고 인도의 경우에는 신분제와 종교)에도 대항하는 투쟁을 위한 정치적이고 변화 지향적인 개념이다."[1] 여권 신장은 정적인 개념이나 일회적인 사건이 아니라 전체적인 권력 구조와 가치 체계를 고민하고, 공통의 기술과 지식을 찾아내고, 소외된 지역에 지속가능한 경제를 만들기 위한 도구를 제공하는 계속 진화하는 수단으로 정의되고 있었다. 1995년 베이징에서 열린 제4회 유엔 여성회의에서는 여권 신장이 공식적인 토론 주제에 포함됐다("여권 신장을 위한 의제").

여권 신장은 학술지의 논문들, 국제적 개발 의제들과 점차 멀어지는 한편, 당시에 싹을 틔우고 있었던 3세대 페미니즘 안에 새로운 보금자리를 마련했다. 3세대 페미니즘의 포괄적인 목표와 '여권 신장'은 절묘하게 맞아떨어졌다. (대학 여성학 강의에서 '권능'이라는 말을 처음 들었을 때 나는 그게 '권력'을 조금 더 멋지게 말하는 거라고만 생각했다. 사람들이 'on'보다 고급스럽게 들리는 'upon'을 쓰는 것처럼.) 로절린드 와이스만Rosalind Wiseman이라는 젊은 무술 강사는 자신이 가르치던 10대 초반 여학생들이 여자아이들 사이에서 벌어지는 괴롭힘에 대해 이야기하는 것을 듣고 1992년 엠파워Empower라는 비영리 단체를 설립했다. 얼마 지나지 않아 엠파워는 청소년들, 특히 여학생들을 돕는 단체로 명성을 얻었다. 와이스만과 동료 사회과학자들은 엠파워가 주목한 문제를 "관계의 억압relational aggression"이라고 불렀다. (나중에 티나 페이는 2002년 와이즈먼이 출간한 《여왕벌과 추종자들Queen Bees and Wannabes》을 응용해서 영화 〈퀸카로 살아남는 법Mean Girls〉을 만들었다.) 청소년들에게 괴롭힘과 따돌림의 근본 원인이 되는 불안감과 압박감에 관해 이야기하고 이해할 기회를 주면 그들은 자신을 통제하는 힘을 얻는다. 이 방법은 어른들에게 도움을 요청하는 것보다 더 효과적이다. 또한 여권 신장이라는 용어를 쓰면 현실의 권력에 관한 이야기를 조금 더 부드럽게 할 수 있다. 특히 여자아이들은 전통적으로 권력에 관한 이야기를 하지 않도록 사회화된 측면이 있다. 그것은 의미론적인 접근처럼 보일 수도 있지만, 여자아이들에게 자신의 권능을 키우라고 격려하는 것과 강한 존재가 되라고 격려하는 것의 차이는 괴롭힘의 직접적인 원인이 되는 여성 특유의 사회적 불안감과 대칭을 이룬다. 3세대 페미니즘 활동가들과 《매니페스타Manifesta》의 공동 저자인 제니퍼 바움가드너Jennifer Baumgardner는 이렇게 말한다. "여자들은 '권력'이라는 단어를 불편하게 느낄 때 '권능empower'이라고 한다."

그것도 아니면 그들은 "여자들의 힘Girl Power"이라고 말한다. 1990년대 여성을 대상으로 하는 마케팅의 단골 용어였던 권력과 권능이라는 단어에 모자만 살짝 씌운 용어인 '여자들의 힘'은 페미니즘 매체와 대중문화의 직접적인 산물이었다. 페미니즘 매체와 대중문화의 영역에서 1990년대의 중요한 문화적 현상은 다음 3가지로 압축된다. 1992년의 이른바 '여성의 해', 예쁘지 않아서 혁신적이었던 라이엇걸 운동, 그리고 기록적 성공을 거둔 여성 5인조 그룹 스파이스 걸스.

'여성의 해'란 여성 선출직 공무원이 급격히 증가했던 1992년을 의미한다. 이것은 클래런스 토머스 대 애니타 힐 사태의 직접적인 결과로 해석된다. 클래런스 토머스 청문회는 수많은 미국인들을 환상에서 깨어나게 하고 그들을 투표소로 보냄으로써 공화당 후보 밥 돌과 겨룬 빌 클린턴의 승리를 이끌어냈다. 또한 남자들 일색이었던 상원과 하원 구성에도 변화가 생겼다. 여성 하원의원의 수는 28명에서 47명으로 2배 가까이 늘어났다. 원래 여성 상원의원은 고작 2명이었는데 3배로 늘어나 6명이 됐다. 영화와 텔레비전에 이어 정치 뉴스에도 등장한 '여성의 해'라는 표현은 일종의 과장법으로서 축하의 의미보다는 위선적으로 사용될 때가 많았다. 새로 선출된 상원의원들 중 하나였던 메릴랜드주의 바버라 미컬스키Barbara Mikulski는 "1992년을 '여성의 해'라고 부르니까 '순록의 해'나 '아스파라거스의 해'가 생각나네요" 라고 말했다. 하지만 그 해에는 워싱턴 D.C.에 전국의 여성들이 모여 '여성 생명을 위한 행진 1992 March for Women's Lives 1992'를 개최한 사실도 있다. 이 행진은 펜실베이니아주의 계획임신법 대 케이시 사건에서 연방대법원이 낙 태의 권리를 인정한 것과 시기적으로 맞아떨어졌다. 그 행진은 페미니즘을 전면에 내세운 역사상 최대 규모의 행진이었다. 하지만 그런 행사 자체가 여 자들이 아직도 자신의 신체에 대한 권리를 얻기 위해 싸우고 있었기 때문 에 열린 것이라는 점에서 그 승리는 '상처뿐인 영광'이었다.

지하에서는 이데올로기적 성격을 띤 비주류 음악 혁명이 일어났다. 그 혁 명도 여성들의 현실이 과거와 달라진 것이 별로 없다는 점에 충격을 받아 태동했다. 라이엇걸 운동은 1980년대와 1990년대 초반의 펑크 문화를 매우 여성적이고 정치적인 시선으로 걸러냈다. 전국 지부들의 느슨한 연합으로 구성된 라이엇걸의 목표 중 하나는 여성이 직접 매체를 만드는 것이었다. 손으로 갈겨쓰고 풀로 붙여 만든 잡지와 포스터, 여성이 제작한 라디오 토 크쇼, 게릴라 공연, 그리고 현란한 기타 연주가 들어가고 〈석 마이 레프트 원Suck My Left One〉 같은 제목이 붙은 록 음악. 수많은 여자들이 라이엇걸에 게 공감했던 이유는 어떤 주류 매체나 대중문화도 말하지 않는 것을 라이 엇걸이 큰 소리로 말했기 때문이다. 새라 마커스Sara Marcus는 라이엇걸의 연 대기인 《여자들을 앞으로Girls to the Fron》에 다음과 같이 썼다. "세상은 비정 상이었다. 여자들이 공격을 받고 있는데도 그 사실을 인식하거나 저항해서 는 안 된다는 분위기였다."

잡지 《라이엇걸》의 창간호는 "사회 전반에 여자들의 힘이 부족하다. 펑크 음악계는 더 심하다"라고 지적했다. 라이엇걸의 활발한 사회참여 활동에는 펑크 음악이 겉으로는 독재와 자본주의에 반대하면서 종종 성별 고정관념, 성차별, 심지어는 폭력을 은폐한다는 사실을 드러내는 것도 포함된다. 1980년대 초반에 활약했던 밴드 더 백스The Bags의 앨리스 백Alice Bag은 L.A. 펑크 음악의 1세대에 속하는 인물이었다. 그는 펑크 음악은 처음에는 남녀와 인종이 골고루 섞인 밴드들이 긴밀하게 얽힌 상태에서 폭발적으로 성장했지만, 그 후에 초남성적인 연주자들과 무대 전면의 폭력적인 춤("백인 남자들 몇 명이 서로를 때리는"이라고 백은 표현했다)으로 구성된 하드코어 음악이 뜨면서 펑크 음악계의 주도권이 하드코어로 넘어갔다고 주장했다.[2] 펑크 음악의 정신을 사랑하지만 하드코어 밴드에 속한 남성들의 부속품 취급을 받는 게 싫었던 여자들에게 라이엇걸 혁명은 단순히 공간을 점유하는 행위가 아니었다. 물론 라이엇걸은 무대에서, 무대 전면의 춤추는 영역mosh pit에서, 신문지상에서 공간을 점유했다. "여자들을 앞으로!"라는 외침은 단순히 춤추는 영역의 확장을 요구한 것이 아니라 여자들의 경험을 부각한 것이었다. 라이엇걸은 항상 점잖은 태도를 취하지는 않았고, 인종과 계급에 대한 분석을 무시할 때가 많았다. 요즘 라이엇걸을 재평가할 때는 주로 이 대목에 초점이 맞춰진다. 하지만 페미니즘의 시대는 지나갔다고 믿으며 자라난 세대에게는 사회 전반에 자리 잡은 자연스러운 남성 중심주의에 의문을 표하는 것도 굉장한 일이었다.

라이엇걸이 잡지와 노래를 통해 다룬 주제들(기계적인 성별 고정관념, 여자 가수들의 지성과 음악적 능력에 대한 무시, 성적 대상화와 학대, 여성의 정신 건강)

과 좋든 나쁘든 라이엇걸의 운동이 씨름했던 제도적 문제들(계급, 인종, 성노동, 권력관계)은 펑크 음악계라는 작은 세계 안에서 2세대 운동 단체들이 했던 노력을 반영한다. 창작자도 여자고 1차 관객도 여자인 공간을 만들어냈다는 점에서 비키니 킬Bikini Kill, 헤븐스 투 벳시Heavens to Betsy, 브랫모바일Bratmobile 같은 밴드들은 1970년대의 정치색 짙은 여성해방 록밴드들과 유사성이 강하다. 1970년대 여성해방 밴드들이 시끌벅적하게 발표한 선언문들은 모두 "록rock과 수탉cock"이라는 방정식을 뒤집기 위한 것이었다. 대부분이 남성인 록과 펑크 순혈주의자들이 여성해방 밴드들이 만들어낸 비정통적인 음악을 비웃었다는 사실은 논외로 하자. "우리는 생활 속에서 날마다 혁명을 일으키려 합니다. 빌어먹을 기독교 자본주의 생활 방식에 대한 대안을 구상하고 만들고 있습니다." 초창기의 라이엇걸 선언문에 포함된 말이다. 이 선언문에는 '진짜' 음악인들이나 문화평론가들의 의견을 중요하게 생각하지 않는다는 의미가 담겨 있다.

라이엇걸의 분리주의 성향은 진보적 펑크straightedge punk와 '호모코어homocore' 운동과도 겹치는 부분이 있었다. 진보적 펑크와 호모코어의 열성적인 참가자들로는 푸가지Fugazi와 팬지 디비전Pansy Division 같은 밴드들, 디스코드Dischord와 룩아웃Lookout! 같은 음반사들, 그리고 《아웃펑크Outpunk》 같은 잡지들이 있었다. 이들은 너바나와 소닉 유스Sonic Youth 같은 동료 음악인들이 주류 음반사에 소속되는 광경을 경계의 시선으로 바라봤다. 하지만 남성 밴드들은 상황이 조금 달랐다. 남성 밴드들의 이상주의는 고지식하다거나 너무 독선적이라는 조롱을 당하긴 했지만 외부인들이 그들의 존재할 권리를 부정하거나 무대장치를 방해하면서 "그거 꺼버려, 이년아!"라고 소리치는 일은 없었다. 처음에 라이엇걸 운동에 대한 주류 언론의 보도는 경멸에 가까웠다. 예컨대 미국의 음악 전문지 《스핀Spin》은 비키니 킬의 리더인 캐슬린 해나에게서 인터뷰를 거절당한 데 대한 보복으로 "비키니 킬은 자신들의 몸과 남자친구를 거래 대상으로 만든 밴드"라고 비하하는 보도를 내보냈다.[3] 음악 잡지, 텔레비전 방송국들을 포함한 다른 매체들이 '여자들Grrrls'의 주가가 상승하는 이유가 무엇인지 알아보기 위해 찔러보기를 시작했을 때도 비공식적이지만 분명히 의도적인 보도 통제 현상이 나타났다. 여성 펑크 밴드들이 접촉할 수 있는 언론이라고는 페미니즘 기자들과 독립 출판물밖에 없었다. (처음부터 라이엇걸에 열렬한 지지를 보냈던 충실한 친구 《쌔시》는 나중에 밴드 멤버를 모집하는 데도 크게 기여했다.)

주류 매체들의 무시는 실용적인 행동이었지만 결국 매체들 자신에게 족쇄로 작용했다. 라이엇걸 운동의 주체들과 아무런 접촉이 없었던 매체들은 이야기를 그냥 지어내서 기사를 썼고, 라이엇걸들을 지저분한 머리에 찢어진 스타킹과 전투화를 신고 들쥐처럼 몰려다니는 10대 여자아이들이 마이크에 대고 비명을 지르거나 남자아이들을 향해 모욕적인 손짓을 해대는 모습을 만화처럼 엉성하게 묘사했다. 《스핀》의 기사처럼 라이엇걸 운동을 부정적으로 보도한 기사도 있었고, 영국의 보수 성향 일간지 〈메일 온 선데이 Mail on Sunday〉의 기사처럼 라이엇걸의 기사가 "남성을 저주하는 기도문"이고 "그들은 자신을 페미니스트라고 부르지만 그들의 페미니즘은 분노와 공포의 페미니즘이다"(아마도 그 기자는 무사태평한 페미니즘에 익숙했던 모양이다) 라는 불길한 묘사로 공포를 조장하는 기사도 있었다. 《여자들을 앞으로》에서 마커스는 다음과 같이 썼다. "그들이 관심을 가지고, 소리치고, 피와 눈물을 흘린 문제들보다 시스템이 더 힘이 셌다. 판이 워낙 불공평했기 때문에 그들의 생활 방식은 아무런 의미도 없었다." 1995년에 방영된 〈로잔느 아줌마〉의 한 에피소드는 '혁명적 소녀 스타일'이 죽어가면서 마지막으로 지른 비명소리 같았다. 그 에피소드에서 로잔느와 여동생 재키는 껌을 씹어대는 갈란드라는 히치하이커를 우연히 차에 태운다. 갈란드라는 자매에게 비키니 킬 카세트테이프를 억지로 판매한다. 로잔느는 불만스러운 말투로 "그래도 노래로 뭔가를 말하고 있네"라고 평하지만, 라이엇걸이 유행을 좇는 멍청한 여자들로 묘사됐다는 것은 여성 펑크 운동이 체제 순응을 강요당했다는 증거라 할 수 있다.

라이엇걸 잡지에나 등장하던 '여자들의 힘'이라는 구호가 1997년에 다시 등장했다. 구호의 재등장은 주류 문화가 급진적 이념을 체제 순응적으로 변형하고, 희석하고, 다시 포장하는 불가피한 순환의 결과였다. 구호는 스파이스 걸스라는 거대한 조직과 함께 등장했는데, 그것은 시장 페미니스트 프랑켄슈타인이 만든 괴물이었다. 사이먼 풀러Simon Fuller(나중에 〈아메리칸 아이돌〉이라는 프로그램을 기획한 인물이다)가 만든 스파이스 걸스는 과거에 청소년 잡지 《틴비트Teen Beat》를 장식하던 남성 그룹들처럼 공개 오디션을 통해 멤버를 선발했으며, 최대한 다수의 대중에게 호감을 주고 광고 모델로도 적합한 이미지로 만들어졌다. 거친 모습을 그대로 드러냈던 라이엇걸에 비하면 스파이스 걸스는 철저하게 기획된 그룹이었다. 각각 세심하게 설정된 이미지를 가진 5명(스포티Sporty, 스캐리Scary, 베이비Baby, 포시Posh, 진저Ginger)으로 구성된 스파이스 걸스는 예쁘고 부담이 없었다. 그들이 프로필과 인터뷰("스파이스 걸스는 여자들의 힘이고, 본질이고, 종족입니다")에서 언급하는

'여자들의 힘'은 재미있었고, 라이엇걸의 언어와 달리 정치와는 일정한 거리가 있었다. 스파이스 걸스에게는 날카로운 면이 없었고, 분노가 없었고, 해석할 것도 없었다. 대체 무엇을 해석하겠는가? 스파이스 걸스는 언제라도 대체가능한 존재들이었고, '여자들의 힘'은 포장에 불과했다. 그 포장은 밝고 톡톡 튀는 글씨체로, 권력이란 "여자들은 대단해Girls Kick Ass"라고 새겨진 티셔츠를 입는 것만큼이나 간단한 문제라고 주장했다. 스파이스 걸스의 개별 멤버들은 그들의 '여자들의 힘'에 매혹당한 소녀들을 진심으로 좋아하는 것처럼 보였지만, 그들(그리고 그들의 소속사)은 페미니즘을 둘러싼 어떤 논쟁에도 휘말릴 의사가 전혀 없었다. 심지어 1997년 개봉한 영화 〈스파이스 월드, 스포티 스파이스Spice World, Sporty Spice〉에도 스파이스 걸스의 언어가 공허하다고 풍자하는 장면이 나온다. 영화는 진저에게 카메라를 들이대면서 힘없이 묻는다. "여자들의 힘이 어떻고, 페미니즘이 어떻고. 그게 뭔지 알기나 하니?"

스파이스 걸스가 탄생하지 않았다면 10대 소녀들이 라이엇걸 운동의 1세대 밴드인 브랫모바일에 열광했을 거라는 이야기가 아니다. 스파이스 걸스의 성공은 조금 더 성숙하고 맹렬한 여자 가수들의 등장에 공헌한 측면이 있는지도 모른다. 라이엇걸 역시 앨러니스 모리셋Alanis Morrissette, 피오나 애플Fiona Apple, 메레디스 브룩스Meredith Brooks 같은 가수들의 성공에 적지 않게 공헌했다. 하지만 양자의 중요한 차이는 라이엇걸 방식의 여권 신장이 본질상 자급자족적(친구들과 함께 밴드를 결성하거나 잡지를 만들어 보세요!)이었던 반면 스파이스 걸스가 내세운 '여자들의 힘'은 시장을 통한 여권 신장에 집중했다는 점이다. 라이엇걸 이후에 '여자들의 힘'은 단순히 시장에서 소비자로서의 여성의 지위를 향상시키는 모든 힘을 의미하게 됐다.

스파이스 걸스가 톱 100에 진입한 지 몇 주 만에 갖가지 스파이스 걸스 상품이 시장에 나왔다. 스파이스 걸스 티셔츠, 막대 사탕, 비닐 동전 지갑, 그리고 각 멤버들과 비슷하게 생긴 '여자들의 힘' 인형들. 스파이스 걸스의 혈기왕성한 모습과 '남자보다 자매들이 먼저'라는 태도는 좋은 의도에서 나온 것이었다. 비록 "네가 내 애인이 되고 싶으면 내 친구들이랑도 잘 지내야 해"라는 가사를 진심이라고 받아들여야 할지 여부는 아무도 정확히 모르는 것 같았지만. 어쨌든 '여자들의 힘'이라는 구호와 스파이스 걸스가 상업적 가치를 지녔던 이유는 그 구호가 탈정치적인데다 한 편의 유치한 연극 같았기 때문이다. 멤버들은 각기 다른 이미지로 여러 가지 맛의 여권 신장을 즐겨보라고 제안했다. 각각의 맛은 기존의 여성 소비자 범주와 딱 맞아 떨어졌고, 그중 어떤 것도 매력적인 여성성의 이미지를 희생시키지 않았다. (예컨대 '베이비 스파이스'와 '스캐리 스파이스'라는 이름이 붙은 2개의 매니큐어는 색깔은 다를지 몰라도 목표는 동일하다. 이 매니큐어를 사세요!) '여자들의 힘'은 대다수 젊은 여자들의 권능을 실제로 향상시키는 데는 구조적인 장벽이 있다는 사실도 인정하지 않았다. 대중음악의 자유 시장에서는 5달러를 내고 스파이스 걸스 필통을 살 수 있는 사람이면 누구나 여권 신장이 가능했다.

'여자들의 힘'은 거의 모든 세계관을 포괄할 정도로 온건한 구호였다. 제리 할리웰Geri Halliwell, 즉 진저 스파이스가 보수파의 거두인 영국의 전 총리 마거릿 대처를 "최초의 스파이스걸"이라고 불렀을 때 그 점은 더욱 명확해졌다. 할리웰이 영국의 빈곤층과 노동계급을 희생시킨 대가로 정치적 명예를 얻은 한 여성에게 열광했다고 해서 스파이스 걸스의 다른 멤버들도 다 그렇다고 단정할 수는 없다. 그런데 대처를 스파이스걸에 비유한 것은 터무니없긴 해도 부정확한 것은 아니었다. 대처는 미국의 로널드 레이건과 함께 세계 최초로 신자유주의를 도입한 지도자였고, 시장의 역할을 절대시하는 대신 사람들의 시장 참여를 가로막는 사회적 장벽은 깡그리 무시한 인물이었다. 스파이스 걸스는 내용상 대처처럼 무자비한 면을 보여준 적은 없었다. 하지만 스파이스 걸스는 신자유주의의 편리한 도구였다. '여자들의 힘'은 여자들을 사람으로 바라보고 접근하는 데 활용된 것이 아니라 펩시, 폴라로이드 같은 회사들을 대신해 여자들을 하나의 시장으로 바라보고 접근하는 데 활용했다. 스파이스 걸스와 그 팬들은 당당하고 용감한 여성 소비자라는 새로운 브랜드가 됐다.

이론적으로 '여자들의 힘' 마케팅 열풍은 1980년대 후반에 캐롤 길리건이나 린 미켈 브라운 같은 사람들이 주장한 '소녀들의 위기'에 대한 훌륭한 교정 수단처럼 보였다. '여자들의 힘' 마케팅은 대형 마트와 광고주, 나아가 미국 정부에게 자신들이 소녀들의 자존감 하락을 완화하는 데 기여하고 있다는 자부심을 느끼게 해줬다. (미국 정부에서도 보건복지부 주도로 '여자들의 힘'이라는 프로젝트를 시행했다. 정부의 '여자들의 힘' 프로젝트는 "9세에서 13세 소녀들이 삶의 가능성을 극대화할 수 있도록 동기를 부여하고 격려를 제공"한다는 다소 불분명한 목표를 내세웠다.) '여자들의 힘'이라는 상업적인 구호는 라이엇걸이 문제 삼았던 사회적 권력관계에서 완전히 분리되어 있었다. '여자들의 힘'이라는 상업적인 구호는 "여자들의 세상. 남자들은 허접하다"라든가 "남자아이들은 어리석다. 그들에게 돌을 던지자"라는 초등학생 수준의 문구가 새겨진 티셔츠를 대량 생산하게 만들었을 뿐이다.

스파이스 걸스가 한창 인기를 끌던 시기에 10대 초반이었던 페미니스트들, 라디오에서 흘러나오는 〈워너비Wannabe〉를 들으며 기뻐하고 친구들과 함께 스파이스 걸스 놀이를 했던 페미니스트들은 한 세대 전의 나와 내 친구들과 흡사하다. 우리는 원더우먼과 소머즈 인형을 가지고 놀았고 〈미녀삼총사〉와 〈겟 크리스티 러브!〉를 흉내 냈다. 우리가 흉내 낼만한 힘 있는 여성들은 그나마 그들이 전부였고, 완벽하지 않았지만 그래도 그들은 그곳에 있었다. 지난 10년 동안 "스파이스 걸스를 위한 변명"이나 "스파이스 걸스가 나에게 가르쳐준 페미니즘" 같은 제목으로 작성된 블로그 포스트가 무척 많았다. 그런 글들은 우정, 신뢰, 안전한 섹스를 옹호하는 시끌벅적한 영국 여자애들 한 무리가 당신보다 더 훌륭한 존재일지도 모른다는 "문지기 페미니즘gateway feminism"을 주창했다. 물론 그럴 가능성도 있다. 하지만 스파이스 걸스의 문화적 유산은 소녀들의 여권 신장만이 아니다. 스파이스 걸스는 시장 페미니즘의 권능을 확대했다. 라디오와 MTV에서 스파이스 걸스의 히트곡이 사라질 무렵, 그들이 내세웠던 '여자들의 힘'은 페기 오렌스타인이 지적했던 마트 할인 판매의 '젠더 대량 학살'의 일부분이 됐다. 마트 판매대에서 남자아이들은 스포츠 로고와 로봇으로 표시되는 반면 여자아이들은 "공주"라든가 "귀하게 자란 아이" 같은 문구로 표시된다. '여자들의 힘'은 여자아이들에게 진정한 자기존중과 자신감을 가르쳐주는 대신 귀엽지만 시대착오적인 자본주의 젠더 유행 상품이 되고 말았다.

신세대의 '신택'

　스파이스 걸스를 홍보대사로 내세운 '여자들의 힘' 마케팅은 2000년대 초반이 되자 대중문화 안으로 들어왔다. 텔레비전 방송국, 영화제작사, 음반제작사, 광고업계 임원들은 성년·미성년 여성들의 구매력에 주목하고 '여자들의 힘'을 마케팅 메시지로 점점 빈번히 이용했다. 소비자의 여권 신장은 3세대 페미니즘과 딱 맞아떨어졌다. 3세대 페미니즘의 이데올로기 중 하나가 다수의 젊은 페미니스트들이 생각하는 '경직된 도그마'를 거부하고 다양하게 교차하는 정체성을 수용하는 것이기 때문이다. 그 이데올로기는 여권 신장이 문화적, 경제적 힘과 무관하게 개인의 힘에 의해 좌우된다는 자유주의의 이념과도 일치하는 부분이 있다. 신자유주의에 따르면 개인의 성공에 필요한 것은(페미니즘 용어로 바꾼다면 평등을 달성하기 위해 필요한 것은) 성공하겠다는(평등을 이루겠다는) 의지와 열망이다. '페미니즘'이라는 단어의 의미를 말해보라고 하면 오늘날 대부분의 여성이 "선택할 수 있는 권리"라든가 "평등을 지향하는 것"이라고 답한다는 것은 의미심장한 사실이다. 때때로 학생들이나 일반인들이 "페미니즘이란 선택권을 가지는 거예요!"라고 소리칠 때마다 나는 혀를 깨물어가며 참는다. 페미니즘은 그렇게 간단하지 않다. 선택이라는 단어 하나로 설명되지도 않는다. 하지만 나는 사람들을 비난하거나 호통을 쳐서 그들이 페미니즘으로부터 등을 돌리게 만들고 싶지 않다.

　평등은 자유롭고 신중한 선택의 가짓수를 늘려준다. 그리고 선택의 기회를 얻는 사람의 수도 늘려준다. 그러나 선택 자체가 평등은 아니다.

물론 선택과 평등의 결합이라는 논리는 적어도 존 스튜어트 밀이 〈여성의 종속The Subjection of Women〉이라는 에세이를 썼던 1869년으로 거슬러 올라간다. 양성평등과 여성의 참정권을 지지했던 밀은 그것의 필수적인 요소가 선택이라고 주장했다.

누구든 간에 생물학적 본성을 이유로 여성은 어떤 존재다(혹은 어떤 존재가 아니다), 여성은 무엇이 될 수 있다(혹은 될 수 없다)고 말하는 것은 추정일 수밖에 없다. 지금까지 여성들은 항상 부자연스러운 상태로 있기를 강요당했기 때문에 그들의 본성은 크게 왜곡되고 변형됐다. 만약 여성들의 본성이 남성들의 본성처럼 자유롭게 그 방향을 선택할 수 있었다면, 그리고 사회의 흐름에 따라 요구되는 것 이외의 어떤 인위적인 변형도 가해지지 않았다면, 그리고 다른 조건이 남녀 모두 같았다면 과연 남녀의 물리적인 차이가 있었을지는 누구도 단언할 수 없다. 어쩌면 남녀의 성격과 자기 표현 능력에 아무런 차이가 없었을지도 모른다.

하지만 밀은 여성에게 선택권이 주어진다 해도 대다수 여성은 남성들이 지배하는 직장에서 자리 하나를 얻기 위해 경쟁하기보다 사회적 흐름을 따라 아내와 엄마 역할을 하게 되리라고 예상했다. 밀에게는 여성이 어떤 선택을 하느냐가 아니라 여성이 선택을 했다는 사실 자체가 중요했다.

'선택choice'이 현대 페미니즘을 상징하는 단어로 떠오른 계기는 1973년 미국 연방대법원의 로 대 웨이드Roe v. Wade 판결이었다. 이 판결은 페미니즘의 역사적인 승리로 자주 거론된다. '안전한 낙태의 합법화'를 주장했던 2세대 페미니즘은 원래 낙태라는 자기 결정 행위를 언급할 때 '권리'라는 단어를 자주 썼지만, 로 대 웨이드 사건의 판결로 프레임이 완전히 바뀌었다. 낙태는 보호받아야 할 신체의 자율성에 대한 권리라기보다 미국 헌법 수정 제14조의 해석에 의해 보장되는 사생활의 한 부분이 됐다. 대법원의 판결문은 안전하고 합법적인 낙태를 하나의 권리가 아니라 하나의 선택으로 규정했다는 점에서 매우 섬세하고 구체적이었다. 판사 해리 블랙먼은 판결문을 읽으면서 낙태를 매번 "이와 같은 선택"으로 언급했는데, 이것은 합법성 여부와 무관하게 논란의 소지가 많았던 사안에서 주류의 지지를 획득하기 위해 반드시 필요했던 영리한 전술이었다. 선택이라는 단어가 통했던 이유는 그것이 능동적 의미와 수동적 의미를 동시에 지니고 있었기 때문이다. 역사학자 리키 솔린저Rickie Solinger는 선택이라는 단어가 "여성 고객들이 시장에서 여러 가지 물건들 중 하나를 고르는" 이미지를 연상시켰다고 말했다.⁴ 마찬가지로 2세대 페미니즘 단체들은 치료 목적이나 의학적 필요에 따른 낙태와 "환자의 요구에 따른 낙태"를 명확하게 구분했다. 그 행위를 주도하는 사람이 의사가 아닌 여자들 자신임을 선언한 것이다. 하지만 낙태 문제에서 '요구'라는 말은 페미니스트가 아닌 일반적인 미국인의 시각에서는 지나치게 강하고 과도한 자기 확신의 오만함을 느끼게 하는 단어였다. "요구"라고 하면 요구가 지나치게 많은 것 같기도 했다. 낙태 합법화를 논하는 언어는 점점 공손해졌다. 마치 그 문제의 본질인 권력과 자유를 감추려는 것처럼.

'선택'과 '권리'가 동일하지 않다는 사실은 로 판결 이전의 임신 중절 수술을 통해서도 밝혀졌다. 합법적인 낙태 시술을 받을 여건이 되는 여성들

(당시 낙태 시술을 받으려면 수백 달러의 비용을 마련해야 했다. 불법 시술을 받기 위해 다른 지방으로 이동하는 경우는 제외하더라도)은 이미 수십 년 전부터 그렇게 하고 있었다. 낙태 시술의 기회가 없었던 여자들은 표면상으로는 자격을 갖춘 다른 여성에게 아기를 입양시키는 '선택'을 할 수 있었다. 하지만 이것 역시 자유로운 선택은 아니었다. 그렇게 입양을 보낸 엄마들 중 압도적 다수는 사실 아이를 기르기를 원했으나, 가족과 성직자들이 수치심을 주면서 아이를 포기하라고 강권한 경우였기 때문이다. 낙태와 출산은 이미 시장화된 상태였다. 다만 일부 여성들만 그 시장에 출입할 수 있었다. 합법적 낙태의 경우 로 판결은 단순히 그 시장의 통제권을 정부로 이전했을 뿐이다. 그리고 연방정부 예산이 저소득층 의료보험 등을 통해 낙태 비용으로 사용되는 것을 금지했던 1976년 하이드 수정안Hyde Amendment은 대다수 저소득층 여성을 그 시장에서 효과적으로 배제했다. 그래서 로 판결이 나온 이후에도 세상은 그 판결이 나오기 전과 비교해서 별로 달라지지 않았다.

로 사건이 신체에 대한 권리를 표현하는 언어를 요구에서 선택으로 바꿔놓은 다음 신자유주의가 도입돼 나머지 과제를 수행해나갔다. 자유 시장이 점점 확대된 덕분에 여성의 선택에 관해 이야기할 때, 자기 자신에 대한 '집중과 개성'이라는 시장의 용어가 표준어처럼 쓰였다.5

나오미 울프가 1993년에 출간한 《눈에는 눈》은 페미니스트를 둘로 나눠 양쪽을 대립시켰다. 그녀의 시각에 따르면 "희생양 페미니스트"들은 과도한 집단주의적 사고방식에 갇혀 개인주의를 무시하고, 옛날에 하던 대로 가부장제 때리기에만 집착하고 있었다. 반면 "권력 페미니스트"들은 현존하는 질서의 변두리만 건드리고 정치를 저주하면서 결과적으로는 현 체제와 사이좋게 지내고 있었다. 그들의 페미니즘에서 유일한 한계는 여자들 자신의 마음이다. "여성 개인으로서, 여성 전체로서 우리 운동의 전진은 …… 우리가 거울 속에서 무엇을 보고 싶은가에 달려 있다." 다시 말하자면 여성들은 그들의 일상생활에 영향을 미치는 빈곤, 학대, 정치적 권리의 박탈 같은 사회적, 경제적 힘과 무관하게 희생양이 될지 말지를 스스로 선택할 수 있다. (울프가 '거울'이라는 비유를 사용한 점이 눈에 띈다. 그녀는 전작인 《무엇이 아름다움을 강요하는가The Beauty Myth》에서 남녀의 임금 격차에 이미지 산업도 일조한다는 사실을 설득력 있게 제시하고, 거식증과 같은 다양한 현상들을 다뤘다.)

《눈에는 눈》은 신자유주의가 페미니즘에 미친 영향을 공개적으로 논의한 최초의 대중서였다. 《눈에는 눈》은 체제에 아주 가까이 있는 사람들을 제외하면 누구도 체제라는 공을 움켜잡지 못하게 만드는 현실 세계의 계획된 불평등을 외면한다. 그녀의 설명대로라면 권력은 인종, 계급, 교육, 그리고 건강보험과 보육 서비스의 기회와 무관한 상태에서 작동한다. 만약 당신이 성공하지 못한다면 그것은 당신의 노력이 부족했기 때문이다.

울프는 '권력 페미니즘'이라는 용어를 널리 퍼뜨리려고 노력했지만 그런 일은 일어나지 않았다. (그녀가 "권능 페미니즘empowerment feminism"이라는 말을 만들었다면 호응을 얻었을지도 모른다.) 그녀가 생각하는 페미니즘은 개인주의적이고 고정적인 개념이다. 그 이후로 더 심해진 구조적 불평등에 관해 지루한 대화를 나눌 시간은 없다. 사실 그런 페미니즘은 부인하기 어려운 매력을 지니고 있다. 당신은 정체성을 주장하기만 하면 된다. 그러면 페미니즘은 싸워서 쟁취해야 하는 현실의 윤리와 권리들의 집합이 아닌, 맛좋은 빵이나 과일이 담긴 바구니 같은 것이 된다.

작가이자 철학자인 린다 허시먼Linda Hirshman은 2005년《아메리칸 프로스펙트American Prospect》에 발표한 〈귀향길에서Homeward Bound〉라는 에세이에서 다소 소심하게 '선택 페미니즘'이라는 용어를 제시했다. 〈귀향길에서〉는 주류 언론이 자유주의적이고 커리어 지향적인 페미니즘에 대한 반작용이라고 칭송하던 '선택적 이탈 혁명opt-out revolution'을 분석한 글이었다. 〈귀향길에서〉는 페미니즘의 수사에서 '선택'이라는 용어가 중요한 자리를 차지했기 때문에 여성들이 압도적으로 많은 가사 노동을 책임져야 하는 불평등이 은폐된다고 지적했다. "직장을 그만 둘 여력이 있는 여자들은 자신이 그만두는 것을 '선택'한다고 말한다." 허시먼은《뉴욕 타임스 매거진New York Times Magazine》 표지에 실린 다음과 같은 기사를 예로 들었다. "Q: 왜 최고위직으로 올라가는 여자들은 소수일까? A: 여자들이 그 자리에 가지 않는 것을 선택하기 때문이다"라는 기사의 제목은 페미니즘을 향한 유머러스한 일격이었다. 의도적으로 선택을 찬양하는 행동은 불평등을 심화한다. 여자들이 다른 어떤 일을 하든지 간에 가정의 대소사를 책임진다고 가정하기 때문이다.[6] 만약 남녀가 요즘 범람하는 '선택적 이탈' 이론이 주장하는 정도의 평등에 정말로 도달했다면, 오직 여자들만 유급 노동과 가정에 대한 책임을 저울에 달아보고 하나만 선택하는 입장에 처하지는 않아야 한다. 그리고 여자들이 유급 노동을 선택할 때 사회적인 공격을 당하지도 않아야 한다.

《뉴욕 타임스 매거진》 기사와 비슷한 트렌드 분석글('선택적 이탈 혁명'이 언론의 새로운 반작용 담론이 되자 그런 기사들은 독버섯처럼 왕성하게 자라났다)들은 경제력이 있는 집단(학력이 대졸 이상이고, 이성 배우자와 결혼했고, 재정 상태가 좋은 집단)의 선택은 가치 중립적이라는 전제 아래 작성된다. 그런 사람들의 선택은 더 광범위하고 확고하게 젠더화된 문화와 아무런 관련이 없다고 본다. 이것은 신자유주의의 오류인 동시에 커다란 실수다. 물론 중산층 이상의 여성들은 직장을 그만둔다는 선택을 자유롭게 할 수 있다. 하지만 그들은 그런 선택이 사회 전반의 여성에 대한 대우에 아무런 영향을 미치지 않는다고 믿을 만큼 자유롭지는 않다. (투자 회수율이 50퍼센트밖에 안 되는데 대체 왜 여자들에게 대학 학위나 의과대학원 학위를 수여해야 하지?)

2014년에 나는 뉴욕에 위치한 허시먼의 집을 찾아갔다. 〈귀향길에서〉에 담긴 주장과 그녀가 그 글을 발전시켜 2005년에 펴낸 《일하러 가자Get to Work》의 내용을 심층적으로 취재하기 위해서였다. 우리는 만난 지 얼마 지나지 않아 〈섹스 앤 더 시티〉라는 화제에 도달했다. 그 유명한 허시먼이 〈섹스 앤 더 시티〉는 "엄청나게 영향력 있는 텍스트"라고 먼저 말해서 나는 조금 안심했다. 우리가 주로 논의했던 에피소드는 네 명의 주인공 중에 가장 보수적인 샬럿이 마치 주문을 외듯이 "내 선택은 내 몫이야! 내 선택은 내 몫이야!"라고 외친 부분이었다. 샬럿은 친구 미란다로부터 '왜 누군가의 아내가 됐다는 이유로 네가 사랑하는 미술관 일을 그만두느냐'라는 질문을 받고 이렇게 외쳤다. 그것은 뜻밖의 장면이었고 부조리한 순간이었다. 샬럿은 〈섹스 앤 더 시티〉에 나오는 여자들 가운데 이념적으로 가장 덜 급진적이고, 현실에 거듭 실망하면서도 진주 목걸이를 걸고(그리고 손으로 꼭 붙잡고) 결혼과 모성이라는 환상에 쉽게 빠져드는 인물이 아니었던가. 〈섹스 앤 더 시티〉 시즌 3 예고편에서 샬럿은 "여자들은 좋은 남자가 와서 구해주기만을 바라잖아"라는 입에 담기 어려운 말을 내뱉어 친구들을 깜짝 놀라게 하지 않았던가. 어설프게나마 약하게 희석됐다 할지라도 페미니즘의 언어를 립글로스가 완벽하게 칠해진 샬럿의 입술에 담는 것은, 그 입으로 자서전적인 시를 낭송하는 것만큼이나 어색했다. 그 장면이 우스웠던 이유는 너무나 비현실적이었기 때문이다. 〈섹스 앤 더 시티〉는 페미니스트(일시적인 페미니스트라 할지라도 상관없다)가 하는 선택은 뭐든지 페미니즘적 선택이 될 수 있다는 시장 페미니즘의 주장을 간접적으로 비판한다. 이같은 비판은 하나의 사회적 관습이 됐다. 내가 이 책을 쓰기 위해 만난 여자들은 거의 모두 선택 페미니즘이라는 주제가 나왔을 때 짐짓 화난 목소리로 "내 선택은 내 몫이야!"를 외쳤다. 그 에피소드가 중요한 이유는 그것이 대중문화에서 선택 페미니즘의 내부 구조를 노출한 최소의 순간이었기 때문이다. 그 에피소드는 만약 어떤 선택이 다른 선택보다 가치가 없다면 우리가 왜 그 선택을 옹호하느라 시간을 낭비해야 하는가라는 질문을 던지고 있었다.

지난 수십 년 동안 선택 페미니즘이 위세를 떨친 이유는 기업 언론 매체와 대중문화(대법원의 로 판결도 마찬가지다)가 성평등 옹호라는 목적의식이 없는 상태에서 여자들이 서로 반대되는 주장을 펼치는 모습을 보여주는 데만 열을 올렸기 때문이다. 넓게 보면 제도적 규범과 관습을 개인주의적 용어로 바꾸고 여자들 자신이 공적 영역에서 치고받고 싸우도록 했기 때문에 '모든 선택은 동등하다, 비판하지 말라'라는 선택 페미니즘의 구호가 먹혀들어간 것이다. 선택 페미니즘이라는 언덕에는 황금이 있다. 특히 뉴미디어는 "나의 선택은 페미니즘적이고 여권 신장을 위한 거야!"와 "그렇지 않아. 그 이유는 여기 있어!" 사이의 맹렬한 선의의 경쟁을 보도하면서 얻는 페이지 방문 횟수와 광고 수입을 좋아한다.

"소비자 선택 측면에서의 여권 신장은 페미니즘이 아닙니다." 내가 인터뷰한 어느 페미니스트 학자는 이렇게 말했다. "왜냐하면 페미니즘은 평등을 기반으로 하는데 자본주의는 평등과 완전히 대치되거든요." 익명으로 그녀의 말을 인용해도 되느냐고 물어보려던 참에 그녀가 황급히 덧붙였다. "이런 대화를 나눌 때 사람들은 이렇게 말하곤 하죠. '내가 뭘 좋아하는가로 나를 비난하지 마세요!' 그걸 비난으로 해석하지 않고는 토론에 참여할 수 없어요." 페미니스트 소비자들에게는 '선택 더하기 여권 신장은 페미니즘이다'라는 프레임의 한계를 인정할 의무가 있다. 그것을 인정해야 비판적 사고를 할 수 있으며, 미디어 문화에서 비판적 사고는 무척 중요하다. 익명의 학자가 지적한 대로, 문제는 선택 페미니즘에 의문을 제기하기만 해도 페미니스트로서 자격 미달이라고 해석될 가능성이 있다는 것이다.

선택을 모든 것을 바라보는 렌즈로 삼으면 어떻게 될까? 그런 상황에서는 누구도 당당하게 나서서 어떤 선택이 객관적으로 더 평등한 세상을 향해 나아가는, 또는 그 세상으로부터 멀어지는 하나의 작은 걸음인지 주장하지 못한다. 그랬다가는 사람들의 무자비한 공격(《귀향길에서》를 발표한 후에 혐오 메일이 산더미처럼 쌓이는 경험을 했던 허시먼은 이를 누구보다 잘 안다)에 시달릴 테니까. 그래서 우리는 앞으로 나아가려 하다가도 다른 여성의 선택을 공개적으로 비판한다는 오해를 살 가능성이 있는 모든 것으로부터 물러서곤 한다. 음모론적 사고방식을 가진 사람이 이런 풍경을 본다면 선택 페미니즘은 행동주의 페미니즘에 대한 마법의 해독제라고 말할 것이다. 선택 페미니즘은 대중적 페미니즘의 초점을 권력과 자원의 재분배가 아니라 작은 차이에 집착하는 나르시시즘으로 옮긴다.

선택 페미니즘이 적어도 처음에는 실제 페미니즘 운동 안에서 자라난 것이 아니라 트렌드 기사들이 만들고 확대 재생산한 포스트페미니즘과 같은 프레임 속에서 자라났다는 사실도 알아둘 필요가 있다. 포스트페미니즘과 마찬가지로 선택 페미니즘은 기존의 페미니즘이 여성들을 도와주기보다 여성들에게 피해를 입혔다는 그럴 듯한 결론을 강요했다. 그 결론에 따르면 페미니즘은 여자들이 아이들과 함께 집에 머무르고 싶어 하는데도 직업을 가져야 한다고 설득했고, 남자들을 보호자로 생각하지 말고 경쟁자로 여기라고 압박했고, 여자들의 출산에 대한 본능적 욕구를 억눌러서 때를 놓치게 만들었다.

2000년대 중반에 선택 페미니즘과 그 후손인 이른바 '엄마들의 전쟁(Mommy Wars: 미국에서 전업주부 엄마와 일하는 엄마들 사이에 붙었던 논쟁_옮긴이)'이 화젯거리로 떠올랐다. 우연의 일치겠지만 2000년대 중반은 관심 있는 사람들이 풀뿌리 페미니즘grassroots feminism을 찾아서 참여하기가 쉬워진 시기였다. 인터넷의 단체 블로그에서 싹튼 풀뿌리 페미니즘은 정치적인 행동을 하는 시민단체에서 숙성을 거쳐 재소자 인권과 노동 개혁 같은 비전통적인 학문의 영역으로도 빠르게 진출하고 있었다. 하지만 언론의 입장에서는 여자들이 힘을 합쳐 새로운 법안을 만들고, 첨단 기술을 공유하고, 수감된 여성에게 출산의 자유를 주기 위해 로비를 한다는 것은 엄청나게 따분한 이야기였다. 그런 기사는 대중의 트렌드, 여론조사, 연예인 가십 따위를 토대로 급조한 기사나 칼럼에 비해 경제적 보상이 적었다. 반면 서로 대립하는 주장을 소개하는 기사, 예컨대 한 여성이 하이힐은 페미니즘에 위배된다고 강력하게 주장하고 다른 여성이 큰 소리로 반박하면서 하이힐을 신는 자신의 선택을 옹호하는 기사를 내보내면 한번에 여러 가지 목표를 달성할 수 있었다. 적은 비용으로 지면을 채울 수 있었고, 별다른 취재나 조사가 필요하지 않았다. 그런 기사는 시장이 여성의 권능을 향상시킨다는 관념을 정당화했으므로 광고주들의 환심을 사기에도 좋았다. 페미니즘의 발전을 가로막는 진짜 장애물은 반여성적 국회의원들, 탐욕스러운 기업 정책, 성불평등이 아니라 무엇이 여권 신장이고 무엇이 여권 신장이 아닌가를 두고 자기들끼리 말다툼이나 벌이는 여자들이라고 독자들에게 말했다.

선택이 시장 안으로 깊이 들어갈수록 그 선택의 의미는 모호해진다. 그것은 역설적인 일이다. 선택이 여성의 재생산 권리와 연관될수록 여성의 자율성에 영향을 미치는 적절한 보육 서비스라든가 동일노동 동일임금 법안의 제정 실패에는 초점이 맞춰지지 않는다. '선택'이라는 단어로 개인적인 선택을 합리화하는 것, 그리고 그 선택을 비판하면 반페미니즘이라고 간주하는 것은 비윤리적일 뿐 아니라 비생산적인 행동이다.

논리적으로 생각해보면 선택이란 외부와 단절된 상태에서 이뤄지는 것이 아니다. 사람들은 날마다 경제적, 미적, 윤리적 가치를 생각하면서 여러 가지 선택을 한다. 대부분의 사람은 자신의 선택이 어떤 사회적 의미를 지닌다는 사실을 이해하고 있다. 사람들은 투표를 하고, 재활용에 동참하고, 자원봉사를 하고, 자신이 깊이 공감하는 일에 기부한다. 사람들은 아동과 노인에게 친절을 베풀고, 새끼 고양이와 강아지들을 발로 차지 않는다. 아니, 어떤 사람들은 발로 찬다. 어떤 사람들은 돈을 횡령하고, 가족을 학대하고, 식당에서 팁을 내지 않고, 국립공원을 훼손한다. 소시오패스들은 예외겠지만 대부분의 사람은 선택을 통해 윤리 의식과 가치관을 표현하며, 자신의 선택이 세상을 더 나은 곳으로 만들거나 더 나쁜 곳으로 만들 수 있다고 생각한다. 하나의 이데올로기로서 페미니즘 역시 어떤 가치들(사회적·정치적 평등, 신체의 자율성)이 다른 가치들(불평등, 가정폭력, 성폭력, 남녀의 종속적인 관계)보다 낫다는 입장을 취한다. 여성 개개인이 뭔가를 선택하기만 한다면 모든 선택이 똑같이 좋은 것이라는 주장은 어불성설이다. 그런 주장에 신자유주의의 액자를 둘러서 한 여성의 선택이 오직 그 여성에게만 영향을 미친다고 말하는 것도 마찬가지로 비논리적이다. 어떻게 보면 우리의 여권 신장이 우리를 구석으로 몰아넣고 있는 것 같다.

상업적인 여권 신장
—

2011년 월마트는 '경제적 여권 신장을 위한 계획Women's Economic Empowerment Initiative, WEEI'라는 새로운 프로그램을 발표했다. 미국 연방대법원이 단일 민간 기업을 상대로 하는 사상 최대 규모의 성차별 집단소송이 될 뻔했던 사건을 파기한 지 석 달쯤 뒤의 일이었다. 미국 민간 부문의 최대 고용주가 된 월마트의 직원 임금은 기아 임금 수준이고, 주주들은 억 단위의 수입을 챙긴다. 그리고 문제의 집단 소송은 여성 직원들이 똑같은 일을 하면서도 남성 직원들보다 낮은 임금을 받는다는 사실에 항의하는 내용이었다. 월마트의 기업 문화 속에는 여성 노동을 낮게 평가하는 구조적인 문제점이 있었다. ("성차별이 허용될 정도로 하찮은 일자리는 없다." 리사 페더스톤Liza Featherstone은 2005년에 출간한 《여자들을 얕잡아보지 말라: 월마트 노동자들의 투쟁Selling Women Short》에 이렇게 썼다.) 연방대법원은 그 사건의 원고였던

1,500만 여성들이 집단소송의 요건을 충족하지 못했다는 판결을 내렸지만, 월마트 입장에서는 손상된 기업 이미지를 복구할 필요가 있었다.

월마트는 치부를 감추기 위한 홍보 계획의 일환으로 '여성의 경제적 여권 신장을 위한 계획'을 발표했다. 이 계획은 여성 생산자와 사업가들을 지원한 다는 기치 아래 몇 가지 프로그램을 결합한 것이었다. 온라인 쇼핑을 통해 여성 소생산자를 지원하는 '임파워링 위민 투게더Empowering Women Together' 도 그 가운데 하나였다. 월마트 언론 담당자의 말에 따르면 임파워링 위민 투게더는 여성이 소유한 기업의 상품, 특히 "감동적인 사연을 가진 여성들 이 주도하는" 기업들의 상품을 판매한다는 프로그램이다. 월마트는 5년 동 안 여성이 소유한 기업 상품 200억 달러어치를 납품 받겠다고 약속했으며, 해외 부문에서도 여성이 소유한 기업의 납품을 2배로 늘리겠다고 서약했 다. 또한 인도, 방글라데시, 온두라스, 엘살바도르, 중국에서 '여공 훈련 프 로그램'을 지원하는 것도 프로그램 중 하나였다. 월마트는 그 프로그램을 통 해 "여성 비율이 높은 분야에서 대기업에 납품하는 물건을 생산하는 150개 공장과 가공 시설에서 일하는 여성 6만 명을 훈련시킬" 것이라고 자랑했다.

월마트의 인종, 젠더, 노동 정책이 공론화되고 나서 몇 년 동안 WEEI는 월마트가 여성 노동을 하찮게 여긴다는 비판을 차단하는 방어벽 역할을 했 다. (우리를 보세요! 아니, 우리 매장을 들여다보지 말고 이쪽을 봐야죠. 우리가 쓰 는 상품을 만드는 아시아와 아프리카의 불쌍한 여성들의 권능을 우리가 향상시키 고 있잖아요!) 게다가 WEEI는 여권 신장을 기업이 제공할 수 있는 것으로 새롭게 정의하고, 그 과정에서 기업이 평판을 개선할 수도 있다는 선례를 만들었다. (월마트의 여권 신장 홍보 전략에 넘어간 사업가들 중 하나는 월마트의 계획이 실제 행동과 다르다고 생각했다. 마이클 울리Michael Wooley의 10대 딸인 크리스틴 울리는 임파워링 위민 투게더 프로그램에 참가해 배낭 겸 조끼로 쓸 수 있는 편리한 상품을 발명했지만, 마이클 울리가 2015년에 〈허핑턴 포스트〉 비즈니스 담당 기자에게 말한 바에 따르면 유통 재벌 월마트의 약속은 과장된 것이었다. 월마트는 약속을 충실히 이행하지 않았을 뿐 아니라 판매 보고서와 수익조차 알리지 않았다.)[7]

구글 트렌드에 따르면 '여권 신장'이라는 용어는 2004년과 2005년에 가장 많이 언급됐으며 페미니즘 이론, 소비자 마케팅, 기업 문화 등 모든 영역에 깊이 뿌리를 내렸다. 여권 신장은 기업 이사회 회의실, 기업의 사명, 사업 계획서에서 '시너지', '확장성', '드릴다운 분석drill-down'이라는 말과 함께 쓰였고, 마침내는 《포브스》에서 "가장 위선적인 타동사"로 선정됐다.[8] 여권 신장은 다양한 기업의 이름에 들어가고, 전국적인 피트니스 행사에 채택되고, 믿기지 않을 만큼 많은 요가 스튜디오에서도 활용됐다. 여권 신장은 마이크로소프트 내부에서 자주 언급되는 말이 됐다. 마이크로소프트의 전직 CEO인 스티브 발머Steve Ballmer와 현직 CEO인 사티아 나델라Satya Nadella가 문서와 연설에서 강력하면서도 모호하게 여권 신장이라는 용어를 썼기 때문이다. 2015년에 개최한 마이크로소프트의 연례 컨버전스 행사에서 나델라는 참석자들을 향해 "우리는 권능을 향상시키는 산업에 종사하는 사람들입니다"라고 말한 후 마이크로소프트의 목표를 다음과 같이 설명했다. "어떤 업종이든, 기업의 규모가 크든 작든, 세계의 어느 지역이든 간에 여러분의 개인적, 집단적 권능을 향상시키는 것입니다. 여러분이 장기 목표를 실행하고 여러분의 사업에 필요한 일을 하도록 해주는 것입니다."[9]

성매매 사업의 문제를 다루는 토론과 논쟁에서 여권 신장은 "나는 이 활동을 한다는 게 자랑스러워요"를 의미하는 일종의 약어가 됐다. 한편으로 여권 신장은 다음과 같은 의미로도 해석된다. "이것은 이상적인 일이 아닙니다. 하지만 다른 것들보다는 훨씬 나은 일입니다." 예컨대 스트립댄스를 통해 권능이 향상된다는 주장은 1990년대 후반과 2000년대 초반에 야간 부업을 하던 학생들 또는 부유한 젊은 여성들 사이에서 크게 유행했다. 또 성을 사고파는 세계에 들어가서 자신을 발견했다는 경험담도 수없이 많이 나왔다. '벨 드 주르Belle de Jour', '칼리지 콜걸College Call Girl' 같은 블로그라든가 《맨해튼 콜걸 트레이시 콴의 일기Tracy Quan's Diary of a Manhattan Call Girl》 같은 책들도 성매매업에 대해 비슷하게 이야기했다. 2000년대 중반에서 후반 사이에는 반스 앤 노블 서점에 가서 팔을 아무렇게나 휘둘러도 책꽂이에 진열된 성노동 경험담 서적에 닿는다는 말이 있었다. 릴리 버라나Lily Burana의 《스트립 시티Strip City》, 디아블로 코디Diablo Cody의 《캔디 걸Candy Girl》, 질리언 로런Jillian Lauren의 《어떤 여자들Some Girls》, 미셸 테아Michelle Tea의 《렌트 걸Rent Girl》, 쇼나 케니Shawna Kenny의 《나는 십 대 여성 지배자였다I Was a Teenage Dominatrix》, 멀리사 프보스Milissa Febos의 《똑똑하게 휘둘러라Whip Smart》, 세라 캐서린 루이스Sarah Katherine Lewis의 《점잖치 못한Indecent》 이 그런 책이었다.[10] 재미도 있고 문장도 훌륭한 이 책들의 가장 중요한 공통점은 무엇일까? 더 이상 스트립댄스나 성매매를 하지 않는 젊은 백인 여성이 쓴 책이라는 것이다.

성노동도 노동이라는 신념을 가지고 성노동자의 편에 서는 것은 매우 중요한 문제다. 그리고 나는 성노동에 관한 전문 지식을 가진 사람이 아니기 때문에 성노동 체험이라는 주제는 이 책의 범위를 벗어난다. 하지만 나의 관심사는 이런 식의 성노동 체험 논의에서 여권 신장이 반사적인 방어기제로 너무나 자주 사용되는 반면, 성매매업계에서 보낸 시간이 더 길고 경험을 책으로 쓰지도 않은 사람들의 잘 알려지지 않은 경험들을 묘사할 때는 그런 방어기제가 작동하지 않는다는 것이다. 트랜스젠더 여성, 착취당한 청소년, 인신매매를 당한 외국인, 빈곤·학대·중독 등의 이유로 어쩔 수 없이 성노동을 하게 된 남녀는 여권 신장과 연결되는 법이 없다. 우리가 접하는 다양한 대중문화 상품 속에는 상품화된 신체로 성매매업에 종사하는 여성의 권능이 향상되는 장면은 수두룩하게 많다. 그러나 성매매 산업의 '밖'에서 상품화되지 않은 신체를 가진 여성이, 향상된 권능을 가지고 스스로 성행위를 선택하는 장면은 찾아 보기 힘들다. 이것은 매우 흥미로운 사실이다. 《점잖치 못한》의 저자 세라 캐서린 루이스는 스트립댄서로 일하던 시절에 다음과 같은 글을 썼다. "나는 여성으로서, 페미니스트로서, 인간으로서 권능이 향상됐다고 느꼈다. 내가 한 일 때문이 아니라 내가 번 돈 덕분이었다." 하지만 그녀의 이야기는 하나의 사례일 뿐이다. 벨 드 주르를 비롯한 몇몇 성노동자들은 자신의 일을 진짜로 즐겼다고 기록했다. 만약 젊은 여성들이 자신의 커리어(예컨대 전기 기술자)를 통해 여권 신장을 경험하는 이야기들도 시장에서 똑같이 환영받는다면(그러니까 출판사들이 젊은 시절에 자신의 의지로 전기 회사에서 잠시 일했던 개인적인 경험담에 환호한다면) 여권 신장을 경험한 성노동자가 몇 명 있다 해도 이야깃거리가 못 될 것이다. 그렇게 될 때까지 우리는 왜 여권 신장이라는 말이 자기방어의 첫 줄에 자주 등장하는가라는 질문을 던져봐야 한다.

대중문화의 다른 영역에서 여권 신장은 더욱 쉽게 쓰이고 쉽게 버려진다. 요가 웹사이트인 '어웨이크닝 위민Awakening Women'에 가보면 '여성 108인이 선정한 여권 신장 영화' 목록이 있다. 그 목록에는 〈7인의 신부Seven Brides for Seven Brothers〉도 포함된다(산간벽지에 사는 남자들에게 납치당해서 결혼식을 올리는 것도 여권 신장이니까 그렇겠지?). 〈실비아Sylvia〉도 있고(시인으로 활동하던 여자가 천재적인 바람둥이 남자와 사랑에 빠져서 자살로 커리어를 마감한다. 이것 역시 여권 신장이란다), 〈왓 위민 원트〉(갑자기 사람들의 마음을 읽는 초능력을 얻은 상사가 내 아이디어를 훔쳐가고, 그 상사는 초능력을 이용해 여자들에게 상품을 판매한다. 여권 신장이다!)도 있다. 미용 블로거이자 사업가인 미셸 판Michelle Phan은 2013년 자사의 화장품 라인을 소개하기 위해 '당신이 준 권능Empowered by You'이라는 제목의 동영상을 제작했다. 그 동영상에서 판은 〈왕좌의 게임〉의 칼리시, 키높이 부츠를 신은 하라주쿠의 소녀 등으로 여러 번 모습을 바꾼다. 그리고 간간이 그녀의 제품이 클로즈업된다. "나는 당신에게서 권능을 받습니다." 판이 열변을 토한다. "당신의 권능은 어디에서 나오나요?" 여성을 겨냥한 모든 상품이나 경험에 대한 광고(예컨대 새로운 면도기 광고, 또는 하와이에 가서 장래 계획을 세울 수 있는 라이프코칭 휴양 여행 광고)들은 여권 신장이라는 말을 온갖 의미로 쓴다. 문장의 아무 데나 그 단어를 집어넣어도 말이 되는 걸 보면 빈칸 채우기 게임이 생각난다.

대중문화가 보여주는 여권 신장이 무엇인지는, 시시콜콜한 정보를 판매하는 《오케이》 매거진에 실린 기사를 보면 정확히 알 수 있다. "당신이 원하는 일을 할 수 있는 능력." 그 일은 변화, 실천, 필요와 무관해도 된다. 공동체와 무관해도 좋다. 여권 신장이라는 말은 탈정치적이고, 모호하고, 무엇과도 대립하지 않기 때문에 그것에 반대하는 주장을 펴기란 불가능하다. 어느 날은 당신의 화장하지 않은 얼굴을 자유롭게 받아들이고, 다음날에는 화장품으로 여권 신장을 꾀하라고? 물론이다! 성노동에 잠깐 발을 담그자고? 안 될 거 없지! 라이프코칭을 받으면서 목표를 설정하기 위해 하와이에 모이자고? 내가 참석해도 아무 말 마! 10년 내지 20년 동안 여권 신장은 급진적 사회 변화의 전략에서 세계화 시대의 유행어로, 다시 소비자 용어들의 샐러드에 들어가는 맛깔난 재료로 변신을 거듭했다.

'페미니즘'과 마찬가지로 '여권 신장'은 원래 명확한 정의를 가진 용어였다. 지금은 둘 다 의미가 모호해졌다. 그것은 페미니즘과 여권 신장을 명확히 정의하면 그것이 변화의 전조가 된다는 두려움 때문이기도 하고, 그 용어들의 목표를(목표의 일부를) 수용한 시장 때문이기도 하다. 페미니즘과 여권 신장은 일부 성공하고 일부 실패했으며, 앞으로도 성공과 실패를 모두 경험할 것이며, 둘 다 가치 있는 프로젝트로 남을 것이다.

그러나 여권 신장을 성별에 따라 확연히 구분되지 않는 방식으로 생각하기란 어렵다(심지어 HBO 드라마 〈헝Hung〉에서도 그렇다. 〈헝〉의 주인공인 남자 체육 교사는 생계 때문에 성매매를 하는데, 여권 신장을 찬양하는 노래는 항상 그의 성을 구입하는 약간 미친 여성에게서 나온다). 그리고 여권 신장은 남용되고 있다. 물론 우리는 뭐든지 좋아할 권리가 있고, 사회가 하지 말라는 일들에 대해 좋은 느낌을 받을 수도 있다. 하지만 여권 신장을 오직 여성과 페미니즘 운동에만 연결시킨다면 앞으로 나아갈 길은 흐릿해진다. 생각해보라. 모든 것이 여권 신장이라면, 사실은 아무것도 여권 신장이 못 되는 것이다.

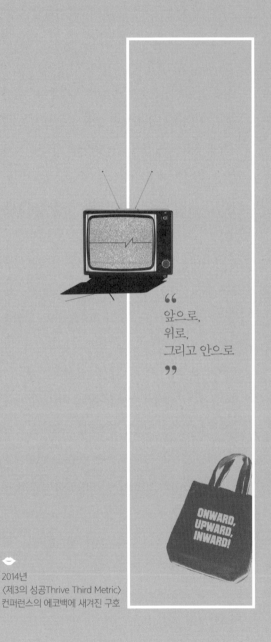

"
앞으로,
위로,
그리고 안으로
"

2014년
〈제3의 성공Thrive Third Metric〉
컨퍼런스의 에코백에 새겨진 구호

8장 여성 성공시대?

지금은 상상조차 힘들지만, 39년 전만 해도 미국 정부의 후원으로 여성 문제에 관한 전국 단위 컨퍼런스가 열려 앞으로 어떤 의제, 어떤 정강, 어떤 요구들이 우선순위가 될지를 탐색했다. 여성 국회의원 벨라 앱저그와 팻시 밍크Patsy Mink의 아이디어였던 그 컨퍼런스는 1975년 제럴드 포드Gerald Ford 대통령이 만든 세계여성연대에 관한 전국위원회(과거에 여성들은 가끔 1년을 '여성의 해'로 받는 것이 아니라 10년을 통째로 받았다)의 사업으로 채택돼 지원금만 무려 500만 달러를 받았다. 컨퍼런스는 1977년 11월 휴스턴에서 4일간 개최됐고, 참가자는 15,000명에서 2만 명 정도였는데 그중 2,000명은 50개 주와 6개 지역 모두를 포괄하는 공식 대표단이었다. 텍사스주의 여성 국회의원 바버라 조던이 기조연설을 하고 앱저그가 공식 행사를 주재했다. 대표단은 진지한 논의를 벌인 끝에 의회와 지미 카터 대통령에게 제출할 26개 항목의 '실천 계획안'을 작성했다. 그 26개 항목 중에는 성차별, 임금 불평등, 교육, 소수자 여성의 권리, 장애인 인권, 낙태, 보육, 남녀평등헌법수정안, 그리고 신용기회평등법이 있었다. 2005년에 공개된 컨퍼런스에 관한 다큐멘터리 〈77년의 자매들 Sisters of 77〉을 보면 여성들은 그 행사가 일찍이 없었던 역사적인 사건이라고 말한다. 그곳에는 토론(가장 뜨거운 주제는 낙태였다)이 있었고, 적대감(아마도 필리스 슐래플리와 그녀의 '스톱 ERA' 지지자들이 표현한 적대감일 것이다)도 있었고, 한편으로는 여성들이 국가적 논의에서 무조건 배제되던 과거로 돌아갈 수 없다는 공감대가 있었다. "그 행사는 여자들의 가슴에 불을 지폈습니다." 다큐멘터리에서 텍사스 주지사 앤 리처즈 Ann Richards는 이렇게 말하고 있다. "그간의 싸움은 값진 것이었고, 그들이 외롭게 싸운 것이 아니며, 세상에는 그들과 생각을 함께하는 여자들이 아주 많고, 기꺼이 도와줄 사람도 많다는 걸 깨달았거든요."

오늘날 이것과 비슷한 컨퍼런스가 열린다고 상상해보자. 활기찬 분위기는 그때와 똑같겠지만, 내가 99.9퍼센트 확신하는 바에 의하면 이번에는 정부 대신 버라이즌, 에스티 로더 Estee Lauder, 구찌 같은 초국적 기업들이 스폰서 역할을 할 것이다. 행사 장소는 컨벤션 센터가 아니라 대단히 호화로운 스파일 것이다. 참가자들은 잠깐 회의실을 빠져나와 해초 디톡스 마사지를 받을 수 있다. 셀마 헤이엑 Salma Hayek, 안젤리나 졸리, 아말 클루니 Amal Clooney 같은 연예인 참가자들의 사진을 찍기 위해 파파라치들도 잠복하고 있다. 아예 레드 카펫이 준비될지도 모른다. '포용적 리더십'과 '마음챙김 브랜딩'에 관한 강연 순서가 있을지도 모른다. 실천 계획 수립은 컨퍼런스의 중심이 아니라, 경제적 여권 신장에 관한 패널 토론과 헤이엑과 졸리의 특별 대담 사이에, 희망자만 참가할 수 있는 순서로 마련된다. 헤이엑과 졸리의 특별 대담을 방청하려면 컨퍼런스 참가비에 175달러가 추가되는 대신 아마씨 에너지바, 고급 마스크팩, 액티비아 요거트 쿠폰이 들어 있는 기프트백을 받는다.

그 행사는 메이커스MAKERS 컨퍼런스와 비슷할지도 모른다. AOL과 아메리칸 익스프레스가 후원하는 메이커스 컨퍼런스는 초청 받은 사람만 입장 가능한 행사로, 2014년 2월 캘리포니아주 랜초팔로스 베르데의 해변 호텔에서 이틀간 열렸다. 여성들의 경험담과 성공담을 수집하는 디지털 스토리텔링 플랫폼인 메이커스는 그 행사를 "21세기의 직장 여성들에게 중요한 의제를 재설정하는" 역사적인 회합이라고 홍보했다. 그 행사에 초대된 손님이 대부분 연예인과 CEO들이고 노동조합 지도자 같은 사람은 하나도 없었다. 그에 대한 지적이 일자, 메이커스는 재빨리 컨퍼런스 홍보 문구를 다음과 같이 수정했다. "여성 문제와 일-가정 양립이라는 의제에 헌신하는 기업, 비영리 기구, 정부 기관에서 일하는 탁월한 지도자들과 혁신가들이 한자리에 모이는 행사가 될 것이다."[7]

아주 넓게, 아주 긍정적으로 본다면 그 컨퍼런스는 여성 문제를 다루는 행사였다. 마사 스튜어트Martha Stewart, 우주비행사 메이 제미선Mae Jemison, 여성 국회의원 개브리엘 기퍼즈Gabrielle Giffords가 연사로 등장했다. '브랜드 메이커: 당신이라는 브랜드 안에서 살기'와 '두려우면 전진하라: 변화와 도전을 포용하는 법'이라는 순서에서는 노동 문제도 다뤄졌다. 메이커스가 그 컨퍼런스를 홍보하기 위해 배포한 보도자료에 '페미니즘'이라는 단어는 빠져 있었지만 그 행사의 주요 연사들 중 한두 명은 서슴없이 그 단어를 사용했다. 셰릴 샌드버그는 PBS 앵커 그웬 아이필Gwen Ifill과의 대담에서 청중들에게 "'보시bossy'라는 단어를 철폐하고 '페미니즘'이라는 단어를 되찾아옵시다"라고 호소했으며, 지나 데이비스는 영화와 텔레비전의 무의식적인 젠더 편견에 맞서야 한다고 열변을 토했다. 하지만 결국 그 행사는 매우 엘리트적인 여성들이 매우 특수한 분야에서 개인적으로 성공한 다른 엘리트 여성들의 등을 두드리고 격려하는 자리였다. 그리고 당연하게도 그 컨퍼런스의 행사 자금을 지불한 기업들은 여성 참가자들에게 상품 홍보 기회를 얻었다.

　"저는 역겹다고 생각했어요." 제제벨의 설립자 및 편집자인 동시에 〈뉴욕 타임스〉 서평란에 칼럼을 기고하는 작가 애나 홈즈Anna Holmes의 말이다. 홈즈와 나는 뉴욕의 어느 베이커리 체인점에 앉아서 페미니즘이 급격히 탈맥락적인 스타일 선언으로 바뀌고 있는 현상에 관한 의견을 교환했다. "저도 그 행사에 초대를 받아서 갔는데, 지속성 있는 토론은 한 건도 없었어요." 그녀가 말을 계속했다. "진부한 이야기와 일반적인 담론밖에 없었어요. 예를 들자면 제니퍼 애니스턴이 글로리아 스타이넘을 인터뷰했죠. 그래서 어쩌라는 건지······." (메이커스 컨퍼런스에 참석했던 다른 작가인 메건 코스터Megan Koester는 문화 잡지 《바이스Vice》에 다음과 같이 털어놓았다. "스타이넘은 아직도 여배우들이 상대역인 남성 배우보다 훨씬 젊어야만 한다고 한탄했어요. 그러자 애니스턴이 물었죠. '그건 무슨 뜻인가요?' 애니스턴 자신이 출연한 영화 말고 다른 영화는 한 편도 못 봤나 봐요.") 내가 홈즈에게 부연 설명을 요청하자 그녀는 잠깐 쉬다가 말을 이었다. "여성의 건강에 관한 이야기나, 정치 체제가 여성이 서비스를 받을 권리를 침해하고 있다는 이야기는 없었어요. 현실의 여성들에게 영향을 미치는 실제적인 문제들에 관한 이야기는 극히 드물었죠. 상위 1퍼센트 여성들이 그들에게 영향을 미치는 특정 주제로 토론을 하지 말라는 건 아니예요. 〔하지만〕 그 행사는 세상을, 그리고 세상의 젠더 정치를 지나치게 단순하게 바라보고 있었습니다."

그 컨퍼런스의 긍정적인 정신과 '여자들이여, 일어나라'라는 구호가 그 자리에 참석할 수 있었던 일부 여성들에게는 동기 부여와 여권 신장에 도움이 됐을 거라고 홈즈도 인정했다. 하지만 홈즈와 대화를 나눈 후에 나는 "21세기 직장 여성을 위한 의제 재설정"이라는 발상을 즐기지 못하는 수백만 여성들을 떠올리지 않을 수 없었다. 나이키의 "나에게 운동을 시켜준다면" 운동화(공장의 저임금 노동자들이 만든)라든가 셰릴 샌드버그와 머리사 마이어의 낙수 페미니즘(육아도우미와 가사도우미 군단이 있어야 가능한)과 마찬가지로, 이런 컨퍼런스들은 훨씬 덜 매력적인 평범한 다수 여성들의 현실과 편리한 거리를 유지하면서 특정한 유형의 여성 권력에 접근하고 그것을 상업적으로 이용하는 행위로 보인다.

메이커스 컨퍼런스는 막 유행하기 시작하던 시장 페미니즘에 편승한 행사였고, '여성'을 기업의 여성들, 그것도 도시에서 유망 산업에 종사하는 여성들로 정의하고 인맥 구축, 지식 공유, 격려를 전면에 내세운 고가의 '아이디어' 순례였다. 지난 몇 년간 언론은 여성 컨퍼런스와 회의가 늘어나는 현상을 여성의 지위 상승을 보여주는 새로운 척도로 소개했다. 《배니티 페어》와 《뉴요커》의 편집장을 지냈던 티나 브라운Tina Brown이 주최한 '세계 여성들의 만남The Women in the World Summit'이라는 행사는 뉴욕시 링컨센터에서 3일간 개최됐다. 이 행사에 관한 언론 보도는 다음과 같다. "CEO, 재계의 거물들, 세계의 지도자들, 예술가들, 풀뿌리 활동가, 반체제 선동가들……이 한자리에 모였다. 자신이 태어난 나라의 시스템에 도전하는 여성들, 전쟁과 분쟁에 맞서 평화운동을 벌이는 여성들, 모든 분야에서 유리천장을 깨뜨리고 있는 용감하고 지적인 여성들의 이야기는 다채롭기 그지없었다."

2014년 뉴욕시에서는 '제3의 성공Thrive'라는 행사가 열렸다. 〈허핑턴 포스트〉를 설립한 아리아나 허핑턴과 MSNBC방송의 〈모닝 조Morning Joe〉 공동 진행자인 미카 브레진스키Mika Brzezinski가 개최한 이 행사의 명칭은 허핑턴이 새로 출간한 책의 제목과도 일치한다. 허핑턴의 책 《제3의 성공》의 요지는 여자들이 커리어와 가정생활을 둘 다 잘해내려고 너무 바쁘게 살다가 기운을 다 소진하기에 이르렀다는 것이다. 그래서 우리 모두 '제3의 성공'이라는 개념으로 옮아가야 한다는 것이다. 제3의 성공third metric이란 "웰빙, 지혜, 감탄, 그리고 나눔의 결합"이다. 3일간 열린 제3의 성공 행사는 참가자들에게 이 성공 방정식을 응용해서 "지속가능하고, 더 충만하고, 더 강렬한" 삶을 창조할 기회를 선사했다. 케이티 커릭Katie Couric, 패션 디자이너 토리 버치Tory Burch 같은 사람들이 강연을 하고 케네스 콜Kenneth Cole, JP 모건 체이스JP Morgan Chase, 웨스틴 호텔 리조트Westin Hotels and Resorts 등이 협찬했다. (제3의 성공 웹사이트에는 다음과 같은 안내문이 있다. "협찬사들은 온종일 참가자들의 취향에 맞는 행사를 따라다니며 자기 브랜드를 '제3의 성공'이라는 생활 방식에 딱 맞게 홍보하느라 바빴습니다.")

뉴욕시에서는 타임 그룹Time Inc.과 《리얼 심플Real Simple》 매거진이 공동으로 개최하는 '여성과 성공Women & Success'이라는 행사가 매년 열린다. 또 최근에는 오렌지카운티의 리츠칼튼 호텔에서 《포춘》이 '가장 영향력 있는 여성들Most Powerful Women'이라는 컨퍼런스를 열었다. 《포브스》 매거진이 만든 '포브스 여성회의Forbes Women's Summit'라는 컨퍼런스는 매년 미국과 아시아 두 곳에서 개최된다. 4년째 뉴욕에서 열리는 'S.H.E. 회의S.H.E. Summit'는

"잊을 수 없는 경험"으로서 매년 다음과 같은 목표를 추구한다. "당신의 개인적 성공과 직업적 성공을 다음 단계로 이끈다. 권능이 최고로 향상된 상태로 당신 자신을 변화시킨다. 당신의 진정한 목표와 가치에 당신을 맞춘다. 당신의 네트워크에 중요한 사람들을 추가한다. 그리고 당신의 목표를 이루는 데 도움이 되는 공동체를 제공한다!"

이런 행사들은 여성들이 탁월한 개별 여성으로서 다른 탁월한 개별 여성들과 만나는 경험을 장려한다. 그것은 개인주의와 권력을 여성들의 독특한 경험으로 여기고 칭송하는 배타적인 행동 양식이다. 이런 행사는 소수에게만 허용되며 돈도 많이 든다. '세계 여성들의 만남' 행사의 참가비는 500달러에 달하고, 제3의 성공은 300달러, S.H.E.는 250달러(조조 요금을 선택할 경우)에 달한다. 《코스모폴리탄》이 주최하는 '재미있고 용감한 삶Fun Fearless Life' 컨퍼런스의 입장권은 199달러에 판매된다. 이것은 메이커스 컨퍼런스, 《포춘》 컨퍼런스 참가자들이 각각 지불한 액수의 총합인 3,500달러와 8,500달러와 비교하더라도 비싼 값이다.

엄밀히 말하자면 이 컨퍼런스들은 배타적인 행사가 아니다. 강연자로 섭외한 기업 CEO들 중에 남성이 많다는(불가피하게) 점을 감안하면 더욱 그렇다. 메이커스는 그런 연사들을 '남성 친선대사manbassador'라고 부른다. 이런 행사들은 고학력에 경제력도 갖춘 여성들이 브랜드 결정권을 지닌 집단임을 확인하는 자리다. 그러나 착각하지 말자. 본질은 그게 아니다. 그런 행사들은 여권 신장을 위한 것이 아니라, 수익 환경의 변화로 타격을 받게 된 전통적인 잡지사들이 여성들을 광고주들에게 팔아넘기기 위한 것이다. 여권 신장에 대한 그런 식의 해석은 여권 신장의 가장 결정적인 조건을 충족하지 못하는(경제적 여권 신장을 이루지 못한) 사람들의 존재를 지워버린다. 새로운 의제 설정이나 충만한 삶, 그 어디에도 그들의 목소리는 없다. 이런 행사들의 스폰서에 다수의 여성 노동자를 고용하면서 노동시간, 임금, 노동 환경을 두고 노동조합과 마찰을 빚고 있는 호텔 대기업이 포함된다는 사실은 모순을 더 뚜렷이 드러낸다. (예컨대 하얏트 호텔은 '포브스 여성회의'와 타임/리얼심플의 '여성과 성공' 행사에 장소를 제공했다.) 그런 행사들은 특정한 집단에 속하는 소수 여성들을 인정해주긴 한다. 하지만 그런 행사들이 모든 계층에 속한 여성의 권능을 향상시킨다고 주장하는 건 누가 뭐래도 헛소리다.

2014년에 엘리트 여성들의 컨퍼런스를 다룬 〈뉴욕 타임스〉 기사에서, 그런 행사에 자주 참가하는 어떤 마케팅 컨설턴트는 이렇게 말했다. "여자들의 클럽이 새롭게 만들어진 겁니다. …… 그러니까 기분 나쁘게 듣지 마세요. 남자들은 오래전부터 이런 식의 컨퍼런스를 통해 인맥을 다졌잖아요."[2] 그것은 사실이다. 남자들은 오래전부터 클럽을 가지고 있었다. 바로 그 사실 때문에, 갑자기 사방에서 개최되는 여성 컨퍼런스가 성평등을 위한 성공적인 노력으로 보이지 않는다. 그것은 100년쯤 전에 담배와 시리얼 회사들이 눈을 반짝였던 것처럼, 금광과도 같은 여성 소비자를 대상으로 하는 마케팅으로 보인다. 만약 내가 '제3의 성공'이나 S.H.E. 행사에 참가했는데 이런 이야기를 들었다면 방을 뛰쳐나갔을 것이다. 그래도 이것이 페미니즘인가, 아니면 젠더 본질주의를 이용해 상품과 아이디어를 판매하는 전통적인 개념의 변형인가라는 질문은 던져볼 가치가 있다.

단순한 정의에 따르면, 젠더 본질주의는 남성과 여성에게 이분법적이고 고정적인 차이가 있기 때문에 그 차이가 '자연스럽게' 행동과 성격의 차이로 나타난다는 믿음이다. 젠더 본질주의는 남성들은 감정에 치우지지 않고, 공격적이고, 개인주의적이고, 합리적이라고 주장한다. 그리고 여성들은 수동적이고, 공동체 지향적이고, 감성적이고, 비합리적이라고 주장한다. 젠더 본질주의는 수백 년 동안의 불평등을 합리화했다. 젠더 본질주의는 근본주의적 신앙(여성은 윤리적으로 순결을 지켜야 한다), 대중문화 속의 여성들의 획일적인 이미지(여자는 충실한 아내 또는 여자친구다), 직장에서 여성의 역할(여자들은 권력을 불편하게 여기기 때문에 남자들만큼 승진이 빠르지 않다)에 이르는 모든 것을 떠받치는 힘이다.

본질주의의 시조는 아리스토텔레스였다. 여성을 "불구인 남성"으로 보는 그의 시각은 사도들을 아연케 했다. 그리고 그로부터 2천 년이 지난 지금도, 수많은 논박에도 불구하고 젠더 본질주의는 여전히 군건하다. 젠더 본질주의의 언어, 주장, 이미지는 언제나 대중매체와 대중문화의 밑바탕이 되고, 모든 업계와 모든 직급의 일자리를 오염시키며, 스포츠 문화에 소리 없이 침투하고, 종교적 교리와 문서에서 강제력을 발휘했다. 하지만 젠더를 고정되지 않은 유동적인 범주로 이해하는 사람들이 늘어났음에도 불구하고, 생물학적 성sex의 차이가 남녀 정체성의 차이를 가져온다는 고집스러운 관념은 최근 수십 년 동안에도 문화적, 정치적인 힘을 발휘했다. 그리고 그 과정에서 시장이 굉장히 중요한 역할을 수행했다.

성별 구분 산업

아리스토텔레스가 살아 있었다면 미국 심리학자이자 "사춘기의 아버지"로 불리는 스탠리 홀G. Stanley Hall을 자랑스럽게 여겼을 것이다. 스탠리 홀은 여자들이 "과도한 두뇌 활동"을 하면 그들의 주요 임무인 출산과 양육에 소홀해지기 때문에, 여자들은 교육을 받지 않는 것이 낫다고 믿었던 20세기 초반의 의학 전문가들 중 하나였다. 그리고 1873년에 겉만 번지르르한 '성별과 교육: 여학생들에게도 동등한 기회를'이라는 제목의 글을 발표한 에드워드 클라크Edward Clarke는 젊은 여성들이 "남자들의 방식으로" 공부하면 자궁과 난소의 기능이 쇠퇴하고 정신이상 또는 사망에 이를 확률이 높다고 주장했다. 그런 이론은 다수의 학자들(그들 중 일부는 교육을 받은 여성이었는데도 살아남아서 학자가 됐다)에게 논박을 당했지만, 성평등에 일말의 관심도 없었던 반대편의 지식인들은 또다시 비슷한 주장을 펼쳤다. 1879년 "두개측정학자"였던 귀스타브 르봉Gustave Le Bon은 '여성은 교육을 받으면 안 된다' 시리즈의 입문에 해당하는 논문을 발표했다(1980년 스티븐 제이 굴드가 〈여성의 뇌Women's Brains〉라는 에세이에서 그의 논문을 분석한 바 있다). "지능이 우수한 민족들을 관찰하더라도 여성들의 뇌는 그 크기가 가장 발달한 남성의 뇌보다는 고릴라의 뇌에 가까운 경우가 많다. 여성의 뇌가 더 열등하다는 사실은 누구도 반박하기 어려울 만큼 명백하다. …… 여성들에게 남성들과 동등한 교육을 시키려는 욕망, 그리고 그들에게 남성들과 똑같은 목표를 제시하려는 욕구는 위험한 망상이다." (당신의 짐작대로 르봉은 다른 인종, 다른 민족, 다른 문화권 사람들의 뇌에 대해서도 확고한 믿음을 간직하고 있었다. 단적으로 말하자면 히틀러가 그의 저작을 매우 좋아했다.)

우스워 보일 정도로 시대에 뒤떨어진 생각을 비웃기는 쉽다. 하지만 당신은 세계적인 범위에서 의식이 높아지고 시민단체가 꾸준히 늘어났는데도, 여전히 여러 나라에서 소녀들과 성인 여성들의 교육에 대한 폭력적인 반대가 존속하고 있다는 사실을 모를 수도 있다. 사실 미국에도 여성과 여자아이들에 대한 교육에 반대하는 문화의 잔재가 있음을 인정하지 않는 경향이 있다. 지금 우리가 여학생들의 얼굴에 황산을 뿌리지 않고 여학생들의 머리에 총을 쏘지 않는다고 해서, 배움의 전당에서 과거의 불평등의 흔적이 죄다 사라진 걸까? 예컨대 우리는 기독교 근본주의자들의 "집에 머무르는 딸 stay at home daughter" 운동을 비웃으며 낄낄댄다. '집에 머무르는 딸' 운동이란 초대형 교회의 목사들이 신도들에게 딸들을 대학에 보내지 말라고 권하는 것이다. 대학에 가면 딸들이 해로운 지식으로 오염되고 가정에 대한 중요한 의무로부터 멀어져 방황하기 때문이라고 한다. 그런데 신기하게도 대기업이 소유한 매체들 역시 교육에 관해 보도할 때 비슷한 걱정을 종종 드러낸다.

예컨대 대기업 매체들은 남녀의 대학 진학률 차이를 보도하면서 그 양상에 대해 확연한 불안감을 드러낸다. 남녀의 대학 진학 패턴에 관한 《포브스》의 2012년 기사는 그 차이를 설명하기 위해 "여성의 지배 female domination"라는 문구를 동원했다. 어떤 인종에서든 여자들이 남자들보다 대학과 전문대학에 진학하는 비율이 높다. 하지만 남자들이 대학에 진학하는 비율은 일정하게 유지되고 있다. 다시 말하자면 남자들의 진학률이 감소하는 것이 아니라 여자들의 진학률이 증가했을 뿐이다. 그 전해에는 NBC의 〈나이틀리 뉴스Nightly News〉에서 "남자 대학생들은 어디로 갔을까?"라는 질문을 던졌다. 마치 남자 대학생 전원이 연기처럼 사라져 버리기라도 한 것처럼. 2014년 퓨리서치 센터Pew Research Center의 팩트탱크FactTank 블로그에는 "대학에 진학하는 여성이 늘어나면서 남자들이 뒤처진다"라는 제목의 포스트가 올라왔다. 여학생들은 대학 진학을 위한 '경주'에서 남학생들의 '등을 뛰어넘고 있는leapfrogging' 존재로 묘사된다. 이런 기사를 읽고 난 후에도 남자들을 궁지에 몰아넣은 여성들이 대학 캠퍼스를 차지하고 나서 남자들을 향해 즐거운 표정으로 가운뎃손가락을 치켜들고 있다는 인상을 받지 못했다면, 선풍적인 인기를 끌었던《소년들과의 전쟁The War on Boys》,《남성은 쓸모를 다했는가?Are Men Obsolete?》,《2차 성차별The Second Sexism》,《남성의 종말The End of Men》같은 책들을 한번 보라. 이 책들은 페미니즘이 교육에 집착하는 침입자들을 미국 사회 속에 잔뜩 길러냈다는 격정적인 추측들을 아주 열심히 들려준다.

남자 대학생들의 위기를 이야기할 때 확고한 본질주의자들은 다음과 같은 불평을 늘어놓는다. "설명해보시오. 학력이 과도하게 높아진 여자들은 다 누구랑 결혼할 겁니까?!?" 대중매체는 고등교육을 받은 흑인 여성들이 남편감을 찾지 못하는 현상(사실은 이것도 추정이지만)을 대대적으로 선전한다.《에센스Essence》도, 텔레비전도, 연애 전문가에서 코미디언으로 전향한 스티브 하비Steve Harvey의 작품도 모두 이 주제를 부정적으로 다룬다. 텔레비전 정치 프로그램의 진행자인 멀리사 해리스 페리Mellissa Harris-Perry의 지적처럼 이런 논의에 흑인 여성들 자신이 포함되는 일은 거의 없다. "대중매체는 이 문제를 공동체의 문제가 아닌 흑인 여성들의 문제로 조명하고, 여자들에게 사회적으로 제약당하는 '남성성'의 정의와 경쟁하지 않는 무난한 '여성성'의 정의에 자신을 끼워 맞추라는 충고를 해줍니다."[3] 이와 마찬가지로 하비의 《여자처럼 행동하고 남자처럼 생각하라Act Like a Lady, Think Like a Man》 같은 책들은 흑인 여성들의 행복과 성공을 진심으로 걱정하지 않는다. 그런 책들은 성공한 거만한 여성들이 너무 많아진 것이 당장 해결해야 할 사회적인 문제라는 관념을 고수한다. "흑인 여성들의 다수가 독신이고, 그들이 학업과 커리어에서 두각을 드러내며, 그들이 책임지는 가구의 수가 많고, 그들이 자립적으로 생활한다는 사실 모두가 그들이 여성으로서 매력이 없다는 증거로 간주된다." 태어라 윈프리 해리스가 2012년 《미즈》에 기고한 글이다. "요약하자면 여자들은 우리가 '자연스럽다'고 생각하는 경계선을 넘어가고 있는데, 그것이 끔찍하게 두렵다는 말이 된다."

한편 생물학적 결정론이 자본주의와 교차하면 그것이 진출할 수 있는 영역은 무한대로 넓어진다. 태어날 때부터 우리는 필요 이상으로 젠더화된 상품들이 잔뜩 있는 거대한 시장에 편입된다. 기저귀에는 자동차 또는 공주가 인쇄되고, 침대 시트에는 해적 또는 꽃 그림이 있다. 두 가지 그림이 함께 인쇄되는 법은 절대로 없다. 남자 신생아들을 위한 재미있는 아기 우주복에는 "미래의 슈퍼히어로"라든가 "페니스가 큰 두 살짜리"(심한 경우)라는 문구가 새겨진 반면, 여자 신생아들을 위한 우주복에는 "공주님은 연습 중"이라든가 "이걸 입으면 내 허벅지가 뚱뚱해 보이나요?"(심한 경우)라는 문구가 들어가 있다. 몇 년 전에 나는 아들의 할로윈 의상을 사러 갔다가, 슈퍼히어로 의상들이 과거에는 비닐봉지에 스크린프린트로 인쇄된 것처럼 만들어졌는데, 요즘에는 키 작고 머리 없는 장 클로드 반담Jean Claude Van Damme의 복제품처럼 나온다는 사실을 알았다. 그 의상이 남자아이용이라는 사실을 고객이 모를 경우에 대비해서 몇 인치 두께의 스티로폼을 넣어 마치 근육처럼 부풀려놓기도 했다. (반면 여자아이를 위한 할로윈 의상의 경우 그 아이가 디즈니 공주가 되기를 원하는지 여부는 중요하지 않다. 어느 공주로 변신할 것인지만 선택 가능하다.)

본래 대형 장난감 매장에 가는 것은 분홍색과 파란색으로 이뤄진 상품 본질주의의 바다에 자진해서 빠지는 일이긴 하다. 하지만 조금 더 중립적인 쇼핑을 기대하게 되는 장소, 예컨대 슈퍼마켓의 비타민 진열대에 가더라도 탈출구는 없다. (혹시 궁금해하는 독자들을 위해 말해두자면, 디즈니 공주 비타민과 어벤저스 비타민은 둘 다 똑같이 젤라틴과 글루코스 시럽으로 만들어졌다.) 서점에 가면《남자아이 물건 백과사전The Big Book of Boy's Stuff》과《여자아이 물건 백과사전The Big Book of Girls'Stuff》이 따로 나와 있다. 둘 다 코딱지와 주스 등 아이들이 좋아하는 물건들을 소개하는 책이지만, 그 책들의 표지는 남자아이들은 과학적인 지식을 원하는 반면 여자아이들은 베이비시터로 일하면 시급을 얼마나 받는가를 알고 싶어 한다고 가정하고 있다. 스콜라스틱 출판사의 '~에서 살아남기How to Survive Anything' 시리즈 역시 '남학생 전용'과 '여학생 전용'으로 나뉘어 판매된다. 그 시리즈는 남녀가 견뎌내야 하는 것을 매우 구체적으로 제시한다. (남학생용: 상어와 북극곰의 공격, 좀비의 침공, 급류. 여학생용: 망한 패션, 절친과의 싸움, 탈옥, 망신.)

아동을 대상으로 성중립적 마케팅이 이뤄지던 1970년대 및 1980년대와 비교하면 이것은 괄목할 만한 변화다. 물론 그 시절에도 바비와 G.I. 조 인형은 장난감 매장의 서로 다른 통로에 살았지만, 그때는 600만 달러의 사나

이인 스티브 오스틴과 그의 여자친구인 제이미 소머즈와 똑같이 만들어진 액션 인형들도 있었다. 그때 레고는 스타워즈 시나리오 또는 파스텔 색채의 미용실을 만드는 기성품 세트로 구성되지 않았다. 레고는 그저 원색의 블록이었다. 가정용 비디오게임 장비인 아타리Atari가 유행했을 때도 그건 남아용이나 여아용이 아니라 아동용이었다. (나의 아버지처럼 직장에서 고된 하루를 보내고 돌아와 소파에 몸을 푹 파묻고 술 한 잔과 담배와 함께 그것을 즐기는 성인들도 있었다.)

젊은 세대가 더 다양한 역할모델을 접하고 과거 어느 때보다 성정체성의 폭이 넓어진 1990년대에 상품 마케팅의 젠더화가 심해진 것은 역설적인 일이다. 그 세대에게 구애하는 기업들은 남아와 여아가 각기 어떤 존재며 무슨 일을 하는지에 관한 규정을 2배로 늘렸다. 장난감 전문 매장인 토이저러스는 이제, 튼튼한 플라스틱 자전거를 몰고 밖으로 나갈 준비가 된 모든 아이에게 남녀 공용 '빅 휠Big Wheel'을 홍보하는 것으로 만족하지 않는다. 요즘 토이저러스는 '빅 독 트럭Big Dog Truck'과 형광핑크색 '릴라이더 프린세스 미니 쿼드Lil'Rideer Princess Mini Quad'를 판매한다. 올드네이비Old Navy, 타깃Target, 포터리반 키즈Pottery Barn Kids를 비롯한 모든 대형 마트는 원래 남녀 공용인 모든 아동용 상품들을 분홍색 매대와 파란색 매대로 나눠 진열한다. 그래서 모두가 복잡한 상황에 놓인다. 남자아이들은 〈메리다와 마법의 숲Brave〉이라든가 〈겨울 왕국Frozen〉 같은 "여자애들 영화"를 좋아하는 걸 부끄럽게 여기게 된다. 여자아이들은 어떤 장난감을 가지고 노는지를 검열 당한다(심지어는 또래 여자아이들로부터도). 트랜스젠더 아이들은 필통에서부터 건조 과일에 이르는 모든 물건을 통해 자신의 정체성을 드러내야 하기 때문에 더욱 고달파진다. 그리고 남녀를 엄격하게 구분하는 상술에 대해 우려하는 부모와 친척들은 "그 애는 아직 어려서 장난감이 분홍색인지 파란색인지 신경도 안 쓸걸" 같은 핀잔을 듣는다.

그게 그렇게 큰 문제냐고? 그렇다. 아이들의 장난감, 실내장식, 그리고 노골적으로 젠더화된 언론 매체가 쉽게 눈에 띈다. 이런 상품들이 겨냥하는 젊은 세대는 페미니즘, 동성애의 자유, 인종차별 철폐라는 과실을 따먹으며 성장했고 주변에서 점차 트랜스젠더에 대한 인정이 확산되는 모습을 목격했다. 젊은 세대는 남녀가 동등한 교육의 기회와 특별활동 기회를 얻는 것을 당연하게 여긴다. 그들의 부모는 함께 살고 있든 아니든 간에 둘 다 일하고 있을 확률이 높다. 하지만 그들 주변의 세상은 점점 더 성별에 따라 나뉜다. 세상은 그들에게 그들 자신을 남성과 여성이라는 2개의 분리된 범주 중 하나에 집어넣고 자신이 둘 중 어디에 속하느냐에 따라 미적 취향과 관심사도 다르게 해야 한다고 강요한다. 이윤을 위해 '자연스러운' 차이를 강조하는 광고와 마케팅 철학은 광고와 마케팅의 영역 안에만 머무르지 않는다. 그런 철학이 알게 모르게 스며들면 우리는 인생의 모든 단계에서 성차별과 인종차별을 합리화하게 된다.

나의 브로넛과 너의 칙 비어

시장이 여성에게 스카치 테이프와 핑크색 라벨이 붙은 '칙 비어(Chick Beer: 여성을 겨냥해서 판매하는 미국의 맥주 상표. 칙 비어 병은 검정색 드레스에 핑크색 장식을 붙인 듯한 디자인이다_옮긴이)'를 들이밀고, 남성들에게 남성 전용 선크림과 '브로넛(bronut: 일반적인 도넛은 여자들이나 즐기는 거라고 생각하는 남자들을 위해 새롭게 만들어진 도넛이다_옮긴이)'을 권하는 현상은 자유 시장의 순수한 재미로만 받아들일 수가 없다. 남성과 여성, 남자아이와 여자아이들에게 태생적인 차이와 양육 과정에서 생겨난 차이가 있음을 인정하는 것과, 그런 고정관념 아래 만들어진 상품들을 쓰면서 이분법적인 성별 고정관념에 순응하라고 요구하는 것은 다르다.

예컨대 당신이 여자로 태어났고 여성의 정체성을 지니고 있으며 12세가 넘었는데 분홍색을 좋아한다고 치자. 분홍색이 제일 좋아하는 색은 아니라도 상관없다. 당신이 여자니까 펜, 휴대용 화장지, 공구, 이어폰, 맥주병, 얼음틀, 그리고 딱풀까지 다 분홍색이기를 원하리라고 가정하는 것이 과연 합리적인가? 당신의 이름이 바비라서 분홍색 플라스틱 욕조가 갖춰진 분홍색 플라스틱 집에 살고, 분홍색 자갈을 깔아둔 마당에 분홍색 자동차를 세워놓고 있다면 몰라도. 그리고 요거트를 변형한 브로거트Brogurt라는 명칭은 여자로 존재하는 것이 나쁜 일이라는 관념을 굳힌다. (나는 "바보야, 요거트는 성중립적 식품이야"라는 구호를 만들었다. 이 구호는 대박이 나지는 않았지만, 아직 희망은 있다.)

지난 30년 동안 젠더 본질주의가 과학적 근거를 가진 타당한 이론인 것처럼 합리화하고, 나아가 젠더 본질주의야말로 남녀가 서로를 이해하고 행복하게 지내는 열쇠인 것처럼 왜곡하는(아니면 적어도 이분법적 사고방식에 따라 남성과 여성을 각각 인정해야 한다고 말하는) 연구 결과들이 화산 폭발처럼 쏟아져나왔다. 젠더 본질주의 출판물의 아버지는 단연 존 그레이John Gray였다. 그가 쓴 《화성에서 온 남자 금성에서 온 여자》는 1992년에 베스트셀러 목록에 올랐고, 곧이어 《화성남자 금성여자의 침실 가꾸기》, 《직장에서 만난 화성남자 금성여자》, 《화성남자 금성여자에 충실하라》 등의 후속작들이 나왔다. 그레이는 워크숍, 게임, 연애 상담 프로그램, 수명이 짧았던 토크쇼 등으로 수백만 달러를 벌어들였다. 그레이 이론의 핵심은 "남성의 가치관과 여성의 가치관은 원래부터 다르다"라는 근거 없는 주장이었다. 《협력하는 아이로 키우기Why Those Crazy Kids Just Can't Get Along》에서 그는 너무 상투적이라서 초보 만화가가 그리는 코미디 만화 소재로도 부적합할 것 같은 예를 제시했다. 남자들은 대체 왜 길에서 방향을 묻지 않는 걸까요? 여자분들, 내 말이 맞죠? ("톰이 길을 잃고 똑같은 골목을 빙빙 돌기 시작했다. 메리는 그것이 톰을 사랑하고 지지해줄 수 있는 특별한 기회라는 사실을 전혀 몰랐다.") 남자들이여, 아내가 끊임없이 말을 한다고 해서 싫어하면 안 됩니다. 무의미한 수다라도 마찬가지예요. ("남자가 복잡한 일들을 처리하고 문제를 해결하면서 성취감을 느끼는 것처럼, 여자는 자신의 문제를 말로 자세히 표현하면서 성취감을 얻는다.") 그레이는 성별에 대한 실질적인 분석을 제시하지 않았고, 현실에 존재하는 소통 방식의 차이가 아니라 성별 고정관념이 일을 그르치는 원인이 될 수도 있음을 인정하지 않았다. 그레이의 모든 이분법적 이론은 조지타운 대학 언어학 박사인 데버라 태넌Deborah Tannen이 자신의 베스트셀러에서 제시한 남녀 차이에 관한 주장들과 마찬가지로 남성의 역할과 여성의 역할에 관한 기존의 관념을 더 확고하게 만들었다. 이런 경향은 흑인 여성들에게 공포를 강요하는 책들이 쏟아져 나온 것과도 맥이 닿는다. 스티브 하비의 책 외에도 지미 이즈리얼Jimi Izreal의 《덴젤의 법칙: 흑인 여성이 좋은 흑인 남성을 만나지 못하는 이유The Denzel Principle》, 힐 하퍼Hill Harper의 《대화: 흑인 남성과 흑인 여성도 사랑과 신뢰를 키울 수 있다The Conversation》, 그리고 상대를 바꿔가며 데이트만 계속하는 흑인 가수 레이 제이Ray J와 뮤지크Musiq가 집필한 연애 지침서들이 출간됐다. 언론인 죠슌다 샌더스Joshunda Sanders의 말대로 이런 책들의 저자는 하나같이 미혼이고 유명한 흑인 남성이었다. 이런 책들은 "모든 사람은 충실한 연애를 할 줄 아는데 독신인 흑인 여성들만 그걸 모른다"라는 의미로 해석된다.[4]

한편, 신기술의 발달로 뇌의 구조와 기능을 더 많이 이해할 가능성이 열리면서 생물학적 원인에 따른 남녀 차이라는 주제는 대중심리학의 영역에서 보다 고급스러운 과학의 영역으로 넘어갔다. 이때 앞다투어 출간된 거창한 책들의 영향으로 수많은 지식인들이 그레이의 화성-금성 이분법을 용인하기에 이르렀다. 2000년에 출간된 《강간의 역사》는 커밀 팔리아와 유사하게 여성에 대한 남성의 성폭력이 진화의 산물이라는 주장을 펼쳤다. 저자의 논리에 따르면 성폭력은 페미니스트 이론가들의 말처럼 권력을 남용한 범죄가 아니라 성적 욕구에 의한 범죄였다. 2003년 사이먼 배런 코언Simon Baron-Cohen이 출간한 《그 남자의 뇌, 그 여자의 뇌The Essential Difference》는 남녀의 '태생적' 차이라는 개념을 학계의 주류로 만들었다. 배런 코언은 여성의 뇌가 공감과 연결에 적합하게 만들어진 반면 남성의 뇌는 탐험과 시스템 구축에 적합한 구조라고 설명했다. 자폐 증상이 남자아이들에게서 더 흔하게 나타나는 이유는 이러한 생물학적 차이의 '극단적인' 발현이라는 것이 그의 결론이다. 탐사 전문기자 캐서린 엘리슨Katherine Ellison이 2006년에 출간한 《엄마의 뇌The Mommy Brain》는 출산 후 여성의 뇌가 어떻게 변하는가를 다뤘다. 출산 후 여성들은 머릿속이 구멍 뚫린 체처럼 변한 느낌을 받지만, 실제로는 산후 스트레스와 의무적인 멀티태스킹이 잔디밭 위의 다트처럼 빠른 시냅스로 채워진 건강한 뇌를 만들어준다고 주장한다. (새로 아빠가 된 남성의 뇌가 어떻게 변하는지에 대해서는 한 마디도 없다. 당연하지. 육아는 여성의 몫이니까!) 신경생물학자 루안 브리젠딘Louann Brizendine이 2007년 출간한 《여자의 뇌, 여자의 발견The Female Brain》 역시 생물학적인 차이를 근거로 아이의 감정에 대한 민감성과 양육 능력 등을 여성의 고유한 특징으로 설명한다. 브리젠딘의 주장은 다음과 같다. "여자들은 태어날 때부터 여성으로 프로그램되어 태어나고, 남자아이들은 남성으로 프로그램되어 태어난다." 2008년 《성의 패러독스The Sexual Paradox》를 출간한 심리학자 수전 핑커Susan Pinker는 직장에서 남녀의 성과가 다른 이유를 여자들은 야심보다는 (여러분, 다 같이 따라하세요) "공감 능력을 타고나기" 때문이라고 설명한다. 그녀와 동기간인 스티븐 핑커Steven Pinker가 2002년에 출간한 《빈 서판The Blank Slate》 역시 생애 초기에 여자아이들이 주방놀이를 하고 남자아이들은 신체 놀이를 선호하는 이유를 사회화 과정이나 문화적 교화의 차이가 아닌 생물학적 차이로 설명한다. 나중에 핑커는 여자들이 "낮은 임금을 받더라도 에어컨이 갖춰진 사무실에서 일하는 행정 보조직을 선택할 확률이 〔남자들보다〕 높다"라는 기묘하게 차별적인 주장을 내놓았다.

이런 책들의 공통점은 저자들이 급진적 페미니스트들의 교리에 과감하게 도전하는 시늉을 하면서 심지어는 영웅 행세까지 한다는 것이다. 그런 저자들은 급진적 페미니스트의 교리가 아이들과 성인들을 잘못된 길로 이끌고, 그들을 우울하게 만들며, 교육하기 어려운 상태로 만들고, 자신이 흥미를 가지지 못하는 장난감에 매달리게 만든다고 주장한다. 이런 식으로 페미니즘의 '금기를 깨부수는' 십자군 전쟁과도 같은 과학 이론은 당연히 언론의 주목을 쉽게 끈다. 가끔 서평 기사에서 이런 책들이 제시하는 근거들이 모호하거나 불확실하다는 점을 짚기도 하지만, 서평의 중심에 놓이는 내용은 그것이 아니다. 대기업이 소유한 매체들은 그런 책들을 취재할 때 결론이 우리에게 미치는 미묘한 영향이라든가 그 결론을 떠받치는 잘못된 방법론에 별다른 관심이 없다. 하지만 정확성을 중시하는 과학 출판물들은 그런 점에 관심을 가진다. 예컨대 《네이처》에서는 《여자의 뇌, 여자의 발견》의 주장을 검증한 결과 그 책이 "오류투성이"고 "과학적 정확성의 기본적인 기준도 충족하지 못한다"라고 보도했다. 다른 여러 매체도 브리젠딘이 존 그레이와 데버라 태넌의 선례와 마찬가지로 트랜스젠더와 인터섹스(intersex, 간성)의 존재를 편리하게 무시해버린 점을 지적했다. 트랜스젠더와 인터섹스를 인정하면 그녀의 엄격한 이분법은 유지될 수 없기 때문이다.

큰 호응을 얻었던 배런 코언의 태생적 성차 이론은 남자 신생아들의 시선이 모빌에 고정되는 반면 여자 신생아들은 가까운 사람의 얼굴에 시선을 더 많이 준다는 단 하나의 연구 결과에 근거한 것이다. 우선, 태어난 지 며칠밖에 안 된 신생아들은 눈을 뜨고 있는 시간이 길지도 않고 스스로 고개를 가누지도 못한다. 또한 언론비평가 카릴 리버스Caryl Rivers와 로절린드 C. 바넷Rosalind C. Barnett이 지적한 대로 그 아기들은 자기 의지에 따라 행동한 것이 아니라 자기를 안고 있는 부모의 물리적 영향 아래 있었다. 이것은 문제를 복잡하게 만드는 결정적인 요인이지만 배런 코언은 이를 간과했다.[5] 그 실험은 되풀이된 적이 없고, 나중에 몇몇 과학자들에게 반박을 당했다. 그 과학자들 중 하나인 신경과학자 리스 엘리엇Lise Eliot은 다음과 같은 점을 강조했다. "아이들의 성공과 실패는 어른이 어떤 믿음을 보여주는가에 좌우됩니다. 그래서 우리가 남아와 여아의 차이에 관해 더 깊이 생각하면 할수록 그런 고정관념이 굳어져서 아이들의 자기 인식을 결정하고 자기충족적 예언을 형성할 가능성이 높아집니다."[6]

하지만 대기업 매체는 아직도 이런 유형의 연구들과 연구의 결론을 종종 보도한다. 이런 연구들은 대부분 성별에 따른 차이를 사람들이 연애, 직장 생활, 가정생활에서 '본능적으로' 어떤 행동을 하는지를 측정하는 결정적이고 객관적인 척도로 간주한다. 언론이 반응을 보이는 이유는 이런 연구들의 과학적 수준이 높아서가 아니라 그 연구자들의 주장이 섹스, 젠더, 권력, 능력에 관한 오래된 관념을 정당화하는 데 활용 가능하기 때문이다. (이모든 관념들은 우리 사회와 문화가 남성과 여성의 차이에 어떤 가치를 부여하는가를 결정한다.) 예를 들면 그레이는 "이혼률이 높아진 이유는 페미니즘이 여자들의 자립을 부추기기 때문입니다"라는 발언으로 편견을 뚜렷하게 드러냈다. 그것은 그가 '화성남자'의 특징으로 간주했던 '매우 이성적인 사고'의 결과물이기도 했다. 여성들이 행정직으로 몰리고 난방 장치가 잘 갖춰지지 않은 곳에서 일하려 들지 않는다는 핑커의 주장은, '까다로운 페미니스트들이 주장하는 임금 격차란 단지 여성들의 개인적인 선택의 결과일 뿐'이라고 말하는 보수 정당의 노선과 일치한다. 게다가 핑커의 주장은 실제로 다수 여성에게 직업에 대한 '선택'의 권리가 주어지지 않는다는 사실을 간과하고 있다. 물론 수많은 여성은 냉방이 잘 되는 사무실에서 행정적인 업무를 하기를 바라겠지만 현실에서는 그렇지 못하다. 그들은 공장이나 패스트푸드 식당에서 일하면서 전기요금을 내고 가족을 부양한다.

　나도 남녀의 두뇌에 선천적인 차이가 전혀 없다고 말할 생각은 없다. 카릴 리버스와 로절린드 C. 바넷은 과거에 비해 훨씬 정밀해진 요즘의 기법으로 두뇌 연구를 해보면 실제로 남녀의 두뇌에서 상당한 차이가 발견된다고 말한다. 하지만 귀스타브 르봉이 여자들의 뇌가 고릴라의 뇌처럼 조그맣다고 주장했던 순간으로 잠시 돌아가보자. 르봉의 이론과 그의 사상을 따랐던 다른 학자들의 이론은 근거가 하나도 없었는데도, 수십 년 동안 여자들은 고등교육, 심지어는 중등교육에서도 배제됐다. 그것은 그런 이론들이 여성에 관한 기존의 담론에 부합했기 때문이다. 요즘은 그렇게 극단적인 편견은 찾아보기 힘들지만, 주객이 전도된 상황은 여전하다. 하버드 대학 총장인 래리 서머스Larry Summers는 2005년 전미경제연구소National Bureau of Economic Research 회의에서 "여성들이 과학 교육과 커리어에서 남성에게 뒤처지는 이유는 가족과 연애에 더 집중하는 여성적 사고방식 때문"이라고 발언했다. 성별에 따른 편견을 공식적으로 인정한 셈이다. 10년 후인 2015년, 노벨상 계관시인 팀 헌트Tim Hunt는 '세계 과학기자 대회World Conference of Science Journalists'에서 "과학 실험실에 여자들이 남자들이랑 같이 있으면 안 된다"라는 발언으로 물의를 빚었다("실험실에 여자들이 있으면 세 가지 사건이 발생한다. 남자는 여자와 사랑에 빠지고, 여자는 남자와 사랑에 빠진다. 그리고 남자가 여자를 비난하면 여자들은 울음을 터뜨린다"). 헌트는 래리 서머스와 동일한 관념을 훨씬 거칠게 표현했을 뿐이다. (나중에 헌트는 자신의 발언이 자기 자신에 대한 풍자였다고 어설픈 해명을 했지만 받아들여지지 않았다.) 세상에서 인정받는 똑똑하고 진보적인 사람들 중에도 이런 사고방식에 젖어 있는 사람이 부지기수라는 것은 비밀이 아니다. 문제는 그런 사람들이 존재한다는 것이 아니다. 진짜 문제는 그들이 계속해서 언론과 방송에 등장하고 인정을 받는다는 점이다. 젠더 본질주의와 페미니스트에 대한 반감의 결합은 독자들의 관심, 호응, 그리고 높은 판매고를 의미하기 때문이다.

이런 편견은 다른 형태로 발전하기도 한다. 최근에 나온 책들, 토크쇼, 자기계발 세미나들은 성차별이 심한 분야에서 여자들이 성공하기 위해서는 남자들이 타고난 성격적 특징들 중에서도 가장 나쁜 것들을 골라서 계발하라고 충고한다. 여성 앵커인 케티 케이Katty Kay와 방송기자 클레어 시프먼Claire Shipman이 공동 집필해서 2014년 출간한《나는 오늘부터 나를 믿기로 했다The Confidence Code》은 여자들이 "자신감 격차"때문에 기업에서 가장 높은 자리까지 올라가지 못한다는 이론을 제시한다. 악순환이 일어나고 있다는 점은 저자들도 인정한다. 그들의 논리를 따라가 보자. 젠더 본질주의가 아직 남아 있다는 말은 여자아이들이 어릴 때부터 남자아이들과 다르게 사회화된다는 뜻이다. 그래서 여자들은 남자 동료들보다 자신감이 적어 보인다. 여자 직원들이 상사와 약속을 잡을 때 남자 직원들은 상사의 방에 들러서 자신을 어필한다. 현대 사회는 남자들의 자신감 있는 모습을 높게 평가한다. 그 자신감이 능력과 비례하지 않는 경우에도. 그래서 남자들은 더욱 자신이 뭐든 해낼 수 있다고 느끼는 반면, 여자들은 높은 성취 욕구를 드러내면 의심의 눈초리를 받거나 미움을 당한다.[7]

그런데도《나는 오늘부터 나를 믿기로 했다》이 권하는 자기계발 처방전의 요지는 "능력은 쥐뿔도 없으면서 굉장히 유능한 척하는 남자들과 비슷해져라"라는 것이다. 이 처방전은 문제를 복잡하게 만드는 결정적인 요소

하나를 간과했다. 현재 미국 경제의 거의 모든 문제는 저자들이 장려하는 오만함과 과도한 자신감에서 비롯됐다는 점이다. 자격은 없고 자신감만 충만한 여성들이 회사의 고위직에 올라가는 것은 자격은 없고 자신감만 충만한 남성들이 그 자리에 있는 것과 똑같다. 그것은 진보가 아니다. 그것은 남녀를 불문하고 어리석은 자들이 권력을 휘두르면서 자기 밑에 있는 모든 사람에게 소리 없이 피해를 입히는 지름길이다.

성별 구분 산업이 부상한 결과 서로 모순되는 수많은 주장과 명제들이 탄생했다. 요즘 유행하는 '여자들의 힘'에 관한 컨퍼런스와 자기계발서에서 하는 말처럼 여자들은 책임 있는 역할을 맡고 있으며, 제3의 성공을 추구하고 있으며, 남성 거물들에게 장광설을 늘어놓을 수 있는 실세들의 네트워크를 형성하고 있다. 그런데 신경과학 분야의 이른바 '매파' 생물학적 결정론자들에 따르면 여자들은 타고난 공감 능력과 소극성 때문에 직장 생활을 오래 하기에 부적합하다. 고위직에 있는 여자들은 남성 동료들을 열심히 모방해야 한다. 한편으로 우리는 여자들만의 핑크색 영역을 한껏 즐겨야 한다. 여성용 그래놀라와 빅Bic이 출시한 '그녀의 펜Her pen'을 애용하고, 비너스가 물려준 우리의 영광스러운 여성성에 흠뻑 젖어들어야 한다. 그러는 동안 언론과 대중문화는 젠더 본질주의가 행복한 직장 생활, 연애, 가정생활의 토대라는 메시지를 점점 많이 내보낸다. 심지어는 젠더 본질주의를 받아들이는 것이 최고로 현대적이고 우월한 페미니즘의 한 형태기 때문에 여자들이 그것을 거부하면 스스로를 위험에 빠뜨리는 것이라고도 주장한다.

이상한 페미니즘

시장 페미니즘은 각종 형용사와 임의적인 정의들의 향연이다. 시장 페미니즘은 대중매체의 영역에서 페미니즘이라는 단어가 '힘', '권위', '부', '행복'과 같이 넓은 범위의 이데올로기와 별개로 존재하는 특징 또는 명사들을 대신하는 말로 쓰이도록 만들었다. 예컨대 팝스타 케이티 페리는 자신을 페미니스트라고 지칭하기를 꺼리다가, 나중에는 자기만의 페미니즘을 다음과 같이 정의했다. "여자인 나 자신을 사랑하고 남자들도 사랑하는 것." 영국판 《엘르》의 페미니즘 특집호 2014년 12월호는 평소에 글을 기고하던 사람들 몇몇에게 '당신이 생각하는 페미니즘의 정의'를 알려달라고 요청했다. 그러자 한 작가(영국 저술가 케이틀린 모런Caitlin Moran의 남편)는 진짜로 아리송한 대답을 내놓았다. "훌륭한 매너." 〈허핑턴 포스트 위민Huffington Post Women〉 블로그에 올라온 포스트 하나는 최근 자신이 트랜스젠더임을 밝히고 유명인이 돼버린 케이틀린 제너를 옹호하면서 다음과 같이 단언했다. "우리는 여자로 산다는 것을 어떻게 정의할지 선택해야 한다. 또 우리는 페미니즘이란 무엇인가를 정의해야 한다." 그리고 '이상한 페미니즘'은 지난 몇 년 사이에 우파 보수의 정치 영역에서 뜻밖의 새로운 보금자리를 찾았다.

세라 페일린을 예로 들어보자. 2008년 선거에서 미국 공화당은 냉소적인 책략(여자를 데려와라. 어떤 여자든 간에 공화당 후보로 출마시키자!)을 써서 페일린을 내세웠다가 보기 좋게 역풍을 맞았다. 그런데 그 후로 페일린은 '당신의 페미니즘을 직접 선택하세요'라는 모험에 나섰다. 선거운동 기간에 페일린은 NBC의 브라이언 윌리엄스Brian Williams와 인터뷰에서 페미니즘에 관한 질문을 받았을 때 "〔나〕 자신에게 어떤 딱지도 붙이지 않을 것"이라는 말로 반대 의사를 표시했다. 하지만 2010년이 되자 페일린은 입장을 바꿨다. 가장 유명한 사건은 낙태에 반대하는 이익 단체인 '수전 B. 앤서니 리스트Susan B. Anthony List'에서 그녀가 했던 조찬 연설이었다. 그날 페일린은 "역겨운 엄마들"과 "친여성적 연대"라는 표현이 잔뜩 들어간 연설을 통해 지지자들에게 자신과 함께 "새롭게 싹트는 보수적 페미니스트의 정체성"을 만들어 나가자고 호소했다. 그녀가 제시한 '페미니스트의 정체성'은 낙태에 절대 반대하는 후보자들을 지지하는 것 말고 구체적인 내용이 없었다.

《이코노미스트》의 "세라 페일린: 페미니즘은 모두를 위한 것"과 같은 기사들은 페일린이 페미니즘이라는 용어를 차지하자 민주당 성향의 페미니스트들이 기겁했다면서, 결과적으로 페일린이 민주당 페미니스트들의 이중성을 용감하게 폭로했다고 주장했다. 며칠 후부터는, 페미니즘을 조롱할 때 말고는 페미니즘이라는 말을 입에 담은 적도 없었던 전문가들이 나서서 페일린을 거들었다. "생명 옹호 페미니즘이 미래다!" 〈워싱턴 포스트〉가 열변을 토했다. "티파티는 페미니스트 운동인가?" 인터넷 언론 〈슬레이트Slate〉가 질문했다. "세라 페일린, 페미니스트." 〈LA 타임스〉의 선언이다. 언론은 '거꾸로 된 세상'을 보여주며 전속력으로 달리고 있었다. 보수파 논리의 이상한 마법에 의해 재생산의 자유, 피임의 권리, 자세하고 포괄적인 학교 성교육 실시, 평등한 육아휴직과 병가, 생활임금, 동성 결혼 합법화, 사법 당국과 금융 기관에 대한 감독, 교도소 개혁 등을 정책적으로 실현하기 위해 노력하는 페미니스트들은 사실 여성들의 이익을 침해하는 활동을 하는 사람들이 되어버렸다. 왜냐고? 그들은 낙태 합법화를 지지하니까. 이거야말로 비정상이 아닌가?

그렇다. 비정상이었다. 작가 케이트 하딩Kate Harding은 다음과 같은 질문을 던졌다. "'낙태 반대 페미니즘', '티파티 페미니즘', '세라 페일린 페미니즘'으로 시작되는 시리즈의 다음 편은 무엇일까? '필리스 슐래플리(미국의 보수적 반여성운동가) 페미니즘?' '가부장제 페미니즘?' '여성을 혐오하는 진짜 남자 페미니즘?' 조금만 기다리면 〈워싱턴 포스트〉가 헌법 수정 제19조의 여성참정권 조항을 폐지하자는 '페미니스트'의 주장(어차피 진정으로 여성을 대변하는 정당은 없잖아, 당신들도 알지?)이라든가, 임금 격차를 더 확대하자는 페미니스트의 주장(그래야 남자들이 다시 가장 노릇을 하고 여자들은 더 자유롭게 전업주부를 선택할 수 있으니까!)이라든가, '동산 재산chattel'이라는 단어를 부활시키자는 페미니스트의 주장을 기사화하는 날이 오지 않을까?"[8] 물론 그런 일은 아직 일어나지 않았다. 하지만 여자들에게 진정한 페미니스트는 낙태에 찬성하지 않는 사람들이라는 것을 인정하라고 강요하는 보수파의 입장은 그대로다. 보수 정치인들은 '빅 어보션Big Abortion'이라는 단체가 여자들에게 사기를 친다고 비난한다. 어느 열정적인 남성 칼럼니스트는 다음과 같이 썼다. "이것은 낙태 찬성 활동가들이 취약한 여성들을 유인하기 위해 체계적인 노력을 기울인 결과다. 그들은 감정적이고 정신적인 측면에서 '여성들과의 전쟁war on women'을 벌이고 있다."[9]

경영인 칼리 피오리나가 자신이 페미니스트라고 기회주의적으로 선언했을 때도 언론은 그녀의 말을 쉽게 믿어주고 환영했다. 휴렛 패커드의 전직 CEO였던 피오리나는 2015년 힐러리 클린턴과 나란히 미국 대선에 출사표를 던졌다. 선거운동의 시작은 그녀의 표현을 빌리자면 "'여성들과의 전쟁'

이라는 민주당의 거짓말을 중립화하는" 캠페인이었다.[10] 그녀의 선거운동은 확연한 오류("나는 여성입니다. 그러니까 여성들과의 전쟁은 없습니다")에 근거하고 있어서 전망이 밝아 보이진 않았지만, 언론은 '힐러리가 적수를 만났다'라는 프레임을 덥석 물고 여자들끼리 싸움을 붙였다. 영국의 시사 주간지 《위크The Week》는 피오리나에게 유리한 기사를 내보내면서 그녀를 다음과 같이 소개했다. "[피오리나는] 운동권 페미니스트들이 옹호하고 클린턴이 선뜻 받아들인 '남녀평등 임금'의 법제화라든가, 유급 출산휴가라든가, 피임약 비용 지원 같은 것들을 좋아하지 않는다. 그 이유는 명백하다. 그런 것들이 실현되면 여자들을 더 비싼, 그러니까 고용하기에 부적합한 인력으로 만드는 부작용이 발생한다." 〈타임〉의 블로그에 올라온 포스트는 "칼리 피오리나는 페미니즘의 정의를 이렇게 바꾸고 싶어 한다"라면서 피오리나의 다음과 같은 발언을 인용했다. "페미니스트란 자신이 선택하는 삶을 사는 여성입니다……. 그녀는 아이를 다섯 명 낳아서 홈스쿨로 가르치는 선택을 할 수도 있습니다. 그녀는 CEO가 되거나 대통령 선거에 출마하는 선택을 할 수도 있습니다." 〈뉴스위크〉는 이렇게 물었다. "칼리 피오리나는 어떤 페미니스트인가?" 그리고 〈뉴스위크〉는 피오리나 후보가 몇 달 전 페미니즘을 "선거에서 승리하기 위한 [위해 쓰였던] 무기"라고 부른 사실을 지적하면서 그 질문에 부분적인 답을 내놓았다.

피오리나는 2010년 캘리포니아주 상원의원 선거에서 민주당의 현직 상원의원 바버라 박서Barbara Boxer와 맞붙으면서 자신을 '친여성' 후보자라는 이미지로 포장했다. 그 이미지도 그녀의 대통령 선거운동과 똑같은 수사로 점철되어 있었다. 당시 '수전 B. 앤서니 리스트'의 회장이었던 마저리 대넌펠저Marjorie Dannenfelser는 피오리나와 박서의 대결을 "페미니즘의 모든 도그마와 여성 정치인들에 대한 시험"이라고 부르며 환호했다. "왜냐하면 두 여성 후보자가 완벽한 대조를 이룰 것이기 때문이라고 했다." 하지만 역설적으로 대넌펠저와 피오리나는 그들이 도그마에 빠진 페미니스트의 행동이라고 생각했던 바로 그 행동을 하고 있었다. 유권자들은 대넌펠저와 피오리나의 가정과는 달리, '페미니즘'이라는 단어를 그들처럼 협소한 의미로 받아들이지는 않았던 것이다. 박서가 캘리포니아주에서 3회 연속 당선된 이유는 반대 진영에서 만들어낸 '허수아비 페미니스트'의 이미지에 그녀가 순응했기 때문이 아니다. 그녀가 승리한 원인은 경제, 청정 에너지, 전 국민 건강보험처럼 남녀 모두에게 중요한 문제에 집중한 데 있다. (실수로 마이크를 켜놓은 덕분에 공개된 피오리나의 발언도 소개하는 게 좋겠다. 피오리나는 상대편 후보자의 머리모양을 두고 "너무 촌스럽다"라고 말했다. 이런 장면은 친여성적 후보가 아닌 못된 여자의 이미지를 강화했다.)

그리고 '독립 여성 포럼'이라는 싱크탱크가 있다. 워싱턴 D.C.에 위치하며 우파 재단과 보수파 재단의 자금으로 운영되는 이 싱크탱크의 목표는, 회원의 한 사람이면서 저술가인 크리스티나 호프 소머스Christina Hoff Sommers의 표현을 빌리자면 "형평성 페미니즘equity feminism"을 연구하는 것이다. 독립 여성 포럼은 전미여성동맹 '나우NOW, The National Organization for Women'와 '페미니스트 메조리티Feminist Majority' 같은 페미니스트 로비 단체들과 정반대 입장을 취하면서, '급진적' 페미니즘이 미국의 가정과 여성들 자신에게 해를 입힌다고 비난한다. 독립 여성 포럼은 성별 임금 격차(성별 임금 격차란 존재하지 않는다. 단지 여자들이 남자들과 다른 급여 체계를 가진 직장을 선택할 뿐이다)에서부터 이른바 '남학생의 위기' 현상(소머스는 공립학교의 '여성화 feminization' 때문에 남학생들이 위기에 처했다는 글을 많이 썼다)에 이르는 모든 사안에서 강경한 입장에 선다. 그리고 독립 여성 포럼의 사명 선언문에는 페미니즘이라는 말이 없지만(대신 선언문에는 "작은 정부에 대한 더 큰 존중, 법 앞의 평등, 재산권, 자유시장, 가족의 결속력, 그리고 강력하고 효과적인 안보와 대외 정책"을 핵심 과제로 제시하고 있다), 독립 여성 포럼이라는 이름에 들어간 '독립'은 전통적 페미니즘의 특징이다.

  페미니즘에 대한 포괄적인 접근을 위해서는 많은 것을 이야기해야 한다. 역사적으로 페미니즘 운동이 인종, 계급, 종교에 관한 맹점을 가지고 있었다는 사실을 감안하면 더욱 그렇다. 2008년에 페미니즘이라는 용어를 가로채려 했던 페일린은 비록 고의는 아니었을지 몰라도 "진정한" 페미니즘이란 무엇인가에 관한 대중의 관념을 잘못된 방향으로 이용했다. 그 전에 열린 민주당 대선 후보 경선에서는 페미니스트들의 대선배인 글로리아 스타이넘과 로빈 모건Robin Morgan이 교차성에 어긋나는 믿음을 피력했다가 욕을 먹었다. 스타이넘은 "젠더 모순이 미국인의 생활을 가장 심각하게 짓누르기 때문"에 여성 유권자들은 버락 오바마가 아닌 힐러리 클린턴에게 투표해야 한다고 주장했다. 또 페일린이 공화당 공천 입후보자 명단에 이름을 올렸을 때 나우의 킴 갠디Kim Gandy는 페일린이 낙태에 반대하기 때문에 "진정한" 여성이 아니라는 의견을 밝혀 사람들의 분노를 샀다. 이런 식의 실수들은 페일린에게 반사이익을 가져다주었고, 그 결과 단순한 선거 전략에 불과한 페일린의 페미니즘에 정당성을 부여하기도 했다. 메건 다움Meghan Daum은 〈LA 타임스〉 칼럼에서 "만약 [페일린이] 자신을 페미니스트로 칭할 용기를 낸다면 그녀는 페미니스트로 받아들여질 자격이 있다"라고 썼다. 이것은 누군가가 자신을 신체적 상해 전문 변호사라고 칭할 용기가 있다면(상해 전문 변호사도 어떤 집단에서는 페미니스트와 마찬가지로 경멸당하는 단어니까) 그 사람은 당장 사무소를 차려도 된다는 것과 똑같이 편리한 논리였다. 동시대 여성들에게 낙태의 권리와 피임약 복용의 기회를 주지 않겠다는 페일린과 피오리나의 바람은 수십 년 동안 신체의 자유를 중요한 가치로 인정하고 싸워온 이데올로기와 절대로 동일한 선상에 놓을 수 없는 것이었다. 폭넓은 견해를 허용하는 빅 텐트 전략은 좋은 것이지만 뭐든지 경계선은 있어야 한다. 나는 다른 여성의 신체를 법으로 규율하려는 욕망이 바로 그 경계선이라고 확신한다. 하지만 언론 매체들은 그런 관점을 취하지 않았다. 그들이 왜 굳이 그렇게 하겠는가? 페일린이나 피오리나의 페미니즘을 논하는 기사는 조회수를 확실히 높여줄 텐데 말이다.

24시간 내내 뉴스가 생산되는 시대가 도래하자 정치적 맥락에서 페미니즘이 무엇을 의미하는가는 매우 주관적인 문제로 변했다. 페일린이나 피오리나가 공개석상에서 페미니즘을 수용했는데도, 우파 전문가와 정치인들은 힐러리 클린턴, 낸시 펠로시Nancy Pelosi, 엘리자베스 워런Elizabeth Warren 같은 민주당 여성 정치인들을 악마화하는 행동을 멈추지 않았다. 그들은 민주당 여성 정치인들을 가족을 혐오하고, 아기를 잡아먹고, 거대한 페미니스트 망치를 손에 들고 미국 건국의 윤리적 토대를 부수려는 '페미나치'에 비유했다. 하지만 통로 맞은편의 정치인들이 자기 나름대로 해석한 페미니즘을 받아들였을 때, 바로 그 전문가들은 갑자기 페미니즘에 관심을 기울였다. 이것은 좁은 범위의 이해관계를 옹호하는 뻔하고 부자연스러운 브랜드 전략이며 이념적인 나르시시즘에 불과했다.

릴리스의 교훈

1990년대 후반에는 마법 같은 장소가 하나 있었다. 그곳에서는 여자로 존재한다는 것이 더없이 특별한 일이었다. 그곳에서는 행복에 젖은 백인 여자들이 구불구불한 머리를 길게 늘어뜨리고 기타를 치면서 구슬픈 노래를 불렀다. 노래를 듣는 관객들은 대부분 코에 피지 제거용 팩을 붙이고 있었다(그냥 시류를 따른 것이었다). 그곳에서는 '릴리스 페어Lilith Fair'라는 이름의 여성 전용 뮤직 페스티벌이 열렸다. 릴리스 페어는 기업들이 젠더 본질주의의 힘을 이용해 수익을 얻기 위해 만든 것으로, 큰 성공을 거뒀지만 한편으로는 실망스러운 시도였다.

1990년대에 릴리스 페어를 만든 사람은 캐나다의 여가수 세라 매클라클런Sarah McLachlan이었다. 릴리스 페어는 한편으로는 라이엇걸과 겹치고 또한편으로는 '걸 파워'와도 비슷했다. 1990년대에 대기업의 방송 채널들은 라디오에서 광범위한 팬을 확보한 여성 음악인들이 급격히 늘어나는 현상을 목격했다. 토리 에이머스Tori Amos, 조앤 오즈번Joan Osborne, 미시 엘리엇Missy Elliot, 피오나 애플, 인디아 아리India Arie가 그런 경우였다. 하지만 여가수들은 수익률이 떨어진다는 음반업계의 편견은 어느 때보다 견고했다. 매클라클런이 구상한 릴리스 페어는 위험을 회피하는 라디오 DJ들, 그리고 록 페스티벌에서 여자 가수 2명 이상이 노래하는 것을 듣거나 라디오에서 여자

가수 2명의 노래가 연이어 나오는 자리에 앉아 있는 남자는 모두 에스트로
겐에 질식하는 것이라고 믿어 의심치 않는 공연 기획자들에 대한 반론이었
다. 릴리스 페어는 음악과 공동체와 시민 의식이 어우러지는 포근한 오아시
스처럼 포장됐지만 실제로는 비싼 입장료를 받는 여름 투어였다. (입장권 판
매 수익의 일부는 '미국 가족 계획 연맹'과 '전 미 강간 및 근친상간 네트워크' 같은
단체들, 그리고 미국의 여러 도시에 위치한 지역 비영리 단체에 기부했다). 첫 해에
릴리스 페어는 뚜렷한 성공을 기록했다. 여름 페스티벌의 대표 주자인 롤라
팔루자Lollapalooza와 호드H.O.R.D.E.보다 릴리스 페어의 판매 수익이 높았다
는 사실은 여자들이 구매력을 가진 집단인데도 그동안 음반업계의 남자들
이 어리석게도 그들을 무시했다는 증거였다. "어떻게 보면 우린 대중이 아
니라 음반업계를 향해 이야기를 하고 있었어요." 매클라클런의 말이다. "왜
냐하면 음반업계는 대중이 누구나 받아들일 수 있는 무난한 음악에만 호
응한다고 생각하는데, 나는 대중이 그보다는 똑똑하다고 생각하거든요."[11]

릴리스 페어는 더 이상 여자라는 이유로 소외된 소비자 취급을 받지 않
아도 되는 '성별 구분 산업'의 성공적 출발점이기도 했다. 릴리스 페어와 제
휴하고 운영에 참여한 기업들(앞서 소개한 비오레 모공팩을 만드는 저겐스 컴퍼
니Jergens Company, 여성용 곡물바를 만드는 루나Luna, 그리고 폭스바겐이 여기에
포함된다)은 매력적인 시장에 접근할 기회를 얻은 것에 환호했다. 이 기업들
은 진보적인 정치 성향과 여성의 정체성을 가진 사람들이 주로 참석하는
투어의 뒤편에서 자신의 브랜드를 홍보하면서, 여자들이 자동차를 사거나
곡물바를 사거나 모공팩을 살 때 저절로 그 브랜드를 떠올리게 만들고 싶어
했다.

하지만 릴리스 페어가 세 번째로 열리던 해에는 거슬리는 점들이 눈에 띄었다. 예를 들면 무대에 서는 가수들이 다 비슷비슷했다. 주최측에서는 작곡을 병행하는 백인 여성 가수의 범주를 벗어나 다양한 가수들의 공연을 유치하려고 노력했지만, 공연 일정표는 여전히 백인 여성 위주로 채워졌다. 물결치는 치마와 점잖은 사운드로 가득한 릴리스 페어는 마치 탐폰 생리대 광고 또는 요거트 광고를 페스티벌로 변형한 것만 같았다. 여자들이 자신들이 여성인 것에 너무나 신이 나서 실제로 공중부양을 하는 광고들 말이다. 저술가 세라 보웰Sarah Vowell은 재치 있고 신랄한 비평을 내놓았다. "나에게 난소가 있다고 해서 내가 지긋지긋한 트레이시 채프먼Tracy Chapman과 그녀의 〈더 레이프 오브 더 월드The Rape of the World〉라는 빤한 히피 노래에 유대감을 느끼지는 않는다. 약하고 온순한 목소리를 가진 리사 롭Lisa Loeb과 자매가 되고 싶지도 않다. '그걸 해서 네가 행복하다면 그건 나쁜 일이 아니야'라는 식의 노래로 아이스크림을 먹거나 잠을 늘어지게 자는 행동을 옹호하는 유쾌한 바보 가수 셰릴 크로Sheryl Crow도 마찬가지다. 나는 크로의 노래를 들을 때마다 스탈린이 립싱크로 그 노래를 따라 부르면서 모든 악행을 변명하는 장면을 상상한다."[12]

하지만 그 페스티벌의 여성적인 사운드는 보웰의 짜증이나 다른 사람들이 릴리스 페어에 대해 표출한 반감을 넘어서는 함의를 지닌다. 릴리스 페어 이전의 록 페스티벌들은 건성으로나마 여성 음악인들을 공연 일정표에 포함시키려는 노력을 했는데, 갑자기 그런 노력도 필요 없게 됐다. 마치 릴리스 페어가 존재하기 때문에 다른 모든 음악 페스티벌은 젠더 다양성의 의무를 면제받은 것만 같았다. 롤라팔루자, 워프드Warped, 오즈페스트Ozzfest

같은. 음악 페스티벌들은 원래도 남성들만의 무대였지만 릴리스 페어가 성공한 후로는 그런 경향이 더 강해졌다. 1999년 여름이 되자 릴리스 페어와 다른 모든 페스티벌의 사이에 투명한 벽이 세워진 것만 같았다. 벽의 양쪽에서는 그들 각각의 페스티벌이 자기들의 가장 나쁜 전형에 더 깊이 빠져들고 있었다. 1999년 우드스탁 페스티벌에 관한 평론들(그해 우드스탁은 평화, 사랑, 그리고 사이키델릭 록을 노래하는 전통적인 페스티벌의 재탕이었다) 속에는 림프 비즈킷Limp Bizkit과 인세인 클라운 파시Insane Clown Posse에게 열광하던 관중들 속에서 여성 관객들이 폭행과 강간을 당했다는 소식이 간간이 섞여 있었다. 무대에 섰던 셰릴 크로와 사회자였던 로지 페레스Rosie Perez는 젖꼭지를 보여 달라는 요청을 받았다. (페레스는 그래도 이렇게 되받아쳤다. "가서 영화 〈똑바로 살아라Do the Right Thing!〉나 빌려 보시지!")

우드스탁 페스티벌이 끝나고 나서 록 평론가인 앤 파워스Ann Powers는 릴리스 페어의 성공은 주목할 만한 일이지만, 그 성공 때문에 록 음악에 항상 침투해 있었으며 "주류 여성 음악인들을 미녀 팝 가수라는 새장 안에 가뒀던" 젠더 갈등이 더 심해졌을 가능성도 있다고 주장했다.[13] 릴리스 페어는 일종의 온건한 분리주의로 시작했지만, 이제는 분리주의 자체가 온건해져서 돌아올 수 없는 강을 건너버렸다는 증거처럼 보인다. 20년이 지난 지금, 여름 페스티벌의 공연 일정표에 포함되는 여성 가수와 여성 밴드들의 숫자는 별로 달라지지 않았다. 오늘날 거의 모든 음악 장르에서 여성들이 번번이 차트 1위에 오른다는 사실을 고려한다면 그것은 놀라운 불균형이다. 심지어는 여름철에 페스티벌 취재 기사를 작성할 때마다 코첼라Coachella, 리딩Reading, 롤라팔루자 같은, 출연자 전원이 남성인 페스티벌의 포스터를 하나

이상 포함시키되 포토샵 처리를 하는 전통이 생겨났다. 전원이 여성인 밴드, 남녀 혼성 밴드, 또는 성소수자 음악인들의 이름을 준비해 놓았다가 갑자기 공백이 생기면 집어넣는 것이다.

누구의 여권 신장인가?

페미니즘에도 젠더 본질주의의 유산이 하나 있는데, 어떤 경우에 그것은 우리 문화에 근본적인 변화를 일으켰다. 예컨대 급진적 페미니즘의 초창기에는 페미니즘에 의해 바뀔 세상을 이론으로만 이야기하지 말고 실제로 그런 세상을 만들자는 움직임이 있었다. '더 페미니스트The Feminists'라는 여성 단체는 그런 움직임에 "반현실counterreality"이라는 이름을 붙였다. 반현실은 주류 문화의 모든 기구에 대한 유일하고도 실질적인 대안은 여성이 소유하고 운영하는 기관들을 설립하는 것이라고 주장했다. 주류 문화의 어중간한 변화와 해방을 향한 느린 걸음이 없이도 살아갈 수 있는 유일한 방책은 여자들만의 학교, 여성 전용 헬스클럽, 여성 전용 출판사, 여자들의 신용협동조합, 여자들만의 문화센터를 새롭게 설립하면 여자들을 남자들 곁에 억지로 쑤셔 넣는 것이 아니라 여자들을 가장 중요한 존재로 대접할 수 있다. 그리고 "이성애자 중심" 사회에서 소외된 여성들(노동계급 여성, 유색인종 여성, 장애 여성, 동성애자 여성)이 경제적, 사회적 번영을 누릴 수 있다.

그런 유토피아가 완전한 모습으로 실현된 적은 없다. 하지만 그 계획의 일부는 현실이 됐다. 예컨대 보스턴 '여성 건강 도서관Boston Women's Health

Book Collective', '흑인 여성들의 건강 프로젝트Black Women's Health Project', 시카고의 불법 낙태 시술자 네트워크인 제인Jane과 같은 활동가 단체들이 시작한 여성들의 건강 증진 운동은 기존 의학의 여성 건강에 대한 가부장적 접근법을 뒤집어놓았다. 이 단체들은 커다란 이상을 공유하고 있었다. 그것은 여자들은 자신의 신체에 대해 알 권리가 있고, 자신의 재생산과 관련된 사항을 통제할 권리가 있고, 자신의 건강 관리에 관한 결정을 내릴 자격이 있다는 믿음이었다. 그전까지는 의료 기관들이 "여자들의 문제"를 무시했기 때문에 여자들은 잘못된 진단을 받거나, 병자로 간주되거나, 잘못된 치료를 받거나, 강제로 불임 시술을 당했다. 시야를 더 좁혀보면, 레즈비언 예술가들이 만들고 지원했던 '여성 음악women's music'이라는 장르가 활성화하면서 레즈비언 음반 회사(나중에 호화 크루즈 여행사로 바뀐다)인 올리비아 레코드Olivia Records 같은 문화계의 성공 사례들도 생겨났다. 그리고 여자들이 모여서 단순하게 생활하는 의식적인 공동체들은 주류의 시야에서는 벗어나 있지만 미국 곳곳에서 아직도 유지되고 있다.

물론 일부 지역에서는 여자들만의 유토피아라는 구상들이 오직 여자들만으로 구성되지 않은 모든 것(그리고 모든 사람)에 대한 불신으로 굳어지기도 했다. 예컨대 이제는 중단된 '미시건 위민스 뮤직 페스티벌Michigan Womyn's Music Festival'은 여성들의 음악 행사 중에 가장 수명이 길었지만, 그 페스티벌의 젠더에 관한 엄격한 입장(미시건 페스티벌은 "여성으로 태어난 여성"이 아니면 공연 목록에 올려주지 않았다)은 2세대 페미니즘의 급진적 분리주의자(요즘은 그냥 "래디컬페미radfem"라고 부른다)들과 교차성을 중시하는 활동가들 사이의 이념적 갈등을 상징하게 됐다.

여자들만의 음악, 레즈비언들의 집단, 전원이 여성인 의식적인 공동체들은 어쩌다 주류의 시선을 받는 경우에도 히피 문화의 잔재로 그려질 때가 많다. 과거에는 미국적 가치를 위협했지만 지금은 별다른 위협이 못 되는 존재라는 의미에서 그것은 1970년대에 일시적으로 유행했던 '애완용 돌Pet Rock'을 여성 전용으로 변형한 것과 비슷하다. 여성이란 무엇인가에 관한 좁은 그림은 시장 페미니즘의 현실 속에서 변형되고 다듬어져 여권 신장 행사와 정치 캠페인 속으로 흡수되었다. 그 속에서 여권 신장 같은 용어들은 사회적, 정치적인 변화의 과정이 아니라 권력의 정체성을 가리키는 말로 바뀌었다. '페미니스트'를 '자신이 선택하는 삶을 사는 여성'으로 정의하는 것은 좋은 일이다. 만약 당신이 선택권을 가진 여성이라면. 하지만 컨퍼런스 홀 바깥에서 그 권능이라는 것이 위에서 아래로 떨어지기를 하염없이 기다리는 수많은 여성에게 그것은 아무런 도움이 못 된다.

> 외모는
> 새로운 페미니즘이며
> 미학을 실천하는 행동이다.

알렉스 쿠친스키
Alex Kuczynski,
《미용 중독Beauty Junkies》

9장 여성의 아름다움

인류 사회에 문화란 것이 존재한 이래로 문화에서 매력 자본erotic capital의 힘은 언제나 겉으로 명백하게 드러났다. 문학, 연극, 영화, 그리고 현대적 대중문화의 담론들 속에는 외모를 이용해 더 나은 삶을 얻으려고 신체, 의상, 성격의 변화(비록 일시적 변화라 해도)를 감내하는 여자들 이야기가 얼마나 많은가? (내가 먼저 예를 들어보겠다. 세헤라자데, 신데렐라, 피그말리온과 그 현대적 변용들, 셰익스피어의 《말괄량이 길들이기》, 《작은 아씨들》에 나오는 "허영심의 대가" 이야기, 〈귀여운 여인〉, 〈미스 에이전트〉, 록 밴드 지지 탑ZZ Top의 뮤직 비디오 〈레그스Legs〉······.) 그리고 어떤 몸매, 피부색, 사이즈가 다른 것들보다 우월하다는 사회의 메시지 때문에 얼마나 많은 비극이 발생했는가? 토니 모리슨Toni Morrison, 이디스 워튼Edith Wharton, 제임스 볼드윈James Baldwin을 비롯한 수많은 작가들의 작품이 그것을 증언한다.

과거에 매력 자본은 은밀한 책략이었지만("그걸 확실히 아는 사람은 그녀의 미용사밖에 없어······"), 요즘에는 매력 자본을 왜, 어떻게 활용하는가를 알아낼 방법이 점점 많아지고 있다. 2011년 〈뉴욕 타임스〉에 실린 "커리어 사다리를 올라라, 손에는 립스틱을 들고"라는 기사는 여성이 화장을 하면 직장에서 호감도와 신뢰도가 높아진다는 통계를 제시했다. 피앤지P&G의 후원으로 진행된 연구에서 이런 결론이 나왔다는 것은 자연스러운 일이다. 피앤지는 드럭스토어에 항상 비치되어 있는 커버걸CoverGirl 화장품과 돌체 앤 가바나Dolce & Gabbana의 고급 화장품 라인을 생산하는 업체가 아니던가? 하지만 그 기사는 성급하게도, 그 연구를 진행한 사람들이 피앤지와 무관하므로 그 연구는 문제될 것이 없다고 독자들을 설득했다. 연구진 중 한 명은 하버드 대학 교수로 1999년《미: 가장 예쁜 유전자만 살아남는다Survival of the Prettiest》를 출간했으며 도브의 '리얼 뷰티Real Beauty' 캠페인에 컨설팅을 제공했던 낸시 에트코프Nancy Etcoff였다. 사람들 개개인이 외모가 아니라 능력으로 평가받아야 하지 않느냐는 질문에 에트코프는 여자들이 자신의 외모를 대하는 태도의 "문화적 변화"를 고려해야 한다고 답했다. "20, 30년 전에 여자가 옷을 잘 차려 입은 건 단순히 남자들을 기쁘게 해주기 위해서, 또는 사회가 요구하기 때문이었다……. 오늘날의 여자들과 페미니스트들은 그것이 자신들의 선택이라는 사실을 안다. 그리고 옷차림은 효과적인 도구가 될 수 있다."

런던 대학 경제학 교수 캐서린 하킴Catherine Hakim은 2010년에 출간한《매력 자본Erotic Capital》에서 이 '효과적인 도구'를 자세히 소개했다. 하킴의 핵심적인 주장은 성불평등이 온존하는 곳에서는 여자들이 균등한 기회를 얻기 위해 자신이 가진 단 하나의 이점, 즉 '매력 자본'을 최대한 활용한다는 것이다. 하킴의 주장 가운데 일부는 의도적인 도발이었지만(예컨대 '여자들에게 대학 학위보다 매력 자본이 더 유용할지도 모른다'는 주장), 그녀의 이론은 대부분 원래 있던 토끼에게 모자만 바꿔 씌운 것이었다. '외모 프리미엄beauty premium'과 채용 과정에서 외모의 작용은 오래전부터 학계의 연구 대상이었다. 그런 연구 결과는 매우 다양했다. 어느 논문에 따르면 유럽과 이스라엘에서 잘생긴 남자 참가자들이 이력서에 사진을 포함시켰을 때 평범한 외모를 가진 남자들과 아예 이력서에 사진을 넣지 않은 남자들에 비해 합격률이 유의미하게 높았다. 그런데 여성 참가자들이 똑같은 실험을 수행한 결과, 뜻밖에도 사진을 첨부하지 않은 여자들이 사진을 첨부한 여자들보다 합격 전화를 받을 확률이 높았다. 여자들의 외모가 얼마나 매력적인가는 합격률과 무관했다. 한편 그 이전의 어느 연구는 매력적이라고 간주되는 사람들이 평범한 동료들보다 5퍼센트 이상 유리하다는 사실을 밝혀냈다. 그리고 역으로 못생겼다는 평을 듣는 사람들은 외모가 괜찮은 동료들보다 급여 면에서 5퍼센트 미만(여성의 경우) 또는 10퍼센트 미만(남성의 경우)의 불이익을 당하고 있었다. 다시 말하자면 외모 프리미엄은 실재하는 현상이다. 하지만 외모 프리미엄이 언제, 어떤 식으로 작동할지를 확실히 아는 사람은 없기 때문에 항상 스위치를 켜놓고 인생을 사는 것이 안전한 방법이다.

《매력 자본》을 통해 하킴은 지적 계보를 지닌 학술 용어(그는 프랑스 사회학자 피에르 부르디외가 제시했던 다양한 형태의 자본에 관한 이론을 토대로 '매력 자본'이라는 용어를 만들었다)를 새로 만들었을 뿐 아니라, 일상생활 속의 섹스와 권력의 협상에 대해 '사용하지 않으면 손해'라는 입장을 취했다. 하킴의 책은 매력 자본이 반드시 여자들에게만 효과적인 것은 아니라고 말하면서도 매력 자본을 동원할 필요를 느끼는 것은 여자들이라고 강조했다(여성들뿐 아니라 "경제적, 사회적 자본에 접근할 기회가 적은 젊은 사람들, 소수민족, 노동계급"도 마찬가지라고 했다). 이 책에서는 백인 남성들이 여전히 불균등하게 권력의 고삐를 쥐고 있는 현실의 산물인 '매력 자본'이 여자들을 위한 '정치적으로 올바르지는 않으나 대단히 고급스러운 처세술'로 둔갑했다. 말하자면 이 책은 헬렌 걸리 브라운Helen Gurley Brown의 《섹스와 사무실Sex and the Office》의 21세기판이다.

매력 자본을 긍정적으로 평가하는 논거들은 다음과 같다. 대부분의 사람은 자신의 외모가 괜찮을 때 더 큰 자신감을 가진다. 그러니까 외모를 가꾸고 그 자신감을 잘 활용해서 당신이 원하는 일을 해내는 것은 문제가 안 된다. 그게 세상을 바꾸는 일이든, 승진하는 일이든, 성공 확률을 높이는 일이든 상관없다. 일부 지역에서는 외모를 향상시킨다는 계획이 국가적인 경제 발전 전략에 포함되기도 했다. 최근까지 성형수술 횟수에서 세계 1위를 기록했던(지금은 한국에게 추월당했다) 브라질에는 저소득층 시민들에게 무료 또는 할인 가격으로 성형수술을 해주는 공립병원이 10군데도 넘는다. 브라질 사람들은 외모를 따지기로 유명한 브라질 사회의 기준에 맞게 성형을 하면 가난한 사람들이 구직 시장에서 조금 더 유리해진다고 믿는다(성형수술 부작용이 없는 경우지만). 그래서 브라질에서는 주름제거술, 코 수술, 엉덩이 임플란트 시술을 성별과 무관하게 시행하지만, 정부 보조금을 받는 성형수술에 관한 언론 보도에 등장하는 사람들은 대부분 여자들이다. 이런 기사는 매력 자본을 관리하고 활용하는 것은 일차적으로 여자들의 관심사라는 인상을 심어준다.

기업이 후원하는 연구 결과가 없더라도 대부분의 여자들은 매력 자본이 불편하고 보상도 빈약한 전략이라는 사실을 안다. 〈직장 사다리를 올라라〉에 소개된 피앤지의 연구는 일반적으로 여직원이 화장을 하면 동료와 상사들이 그녀를 높게 평가한다고 하면서도, 한편으로는 과도한 화장이나 "대비가 강한" 색조화장(예컨대 뱀파이어처럼 짙은 색으로 칠한 입술)을 하는 여자는 "신뢰도가 낮아" 보일 위험이 있다고 지적했다. '직장에서 옷 잘 입기'에 관한 여성 잡지의 기사들은 가슴이 작고 엉덩이도 빈약한 여자에게 잘 어울리는 버튼업 셔츠나 펜슬 스커트를 가슴이 크고 풍만한 여자가 입으면 "매춘부 같아" 보일 위험이 있다고 오래전부터 경고했다. 결국 우리 사회가 말하고 싶어 하는 메시지는 매력 자본이 대단히 유용하다는 것이다. 지금 당신이 매력적이지만 위협적이지는 않고, 섹시하지만 과도하게 야해지는 않고, 여성적이지만 만화 속의 제시카 래빗 Jessica Rabbit과는 다른 최적의 지점에 위치한 신체를 가지고 있을 경우에는 말이다.

그 '최적의 지점'에 도달한다는 불가능에 가까운 시도를 감행했던 수많은 사람들과 마찬가지로, 나도 2010년에는 뉴욕시에 사는 전직 시티뱅크 직원 데브랄리 로렌자나 Debrahlee Lorenzana의 이야기에 흠뻑 빠져들었다. 로렌자나는 고용주의 모회사인 시티그룹을 상대로 소송을 제기했다. 그녀는 자신이 은행원으로서 지나치게 섹시해서 업무 수행에 지장이 있다는 이유로 해고당했다고 주장했다. 그녀의 주장에 따르면 상사들은 그녀의 몸매가 남성 동료들의 정신을 분산시킨다고 불평했다. 상사들은 그녀에게 터틀넥 셔츠, 펜슬 스커트, 몸에 달라붙는 정장, 7센티짜리 하이힐을 금지했다. 로렌자나가 자신의 복장은 시티뱅크의 다른 여직원들과 다르지 않다고 말했더니 상사들은 "그 직원들의 몸매는 당신의 몸매와 다르고, 당신은 사람들의 시선을 너무 많이 끈다"라고 대답했다.[1] 결국 로렌자나는 배상금을 한 푼도 받지 못했고, 그 후로도 그녀는 계속해서 소송을 제기했으나(2011년과 2013년 사이에 택시 회사와 의학 실험실을 고소했다) 언론은 시티그룹 소송의 구체적인 내용을 거의 보도하지 않았다. 하지만 최근에는 외모 프리미엄이 아니라 미인이라는 이유로 불이익을 당하는 경우가 있는가라는 질문에 대한 대답이 여기저기서 나온다.

2013년 플로리다주의 어느 고등학교 교사는 모델로 일하면서 찍힌 사진(그녀는 부업으로 모델 일을 하면서 가명을 썼다)들을 누군가가 학교 교장에게 전송한 뒤로 사직서를 내라는 요구를 받았다. 2014년에는 미국 해양경찰학교의 교관들이 교육생 한 명을 "바비 인형"과 "아메리칸걸 인형"으로 선정한 후에 반복적으로 희롱하고, 그녀가 자퇴를 거부하자 나중에는 그녀를 퇴학시켰다.[2] 미국 의류업계의 전설적인 망나니로 알려진 도브 차니Dov Charney는 아메리칸 어패럴American Apparel의 CEO 자리에서 쫓겨나기 전에, 그가 보기에 성적 매력이 충분하지 않다고 생각되는 직원들을 해고했다는 비난을 받았다.[3] 그리고 2013년 아이오와 주법원은 여성의 외모가 지나친 관심을 끌어서 상사의 부부 관계를 위협할 정도라면 그 여성에 대한 해고는 정당하다고 판결했다. 그 판결에 결정적인 영향을 미친 사건은 머리끝부터 발끝까지 위생복 차림인데도 지나치게 매혹적이라는 이유로 치위생사를 해고한 치과의사의 소송이었다. 법원은 그 해고가 전적으로 타당하다고 판결했다. 고용주들은 "자신과 자신의 배우자가 결혼 생활에 위협이 된다고 느끼는 직원을 해고할 수 있다"라는 논리였다. 그러니까 그런 경우에 더 점잖고 더 전문가답게 행동해야 하는 것은 고용주가 아니라 여성 직원이다.

여성 직원들은 뻔뻔하게도 신에게서 받은 얼굴과 몸을 가지고 직장에 출근해서 자기도 모르게 고용주를 유혹하는 일이 없어야 한다. (여자들은 다 유혹하는 존재고 남자들은 욕망에 굴복한다는 담론을 어디서 또 들었더라? 오, 지난 2000년 동안의 역사, 미술, 문학, 음악이 다 그랬다.)

매력 자본의 적절한 활용과 부적절한 활용을 구분하는 경계선이 타인(고용주, 동료 직원, 법원)에 의해 임의로 그어지고 수정도 된다면, 에트코프가 〈뉴욕 타임스〉에서 제시했던 "선택"은 공허한 단어로 전락한다. 게다가 매력 자본의 힘은 불가피하게 백인 중심적 기준에 종속된다고 선언하는 셈이므로, 매력 자본은 영원히 인종차별적인 것으로 굳어진다. 2007년 《글래머》 매거진이 어느 로펌에서 개최한 '전문직에 적합한 패션과 부적합한 패션'이라는 행사를 보자. 그 행사에서 《글래머》 편집자들 중 한 명은 여성 변호사들에게 아프로나 레게 머리 같은 "정치적인" 머리 모양은 "부적절"하므로 "하지 말아야 한다"라고 단언했다. 7년 후 미국 육군은 복장 규제를 정비하면서 아프리카계 미국인을 상징하는 레게 머리, 두 갈래 땋기, 플랫 트위스트flat twists, 아프로 머리를 금지했다. 새로운 규정은 외견상 "군 조직 내부의 통일성을 유지하기 위해" 제정됐다고 했지만, 한편으로는 "헝클어지거나 단정하지 못한" 외모를 언급했기 때문에 흑인 병사들을 지적하는 것으로 해석됐다. (새로운 규정은 혹평을 받았다. 그러자 미국 연방의회의 흑인 의원 모임인 블랙 코커스Congressional Black Caucus 가 공식적으로 항의했고, 결국 그 조항들은 철회됐다.) 이런 사례들은 "적절한", "전문적인" 그리고 "통일성"과 같은 단어들은 오직 백인들의 미적 기준에 의해 정의 내려진다는 것을 보여준다. 그 논리대로라면 유색인종 중에서 그런 기준에 도달하려고 애쓰지 않는 사람은 자신의 직업적 발전과 사회의 발전을 위해 활용할 수 있는 매력 자본을 낭비하고 있는 것이다.

매력 자본의 또 다른 문제점은 성희롱과 성폭행 사건에서 종종 매력 자본의 과시적인 요소들(옷, 화장, 그리고 신발)이 맨 먼저 고려된다는 것이다. 성폭행 사건을 보도하는 기사를 한 번이라도 읽어본 사람들은 안다. "그래? 그 여자는 어떤 옷을 입고 있었는데?"라는 질문이 맨 먼저 나오지 않게 된 것은 최근의 일이다(그래도 두 번째 혹은 세 번째로 그 질문이 나오는 경우가 허다하다). 1991년에 케네디 전 대통령의 조카인 윌리엄 케네디 스미스William Kennedy Smith에게 성폭행을 당했다고 주장한 여성은 진술의 진실성과 인격을 동시에 의심받았다. 그 이유 중 하나는 문제의 그날 밤에 그녀가 입었던 속옷이었다. 진주가 박힌 레이스 브라와 빅토리아 시크릿 팬티. 그 브라는 케네디가 그녀를 강제로 넘어뜨리고 강간했다는 원고측 주장을 반박하는 증거로 제출된 물건이지만, 언론은 그 팬티를 그녀가 악의적으로 매력 자본을 이용할 기회를 노렸다는 증거로 받아들였다. 재판이 텔레비전으로 중계되는 동안 슈퍼마켓에서 판매되는 타블로이드 신문의 1면에는 그것과 비슷한 속옷들의 사진이 커다랗게 박혔다.

논란의 여지는 있지만, 매력 자본을 가장 성공적으로 거래한다고 말할 수 있는 여자들(커리어가 매력 자본에 좌우되는 여자들)의 경우에도 궁극적으로 에트코프와 하킴이 주장하는 것과 같은 폭넓은 선택은 불가능하다. 2014년 말, 소니 엔터테인먼트에 대한 대규모 해킹 사태로 소니의 고위 임원들이 주고받은 이메일들이 공개됐는데, 그때 드러난 사실 중 하나는 여자 배우들과 남자 배우들이 동등한 비중으로 출연했는데도 여배우들의 출연료가 더 적었다는 것이다. 2013년 개봉작 〈아메리칸 허슬〉에 출연한 제니퍼 로런스는 그녀와 비슷한 비중과 분량으로 출연한 남자 배우들보다 적은 출연료를 받았다(로런스는 영화 수익의 7퍼센트를 받았지만 비슷한 분량과 비중으로 출연한 남자 배우들은 수익의 9퍼센트를 받았다). 〈스노우 화이트 앤 더 헌츠맨〉에 출연한 샤를리즈 테론은 해킹으로 유출된 이메일을 통해 자신이 헌츠맨 역으로 출연한 남성 동료 크리스 헴스워스Chris Hemsworth(그는 자기 이름으로 오스카상도 받았다)보다 출연료를 적게 받았다는 사실을 발견하고 나서 출연료 인상을 요구했다.

훨씬 더 우울한 사례는 패션모델들이 과거 십여 년 동안 스타 패션 사진가 테리 리처드슨Terry Richardson과 일하면서 성적 강요를 경험했다고 털어놓은 사건이었다. 젊은 여자 모델들에게 느끼한 삼촌처럼 접근하는 것이 리처드슨의 특기라는 사실은 패션업계의 공공연한 비밀이었다. 그는 모델에게 대놓고 자위 행위와 구강성교를 요구하기도 했다. 그것도 사람들이 보는 앞에서. 2004년부터 제제벨, 더 글로스The Gloss, 버즈피드BuzzFeed 같은 인터넷 공간에서 전현직 모델들이(일부는 익명으로, 일부는 실명으로) 리처드슨의 약탈적인 행위를 비난하기 시작했다. 그리고 그들의 이야기는 젊은 모델들의 생계가 "네가 누구를 아느냐가 아니라 누구 성기를 빠느냐가 중요해"라고 말하는 남자의 손에 달려 있는 업계에서 이른바 여성의 아름다움과 성적 매력이 가진 힘이라는 것이 얼마나 쉽게 제압당하는가를 여실히 보여줬다. 2014년《뉴욕》매거진에 실린 자세한 기사는 리처드슨이 유명 사진가와 무명 모델들 사이의 권력 불균형을 의도적으로 무시했다는 점을 보여준다. 무명의 모델들은 자신이 촬영장에서 나가버릴 경우 자신의 커리어가 미처 시작되기도 전에 끝난다는 사실을 알고 있었다. 그 기사에 인용된 어느 직원은 직설적으로 의견을 밝혔다. "케이트 모스에게는 아무도 딱딱한 성기를 움켜쥐라고 요구하지 않았습니다. 마일리 사이러스에게 자기 성기를 움켜쥐라고 요구한 사람은 없었죠. H&M 모델들도 그런 요구를 받지 않았습니다. 하지만 시골 출신의 19세 소녀들이 '그건 좋은 생각이 아닌 것 같은데요?'라고 항변할 수 있을까요? 에이전시 사람들은 소녀들에게 그 사진가가 얼마나 중요한 사람인지를 설명합니다. 그러고 나서 그 소녀들을 촬영장에 내보내죠. 그게 사기와 무엇이 다를까요? 사진가와 그 일행들은 대놓고 이렇게 말했어요. '발기한 내 물건을 잡아봐.' 그 소녀가 싫다고 말할 수 있을까요? 모든 걸 포기하고 고향으로 돌아갈까요? 그런 선택은 불가능하죠. 그건 어리석은 선택이니까요."[4]

다시 말하자면 커리어를 위해 매력 자본을 활용하는 "선택"을 하는 여성들(사실 매력 자본이 남성보다 여성을 선호하는 유일한 분야는 성매매업이다)과, 생존을 위해 억지로 또는 강요에 의해 매력 자본을 활용하는 수많은 여성들의 차이는 아주 미미하다.

나 자신을 위한 성형

—

"나 자신을 위해 한 일입니다." 광고 속의 여성이 들고 있는 피켓에 이렇게 적혀 있다. 그녀가 우리들, 즉 관객들에게 그 피켓을 보여주는 데는 이유가 있다. 그리고 그것은 우리를 약간 불편하게 만든다. 그 광고를 제작한 사람들은 자기 몸 긍정주의와 선택 페미니즘의 기본적인 어휘들을 익히 알고 있다. 그 광고는 자유로운 시장에서의 선택과 그 결과인 여권 신장에 호소함으로써 성형수술에 관한 모든 비판을 우회하는 작전을 채택한 것이다. 매끄러운 이마를 만들고 팔자 주름을 없애기 위해 약간의 비용을 지불한 이 여성은 가부장제에 속아 넘어간 게 아니에요! 그녀는 남자를 위해 성형을 한 게 아니거든요. 여자를 위해 한 것도 아니에요. 그녀는 자기 자신을 위해 성형을 했어요. 바로 이것이 마법의 주문이다. "나 자신을 위해 한 일입니다" 같은 말들은 보톡스와 가슴 확대술 광고에 단골로 등장한다. 《보그》가 당신에게 지미 추 Jimmy Choo 구두를 신기 위해 발가락을 짧게 만드는 시술을 제안할 때도 이런 말들이 등장한다. 아침 시간대 라디오 프로그램 진행자들이 작은 가슴 때문에 고충을 겪는 안타까운 사연을 보낸 여성을 선정해서 무료 가슴 확대술 혜택을 제공할 때도 이런 말들이 등장한다. "나 자신을 위한 일이에요." "자신감을 얻으려고 그걸 했어요." "다른 누군가를 위해서가 아니에요." 이런 말들은 가상의 페미니스트들이 내놓을 반대 의견을 예상해보고 황급히 그것을 지워버리는 방어적인 반사작용이다.

나오미 울프가 베스트셀러인 《무엇이 아름다움을 강요하는가》에서 "미美라는 이데올로기는 구시대적 여성성 이데올로기의 마지막 잔여물이다. 그것이 여전히 힘을 발휘하기 때문에, 2세대 페미니즘의 영향에도 불구하고 여성들이 더 자유로워지지 못했다"라고 쓴 지 25년이 지났다. 여성들의 다양한 운동은 나름의 성과를 얻었지만, 우리의 사고가 시대에 맞게 혁명적으로 변화하지 못한 하나의 영역이 있다면 그것은 '백인 위주의 경직된 미의 기준'이다. 게다가 소비자들의 선택이 늘어남에 따라 미의 기준에 순응하는 새로운 방법이 수도 없이 생겨났다.

 이제 '선택'은 외모에 관해 이야기할 때 빠지지 않는 단어가 됐다. 언론인 알렉스 쿠친스키는 2006년에 출간한 《미용 중독》에서 이런 현상을 "미를 위한 행동주의"라고 명명했다. 그 책은 성형수술업계를 일종의 대형 체육관 Thunderdome으로 묘사했다. 새로운 주사약물이 나오면 대기자 명단이 두 자릿수로 늘어나고, 살갗을 흠잡을 데 없이 태운 유명 의사들이 여성 잡지에 인상적인 기사를 싣기 위해 경쟁하고, 의사들의 회합에 초대받은 연사들은 "성형수술을 더 많이 권유하자"라는 호소로 강연을 마무리한다. 선택지가 많아졌기 때문에(의사들이 많아지고, 여러 약품 브랜드가 경쟁하고, 열대 지방에서 저렴하게 성형수술을 해준다고 약속하는 관광 상품도 생겨났다) 성형으로 만든 코와 지방흡입술을 거친 복근은 선택이라는 단어로 규정된다. "미를 위한 행동주의" 역시 개인의 선택 중 하나다. 여기서 "행동주의"란 자신의 외모에 대해 적극적으로 대책을 세우고, 주름과 처진 살과 늘어진 피부가 생기지 않도록 항상 신경을 쓰는 것이다. 신자유주의 담론 안에서 미를 위한 행동주의는 가치와 지위의 상징으로 통하는 미의 기준들을 해체하지는 않는다. 대신 누구나 그런 기준에 도달하기 위해 돈을 내고 서비스를 받을 권리가 있다고 주장한다. 개개인의 세계는 의사의 진료실 한 칸으로 축소된다. 이 세계에서 다른 사람들은 외모의 비교 대상으로서만 존재한다.

 미와 신체에 대한 획일적 관념이라고 하면 우리는 대부분 페미니즘 이전의 사례들을 떠올린다. 전족을 해서 비틀거리는 걸음걸이, 납이 함유된 미백 파우더, 촌충 다이어트 같은 엽기적인 것들. 1970년대 이후는 외견상 평등 의식이 향상된 시기였지만 남녀 모두에게 해당하는 명령, 기준, 유행이 놀랄 만큼 많았다. 특히 여성들에게 강한 압력이 가해졌다. 1990년대에 홀쭉한 8부 길이의 카프리 바지가 유행하자 《보그》는 우둘투둘한 무릎과 각선미가 없는 종아리를 고치는 간편한 성형수술을 제안했다. 그리고 10년도 채 지나지 않아서 쇄골이 '오늘의 신체 부위'로 떠올랐다. 마침 헐렁한 옷이 유행이었는데, 쇄골은 그 헐렁한 옷을 입은 사람이 적당히 날씬하다는 점을 보여주는 긍정적인 증거였다. (쇄골에 자부심을 가진 한 여성은 〈뉴욕 타임스〉와의 인터뷰에서 쇄골이야말로 "가장 쉽게, 그리고 가장 거부감 없이 성적 매력을 호소하는 수단"이라고 말했다. 쇄골은 가슴처럼 노골적으로 섹시하지 않으면서 옷 밖으로 살짝 드러나는 육체미의 증거라나.)[5] 그로부터 몇 년이 지나자 주목받는 신체 부위는 더 아래로 내려왔다. 젊은 여성들은 "허벅지 틈(thigh gap: 다리와 무릎을 붙이고 섰을 때 허벅지 사이에 살이 없어서 생기는 틈_옮긴이)"을 동경하기 시작했고, 일부 젊은이들의 블로그에는 허벅지 틈을 만들기 위한 다이어트 일지와 사진이 올라왔다.

패션의 역사에서 특정한 형태의 몸매가 유행하다가 시들해지는 일은 종종 있었다. 예컨대 1920년대 젊은 여성들이 착용했던 플래퍼 드레스는 엉덩이 선을 드러내지 않는 실루엣이었고, 1950년대의 몸에 딱 달라붙는 앙고라 스웨터는 풍만한 가슴(적어도 패드를 붙여 풍만해 보이게 만든 가슴)을 요구했다. 그런데 신체가 "유행에 맞는" 유형으로 변해가는 속도는 갈수록 빨라졌다. 1970년대 날씬한 몸매의 여성들은 1980년대의 아마존 전사 같은 슈퍼모델들에 의해 밀려났다. 전사들은 다시 비쩍 마른 소녀 같은 여자들에게 자리를 내주고, 2000년대 초반에는 브라질 출신의 섹시한 금발 미녀들이 잡지의 화보를 장식했다. 그다음에는 영국의 금발 미녀들이 주인공으로 떠올랐다. 그러는 동안 패션업계는 유행에 맞추기 좋은 '민족적' 특징들을 선택적으로 수용했다. 풍만한 엉덩이를 가진 흑인 여성들과 라틴계 여성들은 고급스러운 주류 잡지에서 삭제되고, 패션쇼 모델로 서지 못했으며, 그들보다 엉덩이가 작은 여성들을 위해 디자인된 바지를 입으면서 불편을 느껴야했다. 그런 여성들이 2014년 《보그》의 기사를 보고 불쾌해한 것은 당연한 일이었다. 《보그》는 여성 래퍼 이기 아젤리아Iggy Azalea, 마일리 사이러스, 킴 카다시안 덕분에 "큰 가슴의 시대가 왔다"라고 선언했다. "어떤 몸매라도 틀렸다고 말할 수는 없다." 저술가이자 사이즈 긍정주의size positivity자인 한느 블랭크Hanne Blank는 이렇게 썼다. 하지만 시장과 언론은 언제나 그것과 모순되는 이야기를 한다. 시장과 언론은 그런 말을 믿지 않는 사람들에게 의존하기 때문이다.

공적 자산

—

조앤 제이콥스 브럼버그Joan Jacobs Brumberg는 1997년에 《몸매 개조 프로젝트The Body Project》를 출간했다. 이 책은 과거와 현재의 젊은 여성들의 일기를 토대로 가족, 의학, 음식, 소비주의가 여자들의 신체와 미에 대한 관념 형성에 어떤 영향을 끼쳤는지를 추적한다. 이 책에서 눈에 띄는 점 하나는, 지금보다 도시화가 덜 된 지역에 살았고 소비자 선택권도 적게 행사했던 1900년대의 소녀들은 자신의 몸매나 외모를 자신의 가치와 동일시하는 일이 드물었다는 것이다. 하지만 현대의 소녀들은 절반 이상이 몸매와 외모에 집착한다. 100년의 간격을 두고 소녀들이 쓴 새해 결심을 비교해보면 놀라운 결과가 나온다. 1890년대의 어느 사춘기 소녀의 일기는 다음과 같다. "나의 결심. 말하기 전에 생각을 하자. 진지하게 공부하자. 대화와 행동에서 자기 절제를 하자. 엉뚱한 생각에 파묻히지 말자. 품위 있는 사람이 되자. 다른 사람에게 더 관심을 가지자." 1990년대의 사춘기 소녀는 다음과 같은 새해 결심을 한다. "수단 방법을 가리지 않고 나 자신을 더 나은 존재로 만들자. 체중을 줄이고, 새 렌즈를 맞출 것이다. 머리 모양은 벌써 바꿨고, 좋은 화장품, 새 옷이랑 액세서리도 샀다." 요즘에는 "더 나은 존재"가 된다는 것은 곧 "육체적 매력의 향상"을 의미한다는 등식이 일반적인 것이 됐다. 이 등식은 소녀들에게 아주 일찍부터 영향을 미친다. 이 말이 믿기지 않는다고? 10대 초반 소녀들을 위한 티셔츠에 "나는 수학 문제를 풀기엔 너무 예뻐요"라고 새겨져 있다는 사실을 알게 된다면 당신도 이 말을 수긍할 것이다.

선택 페미니즘의 교리들은 우리의 다양한 신체 부위를 아름답게 만드는 방법으로, 반반하게 하고, 단단하게 하고, 매끄럽게 하고, 부드럽게 하고, 뭔가를 주입하고, 뭔가를 제거하고, 어둡게 하고, 밝게 하는 등등 끝없는 선택지 목록을 제시한다. 그러면 신체에 대한 집착은 점점 정당화된다. 요즘에는 콜라겐, 히알루론산(먹거나 바르면 피부를 촉촉하게 유지해준다고 한다_옮긴이), 레스틸렌(미간이나 입가의 주름을 없애주는 주사제의 일종_옮긴이) 같은 최첨단 필러 시술법으로 노화의 징표인 입가 주름, 눈가 주름 따위를 제거할 수 있다. 속눈썹을 더 풍성해 보이게 하는 화장품이 있고, 그걸로 부족하다면 속눈썹 임플란트 또는 속눈썹 염색 시술도 가능하다. 만약 전면적인 가

슈확대술을 받기가 꺼려진다면 약물 주사를 통해 2~3주 정도 효과를 내는 "휴가용 가슴"을 선택해도 된다. 물론 아래쪽을 단장하는 시술도 넘칠 만큼 많다. 여성의 복부 아래쪽 치구에 크리스털 같은 보석을 박아 장식하는 "바자즐링 vajazzling", 아래쪽의 피부를 관리하는 "바자샬 vajacials", 그리고 소음순성형술 labiaplasty과 질 필러(간결하고 완곡한 표현으로 "질 회춘술"). 이런 시술 중 일부는 할리우드에서 먼저 유행했다. 예컨대 바자즐링이라는 시술이 세상에 처음 알려진 것은 여배우 제니퍼 러브 휴이트를 통해서였다. 하지만 이런 서비스를 제공하는 병원이 아주 많다는 사실로 미뤄볼 때, 일반 여성들 중에서도 신체 부위를 고치거나 장식하는 게임에 빠져드는 사람들이 점점 많아지는 듯하다.

그래서 어떻다는 건가? 여자들은 항상 미를 획득하기 위해 자신의 자원을 활용하라는 압박을 받지 않았던가? 나로 말하자면 내 머리를 직모로 바꿔주지 못해 폐기처분한 상품들이 한가득이고, 나에게 진짜 광대뼈를 선사해주지 못할 화장품들로 서랍 하나가 꽉 차 있다. 나는 앞으로도 이런 일을 계속할 것이 틀림없다. 한번 생각해보자. 과거에 여자들이 피부를 반반하게 만들거나 눈을 더 동그랗게 만들기 위해 구입하고, 피부에 바르고, 눈에 떨어뜨렸던 비소와 납, 그리고 독성이 있는 벨라도나에 비하면 보톡스 주사는 별로 이상하지 않다. 고래 뼈로 만든 코르셋에 비하면 그 후손인 체형보정 속옷은 그나마 덜 야만적이다. 여자들이 무리한 제모 또는 바자즐링 시술을 하다가 부상 또는 감염으로 응급실을 찾는다고는 하지만(2002년부터 2008년까지 그런 부상으로 응급실을 찾는 여성의 수는 50퍼센트 증가했다고 한다)[6] 요즘 사람들이 그런 걸 어쩌겠는가. 시대에 발을 맞춰라! 그것은 각자의 선택이다!

　그렇다. 미를 획득하기 위한 여자들의 힘겨운 노력은 지금과 같은 소비자
문화가 발달하기 전에도 존재했다. 하지만 광고, 마케팅, 대중매체가 작동하
기 시작한 후부터 여자들의 그런 고생은 자아 존중감과 행복과 영원한 사
랑을 찾기 위해 반드시 필요한 일로 간주됐다. 1950년대 여성 잡지들은 여
자들에게 "여성미"를 유지하기 위해 라이솔Lysol과 리스테린으로 질 세척
을 하라고 권했다. 그렇지 않으면 남편들이 달아날지도 모른다면서. (다음
은 라이솔 광고의 문구 중 하나다. "아내들이 놓치기 쉬운 것 하나. 하나의 은밀한
부위를 소홀하게 관리해서 의심을 받으면 행복한 결혼 생활을 못할지도 모른다.")[7]
1950년대와 1960년대에 여자들은 남편에게 절대로 맨얼굴을 보여주지 말라
는 충고를 공공연하게 들었다. 그래서 《코스모 걸The Cosmo Girl》의 "신세대의
에티켓"이라는 기사에서는 여자들에게 신혼부부의 침대 밑에 파운데이션,
립스틱, 아이섀도를 숨겨뒀다가 새벽같이 일어나서 "피해를 복구"하라고 권
했다.[8]

　의류와 화장품, 성형시술과 국소요법의 광고 유형이 명령에서 선택으로
바뀐 것은 비교적 최근의 일이다. 1970년대 중반까지만 해도 여성 잡지의
광고와 기사는 대부분 규범을 제시하는 형식이었다. 물론 시대의 흐름과 함
께 그 언어들도 바뀌긴 했다. 1920년대의 광고 카피들이 젊은 여성 소비자
에게 잘못된 선택을 하면 사랑받지 못하게 된다고 협박했다면, 1940년대 광
고 카피들은 전쟁터에 파견된 군인 남편을 둔 여자들에게 영웅의 귀국을
위해 최대한 젊음을 유지하라고 요구했다. 제2차 세계대전 이후에는 명령문
이 제안으로 바뀌었다. ("파란색 아이섀도를 써보지 그래요?"). 머지않아 그것

은 어떤 물건 하나를 구입하라는 제안에서 여러 가지 물건 중에 선택하라는 문제로 바뀌었다. ("당신에게 맞는 향을 찾기 위해 퀴즈를 풀어보세요!") 하지만 선택이 필수적인 전제가 되는 과정에서, 신체와 외모에 관한 여성들의 개인적인 선택이 포스트페미니즘 시대의 '평평한 운동장'에서 이뤄진다는 믿음도 변화했다. 그리고 신체의 외모에 대한 여성의 개인적 '선택'은 포스트페미니즘의 중요하고도 필수적인 이론적 뼈대가 되었다. 그것은 유혹적인 이론이었고, 바로 그 이론을 토대로 주류 페미니즘의 가장 짜증나는 주장들 중 일부가 탄생했다.

음모를 예로 들어보자. 인류 역사에서 지난 20년은 음모에 관한 논의가 가장 많았던 시기였을 것이다. 게다가 논의 과정에서 종종 핵폭탄급의 독설과 독선이 난무했다. 논의의 대부분은 이론의 여지가 없는 하나의 사실에서 출발했다. 한때 여성의 음모는 사춘기에 접어들었다는 바람직한 표상으로 간주됐고(주디 블룸Judy Blume의 동화에 나오는 소녀 마거릿을 생각해보라. 마거릿은 하느님에게 기도할 때만 빼고 늘 거울 앞에 서서 2차 성징의 징후를 살펴본다), 남자들에게는 더욱 바람직하고 매력적인 울타리였는데 이제 그것이 사라지고 있다. 음모의 소멸을 촉진한 원인은 다양하다. 구하기 쉬워진 포르노, 주류에 편입된 속옷 마케팅, 연예인을 주 7일 24시간 감시하는 문화 등이 원인으로 꼽힌다. 음모 제거를 옹호하는 사람들은 음모 제거가 고대 이집트와 그리스에서 시작된 오래된 관행이라는 근거를 든다. 하지만 현대 사회에서 음모 제거가 유행하고 관련 서비스까지 생겨난 것은 분명히 1990년대 이후의 일이 분명하다.

이성애 포르노에서 여자 연기자는 무조건 털이 없는 상태로 등장한다.

제모를 하는 이유는 여배우의 몸을 더 많이 보여주기 위해서기도 하지만, 뻔뻔스러운 시장이 최대한 어리게 보이는 여성을 선호하기 때문이다. 여자들의 신체적 특징 중에 한때는 경탄의 대상이던 것이 이제 페티시로 취급당하고, 음모를 가진 여성이 나오는 포르노는 할머니 포르노, 임산부 포르노, 봉제인형 포르노(구글에서 이런 것들을 검색하지는 말라)와 함께 자극적인 틈새 장르로 홍보된다. 에이미 폴러가 한때 서사적으로 "숙녀의 정원the ladygarden"이라고 불렀던 음모가 '부담스러운 털'로 변해버린 건 순전히 포르노 탓만은 아니다. 수영복과 속옷 사이즈가 점점 작아져 비키니에 가까워진 것도 한 몫을 했다. 음모 제모를 열성적으로 지지하는 어떤 사람은 다음과 같이 말했다. "속옷 옆쪽으로 털이 삐죽 나온다면 보기에 단정치 못하잖아요."[9] 그리고 제모를 지시하는 역할은 이제 패션 잡지에서 연예인들에게로 옮겨갔다. 스파이스 걸스에서 활동하다가 패션 사업가로 변신한 빅토리아 베컴은 2003년 음모 제모에 대해 "열다섯 살이면 의무적으로 해야죠. 그렇지 않나요?"라고 언급했고, 킴 카다시안은 "여자들은 머리카락 말고는 털을 남겨놓지 말아야 해요"라고 단언한 바 있다.

주류 페미니즘에서 10년 이상 맹렬하게 전개된 음모 논란은 음모 제모에 대해 가부장적이고 포르노적인 미의 기준에 굴복하는 행위라고 하거나, 반대로 페미니스트들이 용감하게 선택의 자유를 선언하는 행위라고 주장했다. 어느 쪽이든 간에 그런 논쟁은 필연적으로, 그리고 우울하게도 정치적 성격을 띤다. 여기서 짚고 넘어갈 점은 남자들은 그곳에 털이 있는 것이 구시대적이라는 메시지를 항상 듣지는 않았다는 것이다. 게이 포르노에는 몸의 털을 남겨둔 남자와 그 털을 사랑하는 남자가 등장하는 작품들이 있었지만, 이성애자인 남성 포르노 배우들은 대부분 여성 배우들과 비슷한 시기에 제모를 시작했다. 이 점은 포르노 배우가 아닌 평범한 남성들의 선택에도 영향을 미쳤다. 다양한 취향과 성적 지향을 가진 남성들 사이에서 "허리, 음낭, 엉덩이 사이 부분"에 바르는 제모제가 인기를 끌었다. 하지만 음모를 제거할 것인가 아닌가에 관한 남자들의 결정에는 정치적 의미가 수반되지 않는다. 반면 여자들의 음모 논쟁은 온라인과 오프라인에서 아직도 진행 중이며 멈출 기미가 없다. 2013년 런던의 〈데일리 텔레그래프〉에 실린 칼럼은 자신이 아는 젊은 여성들에게 주류 페미니즘의 난제는 재생산의 권리나 임금 격차가 아니라 음모를 어떻게 하느냐라고 주장했다. 그녀의 주장은 어떤 관점으로 보느냐에 따라 위대하기도 하고 무시무시하기도 하다.

영국 페미니스트 케이틀린 모런은 2012년에 출간해서 베스트셀러가 된 자서전 《진짜 여자가 되는 법How to Be a Woman》에서 음모를 남겨두는 것을 강력하게 옹호했다. 그녀가 그 주제에 관해 스스로도 '계몽적'이라고 인정한 설명을 7쪽에 걸쳐 늘어놓았을 때 독자들은 대부분 불편해 했다. 하나의 강요가 그 정반대의 것에 대한 강요로 대체되는 모습을 봤기 때문이다. 어떤 독자들은 모런에게 매력을 느끼고 어떤 독자들은 불쾌해하는데(그녀는 책에서 별다른 고려 없이 "트래니들(trannies: 성전환자라는 의미의 transgender를 줄여서 tranny라고 하는데, 미국 사회에서 tranny는 트랜스젠더를 비하하는 의미로 해석된다_옮긴이)"이라는 말을 썼고, 트위터로 인종차별적인 발언을 한 적도 있다.) 그것은 '위대한 음모 논쟁'에서 그녀가 취한 입장에 대한 적개심과도 연관이 있을 것이다. 하지만 자본주의, 문화의 포르노화, 그리고 현재진행형인 성불평등의 동맹이 음모가 없는 상태를 정상으로 만든 탓에 "사춘기 여학생들이 음모를 얻자마자 밀어버리고 있다"라는 그녀의 주장은 때때로 잘못 받아들여진다. 모런이 인터뷰에서 밝힌 바에 따르면, 그 책을 출간한 이후로 여자들이 그녀를 '음모 고해성사'를 들어주는 사람으로 여긴다고 한다. "여자들 두어 명이 내게 다가와서는 죄책감 어린 표정을 짓고 술에 취한 목소리로 말해요. 자기들은 아직 제모를 하고 있고, 그게 좋고, 자기들에게는 그게 편하고, 섹스에도 더 좋다는 이야기를 늘어놓죠. 그러면 내가 핸드백에서 음모 한 올을 꺼내 그들에게 억지로 쥐어주면서 이렇게 말할 줄 아나봐요. '아니에요. 그건 절대 아니에요. 당신들은 평생 제모하지 말아야 해요.' 최대한 친절하고 상냥하게 말할게요. 나는 여자들이 자신을 행복하게 만들기 위해 무슨 일을 하든 상관하지 않습니다."[10]

한가로이 음모와 여성해방의 관계를 논의하는 데 시간을 쓴다는 것 자체가 정말로 긴박한 페미니즘 의제들은 다 해결됐다는 뜻일지도 모른다. 음모 논쟁에 참여하는 사람들은 최저임금을 받고 3가지 일을 하는 와중에 짬짬이 온라인을 돌아다니며 의견을 제시하는 사람들은 아닐 테니까. 음모 논쟁은 개인의 자아실현을 집단의 노력보다 중요하게 여기는 비교적 여유로운 사람들 사이에서 벌어지는 일이다. 그렇다고 당신이 음모 논쟁과 여성해방을 위한 집단적인 실천에 동시에 참여할 수 없다는 뜻은 아니지만, 모런의 서술을 다시 들여다보자. "당신을 행복하게 만드는"과 "그것이 당신의 선택이라면"은 둘 다 개인의 감정과 선택에 초점을 맞추고 있다. 그리고 왜 그런 선택이 논쟁의 대상이 되는가라는 더 큰 질문으로부터 개인의 감정과 선택을 분리시키려 한다. 여자들이 모런에게 자신들의 음모에 관해 시시콜콜 털어놓을 필요를 느낀다는 사실은 음모 논쟁이 대단히 격렬해졌다는 증거며, 페미니즘의 가치를 주관적인 제모 계획으로 치환하는 것은 이데올로기적 근거가 빈약하다는 점을 보여준다. 하지만 음모는 하이힐, 화장, 팬티와 함께 페미니즘의 의제가 됐다. 음모라는 의제는 선택이라는 철벽 같은 방어 수단에 의존한다. 한층 시급한 다른 의제들(예컨대 여성에 대한 폭력, 육아휴직 정책의 개선 등)보다 음모 논쟁에 소요된 잉크의 양이 더 많다. 우리는 이 모든 문제에 관심을 기울일 수도 있겠지만, 왜 외모와 성적 매력에 관한 의제들이 다른 의제들보다 강조되는가라는 질문이 필요해보인다.

나는 나쁜 페미니스트인가요?

몇 년 전부터 블로그 생태계를 둘러보면 젊은 여성들, 특히 자신을 페미니스트로 간주하는 백인 여성들이 심각한 혼란에 빠진 모습이 발견된다. (물론 예외도 있다) 어느 블로거는 이렇게 묻는다. "내가 제모를 하면 나쁜 페미니스트가 되나요?" (나의 의도를 알겠는가?) 다른 블로거의 질문. "페미니스트가 하이힐을 신어도 되나요?" 또 다른 블로거의 질문. "미용 에디터가 페미니스트일 수도 있나요?" 또 다른 블로거의 말. "얼마 전에 약혼을 했는데, 불량 페미니스트가 된 기분이다." 어디를 가나 자신이 가공의 이상을 따르지 않았다는 이유로 안절부절못하고, 자신이 페미니스트로서 해서는 안 될 행동을 했다고 스스로 판결하고 고백하며, 엄격한 페미니즘 선조들의 분노가 지옥의 불이 되어(혹은 월경혈이 되어) 자신에게 퍼부어지는 장면을 상상하는 여자들이 보인다.

"가끔 나는 저메인 그리어(20세기 후반의 가장 중요한 페미니스트 중 하나다)가 보면 기겁할 일을 한다." 모순에 빠진 한 여성이 이렇게 말한다. 그러고는 자신이 하이힐과 1950년대 주부들의 키치 의상을 사랑한다고 고백한다. 이런 식의 고백은 이제 상투적으로 느껴진다. 그 주제가 보정브라, 느끼한 연애소설, 선정적인 포르노 등으로 다양할 뿐이다. 한 여자가 자신이 관심을 가지는 뭔가가 성평등을 향한 자신의 신념에 위배된다고 생각해서 고민한다. 그런 고백은 수행성(performativity: 어떤 언어가 단순히 의사 소통을 하기 위한 것이 아니라 행위를 하거나 행위를 완결하기 위한 것이라는 의미_옮긴이)을 띤다. 마치 공개적인 자기 비난이 곧 철저한 분석인 것처럼. 하지만 이런 글들은 하나같이 익숙한 감상으로 마무리된다. '이것은 나의 선택이다. 내가 나 자신을 위해 한 일이다. 그러니까 이것도 페미니즘적인 일이다.' 만약 그말이 옳다면 공론장에 그것에 관해 1,500 단어짜리 글을 쓰는 것은 좀 이상한 일이다. 마치 비틀거리는 걸음으로 모런에게 다가와 자신의 죄를 고백하는 여자들처럼, 그 블로거들의 개인적인 에세이는 사면 선고를 받기에는 너무 사소한 것 같다. 당신이 하이힐을 좋아한다면 하이힐을 신어라. 당신이 하얀 드레스를 입고 결혼하고 싶거나, 여자들이 페니스 한 다발에 숨이 넘어가는 포르노를 보고 싶다면, 죄책감을 느끼더라도 그렇게 하라. 하지만 그것에 관한 개인적인 에세이를 고행의 증거로 내세우지는 말라.

'나쁜 페미니스트 에세이'라는 콘텐츠야말로 시장 페미니즘의 가장 큰 승리라 할 수 있다. 시장이 제공하는 자유로운 선택이라는 환상에 따라 행동하고, 기업 매체들이 자신을 돈벌이 수단으로 이용하도록 허용하는 여성들. 소비하면서 느끼는 죄책감에 관한 에세이는 대부분 소액의 사례금을 받고 작성되며, 대개의 경우 그런 글이 매체에 실리는 이유는 조회수를 늘리기 위해서다. 그런 글을 게재하는 웹사이트들은 대부분 새로운 콘텐츠에 대한 수요를 충족하기 위해 날마다 새로운 글을 잔뜩 올리는 방식으로 페이지 방문 횟수를 늘린다. 그리고 이런 요구에 부응해서 자신의 사소한 실패담을 공개하는 사람들은 대체로 젊은 여성들이다. 그들의 그런 행동은 페미니즘이 본래 이성애 규범적이고, 백인과 중산층 중심의 운동이며, 요즘에는 자기변명에 몰두하는 가망 없는 운동이라는 관념을 강화한다. 언젠가 우리는 '나의 아랫부분 제모제가 마르크스주의에 대한 나의 신념에 위배되는가?'라는 제목이 붙은 남자들의 에세이를 보게 될지도 모른다. 하지만 아직까지 그런 글은 없었다. 우리가 호들갑을 떨며 '나쁜 페미니스트' 에세이를 양산하지 않아도 되는 이유는 그것으로 충분하다.

여자들의 나쁜 페미니스트 에세이가 시장 페미니즘의 활성화에 기여하는 이유는 다른 주제가 빠져 있어서가 아니라(나쁜 페미니스트 에세이는 섹시하고 잘 팔리는 것들만을 다룬다), 그런 에세이들이 백이면 백 모두 선택이라는 호소로 끝나면서 더 깊이 있는 탐구의 가능성을 차단하기 때문이다. 나는 성공하고, 매력적으로 보이고, 행복해지기 위해 필요한 일을 하고 나서 혼란에 빠져 어리둥절해진 여자들을 비난하려는 것이 아니다. 보톡스 시술을 받거나 음모를 단장하는 여자들을 비난할 생각도 없다. 사람들이 옷을 차려입고, 화장을 하고, 스타일을 추구하고, 유행을 따르는 이유가 얼마나 다양한가. 가족과 민족의 전통, 종교에 대한 순응 또는 반항, 개성의 표현……. 그러나 나쁜 페미니스트 운운하는 에세이들은 그 개인적이고 사적이고 외모 중심적인 행동이 여권 신장으로 칭송받도록 만든다. 그리고 그들의 행위를 '획일적인 사상'에 불과한 페미니즘에 대한 배신쯤으로 만들어버리기도 한다. 문화평론가 수전 보도Susan Bordo는 이런 식의 반사적인 합리화가 겉으로 드러난 현상에만 시선을 집중시키고 그 원인인 소비자 문화와 성불평등의 존속을 은폐하는 "눈속임 소음diversionary din" 역할을 한다고 지적했다.[11] 우리는 외부와 단절된 상태에 존재하는 것이 아니며, 우리의 선택 역시 마찬가지다. 이윤을 추구하는 매체와 기업들이 만들어내고 전파하는 문화적 이상은 우리의 신체에 관한 우리의 '자유로운' 선택에 지대한 영향을 행사한다. 그리고 그것을 바꾸려고 노력하는 것보다 장황한 개인적 에세이로 그것을 합리화하는 것이 한결 쉽다.

새로운 미의 기준?

점점 많은 여자들이 성형수술을 받아 획일적인 외모를 가지는 요즘, 시장 페미니즘의 주요 특징 중 하나가 '미의 기준을 넓히는 것에 관한 진지한 대화'라는 것은 하나의 역설이다. 도브의 예를 들어보자. 도브는 지난 10년 동안 '리얼 뷰티 캠페인Campaign for Real Beauty'을 선보이며 여권 신장 광고의 선두 주자로 떠올랐다.

2004년부터 북아메리카와 영국 여성들은 도브 비누 광고가 달라진 것을 알아차렸다. 새로운 광고에는 도브를 유명하게 만든 소박하고 둥글둥글한 하얀 비누를 찾아볼 수 없었다. 그 대신 연령과 피부색과 체형이 다양한 여성들의 사진이 등장하고 사진마다 체크박스가 있었다. 미소를 띠고 있는 통

통한 여성이 가슴까지만 오는 검정색 드레스 차림으로 두 팔을 올리고 찍은 사진 옆에는 이런 문구가 있었다. "사이즈가 너무 크다? 눈에 확 띈다?" 얼굴에 주근깨가 잔뜩 있는 빨간 머리 여자 옆에는 다음과 같은 문구가 있었다. "흠이 있다? 흠 잡을 데 없다?" 흰색 탱크톱을 입어서 작은 가슴이 더 눈에 띄는 여자의 사진 옆에는 "반이 비어 있다? 반이 차 있다?"라고 적혀 있었다. 비누 사진 대신에 웹사이트 주소와 "미의 기준 토론에 참여하세요"라는 문구도 보였다.

체크박스 캠페인에 감동을 받거나 호기심을 느껴 도브 웹사이트를 방문한 여성은 무려 150만 명이었다. 하지만 이것은 2차 광고 때의 방문자 수에 비하면 아무것도 아니었다. 2차 광고에서 도브는 흰색 브라와 팬티를 입은 여자들의 모습이 담긴 광고판을 뉴욕, 시카고, 워싱턴 D.C.를 비롯한 미국의 주요 도시들에 세웠다. 광고판 속의 그 여자들은 "일반적인" 모델들보다 몸집이 컸다. 놀라운 점은 그들은 몸집이 큰데도 불행해 보이지 않았다는 것이다. 그들은 미소를 짓거나 깔깔 웃고 있었고, 서로에게 몸을 기대고 있었다. 모델들이 일그러지거나, 고통스러워하거나, 굳은 표정으로 등장하는 고급 패션 브랜드의 광고판과 달리 이 여자들은 살아 있는 것 같았다. 이론적으로는 몸매와 피부색이 다양한 여자들이 행복한 얼굴로 타임스퀘어 광장에 7미터 높이로 서 있는 광경이 그렇게 충격적인 것은 아니어야 마땅하다. 하지만 현실에서 그것은 상당한 충격이었다. 며칠 후부터 언론은 "진정한 미"를 대변하는 도브의 혁신적인 시도에 관해 떠들어댔다.

리얼 뷰티 캠페인은 신체에 대한 찬양 메시지를 애니 리버비츠 Annie Leibovitz와 페기 시로타 Peggy Sirota 같은 유명한 여성 사진가들의 강력한 사진들과 결합했다. 그리고 2004년 도브의 의뢰로 하버드 대학의 낸시 에트코프와 런던 경제대학원의 수지 오바크Susie Orbach가 수행한 연구를 통해 캠페인은 학술적 권위마저 획득했다. 에트코프와 오바크는 여성과 신체 이미지, 여성과 미에 관한 유명한 책을 쓴 사람이었다. 오바크의 가장 잘 알려진 저서는 1978년에 출간한 《다이어트에 반대한다Fat Is a Feminist Issue》였으며, 에트코프가 1999년에 출간한 《미美》는 무엇이 아름다움인가에 관한 생물학 이론에 반박한 책이었다. 두 사람은 미국, 캐나다, 영국, 이탈리아, 프랑스, 포르투갈, 네덜란드, 브라질, 아르헨티나, 일본에서 '미의 진실The Real Truth About Beauty'이라는 연구를 수행했다. 그것은 자칭 '세계적'인 연구였지만 아프리카 대륙 전체와 인도 등 아시아 일부 국가들이 배제됐기 때문에 여성과 미의 기준에 관한 연구로서 맹점을 지니고 있기도 했다. 에트코프와 오바크는 여러 나라와 여러 문화권의 여자들이 미(자신의 미와 타인의 미)를 어떻게 판단하는가, 자신의 몸에 대한 그들의 생각이 전통적인 미의 기준에 어떤 영향을 받는가라는 질문을 던지고 그것을 수치화하려 했다.

도브는 그 연구 결과를 발표하면서 부정적인 부분들(예컨대 인터뷰에 응한 여성 중 "아름답다"는 말이 자신에게 해당한다고 답한 여성은 2퍼센트에 불과했다)은 슬쩍 넘어가고 "미에 관한 인식"이라는 소제목이 붙은 단락을 집중적으로 소개했다. 소개에 따르면, 인터뷰에 응한 여자들은 "여자는 나이와 무관하게 아름다울 수 있다"(89퍼센트가 적극 찬성), "모든 여성에겐 아름다운 부분이 있다"(85퍼센트가 적극 찬성), "나에게 딸이 있다면 넌 아름답다고 말해주고 싶다"(82퍼센트) 같은 명제에 적극적으로 동의했다. 도브 광고에 인용된 내용을 요약하자면 세계의 여성들은 '여성Women' 일반의 아름다움을 이

구동성으로 찬양했지만 그들 자신의 '미'를 당당히 내세우지는 못했다는 것이다. 그리하여 다음과 같은 사명을 띤 도브 캠페인이 시작된다. "미의 정의를 넓히기 위한 세계인의 대화를 시작하자." 그리고 전체 여성의 상징으로서 '도브 여성'이 탄생했다. 도브 광고판 사진의 모델 중 하나였던 지나 크리산티Gina Crisanti는 AP통신과의 인터뷰에서 다음과 같이 말했다. "어릴 때는 내 몸매와 체격이 마음에 들지 않았어요. 20대 때 그런 생각들이 나 자신을 파괴한다는 걸 깨달았죠. 미의 대안적인 기준을 찾아가는 과정에서 모든 게 안정되기 시작했어요. 나를 빛나게 하는 일, 그게 전부입니다."

잠깐. 그게 전부는 아니고, 도브의 퍼밍크림도요. 뭐라고요? 아, 맞아요. 도브의 혁신적인 광고판 속에서 활짝 웃고 있는 여자들은 셀룰라이트를 녹여주는 로션과 크림을 바르고 있었거든요. 제니퍼 L. 포즈너는 2005년 9월 리얼 뷰티 캠페인에 관한 글에서 다음과 같은 의견을 밝혔다. "[도브의] '여자들은 어떤 사이즈를 입든 훌륭하다'라는 기분 좋은 메시지는 온전히 전달되지 못한다. 거기에는 우리가 광고주들의 의도에 따라 늘 미워하고 성가시게 생각하는 '문제 부위'를 '교정하기' 위해 돈을 쓰고, 쓰고, 또 쓰라는 숨은 의도가 있기 때문이다."[12] (도브가 새롭게 만들어낸 '문제 부위'에 관해서는 아직 이야기하지 않았다. 나중에 리얼 뷰티 캠페인의 버스 광고에는 여자들이 도브의 '어드밴스드 케어' 제품인 미백 데오드란트를 사용하면 "겨드랑이가 팔처럼 예뻐진다"라는 문구가 들어갔다.)

만약 도브가 똑같은 이야기를 하면서 사이즈만 약간 다른 모델을 쓴 거라면, 그런 광고는 도브의 주요 고객인 화장품을 구매하는 평범하고 다양한 여성들을 여전히 속박하는 것이 된다. 물론 모든 여성이 백인이 아니고,

모든 여성이 종잇장처럼 얇은 사이즈 2도 아니라는 점을 이해하려는 도브의 노력은 지지할 가치가 있어 보인다. 그리고 사이즈 12인 여성이 속옷을 입은 사진을 보고 미국 사회의 비만 문제가 심각해질 거라고 걱정하는 사람들에게 휘둘리지 않는 자세도 지지하고 싶다. ("흑백 혼혈아가 도브에 오면"과 같은 제목의 기사들은 진지하게 그런 우려를 제기한다.) 사이즈 4보다 큰 옷을 입는 여자들의 속옷 사진을 봐야 한다는 사실이 자신들의 발기를 방해한다고 항의하는 남성 평론가들을 볼 때면, 도브를 지지하고 싶어진다. 그런 남성들 중 하나가 영화평론가 리처드 로퍼Richard Roeper였다. 그는 〈시카고 트리뷴Chicago Tribune〉에 기고한 글에서 도브 캠페인에 반대하는 이유를 장황하게 늘어놓았는데, 그중 하나는 다음과 같다. "우리 집 거실 창밖으로 보이는 광고판에 속옷 차림의 여자들이 꼭 있어야 한다면, 부탁하건대 끝내주는 아가씨들로 해달라. 이런 소리를 하면 내가 경박하고 속물적이고 성차별적인 사람으로 보일 수도 있겠지만, 그래도 어쩌겠는가. 나는 남자인데." 〈시카고 트리뷴〉과 경쟁 관계인 〈선타임스Sun-Times〉는 마치 로퍼를 능가하려는 것처럼 루치오 게레로Lucio Guerrero의 글을 실었다. "내가 그렇게 큰 허벅지를 보고 싶어지는 때는 단 하나, 빵가루를 묻혀 구운 고기 요리를 먹을 때밖에 없다."

그 광고들은 시장 페미니즘의 징후인 동시에 결과물이었다. 페미니즘이 오랫동안 교정하려고 했던 것, 즉 주류가 요구하는 획일적인 미의 기준에 문제를 제기한 도브는 진보적인 브랜드라는 이미지를 얻었다. 미끼 상술로 퍼밍크림을 판매하면서도! 반면 그 캠페인을 뻔뻔한 사기극이라고 말했던 사람들은 완벽을 추구하려다 좋은 것을 적으로 돌린다는 비난을 받았다.

도브는 어차피 초국적 기업이라는 논리로 합리화가 계속됐다. '우리는 기업이 절대로 공장 이전을 안 하리라고 기대할 수는 없다. 적어도 도브는 사이즈 긍정주의와 여성의 자신감을 지지하는 홍보 전략을 구사하고 있다. 그렇지 않은가?' 어쨌든 소비자들은 반응했다. 2006년 도브 매출의 3분의 2는 도브 제품을 하나 이상 구매한 사람들에 의해 생성됐다. 캠페인 시작 전인 2003년과 비교하면 매출액은 2배로 뛰었다. 그리고 10년이 지나자 도브의 순이익은 25억 달러에서 40억 달러로 늘었다.[13]

리얼 뷰티 캠페인이 시작되고 몇 년이 지나서도 도브는 의식화와 체제 내 동화co-optation의 경계선을 지켰다. 도브가 2007년에 발표한 〈습격Onslaught〉이라는 동영상은 의식화의 한 예다. 〈습격〉에서 카메라는 어느 젊은 백인 여성의 복숭앗빛 얼굴을 확대해서 보여준다. 우리의 시선이 잠시 그녀의 얼굴에 머무르는 사이에 화면은 여성 신체의 여러 부분으로 이뤄진 몽타주로 바뀐다. 가슴, 입술, 비키니 라인, 엉덩이, 쇄골. 체중계 위의 여성은 빠른 속도로 커지다가 갑자기 작아진다. 의사의 메스가 그녀의 살갗을 자르고 관으로 뭔가를 빨아들이는 굴욕적인 장면. 그것은 순화된 이미지들의 반란이다. 동영상이 전달하려는 주제가 바로 그것이다. 동영상의 끝부분에는 다음과 같은 메시지가 나타난다. "미용 산업이 당신의 딸을 설득하기 전에 당신이 먼저 설득하십시오." 〈습격〉은 미국의 사회운동가 진 킬번과 미디어 연구자 서트 쟬리의 작품을 상당 부분 원용해서 만들었다. 킬번과 쟬리는 광고 속 여성들의 이미지와 실제 사회 속에서 여성들의 지위의 관계를 불편하고 노골적인 방식으로 드러내는 영상을 제작하는 사람들이다.

〈습격〉 이전에는 〈진화Evolution〉라는 홍보용 영상이 나왔다. 〈진화〉는 저속도 촬영 사진을 이용해서 평범한 모델들이 화장과 포토샵을 통해 광고 속 아마존 여전사의 모습으로 바뀌는 과정을 추적한다. 〈습격〉과 〈진화〉는 둘 다 온라인에서 입소문을 탔다. 그것이 리얼 뷰티 캠페인에 참가하는 '도브 자존감 기금Dove Self-Esteem Fund'의 프로젝트라는 사실을 시청자들이 알아내기 전까지는 아무도 그것을 광고로 생각하지 않았다. 〈습격〉과 〈진화〉는 동영상 콘텐츠 유통 사이트인 업워시Upworthy 시대에 맞게 만들어졌다. 당황스러울 만큼 솔직한 시각적 단서들을 넣고, 긴박한 분위기의 음악을 삽입하고, 카피는 절제하는 방식으로 시청자들이 자신의 고정관념에 의문을 품게 만들었다. 이 영상들의 배후에 도브가 있다는 사실을 발견할 때 시청자는 그것의 타당성을 다시 한번 확신한다. '이건 일부 광신도 페미니스트 운동가들이 만든 게 아니었어. 여자들과 소녀들이 미의 이상을 거부할 경우 잃을 것이 많은 기업의 작품이잖아? 기업에서 관심을 가질 정도라면 이건 정말 심각하게 생각해볼 문제구나!'

하지만 그 홍보 동영상들이 정말로 도브가 간절히 원했던 세계인의 대화를 시작하는 데 도움이 됐다고 해도, 도브의 진짜 광고들은 그런 대화가 궤도를 벗어나게 만든 측면이 있었다. 2013년 텔레비전 방영용과 조금 더 긴 소셜미디어용으로 각각 제작된 〈스케치스Sketches〉라는 동영상을 예로 들어보자. 〈스케치스〉에서 햇빛이 잘 드는 널찍한 별장에 모인 여자들은 몽타주 전문 화가에게 자신의 생김새를 말로만 설명한다. 그 다음에는 다른 여성이 방금 설명을 마친 여성의 외모를 화가에게 다시 묘사한다. 나중에 화가는 여자들에게 두 장의 스케치를 선물한다. 여자들은 그 그림을 보고 충격을 받고, 웃음을 터뜨리고, 무안해한다. 당신도 짐작하겠지만, 이 게임은 여자들의 외모를 가장 부정적으로 평가하는 사람은 여자들 자신이라는 것을 지적한다. 단 하나의 예외도 없었다. 여성이 자신을 묘사한 말을 듣고 그린 그림은 타인의 설명을 듣고 그린 그림보다 훨씬 덜 매력적이었다.

1억 3,500만 명이 넘는 사람이 〈스케치스〉를 시청했다. 만약 동영상을 페이스북에 공유한 사람들의 숫자에 의미를 부여한다면 〈스케치스〉는 진실 폭탄으로서 반향을 일으켰다. 미국의 광고 전문지 《애드버타이징 에이지 Advertising Age》는 〈스케치스〉를 '올해의 바이럴 캠페인'으로 선정하기도 했다. 하지만 여러 평론가들이 지적한 대로 리얼 뷰티 캠페인이 내세운 메시지를 기준으로 보자면 〈스케치스〉는 실패작이다. 〈스케치스〉는 "아름답다"는 단어의 정의를 확장하는 데 별로 기여하지 못했을 뿐 아니라, 한 여성을 설명하는 단어 중에 "아름답다"가 가장 중요하다는 관념을 고착시켰다. 앤 프리드먼Ann Friedman은 스타일·문화 블로그인 더 컷The Cut에 기고한 글에서 다음과 같이 질문했다. "만약 도브가 그 '부정적인' 자기 묘사와 정말로 똑같이 생긴 여성을 화면에 담았다면? 눈썹이 너무 짙고 사마귀가 툭 튀어나오고 눈 밑에는 다크서클이 보인다면? 그리고 사이즈 14를 입는 여성이라면? 그리고 그 여성이 화가에게 '저는 아주 예뻐요'라고 말했다면?"

〈스케치스〉에 나오는 여성들이 대부분 젊고 날씬한 백인이라는 점 또한 이제 도브가 그 캠페인의 내용만큼 여러 방면의 다양성을 중시하지 않는다는 증거다. (그게 아니라면, 적어도 도브와 오래전부터 제휴 관계였던 오길비 앤드 매서Ogilvy & Mather라는 광고기획사가 그렇게 생각했다고 말할 수 있다.) 도브가 백발 여성, 레게 머리 여성, 얼굴에 주름이 있는 여성 등 현실적인 인물들을 모델로 쓰는 것과 대조적으로 〈스케치스〉의 주인공들은 다 비슷비슷하다. 유색인종 여성은 하나도 없고, 전원이 전통적인 마른 몸매에다 40세 이하 여성이었다. 유색인종 여성들과 40세 이상 여성들은 자신들의 모습이 백인 여성들에 비해 주류 매체에 적게 등장한다고(그리고 그들의 모습이 미의 화신으로 묘사되는 일은 거의 없다고) 느끼는 집단이라는 점을 감안하면 이것은 의미심장한 대목이다.

리얼 뷰티 캠페인의 다음번 동영상은 더욱 혼란스러운 것이었다. 〈패치스 Patches〉라는 제목이 붙은 그 동영상은 "미용 패치"를 제공받고 아무런 의심을 하지 않는 여성들을 보여준다. 그 "미용 패치"는 사실 니코틴 패치였지만 여자들은 그 패치를 반창고처럼 붙이면 더 아름다워진다는 설명을 듣는다. 다음에 벌어지는 일은 그다지 충격적이지 않다. 그 여자들은 당신이 속았다는 이야기를 듣고, 과장된 음악과 함께 진정한 아름다움은 내면에서 나온다는 말을 듣는다. 그러고 나서도 그 패치의 플라시보 효과는 지속된다. "내가 아름답다고 느끼게 해줄 물건이 필요하지 않다는 걸 알았어요. 이게 원래의 내 모습이더군요. 지금까지는 숨겨져 있었지만요." 속임수에 넘어갔던 여자가 만족스러운 표정으로 말한다. "나의 권능이 향상된 느낌이에요." 10년이 조금 안 되는 기간 동안 도브는 여성들을 자신의 현재 모습에서 아름다움을 찾는 당당한 존재로 묘사하다가 '미의 이상'에 쉽게 속아 넘어가는 존재로 바꿨다. 이것을 진보라고 말하기는 어렵다. 그런데도 다른 광고들과 마찬가지로 〈패치스〉는 대체로 호의적인 반응을 얻었다. 《애드버타이징 에이지》에서 소셜미디어 이용자들의 반응을 조사한 결과 〈패치스〉가 65개국에 공개된 첫째 날과 둘째 날에 호의적인 반응은 91퍼센트에 달했다.[14]

성공 여부와는 별개로 〈스케치스〉와 〈패치스〉는 진정한 자기 몸 긍정주의와 기업 마케팅이 결합할 때 드러나는 한계를 보여줬다. 도브가 선언한 목표들은 진심을 담고 있었을 수도 있지만, 도브가 여성의 불안감을 영속시키고 여자들이 자신을 비난하는 심리를 부추겨서 이윤을 얻는 시스템의 일부라는 사실은 변하지 않는다. 그래도 미의 기준을 완화한다는 주제를 용감하게 채택하는 다른 회사들이 없다는 이유만으로, 도브는 앞으로도 여성들의 문제에 관심을 기울이는 회사로 인식될 것이다. 회사 수익을 위태롭게 만들지 않을 정도만 관심을 가진다(새로운 불안감을 발명한 후 그 문제들을 해결할 신상품을 만들어내는 행위를 중단하지도 않는다)는 사실은 시장에서 비판받을 일로 여겨지지 않는다. 시장에서는 자기 몸 긍정주의를 가지고 말장난만 해도 급진적으로 보인다. 2014년 유니레버Unilever는 리얼 뷰티 캠페인의 효과를 수치로 측정하기 위해 후속 조사를 의뢰했다. 컨설턴트로서 그 조사를 담당했던 에트코프는 인터뷰 대상자였던 여성들의 62퍼센트가 "나 자신의 '미의 정의'에 대한 책임은 나에게 있다"라는 명제에 동의했다. 이것은 10년 전에 그 명제에 동의했던 비율의 3배다. 그 인터뷰에 응한 여성들이 소비하는 매체들은 미에 집착하고 있으며 아직도 메시지를 바꾸지 않았다. 메시지에 페미니즘의 정신을 조금 가미해서 세련되게 다듬었을 뿐이다.

도브를 비롯한 기업들은 캠페인을 진행하면서도 스스로 이런 문제점을 인식하고 있는 듯하다. 그리고 마치 한 입으로 두 말을 한다는 비판을 예상하기라도 한 것처럼, 그들은 광고를 내보내는 동시에 시장 행동주의에 기초한 소셜미디어 토론에 소비자들이 "참여"하거나 "함께 만들" 기회를 제공한다. 예컨대 오랫동안 시리얼이 여자들의 몸매를 자신들의 로고인 빨간 개구리처럼 날씬하게 해주는 특별한 상품이라고 자랑하던 브랜드인 스페셜 K Special K는 2013년부터 #fightfattalk라는 해시태그 캠페인을 시작했다. #fightfattalk는 여자들이 자신의 신체에 관해 이야기할 때 자기혐오 언어를 사용하는 현상에 대해 각성을 촉구하는 해시태그 캠페인이었다. "뚱뚱한 다리에 관한 '농담'에서부터 파괴적인 자기비난에 이르기까지, 비만에 관한 막말은 일상적인 대화의 일부로 자리 잡았습니다. 사람들은 깊이 생각지 않고 말을 던집니다." 이 광고의 카피는 다음과 같이 계속된다. "말의 힘을 잊지 마세요. 언제나 긍정적인 말을 합시다."

그래, 여기까진 괜찮다. 여자들이 살에 관해 이야기하면서 자기비난을 자주 한다는 스페셜 K의 지적은 일리가 있다. 소비 문화에 익숙해진 백인 여성들은 일상적으로 자신의 몸매를 비난하는 대화를 나누니까 말이다. 수십 년 동안 자신에 대한 날카로운 지적을 유머의 수단으로 인정받았던 여성 코미디언들도 그렇고(필리스 딜러Phyllis Dilelr의 "나의 플레이텍스 리빙 브라는 죽었어요…… 굶어서"라는 대사라든가, 자신은 "녹아내리는 양초 같은 몸매"를 가지고 있다는 재닌 개로팔로Janeane Garofalo의 대사를 보라), 연예인을 소개하는 기사들도 그렇다(장래가 촉망되는 젊은 여배우가 보통 사람처럼 음식을 먹는 모습을 파파라치에게 들키면 언론은 법석을 떤다). 눈에 보이는 몸을 가졌다는 이유로 사과하는 것이 수많은 여성의 일상이다. 그리고 유색인종 여성들에게 자기비난이란 감히 움직이기 위해 음식을 필요로 하는 몸을 가졌다는 이유로 사과하는 자세를 취하는 것이고, 혈통에 대한 고정관념(흑인 여성들과 라틴계 여성들의 풍성한 엉덩이, 혹은 동아시아 여성들의 새처럼 길고 연약한 팔다리)에 순응하지 않으면 자신이 투명인간이 되거나 "잘못된" 존재가 된다고 인식하는 것이다.

그게 전부가 아니다. 스페셜 K 웹사이트는 이렇게 선언한다. "여자들의 99퍼센트는 비만에 관한 이야기를 합니다. 당신의 친구들도 여기에 포함되나요?" 스페셜 K는 링크를 클릭해서 "지금 알아보세요"라고 권유한다. 링크를 클릭하면 "당신의 친구들"에 관한 새로운 사실이 아니라 스페셜 K의 몇몇 제품을 홍보하는 슬라이드 광고가 나온다. 그중 하나는 당신에게 "그 모든 유혹을 이겨내기 위해" 고단백 시나몬 황설탕 시리얼을 구입하라고 권한다. 다시 말하자면 스페셜 K는 자사 제품이 아닌 모든 음식을 "유혹"으로 치부하면서 고객에게 또 하나의 비만에 관한 대화를 하고 있다. #fightfattalk 캠페인의 진짜 의도는 그 캠페인을 설명하는 보도자료에 밝혀져 있다. 스페셜 K가 캠페인을 벌이는 이유는 여자들이 자기 몸을 쓰레기 취급하는 대화를 그만하기를 바라서가 아니다. 그런 대화가 "체중 조절의 성공을 가로막는 강력하고 파괴적인 장벽"이기 때문이다. 절대로 페미니즘이 아닌 캠페인을 페미니즘처럼 포장해서 사람들을 유인한 셈이다. '당신이 왜 체중을 줄여야 하는지에 관해 이야기하지 마세요. 그냥 살을 빼세요.' 모델이자 텔레비전에 출연하는 연예인이면서 #fightfattalk의 홍보대사인 티아라 뱅크스는 그 캠페인의 메시지들이 서로 모순된다는 사실을 본의 아니게 드러내는 발언을 했다. "스페셜 K와 협력해 여자들의 여권 신장에 기여할 수 있어서 기쁩니다. 이 캠페인을 통해 여자들은 자신의 몸매에 자신감을 가질 수 있습니다. 또한 몸에 관한 부정적인 생각들을 제거하고, 가장 마음에 들지 않는 신체적 특징을 개선할 수 있는 적절한 요령을 알게 됩니다."

2014년 페미니즘이 대중적으로 인기를 모으자 미국의 화장품 브랜드 커버걸Cover-Girl도 #GrilsCan이라는 해시태그 캠페인으로 미 긍정주의beauty positivity를 실천하는 운동에 뛰어들었다. 커버걸은 5년간 캠페인을 통해 "〔소녀들의〕 여권 신장을 통해 세상을 뒤흔들 신세대를 양성한다"라고 발표하고 여학생들의 잠재력 계발 활동을 하는 개인과 단체에 약 500만 달러를 기부하기로 했다. (그 첫 단계로서 커버걸은 첨단 기술 분야에 진출하려는 여성들의 교육과 훈련을 지원하는 비영리 기구인 '코딩하는 여자들'에 50만 달러를 기부했다.) #GirlsCan 캠페인에는 엘런 디제너러스, 케이티 페리, 핑크Pink, 저넬 모네이Janelle Monae, 퀸 라티파를 비롯한 연예인들도 참여했다. 광고에 출연한 연예인들은 '넌 해내지 못할 거야'라는 말을 들었지만 자신이 그 일을 결국 해낸 경험을 감동적으로 이야기한다.

하지만 커버걸이 캠페인에서 하지 않은 일도 있었다. 커버걸은 성인 여성과 소녀들에게 제품 구매를 호소하는 방법을 바꾸지는 않았다. 구체적으로 말하자면 케이티 페리가 #GirlsCan 캠페인의 홍보 영상에 출연해서 여권 신장의 의미를 알려주긴 한다("자신감이요. 내적인 자신감"). 우리는 "여자들이 권능의 주인이 될 수 있습니다"라고 말하는 케이티 페리의 모습을 본다. 하지만 매장에 전시된 페리의 사진은 다음과 같은 질문을 던진다. "당신은 어떤 종류의 폭탄입니까?" (궁금해하는 독자들을 위해 알려주자면 보기는 다음과 같다. "착한 폭탄", "시시덕거리는 폭탄", "거친 폭탄".) 그것은 브랜드가 여권 신장을 이중으로 활용하는 사례의 전형이다. 소녀들에게 너희가 원하는 것은 뭐든지 될 수 있다고 말하고, 다른 한편으로 그들에게 몇 개의 작은 상자들에 자신을 맞추라고 충고하는 것이다.

여권 신장을 자신의 상품과 공격적으로 연결하는 브랜드들은 대부분 자선 활동을 전개하고 있다. 그런 브랜드들은 유방암 연구를 지원하거나(에

이본Avon, 레블론, 에스티 로더 등), 여성을 대상으로 교육 사업을 진행하거나 (도브, 커버걸, 질레트), 가정폭력에 관한 캠페인을 전개한다(바디샵, 메리 케이 Mary Kay). 이런 자선 활동에 반대하기란 어려운 법이고, 기업들도 그 점을 안다. 하지만 여권 신장 브랜드들의 사업 관행, 내용, 모회사들을 자세히 살펴보면 모순이 빤히 들여다보인다. 만약 에스티 로더와 레블론이 유방암 예방에 그렇게 관심이 많다면 그들은 우선 자사 화장품에 발암물질이 들어가지 않도록 확실한 조치를 취해야 한다. 만약 도브가 진정으로 미의 기준에 관한 세계인의 대화를 촉진하고 싶다면, 그들이 중동과 남아시아에서 '페어 앤 러블리Fair & Lovely'라는 미백 크림을 판매하는 것부터 재고할 필요가 있다. 기업 브랜드들은 암묵적인 페미니즘을 영업에 이용하고 있을 뿐, 그들이 여성 소비자들에게 호소하는 전략도 함께 바꾸었다고 말하기는 어렵다. 도브와 커버걸은 외적인 아름다움과 행복/만족을 깊이 결부시켰고, 그 과정에서 그들의 브랜드는 젊음, 날씬함, 흰 피부를 자존감 그리고 성공과 동일시하는 문화적 편견과 더 굳게 결합했다.

애석하지만 이런 식의 페미니즘 의제들은 성불평등이라는 깊은 우물의 표면에 반복해서 떠오르는 문제들에 불과하다. 수전 J. 더글러스는 우리가 사는 시대를 다음과 같이 설명한다. "우리는 환상 속의 권력이 여자들을 안심시키는 시대에 살고 있다. 그 환상에 따르면 여성해방은 기정사실이고, 우리는 더 강해졌고, 더 큰 성공을 거뒀고, 섹스에 대한 통제권을 얻었고, 더 용감해졌고, 현실의 우리보다 더 경외의 대상이 되고 있다."[15] 이런 맥락에서 우리가 통제 가능한 것(몸매, 의류, 제모, 소비)에 신경을 쓰는 것은 오르막길을 오르는 것보다 덜 힘든 일처럼 보일지도 모른다. 그것은 우리의 자유와 인간성을 억압하는 체제에 소리 내어 항의하는 것보다 훨씬 쉬운 일이다. 매력 자본은 실제로 존재하며 여러 장소에서, 여러 개인들의 삶에서 효과를 발휘한다. 그러나 바늘, 레이저, 립스틱의 끝에서 우리가 발견하는 것은 어디까지나 임시방편이지 지속가능한 전략은 아니다.

◈ 맺음말

달콤한 페미니즘의 종착역

이 책이 출간될 때쯤이면 페미니즘이 미국의 주류에 편입된 지 2년이 될 것이다. 한두 달에 걸쳐 이 맺음말을 쓰고, 편집하고, 고치는 작업을 하는 내내 나는 결론을 어떻게 써야 자연스러울지를 놓고 망설였다. 정치적 성격이 짙어진 대중문화, 그리고 더 계몽적인(당신이 계몽을 싫어한다면 "정치적으로 올바른"이라고 해도 된다) 쪽으로 바뀌어가는 대기업 매체의 성공 사례들을 언급할까? 그건 어려운 일이 아니다. 지난 2년 동안 페미니즘의 의제들을 대하는 대중의 태도가 눈에 띄게 바뀐 건 사실이니까.

예컨대 방송인 빌 코스비Bill Cosby가 "멘토십"을 제공한다는 구실 아래 여자들에게 마약을 주사하고 강간한다는 것은 오랫동안 연예인들과 일부 언론인들 사이의 공공연한 비밀이었다(그리고 당연한 이야기지만, 결국 자신의 경험담을 공개한 40명이 넘는 여자들도 그 사실을 알고 있었다). 코스비가 텔레비전에서 활약하던 시절과 비교해서 지금의 언론들은 대중문화가 실생활의 편견과 고정관념들을 반영하고 만들어내기도 한다는 점을 더 많이 의식하고 있다. 그래서 코미디언 해니벌 버리스Hannibal Burress가 빌 코스비를 '강간범'이라고 비난한 동영상이 사람들의 관심을 모으고, 코스비에게 당한 사람들 입장에서는 약간의 정의 실현이 이뤄졌다.

나는 언론과 대중문화의 영향력에 대한 의식이 높아지면서 다양한 풀뿌리 행동과 조직이 생겨나고 창의성이 발휘된 사례들을 열거할 수도 있었다. 이 점에서는 인터넷의 공로를 인정해야 마땅하다. 인터넷은 토론을 확장하고, 사실들을 전파하고, 행동을 유도해서 실제로 변화를 만들어냈다는 점에서 다른 무엇보다 훌륭한 변화의 도구였다. 예컨대 '노우 유어 나인Know Your IX'이라는 단체는 성차별을 금지하는 연방 개정교육법 제9조에 의거해 대학 내 강간과 학대 피해자들에게 그들의 권리를 알려준다. 처음에 스마트폰 앱으로 출발해서 빠르게 발전한 홀라백Hollaback도 있다. 홀라백은 인종차별적이거나 성차별적인 길거리 희롱을 근절하기 위한 국제적 프로젝트다. STEM 분야에 진출하려고 하는 여학생들을 돕는 '코딩하는 여자들', '블랙 걸스 코드Black Girls CODE', 걸스타트Girlstart 같은 단체들은 재정도 탄탄하다. 온라인과 오프라인에서 전국의 돌봄 노동자, 육아도우미, 가사도우미들의 조직화를 지원하는 '전국 가사 노동자 연합The National Domestic Workers Alliance'도 있다. 여성들이 운영하는 단체인 스파크!(SPARK!: 성적 대상화에 대한 항의, 행동, 저항, 지식)는 여학생들에 대한 대중매체의 성적 대상화에 반대하는 캠페인을 벌이고 있으며, 여성 미디어 센터Women's Media Center는 언론의 정치 보도에 등장하는 성차별적 언어들을 모니터링한다. 그 밖에도 언론 또는 대중문화와 관련해서는 해커톤hackathons에서부터 트위터 해시태그에 이르는 다양한 형식의 프로젝트가 있다. 이들은 미디어 독해력media literacy

에 대한 관심을 촉구하고 "당신이 보는 대로 될 수 있다If you can see It, you can be it"라는 개혁의 주문을 부활시켰다.

나는 현대 페미니즘 운동의 영향으로 주류 언론과 대중문화가 다양한 편견과 고정관념에 관해 이야기하는 방식이 변했다는 이야기를 할 수도 있었다. 페미니즘 운동 덕분에 "강간의 문화", "시스젠더(cisgender: 성 정체성이 타고난 성별과 일치하는 경우_옮긴이)", "컬러리즘(colorism: 어두운 피부색이 밝은 피부색보다 덜 선호되는 식의 차별_옮긴이)" 같은 용어들이 공적 담론에 포함됐다. 이러한 변화는 "생각 경찰"이라든가 "엇나간 정치적 올바름political correctness gone mad"을 비난하는 기사 제목들이 넘쳐나던 1990년대 초반과 비슷한 반작용으로 이어지기도 했다. 하지만 그 변화는 그동안 목소리를 내지 못하던 사람들의 목소리를 불러냈는데, 그들에게 안전, 정의, 인도주의는 단순한 사고 실험이 아니었다. 2015년 대학 캠퍼스에서 경찰의 폭력에 항거하는 시위가 빈번하게 발생하자 페미니즘에서 비롯된 "안전한 장소safe space"라는 용어가 주류 전문가들에게 알려졌다. 전문가들은 그 용어를 조롱했지만, 한편으로 대학가의 시위는 그런 용어가 대체 왜 존재해야 하는가에 관한 대화의 출발점이 됐다. 미국의 소설가이자 문화비평가인 록산 게이는 이렇게 말한다. "안전을 당연한 것으로 여기는 사람들은 안전을 폄하한다. 그런 사람들에게 안전은 다른 모든 기본권과 마찬가지로 언제나 양도할 수 없는 권리였기 때문이다. 그들은 우리 모두가 안전이라는 사치를 이미 누리고 있는데 더 많은 것을 바란다고 오해했다."[7]

캠퍼스 내 강간을 구조적인 문제로 인식하는 것은 전국적인 의제로 떠올랐다. 사실 페미니즘의 의제에 교차성이라는 렌즈를 적용할 필요성은 어느 나라에나 다 있다. 리더십, 텔레비전, 영화, 문학, 정치 등의 영역에서 대표성representation이 중요하다는 오래된 주장이 마침내 지지를 얻고 있으며, 대표성에 관한 보다 복잡하고 보다 섬세한 대화의 최전선에 대중문화가 있다. 다양성을 지닌 직원들을 채용할 뿐 아니라 그 다양성을 유지하는 직장의 중요성은 경제학자와 인적자원 전문가들도 다루는 주제가 됐다. 《포브스》와 《사이언티픽 아메리칸Scientific American》 같은 전문 잡지들도 젠더 다양성과 인종 다양성이 높은 기업이 안정적으로 수익을 올린다는 연구 결과들을 강조하고 있다. 요약하자면 페미니스트들이 오래전부터 주장했던 것을 이제 더 많은 사람들이 깨닫고 있다. "우리가 두려움과 고정관념을 버리고 평등을 수용할 수만 있다면, 평등은 모두에게 좋은 것이다."

하지만 페미니즘의 미해결 과제들에 관해 말하자면 리처드 닉슨 대통령이 '포괄적 보육법안'을 짓뭉개버렸던 1971년에 비해 크게 나아진 것은 없다. 포괄적 보육법안이란 미국의 모든 지역에서 모든 사람이 이용 가능한 보육 시설을 건립해 유아 교육 프로그램을 실시하자는 법안이었다. 초당적 지지를 받았던 이 법안이 상원과 하원을 통과해서 닉슨의 책상 위에 놓였을 때, 닉슨은 그 법안이 미국의 허약한 윤리 체계를 파괴하기 위한 공산주의자들의 숨은 음모라는 이유로 거부권을 행사했다. 만약 그 법이 채택되면 "연방정부의 도덕적 권위를 공산주의적 보육관에 복속시키는 격이며" 가족의 신성한 가치, 특히 엄마의 역할을 훼손하게 된다고 닉슨은 주장했다. 〈뉴욕 타임스〉 칼럼니스트 게일 콜린스Gail Collins는 다음과 같이 썼다. "목표는 그 법안을 무효화하는 것만이 아니었다. 국가가 책임지는 보육 서비스라는 개념 자체를 영원히 폐기하는 것이었다."[2]

보육은 페미니즘 운동이 개선하려고 시도하고 또 시도했지만 아직 미완이고 역부족인 프로젝트로 남아 있다. 2015년 버락 오바마가 제안했던 것처럼 일하는 부모에게 세제 혜택을 준다는 온건한 개혁안도 닉슨이 말했던 "전통적인 가치"를 되뇌는 성난 목소리에 가로막혔다. 고등학교나 대학교를 졸업하지 못한 여자들에게 허용되는 일자리는 계산원, 웨이트리스, 공장의 조립 노동자처럼 최저임금을 받는 자리밖에 없다. 고졸 미만 학력을 가진 여성들 5명 중 1명은 빈곤선 이하의 생활을 하는 패스트푸드 노동자다.[3] 낙태와 신체의 자유에 관련해서 우리는 실제로 후퇴하고 있다. (세 단어로 요약해보자. 질경 초음파의 의무화.) 남녀평등헌법수정안은 끝내 비준을 받지 못했다. 그래서 우리는 외견상 남성 동료들과 평등해 보이거나 평등하다고 느낄지 몰라도 아직 법적으로나 공식적으로나 미국 시민으로서의 권리를 온전히 누리지 못하고 있다.

"후퇴는 없다"는 전 세계 페미니즘 운동의 유명한 구호가 됐다. 이 구호는 주법으로 허가된 폭력, 성소수자의 권리, 아동 텔레비전 프로그램 등의 모든 맥락에서 활용된다. 튜브에서 빠져나온 치약은 다시 넣을 수 없고, 램프의 요정 지니는 한 번 밖으로 나오면 끝이고, 빗자루로 바닷물을 막을 수도 없다. 그런데도 우리는 '이보 전진, 일보 후퇴'의 패턴을 반복하고 있다(어떤 시기에는 일보 전진, 이보 후퇴하기도 한다). 꾸준히 앞으로 나아가기만 하면 된다는 보장도 없다. 바로 그래서 시장 페미니즘(더 정확히 말하면 우리가 시장 페미니즘을 수용했다는 사실)이 중요하다.

찬양 vs 동화

오늘날의 페미니즘은 과거의 페미니즘보다 밝고 재미있어 보이고, 더 참신하고 편안하게 느껴진다. 당신은 가짜 남성 밴드를 이용해서 "자연 미인"이라는 관념에 항의하는 에이미 슈머의 동영상을 인터넷에 올리는 간단한 행위를 통해 상업적인 미의 기준을 거부한다는 의사를 표현할 수 있다. 부정확한 사실을 거론하고 몰역사적인 의견들(예컨대 자궁에 관해)을 표명한 정치인이 머리 회전이 빠른 수백만의 인터넷 익살꾼들에 의해 곤욕을 치르는 모습은 보기만 해도 만족스럽다. 요즘에 피파FIFA 비디오게임에서 앨릭스 모건Alex Morgan을 비롯한 여자 축구선수들을 선택할 수 있다는 사실은 스포츠 게임이라는 영역에서는 커다란 발전이다. 엣시에서 "고환보다 난소가 우선Ovaries Before Brovaries"이라고 외치는 배지와 "반항아들은 다이어트를 하지 않는다Riot Don't Diet"라고 새겨진 티셔츠를 검색해보면 몇 분간 즐거운 시간을 보낼 수 있다. (누군가가 "페미니스트 게으름뱅이" 스티커 세트를 사준다면 나는 기쁜 마음으로 그 선물을 받을 것이다.) 이 모든 현상은 대중문화에 페미니즘이 침투했다는 사실을 반영하지만, 페미니즘의 침투가 끝나고 최종적으로 어떤 일이 벌어질지는 아직 불투명하다. 시장 페미니즘은 유혹적이다. 하지만 시장 페미니즘 자체가 평등은 아니다.

페미니즘이 인터넷을 점령했다는 이유로, 페미니즘이 마케팅업계의 유행어가 됐다는 이유로, 유명한 사람들 몇몇이 페미니즘의 상징 역할을 기꺼이 떠맡는다는 이유로 페미니즘이 성공했다는 담론은 여성(백인 여성)들이 투표권을 얻었다는 이유로, 혹은 최초의 여성 CEO가 실용적인 구두를 신고 널찍한 사무실에 들어갔다는 이유로 페미니즘이 성공했다는 담론과 마찬가지로 잘못된 것이다. 이런 일들이 중요하지 않다거나 사람들의 삶을 변화시키지 않는다는 뜻은 아니다. 당연히 이런 일들도 중요하며 사람들의 생활을 변화시킨다. 그러나 일부 여성들이 여러 영역에서 지위를 획득하고 있는 것을 페미니즘 전체의 승리라고 말해서는 안 된다. 그 점진적인 페미니즘의 진보조차도 공포심을 가지고 바라보는 사람들이 있다는 점을 생각하면 더욱 그렇다.

예컨대 페미니즘이 진짜로 성공했다면 지난 5~6년 동안 낙태에 관한 주 정부 규제가 급격하게 증가한 이유는 뭘까? 2015년 한 해에만 51건의 새로운 규제 법률이 제정된 이유는 뭘까?[4] 만약 우리가 이제 평등하다면, 왜 주류 매체에 등장하는 토론자와 전문가 중에 유색인종 여성의 수는 실제 인구 비율에 비해 적을까? 만약 페미니즘이 우리의 문화를 전면적으로 바꿔놓았다면, 대체 왜 타블로이드 신문들은 아직도 어느 여성의 수영복 몸매가 제일인가를 탐구하거나 제니퍼 애니스턴의 외로운 자궁에서 무슨 일이 벌어지는지에 신경을 쓸까? 만약 여자들의 목소리가 남자들의 목소리와 똑같이 중요하게 여겨진다면, 왜 여자들이 스포츠나 비디오게임에 관한 의견을 표현하기만 해도 트위터에서 강간과 살해 위협을 당할까? 똑같은 의견을 표현한 수많은 남자들 중 누구도 '바보 같은 창녀'라는 욕을 듣거나 전화를 해킹하겠다, 살해 후 강간하겠다는 협박을 당하지 않는데 말이다. 그리고 만약 사람들이 진정으로 페미니즘에 동참하고 있다면, 대체 왜 페미니즘이 여성에 대한 폭력이나 구조적인 불평등에 대해 문제 제기를 할 때마다 최초의 반응이 "그런 일은 남자들에게도 일어나는데"라든가 "남자들만 그러는 건 아니에요!"일까?

문제는 페미니즘이 재미있지 않다는 것이다. 그것은 언제나 있는 문제였다. 페미니즘은 원래 재미있으라고 있는 것이 아니다. 페미니즘은 복잡하고 딱딱하며 사람들의 기분을 상하게 한다. 페미니즘은 심각하다. 왜냐하면 페미니즘은 인간으로서 자신의 가치를 인정해달라고 요구하는 사람들의 목소리이기 때문이다. 페미니즘이 주로 다루는 문제들(임금 불평등, 노동의 성별 분업, 제도적인 인종차별과 성차별, 구조적 폭력, 그리고 당연히 신체의 자유도 포함된다)은 하나도 섹시하지 않다. 온라인 공간의 클릭과 소비자들의 반응에 의존하며 수익성을 목표로 신속하게 변화하는 콘텐츠들에 비하면 페미니즘은 매력이 덜하다. 무엇보다 페미니즘은 본질상 힘의 균형을 다시 맞추려 하고, 그래서 현재 힘을 가진 사람들을 불편하게 만든다. 페미니즘이 유효한 것이 되려면 그래야 한다. 페미니즘이 목소리를 낮춰야 한다, 권리를 주장할 때 부드럽게 부탁해야 한다, 분노와 공격성을 제거해야 한다고 말하는 사람들의 목소리를 들을 때면(실제로 우리는 그런 사람들의 목소리도 들어준다) 사회의 거시적인 변화는 정중한 요청과 듣기 좋은 언어로 달성되지 않는다는 진리를 되새기자.

페미니즘을 욕할지도 모르는 사람들에게, 페미니즘은 근본적으로 불평등한 장소에서 당신들에게 아무런 근본적인 변화를 요구하지 않고도 존재할 수 있다고 약속하는 것, 바로 그것이 시장 페미니즘이다.

이 책을 쓰는 동안 나는 많은 사람과 대화를 나누고, 그들의 이야기를 듣고, 때로는 엿듣기도 했다. 페미니즘이 문화적으로 유의미한 현상으로 떠올랐다는 것은 무엇을 의미하며 그것이 왜 중요한가? 나는 낙관적 견해와 홍분을 접했다. 회의적인 견해와 의심스러운 눈동자도 봤다. 비욘세가 순수하고 완전한 페미니즘 이론의 정맥주사를 맞기 이전인 "초기 약물gateway drug" 단계라고 비아냥거리는 백인 대학생들의 대화도 들었다. 문화계가 페미니즘의 가장 덜 비판적인 부분만을 선별해서 받아들인다 해도 과거의 문제이자 현재에도 매우 심각한 문제인 '배제erasure'를 바로잡을 수는 없다고 우려하는 비백인 페미니스트들의 말도 들었다. 나는 다양한 연령대의 사람들로부터 행운과 실력이 교차했던 페미니즘의 "결정적 순간"에 대한 황홀한 회고담을 들었다. 나는 "방종한 언론계 사람들이 또 그 짓을 하나요?"라는 뜻의 외설적인 손동작을 목격했다. 그리고 나는 페미니스트로 유명해진 인물들이 구체적인 변화를 위해 어떻게 활용될 수 있겠는지를 사람들에게 물었다. 하나의 정답만 있다고 대답한 사람은 없었다. 거의 모두가 동의했던 한 가지는, 페미니즘을 찬양하는 것과 페미니즘을 동화시키는 것 사이의 경계선은 아주 가늘다는 점이었다.

내가 이 책 전반에 걸쳐 제기하려고 했던 문제의 핵심은 페미니즘 운동이 체제를 바꾸려고 하는 데 반해 시장 페미니즘은 개인을 우선시한다는 것이다. 신자유주의의 조력자인 시장 페미니즘의 목표는 체제의 문제를 개인적인 문제로 돌리고 발랄한 태도로 그 개인들을 위한 상업적인 해결책을 나눠주는 것이다. 저임금 노동자가 육아휴직을 제대로 보장받지 못하고 있다는 것과 같은 재미없는 문제를 중심에 놓을 수도 있지만, 당신의 힘을 아껴서 당신 내면의 전사에게 전해주는 편이 훨씬 쉽지 않겠는가? 시장 페미니즘은 우리가 이전 세대의 삶을 규정했던 성차별이나 인종차별의 잔재가 하나도 없는 하얗고 깨끗한 바닥에서 새로 시작할 수 있다고 가정한다. 시장 페미니즘은 우리가 학교에서, 직장에서, 연애에서, 리더십에서 벽에 부딪친다면 그것은 젠더 때문이 아니라고 우리를 설득한다. 그것은 자존감을 높이고, 자신감을 얻고, 때로는 라이프코칭을 받아서 해결할 수 있는 문제들이라고 시장 페미니즘은 말한다.

페미니스트의 자격

그래서 우리는 이 자리에 와 있다. 우리는 페미니스트 팬티와 페미니즘 연애소설, 페미니즘 선물과 페미니즘 농담을 얻었다. 세상을 더 나은 곳으로 만드는 페미니스트 칵테일이 12종류나 있고, 〈더 민디 프로젝트〉가 페미니즘 걸작 영화인 10가지 이유도 있고, 〈왕좌의 게임〉이 여권 신장에 실제로 도움이 되는 이유를 알려주는 9개의 명대사도 있다. 혁신적인 페미니스트 선언이라고 칭송받는 영화들을 보기 위해 사람이 구름떼처럼 몰려들지만, 관객이 늘어난다고 해서 애초에 혁신적인 페미니즘 영화가 필요했던 원인인 '성차별적 시스템'이 바뀔지는 의문이다. 사람들이 비욘세는 페미니스트가 아니라고 하는데도 그녀가 자신이 페미니스트라고 밝힌 것은 분명 용감한 행동이었고, 그녀(그리고 엠마, 리나, 테일러가) 덕분에 자신이 페미니스트라고 공개적으로 말하는 사람이 늘기도 했다. 하지만 그 다음에는 어떻게 됐나?

상품으로서의 페미니즘, 가치의 유무를 측정하는 개별적인 척도로서의 페미니즘, 상품 판매의 전략일 뿐 살아 움직이지 않는 페미니즘. 이런 페미니즘을 기준으로 페미니즘이 "유효한가 아닌가"를 평가할 수는 없다. 왜냐하면 이런 페미니즘은 페미니즘보다 자본주의에 가깝기 때문이다. 사실 페미니스트 바디로션, 페미니스트 에너지 음료, 페미니스트 티셔츠를 제조하는 업체들은 굳이 지금의 사회를 변화시켜서 자신들의 사업을 스스로 끝장낼 이유가 없다.

페미니즘의 브랜드화 역시 새로운 현상은 아니다. 우리 모두가 친숙하게 여기는 페미니즘 운동들은 하나같이 외부인들도 쉽게 이해할 수 있던 것이었다. 시각적 이미지는 언제나 중요했다. 1세대 페미니스트들은 참정권 획득에 방해가 될 것을 우려해 유색인종 여성들의 참여를 독려하지 않았다. 2세대 페미니스트들은 레즈비언과 트랜스젠더 여성들이 주변부의 정체성으로 페미니즘 운동을 "오염시키기를" 원치 않았다. 1세대 페미니즘과 2세대 페미니즘은 둘 다 까다로운 고객들에게 브랜드 이미지를 판매해야만 했다. 그리고 지금 페미니즘 내부에 존재하는 균열의 일부는 그 브랜드들이 영역을 확장할 수 없었기 때문에 생긴 것이다. 페미니즘이 엘리트 계층에게만 봉사하는 운동이 되기를 원하지 않는다면 그런 실수를 되풀이하지 말아야 한다.

페미니즘은 진화해야 하며, 이데올로기를 자산으로 활용하면서도 진화의 과정을 방해하는 일체의 행동을 하지 않아야 한다. 어쩌면 우리가 해방이라고 생각하는 것은 자본주의가 미리 정해놓은 목표들 안에서만 가능한 해방일지도 모른다. "여권 신장" 패션 상품의 소비가 늘어난다고 해서 패션업계가 제품 생산의 전 과정에서 여성에게 가시적인 피해를 입힌다는 사실이 바뀌지는 않는다. 어느 남성 포르노 배우가 어느 날 즉흥적인 친여성적 발언을 해서 페미니스트라는 격찬을 받더라도, 성매매업계의 착취적 관행이 마법처럼 바뀌지는 않는다. 텔레비전 방송국에서 여성 작가 2명을 채용한 다음에 "이제 우리에게 여성 작가는 충분하다"라고 말하는 시스템이라면

설령 여성 작가가 더 많아지더라도 방송업계에서 다양성이 승리했다고 볼 수 없다. 2015년 흑인 여성 3명이 에미상을 수상했어도 흑인 여성을 인종차별적으로 묘사하는 과거의 악습이 할리우드에서 사라진 건 아니다. 상황을 덜 나쁘게 만드는 것과 상황을 좋게 만드는 것은 다르다. 대중문화에서 여성혐오를 삭제하는 것과 대중문화에 페미니즘을 첨가하는 것은 다르다.

지금의 시장 페미니즘은 우리에게 손에 넣을 수 있는 것은 뭐든지 취하라고 말한다. 시장 페미니즘은 우리에게 지금 가진 것에 만족하라고 말한다. 아직 우리의 힘이 약하기 때문에 더 많은 것을 요구했다가는 지금 가진 것마저 빼앗길지도 모르기 때문이란다. 그건 페미니즘이 아니다. 그건 인질들이 경험하는 스톡홀름증후군에 불과하다.

페미니즘에 처음 입문했던 시절에는 나도 단호한 입장을 견지했다. 평등의 가치와 여성 존중을 믿는 사람들, 특히 그런 여자들은 자신이 페미니스트라고 밝힐 의무가 있다고 주장했다. 그렇지 않으면 페미니즘이라는 선택이 가능한 세상을 만들기 위해 그동안 노력한 사람들에 대한 모욕이 된다고 생각했다. 나는 지금은 유명 인사가 된 세라 D. 번팅 Sarah D. Bunting 의 블로그에 올라온 '맞아요. 당신은 페미니스트입니다'라는 포스트(그것은 훌륭한 글이었다)를 수많은 사람에게 첨부메일로 보냈고, 여자들이 "저는 페미니스트가 아니지만……"으로 말을 시작할 때마다 얼굴을 찌푸렸다. 지금 나는 그것이 근시안적인 태도였고 교차성의 원칙에도 어긋난다는 사실을 안다. 과거의 나는 운동 페미니즘에 의해 지워졌거나, 그들 자신의 문제들이 부차적인 것으로 다뤄지는 광경을 목격했거나, 페미니즘의 언어 자체를 모르는 수백만 여성들을 알아보지 못했다.

요즘 나는 페미니스트를 자처하는 사람들에게는 별로 관심이 없다. 대신 나는 그들이 페미니즘으로 무엇을 하는가를 주의 깊게 본다. 나는 페미니즘이라는 단어를 주류 사회에서 인정받게 만드는 것을 최종 목표로 여기지 않는다. 그것은 실천을 위한 유용한 도구일 따름이다. 나는 인터넷 연예 매체인 버즈피드BuzzFeed의 리스티클을 열심히 읽는 사람들을 만나보고 싶다. 나는 대학 캠퍼스에서 마주치는 여자들에게 질문을 던지고 싶다. 이제는 좀 시들해진 비욘세나 엠마 왓슨 같은 연예인들은 그런 질문에 답해줄 수 없다. 나는 이상주의가 스쳐 지나가는 유행에 머물기를 바라지 않는다. 아무도 페미니즘 노래를 부르지 않고, 레드카펫에서 페미니스트 선언을 하지도 않고, 할머니 팬티에 페미니즘이라는 단어를 새기지 않게 된 후에도 페미니즘이 의미 있는 단어이길 바란다.

시장 페미니즘은 평등을 매력적이고, 섹시하고, 멋져 보이게 만들었다. 시장 페미니즘은 일상 속의 행동과 실천을 '대담한 페미니스트 선언'으로 바꿔놓았다. 시장 페미니즘은 특별할 것 없는 연예인들에게 매력적인 특징을 부여했다. 시장 페미니즘 덕분에 테일러 스위프트는 한 무리의 아름다운 친구들이 항상 우리 편에 서 있다는 것이야말로 성평등의 정점이라고 우리를 설득한다. 시장 페미니즘의 영향으로 우리는 별다른 시너지 효과를 일으키지 못하는 현실 속 여성들의 노력에 관심을 두기보다 NBC 텔레비전의 인형극 〈머펫쇼〉의 페미니스트 주인공들을 찬양한다. 시장 페미니즘은 사람들에게 슬로건 티셔츠와 '나를 위해 구입한' 하이힐로 그럴싸하게 치장하면 페미니즘이 완성될 수 있다고 말한다. 시장 페미니즘은 각종 소비자 상품들을 변화시켰다. 지금까지 시장 페미니즘은 괜찮은 성과를 거뒀다. 하지만 희망하건대(당신도 같은 희망을 가지기를 바란다) 우리는 더 페미니즘적인 문화가 만들어지는 모습을 보면서 느끼는 흥분과 기쁨을 간직하고, 그런 문화를 계속해서 만들어내는 데 필요한 용기를 키워가야 한다. 시장 페미니즘을 넘어선 세계는 뉴스거리가 되지 못할 수도 있지만, 그 세계에서는 상업적으로 권능이 향상된 소수가 아니라 더 많은 사람에게 혜택이 돌아갈 것이다.

🫦 감사의 글

나의 에이전트 질 그린버그가 없었다면 이 책은 지금의 모습대로 만들어지지 못했을 것이다. 그녀에게는 감사의 말만으로는 부족하기 때문에, 그녀가 이 글을 읽을 때쯤에는 내가 그녀에게 머핀 한 바구니라든가 와인 전문가가 고른 값비싼 와인 한 병을 보냈기를 바란다.

이 책을 집필하는 과정에서 다수의 저술가와 언론인, 학자와 활동가, 그리고 여러 분야의 똑똑한 사람들과 이야기를 나눴다. 비록 그들 모두의 말을 책에 인용하지는 못했지만 그들은 모두 귀중한 지혜를 가지고 있었다. 그들이 시간을 쪼개 나와 기꺼이 이야기를 나눠줬다는 사실은 물론이고 그들이 하고 있는 중요한 활동에 감사하는 마음이다. 베로니카 에롤라, 제니퍼 L. 포즈너, 린다 허시먼, 포브 로빈슨, 수전 J. 더글러스, 애나 홈스, 페미니스타 존스, J. 모린 핸더슨, 레슬리 베넷, 리오라 태넌바움, 니키 리사 콜, 앨리슨 달 크로슬리, 태머라 윈프리 해리스, 재클린 프리드먼, 소라야 체멀리, 강인구, 멀리사 실버스타인, 제시카 베넷, 앤 엘리자베스 무어, 메리 도

어, 글로리아 펠트, 제시카 발렌티, 지바 블레이, 세라 배넛 와이저, 리사 웨이드, 수전 브라운밀러. 특히 수전 J. 더글러스와 벨 훅스에게 한 번 더 감사를 전한다. 두 분의 도움으로 나는 대중문화를 사랑하는 일에는 굉장한 보상이 따르지만 한편으로는 끝없는 좌절도 맛보게 된다는 점을 이해했다.

퍼블릭어페어스 출판사의 편집자인 클라이브 프리들과 마리아 골드버그에게 심심한 감사를 드린다. 그들의 사려 깊은 조언과 편집 덕분에 책을 쓰고 편집하는 과정이 더할 나위 없이 즐거웠다. 나의 저작물 편집자인 마르코 파비아에게도 고마움을 표한다. 마르코는 내가 바로 이 '감사의 글' 작성을 계속 미루며 게으름을 피우는 동안 일정을 연기하면서까지 인내심 있게 기다려준 사람이다. 그리고 퍼블릭어페어스 출판사의 홍보와 마케팅 담당자들에게도 미리 감사를 표한다. 린지 프래드코브, 에밀리 라벨, 크리스티나 파졸라로, 제이미 레이퍼.

《살롱》과 《오리건 휴머니티Oregon Humanities》의 편집자들에게도 감사 인사를 하고 싶다. 이 책의 소주제 중에 일부는 내가 《살롱》과 《오리건 휴머니티》에 글을 쓰면서 처음으로 탐구한 것들이다. 그리고 나는 조나 레러Jonah Lefrer처럼 자기 표절로 비난을 받는 작가가 되고 싶지 않기 때문에, 이 책을 집필할 때는 《살롱》과 《오리건 휴머니티》에 기고한 글들의 일부를 새롭게 다듬어서 넣었지만 그대로 들어간 부분도 있다는 점을 밝혀둔다.

비치 미디어의 동료 직원들 모두에게 진심으로 감사드린다. 비치 미디어에는 영리하고 헌신적이고 낙천적이며 최고의 유머 감각을 지닌 사람들만 모여 있어서, 날마다 그들과 함께 시간을 보낸다는 것 자체가 행운이다. 총괄 제작자 줄리 포크에게 특별한 감사를 전한다. 줄리는 지난 2년 동안 나의 빈자리와 나의 예민함을 참아주고 이 책의 초고를 처음부터 *끝*까지 읽어줬다. 그리고 케이트 레스니악과 애슐리 맥컬리스터는 내가 주변을 잘 챙기지 못할 때 나를 대신해서 생활의 여러 측면을 정돈해준 사람들이다.

애번스톤에서 예루살렘까지 나와 편지를 주고받은 랍비 다냐 루텐베르크, 내가 책 집필을 위해 자료를 수집하는 동안 여러 번 잠자리를 제공해준 폴 피셔, 그리고 내가 알고 지내는 것만으로도 자랑스러운 여성인 롤린 살에게 감사해 마지않는다.

'작은 정의를 위한 포틀랜드 언론인 모임' 회원들이 나에게 우정과 지지, 그리고 잡담거리와 치즈를 제공해준 데 무한한 감사를 표한다. 그리고 브라이어 레빗에게도 깊은 감사를 전하고 싶다. 그의 창의력과 끈기, 세상에 대한 호기심은 항상 나에게 좋은 자극이 된다.

돈 존스와 하트+스파크 프로덕션에 감사를 드린다.

멀리서 나를 도와준 형제자매 모두에게 너무나 고맙다. 원고 마감일이 있는 사람과 결혼할 때 감당해야 하는 온갖 어처구니없는 상황을 견뎌내며 나를 사랑해준 제프 윌스에게는 감사 이상의 것을 전한다. 나에게 쉬엄쉬엄 하라고 말해준 하비 자이슬러-윌스에게도.

그리고 마지막으로 과거, 현재, 미래의 모든 페미니스트에게 감사의 마음을 전한다.

미주

머리말

1 "몬트리올 대학Montreal Massacre"이란 1979년 캐나다 몬트리올의 에콜 폴리테크니크에서 벌어진 사건으로, 남학생 한 명이 여성 14명을 "저 페미니스트들"이라고 부르면서 소총과 칼로 살해한 사건이다.

1장 권능의 통로

1 적어도 이론상으로는 그렇다. 하지만 그 이후로도 은행들이 인종차별을 계속하고 있다는 증거는 많이 있다.

2 Slade, Giles, *Made to Break: Technology and Obsolescence in America* (Cambridge: Harvard University Press, 2007) page 19.

3 http://www.mediainstitute.edu/media-schools-blog/2014/02/edward-bernays/

4 http://www.ncbi.nlm.nih.gov/pmc/articles/PMC1748044/pdf/v014p00172.pdf

5 Sherrie A. Inness, *Disco Divas: Women and Popular Culture in the 1970s* (University of Pennsylvania Press, 2003) page 21.

6 https://fcpfragrance.wordpress.com/2013/04/17/successful-brands-charlie/

7 http://marketing-case-studies.blogspot.com/2008/07/raise-your-right-hand-campaign.html

8 "The Alluring Right-Hand Diamond Ring," NBCnews.com, Jan. 20, 2004

9 Kiran Adhikam, "Behind-the-Swoosh: The-Making of Nike's Greatest Commercials," *MediaBistro*, Jan. 25, 2010

10 http://scholarship.law.marquette.edu/cgi/viewcontent.cgi?article=1150&context=sportslaw

11 '새드버타이징(Sadvertising: 슬픈 광고라는 뜻의 합성어_옮긴이)'이라 불리는 유형의 광고는 SNS 의 시대가 열리면서 대폭 늘어났다. 그 이유 중 하나는 1990년대 후반과 2000년대에 지시적 인 '투 쿨 포 스쿨(too cool for school: 무리에 끼기엔 지나치게 멋지다, 즉 개성이 아주 강하다는 뜻 으로 해석된다_옮긴이)'이 유행했기 때문이다.

12 Liz Leyden, "Barbie Gets Career Advice From Feminists," *Columbia Journalism Review*, March 28, 1999

13 Ophira Edut, "Barbie Girls Rule?" *Bitch*, Winter 1999, page 16

14 Douglas, Susan J., *Where the Girls Are: Growing Up Female with the Mass Media* (New York: Times Books, 1994) page 247

15 Bianca London, "Model Eva Herzigova says her iconic Hello Boys Wonderbra ad didn't 'degrade women' but left them 'empowered' instead," MailOnline.com, Nov. 21, 2014

16 http://adage.com/article/cmo-strategy/marketers-soft-feminism/294740/

2장 여주인공 중독: 페미니즘과 할리우드

1 조지 밀러 감독은 어느 인터뷰에서 이 영화에 페미니즘이 들어간 것이 메인 플롯 때문이었 다고 솔직히 인정했다. 그 영화의 메인 플롯은 아내들을 구하기 위한 긴 추격전이었다. "나에 게는 전사가 필요했습니다. 하지만 어떤 남자가 다른 남자에게서 다섯 명의 아내를 빼앗아오 는 이야기를 만들 수는 없었죠. 그건 완전히 다른 이야기잖아요." 또한 밀러는 그 영화의 독 특한 분위기는 편집 담당이자 그의 아내인 마거릿 식셀Margaret Sixel 덕분이라고 말했다.

2 Mahar, Karen Ward, *Women Filmmakers in Early Hollywood* (Baltimore: JHU Press, 2008) page 190

3 Michelle Goldberg, "Where Are the Female Directors?" *Salon*, Aug. 27 2002 4. Ibid 5. Laura Hertzfeld, "From Sundance to the multiplex: Women directors are taking the spotlight," *Entertainment Weekly*, Aug. 16, 2013

4 http://www.theguardian.com/film/2002/sep/08/features.review1

5 http://www.ew.com/article/2013/08/16/women-directors-to-do-list-sundance

6 Wilson, Marie C., *Closing the Leadership Gap: Add Women, Change Everything* (New York: Penguin Books, 2004).

7 Brent Lang, "Theater Chief Says 2015 Will Be 'Year of Women' at Box Office," *Variety*, April 21, 2015

8 Megan Angelo, "The Bridesmaids Effect: 6 Hollywood Changes The Chick-Comedy's Big Weekend Will Trigger," Business Insider, May 16, 2011

9 "'Bridesmaids' Effect: Funny women flourish in female-written comedies like 'Pitch Perfect',"

Associated Press, September 28, 2012

10 "Swedish cinemas take aim at gender bias with Bechdel test rating," *The Guardian*, November 6, 2013

11 Aja Romano, "The Mako Mori Test: 'Pacific Rim' inspires a Bechdel Test alternative," *The Daily Dot*, August 18, 2013

12 http://www.dailydot.com/opinion/guardians-of-the-galaxy-fails-women/

3장 이 팬티를 입으면 페미니스트가 되나요?

1 우리는 그 티셔츠를 팔지 않는다. 하지만 얼마 전 우리가 제작한 "가부장제보다 더 똑똑하게 (Outsmart the Patriarchy)" 티셔츠는 일주일 안에 다 팔렸다. 자랑하려고 하는 이야기는 아니지만.

2 2003년은 가족계획을 찬성하는 미국의 시민 단체 '가족계획협회Planned Parenthood'가 "나는 낙태를 했다"라는 문구가 인쇄된 티셔츠를 판매하기 시작한 해기도 하다. 이 티셔츠는 페미니스트 활동가 제니퍼 바움가드너Jennifer Baumgardner가 동명의 다큐멘터리를 제작하면서 함께 제작한 상품이었다.

3 Davis, Angela Y., "Afro Images: Politics, Fashion, and Nostalgia," *Critical Inquiry* Vol. 21, No. 1 (1994).

4 http://tressiemc.com/2012/06/23/the-atlantic-article-trickle-down-feminism-and-my-twitter-mentions-god-help-us-all/

4장 페미니즘 텔레비전의 황금시대

1 http://rocunited.org/new-report-the-glass-floor-sexual-harassment-inthe-restaurant-industry/

2 Bryce Covert, "43 Sexual Harassment Cases That Were Thrown Out Because of One Supreme Court Decision," *ThinkProgress*, Nov. 24, 2014

3 Armstrong, Jennifer Keishin, *Mary and Lou and Rhoda and Ted: And All the Brilliant Minds Who Made The Mary Tyler Moore Show a Classic* (New York: Simon and Schuster, 2013).

4 Faludi Susan, *Backlash: The Undeclared War Against American Women* (New York: Crown Publishers, 1991).

5 Amanda D. Lotz, *Redesigning Women: Television After the Network Era* (Champaign: University of Illinois Press, 2006).

6 http://scholarship.law.duke.edu/cgi/viewcontent.cgi?article=3311&context=dlj

7   Susan J. Douglas: "Patriarchy, New and Improved," *In These Times*, Nov. 22, 2002

8   Pozner, Jennifer L., *Reality Bites Back: The Troubling Truth about Guilty Pleasure TV* (Berkeley: Seal Press, 2010).

9   http://morningafter.gawker.com/unreal-creator-sarah-gertrude-shapiro-talks-feminism-an-1721758299

10 http://livefromthetrail.com/about-the-book/speeches/chapter-18/vice-president-dan-quayle

11 http://www.scpr.org/programs/the-frame/2014/09/23/39476/geena-davis-institute-study-shows-gender-gap-in-fi/

12 Zeba Blay, "How Feminist *TV* Became the New Normal," *The Huffington Post*, June 18, 2015

13 https://medium.com/@mariskreizman/game-of-thrones-and-the-threatening-fantasy-ec8767758cda

5장 우리의 비욘세: 연예인 페미니즘

1   Tamara Winfrey Harris, "All Hail the Queen? What do our perceptions of Beyonce's feminism say about us?" *Bitch*, May 2013

2   STOP ERA는 "Stop Taking Our Privileges(우리의 특권을 앗아가지 마라)"의 앞 글자를 따서 만든 말이다. STOP ERA는 평등한 미래가 찾아오면 남녀 공용 화장실이 생길 것을 가장 두려워했다. 이는 요즘 트랜스젠더에 격렬하게 반대하는 사람들이 공포를 유발하기 위해 공중화장실에 초점을 맞추는 것과 비슷하다.

3   Mia McKenzie, "Why I'm Not Really Here For Emma Watson's Feminism Speech At the U.N." Sept. 24, 2014

4   Barth, Ramona, "The Feminist Crusade," *The Nation*, July 17, 1948.

5   Katherine Cross, "Words, Words, Words: On Toxicity and Abuse in Online Activism," January 2014

6   "Mo'Nique: I Was 'Blackballed' After Winning My Oscar," *The Hollywood Reporter*, February 19, 2015

7   Roxane Gay, "Emma Watson? Jennifer Lawrence? These aren't the feminists you're looking for," *The Guardian*, Oct. 10, 2014

6장 페미니즘에 대한 반작용

9 2009.49 9649

1   Jennifer L. Pozner, "The Big Lie: False Feminist Death Syndrome, Profit, and the Media," from *Catching a Wave: Reclaiming Feminism for the 21st Century*, Rory Dicker and Allison Piepmeier, eds., 2003, page 31

2   "Reagan Is Shortchanging Women, Says GOP Feminist Kathy Wilson, and He May Pay for It Next Year at the Polls," *People*, August 1983

3   Faludi, Susan, *Backlash: The Undeclared War Against American Women* (New York: Crown Publishers, 1990).

4   Douglas, Susan J., *Where the Girls Are: Growing Up Female with the Mass Media* (New York: Times Books, 1994).

5   Faludi, Susan, *Backlash: The Undeclared War Against American Women* (New York: Crown Publishing, 1990).

6   Cora Harris, "*She' Gotta Have It*: A comedy in error," http://socialism.com/drupal-6.8/?q=node/2643

7   Abcarian, Robin, "Clarence Thomas vs. Anita Hill: She's Still Telling the Truth," *Los Angeles Times*, March 12, 2014

8   Kimberle Williams Crenshaw, "Black Women Still in Defense of Ourselves," *The Nation*, Oct. 24, 2011

9   Walker, Rebecca, *To Be Real: Telling the Truth and Changing the Face of Feminism*, (New York: Anchor Books, 1995).

10   Elizabeth Sweet, "Toys Are More Divided by Gender Now Than They Were 50 Years Ago," *The Atlantic*, Dec. 9 2014

11   http://www.thebaffler.com/salvos/the-selling-of-katie-roiphe

12   Herman, Kristine, "Demands from the Women of Antioch," in *Just Sex: Students Rewrite the Rules on Sex, Violence, Activism, and Equality* (Jodi Gold and Susan Villari, eds.; Lanham, MD., Rowman and Littlefield, 1999).

13   "Are You a Card-Carrying Feminist?" *BUST*, Winter 2000

14   Barbara Ehrenreich, "Are women getting unhappier? Don't make me laugh," *Los Angeles Times*, Oct. 14, 2009

15   http://articles.latimes.com/2009/oct/14/opinion/oe-ehrenreich14

7장 여권 신장의 역습

1 https://www.opendemocracy.net/article/putting_power_back_into_empowerment_0

2 Elona Jones, "Go Ask Alice: A Q&A with author and punk veteran Alice Bag," *Bitch*, Summer 2012, page 38

3 Sara Marcus, *Girls to the Front: The True Story of the Riot Grrrl Revolution* (New York: HarperCollinsPublishers, 2010) page190.

4 Solinger, Rickie, *Beggars and Choosers: How the Politics of Choice Shapes Adoption, Abortion, and Welfare in the United States* (New York: Hill & Wang, 2002).

5 Summer Wood, "On Language: Choice," *Bitch*, Spring 2004

6 Hirshman, Linda, "Homeward Bound," *The American Prospect*, November 21, 2005.

7 Al Norman, "Woman-Owned Vest Company Gets Soaked by *Shark Tank and Walmart,*" *The Huffington Post*, Jan. 26, 2015

8 "The Most Pointless, Pretentious, and Useless Business Jargon," *Forbes*, January 6, 2012.

9 http://www.techweekeurope.co.uk/workspace/microsoft-convergence-satya-nadella-keynote-164565

10 성노동 르포의 유행에는 남성 동성애자들의 책들도 한 몫을 했다. 그중에는 데이빗 헨리 스터리David Henry Sterry의 《자기를 빌려준 남자Chicken: Portrait of a Young Man for Rent》라든가 릭 휘태커Rick Whitaker의 《나의 부업 이야기Assuming the Position: A Memoir of Hustling》 같은 책들이 출간됐지만 여성 저자들의 책에 비해 언론의 관심은 적게 받았다.

8장 여성 성공시대?

1 http://www.makers.com/conference/2014

2 Christine Haughney and Leslie Kaufman, "The Rise of Conferences on Women's Empowerment," *The New York Times*, Oct. 6, 2014

3 Melissa Harris-Perry, "Nightline Asks Why Black Women Can't Get a Man," *The Nation*, April 22, 2010

4 Sanders, Joshunda, *How Racism and Sexism Killed Traditional Media: Why the Future of Journalism Depends on Women and People of Color* (Westport, CT, Praeger Press, 2015).

5 http://recode.net/2014/10/09/neurosexism-brains-gender-and-tech/

6 Eliot, Lise, *Pink Brain, Blue Brain: How Small Differences Grow Into Troublesome Gaps-nd What We Can Do About It* (Boston: Mariner Books, 2009).

7 Katty Kay and Claire Shipman, "The Confidence Gap," The Atlantic, May 2014

8 http://kateharding.net/2010/05/26/5-ways-of-looking-at-sarah-palin-feminism/

9 Aaron Breitkrutz, "With abortion, feminists are waging war on women," HutchinsonLeader. com, Oct. 3, 2015

10 Melinda Henneberger, "What Brought Carly Fiorina Down at HP Is Her Greatest 2016 Asset," *Bloomberg Business*, April 30, 2015

11 http://articles.philly.com/1997-07-24/entertainment/25549106_1_sarah-mclachlan-lilith-fair-music-festival

12 Vowell, Sarah, "Throwing Ovaries," *Salon*, July 11, 1997.

13 Powers, Ann, "Critic's Notebook: A Surge of Sexism on the Rock Scene," *The New York Times*, August 2, 1999.

9장 여성의 아름다움

1 Elizabeth Dwoskin, "Is This Woman Too Hot to Be a Banker?" *The Village Voice*, June 1, 2010

2 Nicole Hensley, "Port Authority cops said female recruit was 'too feminine' to be a police officer: lawsuit," *New York Daily News*, Dec. 10, 2014

3 Jim Edwards, "Inside the 'conspiracy' that forced Dov Charney out of American Apparel," *Business Insider*, Aug. 21, 2015

4 Benjamin Wallace, "Is Terry Richardson an Artist or a Predator?" *New York*, June 15, 2014

5 Kara Jesella, "The Collarbone's Connected to Slimness," *The New York Times* , May 10, 2007

6 http://www.stylist.co.uk/people/lucy-mangan-our-grandmas-had-corsets-we-have-vajazzling

7 라이솔 질 세척제는 원래의 용도 외에 피임약으로 비공식적으로 쓰이기도 했다. 하지만 역사학자 안드레아 톤Andrea Tone이 지적한 바와 같이, 1933년의 한 연구에 따르면 산아제한을 위해 라이솔을 사용했던 여성 507명 중 거의 절반은 피임에 실패했다.

8 Lynn Peril, *Pink Think: Becoming a Woman in Many Uneasy Lessons* (New York: W.W. Norton: 2002).

9 Lorraine Berry, "Caitlin Moran: Women have won nothing," *Salon*, Oct. 16, 2012

10 http://www.salon.com/2012/10/16/caitlin_moran_and_bitch/11. http://www.public.iastate.edu/~jwcwolf/Papers/Bordo.pdf

11 http://www.public.iastate.edu/~jwcwolf/Papers/Bordo.pdf

12 Jack Neff, "Ten Years In, Dove's 'Real Beauty' Seems to Be Aging Well," *AdvertisingAge*, Jan. 22, 2014

13 Jack Neff, "Dove's 'Real Beauty' Hits a Rough Patch," *AdvertisingAge*, April 14, 2014

14 http://adage.com/article/news/dove-s-real-beauty-hits a tough-patch/292632/

15 Douglas, Susan J., *Enlightened Sexism: The Seductive Message That Feminism's Work Is Done* (New York: Times Books, 2010).

맺음말

1 Gay, Roxane, "The Seduction of Safety, on Campus and Beyond," *The New York Times*, November 13 2015

2 Collins, Gail, *When Everything Changed: The Amazing Journey of American Women from 1960 to the Present* (Boston: Little, Brown, 2009).

3 Hayley Peterson, "McDonald's Hotline Caught Urging Employee To Get Food Stamps," *Business Insider*, Oct. 24, 2013

4 http://www.guttmacher.org/media/inthenews/2015/07/01/

페미니즘을 팝니다

지은이   앤디 자이슬러
옮긴이   안진이
펴낸이   오세인
펴낸곳   세종서적(주)

주간   정소연
책임편집   이진아
편집   김하얀
디자인   전성연 전아름
마케팅   임세현
경영지원   홍성우

출판등록   1992년 3월 4일 제4-172호
주소   서울시 광진구 천호대로132길 15, 세종 SMS 빌딩 3층
전화   마케팅 (02)778-4179, 편집 (02)775-7011
팩스   (02)776-4013
홈페이지   www.sejongbooks.co.kr
블로그   sejongbook.blog.me
페이스북   www.facebook.com/sejongbooks
원고 모집   sejong.edit@gmail.com

초판 1쇄 발행 2018년 2월 26일
    5쇄 발행 2020년 11월 20일

ISBN 978-89-8407-684-6 03300

이 도서의 국립중앙도서관 출판시도서목록(CIP)은 서지정보유통지원시스템
홈페이지(http://seoji.nl.go.kr)와 국가자료공동목록시스템(http://www.nl.go.kr/kolisnet)에서
이용하실 수 있습니다.(CIP제어번호: CIP2018004395)